精编法学教材

知识产权法

（第二版）

主 编 冯晓青

副主编 王莲峰 李雨峰 牛晓艳 李颖怡
杨利华 刘友华 胡梦云

WUHAN UNIVERSITY PRESS
武汉大学出版社

图书在版编目(CIP)数据

知识产权法/冯晓青主编.—2 版.—武汉：武汉大学出版社，2014.9
(2020.5 重印)
精编法学教材
ISBN 978-7-307-13719-6

Ⅰ.知…　Ⅱ.冯…　Ⅲ.知识产权法—中国—高等学校—教材
Ⅳ.D923.4

中国版本图书馆 CIP 数据核字(2014)第 150103 号

责任编辑:钱　静　　责任校对:鄢春梅　　版式设计:马　佳

出版发行：武汉大学出版社　(430072　武昌　珞珈山)
(电子邮箱：cbs22@whu.edu.cn　网址：www.wdp.com.cn)
印刷:武汉图物印刷有限公司
开本:720×1000　1/16　印张:23.5　字数:420 千字　插页:1
版次:2009 年 7 月第 1 版　2014 年 9 月第 2 版
2020 年 5 月第 2 版第 4 次印刷
ISBN 978-7-307-13719-6　定价:42.00 元

编写说明

为了编写一套本科生喜爱、好学的法学教材，我们与长期活跃在教学第一线的老师和许多本科生进行了交流。他们普遍反映一门法学专业课学下来，考试是通过了，但一些基础知识却没有完全掌握。而且，法学术语、语句大多较为艰深、晦涩，理解起来也颇为困难。“基础不牢、原理不熟、理解困难”是许多法学本科学子学习法律的困惑。而法学基础原理又是包括司法考试在内的各种法律考试的关键和根本。因此，出版一套凸显基础原理、精简学科内容、方便理解记忆的法学教材实为本科生学习之所需。

这是一套去粗取精的较“薄”的法学教材。它不是刻意求“薄”，不是为了“薄”而“薄”，而是立足于法学的基础知识和基本原理，用简洁、易懂的语言阐述法学各学科原理之精髓，力求让教材对学生们来说更加“和蔼可亲”、更易于理解和吸收。

好的编著者才能造就好的教材。为此，我们邀请了具有丰富教学经验的法学名师和各学科领域深有影响的名家加入了教材的编写行列。他们中有的是“全国高等学校教学名师”，有的是“中国十大中青年法学家”，有的是教育部“霍英东教育基金会”高校青年教师奖的获得者……

同时，为了做好这套教材，编写的老师们在编写体例、内容取舍方面费了很多的心思，出版人员在图书的文字质量、版式、封面设计等方面也做了大量细致的工作。当然书中也难免有错漏之处，望读者们多多批评指正。

如果我们的法学学子们在研读这套教材之后，能领悟法学原理之真谛、能明晰法学基础之梗概、能体会法律学习之乐趣，那我们定会备感欣慰！

2009年5月

第二版前言

本书第一版自2009年出版以来，受到广大读者厚爱，现已重印多次。

2013年8月30日，我国通过了修改以后的《商标法》，并已于2014年5月1日起实施。为保持本书内容的新颖性，作者主要就本书第一版中的商标法部分进行了重大修改，同时，对本书其他地方的一些问题也一并予以完善。

商标法是保障市场经济健康发展的重要法律。本次商标法修订的内容主要包括五个方面：一是关于商标申请注册制度的完善，包括增加可申请注册商标的要素、实行一标多类制度、完善异议制度、引进审查意见书制度、承认电子申请等。二是完善商标使用制度，倡导诚信原则和公平精神，强化商标法保障公平竞争秩序的功能，包括以下内容：明知他人未注册商标使用在先而违法抢注，不予注册；禁止将他人注册商标用做企业字号的不正当竞争行为；明确未注册商标在先使用权制度；建立注册商标未使用不予赔偿制度等。三是强化对商标专用权有效而公平的保护，提高商标专用权的保护水平。主要内容有：将故意为侵犯他人商标专用权行为提供便利条件，帮助他人实施侵犯商标专用权行为纳入商标侵权范畴；引进商标侵权惩罚性赔偿制度，对多次侵权加重处罚；提高商标侵权的法定赔偿幅度；适当减轻权利人举证负担；对他人非商标意义上使用行为构成侵权的排除；进一步明确诉前禁令和财产保全制度等。四是规范商标使用，促进商标使用和资产价值实现。主要内容有：明确商标法意义上商标使用的概念；明确商标使用应贯彻诚实信用原则；明确商标使用许可未经备案不得对抗善意第三人；明确使用不当或者连续3年不使用的法律后果。五是其他相关制度的完善。主要内容有：取消注册商标争议裁定概念；规范商标代理行为，提升商标代理服务质量等。我国修改后的《商标法》是一部兼具本土化、国际化和现代化特色的知识产权法。它的实施必将对中国市场经济发展发挥极为重要的作用。

本书商标法部分的修订，由华东政法大学知识产权学院博士生导师王莲峰教授执笔完成，主编进行了审核，并对个别地方进行了完善，特此说明。

希望本书第二版继续受到读者们的关注和厚爱。

冯晓青

2014 年 6 月

前　言

全球化时代，知识产权激励创新的功能日益凸显；知识经济时代，知识产权成为国家核心竞争力的源泉。2008 年 6 月 5 日，国务院发布了《国家知识产权战略纲要》。这表明，知识产权已经上升到国家战略的地位，其重要性得到了进一步提升。落实国家知识产权战略的战略措施之一即是加快知识产权人才培养，大规模培养各级各类知识产权专业人才。这种新形势为我国知识产权教育提供了更大的舞台，也提出了更高的要求。

无疑，知识产权人才的培养和教育离不开好的教材。为此，我们特组织了中国政法大学、华东政法大学、西南政法大学、西北政法大学等国内主要政法院校和中山大学、湘潭大学等综合性院校知识产权法专职教师撰写了这本《知识产权法》。

本教材的特点主要有：

第一，内容“简明”，通俗易懂。与其他同类知识产权法教材相比，本书的特色是“简明”。本书力图将知识产权法的诸多内容，简明扼要地予以介绍和阐述。这样，便于学生在较短的时间内掌握知识产权法的基本原理和基本知识。

第二，内容系统、全面，深入浅出，寻求体系化，呈现知识产权法学全景。本书尽管是一本关于知识产权法的简明教材，但在内容上仍具有系统、全面和深入浅出的特点。本书内容涵盖了知识产权法基础理论、著作权法、专利法、商标法、其他知识产权以及知识产权的国际保护等。

第三，兼具理论性与实践性。本书对知识产权法的一般制度、概念和知识进行了阐述。同时，基于知识产权法学的实践品格，本书也关注知识产权的立法、司法实践以及国际保护动态，具有理论与实践结合的特点。

第四，前瞻性。本书吸收了我国最新的立法与司法实践成果以及国际立法与研究的动态。

本书由中国政法大学教授冯晓青博士担任主编。其各章撰写分工如下：

第一编（总论）：冯晓青、胡梦云（湘潭大学法学院副教授、中国政法大

学在职博士研究生)

第二编（著作权法）：第三章至第九章，第十一章：李雨峰（西南政法大学教授、法学博士）；第十章：杨利华（中国政法大学副教授、法学博士）、李雨峰

第三编（专利法）：冯晓青、刘友华（湘潭大学法学院讲师、法学博士）

第四编（商标法）：王莲峰（华东政法大学教授、法学博士）

第五编（其他知识产权）：牛晓艳（西北政法大学副教授）

第六编（知识产权的国际保护）：李颖怡（中山大学法学院副教授）

本书既可作为高校本科法学教材，也可以作为各类法律考试中涉及知识产权法内容的辅导教材，同时也是对知识产权感兴趣的各类读者学习与研究知识产权法的重要读物。

知识产权法是一门新兴发展的学科，很多问题值得探讨。尽管本书作者为撰著本书尽了不少努力，但书中错误亦在所难免，敬请读者批评指正。

作　者

2009年6月

C O N T E N T S 目录

第四编 商 标 法

第五编　其他知识产权

第一编

总　　论

第一章 知识产权法概述

第一节 知识产权的概念、特征与属性

一、知识产权的概念

“知识产权”这一概念是从西方引入的。将一切来自知识活动领域的权利概括为知识产权，最早见之于17世纪中叶的法国学者卡普佐夫的著作，后为比利时著名法学家皮卡第所发展。1967年《成立世界知识产权组织公约》签订以及世界知识产权组织成立以后，知识产权这一概念逐步在世界范围内广泛使用。自1986年《中华人民共和国民法通则》（以下简称《民法通则》）将知识产权作为正式的法律用语以来，“知识产权”一语已被我国广泛接受，并在相关立法中被采用。

尽管知识产权已成为国际上普遍采用的法律概念和用语，但由于各国的法律规定不同，知识产权的含义和概念不尽一致。一般认为，知识产权主要是关于智力成果的权利，它是智力创造活动中智力劳动者及智力成果所有人基于智力创造活动或者对于智力创造活动的投资而依法享有的权利。智力创造是人类的天性，而智力创造成果是社会财富的源泉。在商品经济条件下，智力劳动者对利益追求与保护的需要，使知识产权制度应运而生，并随着科技、经济的发展而不断完善。

本书认为，知识产权是在科学、技术、文化、艺术、工商业等领域内，民事主体对其创造性智力成果和工商业标记依法享有的专有权利。这一概念表明了知识产权的以下内涵：

第一，知识产权涉及科学、技术、文化、艺术及工商业等领域。

第二，知识产权是基于创造性智力成果和工商业标记的权利，非创造性智力成果和工商业标记不产生知识产权。

第三，知识产权依法产生，由一定的民事主体依法享有，并非所有创造性

智力成果和工商业标记都受知识产权保护。

知识产权的范围即受知识产权法保护的智力成果和工商业标记的种类。知识产权作为一个类称，其范围十分广泛。对知识产权概念内涵认识的不同，必然导致在其外延理解上的差异。关于知识产权的范围，主要有以下几种表述：

从最广义上，将知识产权等同于智力成果权。如《成立世界知识产权组织公约》第二章第8条规定，知识产权包括：关于文学艺术和科学作品的权利；关于表演艺术家的演出、录音和广播的权利；关于在人类一切领域内的发明的权利；关于科学发现的权利；关于工业品外观设计的权利；关于商品商标、服务商标、厂商名称和标记的权利；关于反不正当竞争的权利；以及在工业、科学、文化或艺术领域内其他一切来自智力活动的权利。根据这一规定，知识产权的范围几乎囊括人类一切智力创造成果。实际上，由于知识的继承性、公共性等特性，没有哪个国家能够将所有智力成果全部纳入知识产权的保护范围。

传统的知识产权包括工业产权和著作权两大类。这也是狭义的知识产权的范围。根据《保护工业产权巴黎公约》（下称《巴黎公约》）的规定，工业产权保护的对象包括发明、实用新型、工业品外观设计、商标、服务标记、厂商名称、产地识别标记（货源标记和原产地名称）、制止不正当竞争；著作权则包括文学、艺术、科学作品作者或其他著作权人享有的作者权与作品传播者享有的邻接权。上述内容中，专利权、商标权和著作权是世界各国知识产权法普遍保护的范围，也是知识产权的核心内容。

随着现代科学技术的发展，人类出现的新的创造性智力成果难以单纯用工业产权或著作权保护，如计算机软件、基因工程与生物制品、集成电路布图设计等。这些新的边缘保护对象的出现，客观上要求实行有效的知识产权保护，而其保护条件和内容兼有工业产权和著作权的特点。基于此，人们将计算机软件专有权、集成电路布图设计复制权、艺术作品的工业复制权等工业产权与著作权相交叉的知识产权称为“工业版权”。

《与贸易有关的知识产权协议》（Trips 协议）中所列的知识产权保护范围则包括：著作权及其相关权利（邻接权）、商标权、地理标记权、工业品外观设计权、专利权、集成电路布图设计权、对未公开信息的保护权（商业秘密权）等。

我国《民法通则》规定的知识产权包括著作权、专利权、商标权、发现权、发明权和其他科技成果权。我国《反不正当竞争法》还规定了商号权、商业秘密权以及制止不正当竞争的权利。

二、知识产权的特征

一般认为，知识产权具有法定性、专有性和地域性特征。

（一）法定性

知识产权来自于法律规定，这是目前各国知识产权保护实践不可否认的事实。无论是成文法系国家还是判例法系国家，其知识产权都是通过大量的制定法来赋予、确认和保护的。

知识产权的法定性体现在以下几方面：

1. 知识产权获得的法定性。传统民事权利一般是依照法律规定自动产生，但大多数知识产权是通过法定的方式审核或登记产生。也就是说，即便当事人付出了劳动和投资并取得了知识成果，只要没有根据法定的条件和程序获得授权，该知识成果就不能产生知识产权。

2. 知识产权内容的法定性。知识产权是通过法律规定而产生的权利。法律明确规定了知识产权的具体内容，并且规定不同内容的权利在流转中的不同地位与作用。

3. 知识产权行使的法定性。对于知识产权的行使，法律不仅规定了如何行使的限制，还规定了不行使的限制。作为知识产权人，既不可以基于自己私权的行使损害社会公共利益和国家利益，也不可以无正当理由地将权利闲置而不去行使。

4. 知识产权保护与限制的法定性。法律对知识产权的保护不同于一般民事权利的保护。对一般民事权利，法律提供全面的保护。但对知识产权，法律的保护是有限度的。法律对知识产权的保护限定了范围、时间和内容，并对在什么情形下法律不对相关知识产权保护进行了明确规定。法律对知识产权的限制作出了明确具体的规定，并且没有相应的补偿措施。知识产权的法定限制包括保护的时间限制，权利行使的限制（法定许可、强制许可、合理使用等），权利穷竭等。

（二）专有性

知识产权的专有性不仅表现在权利归属本身的专有，更表现在权利所附着的客体的专有。知识产权的客体是知识产品，而知识产品是知识生产的结果。一般而言，任何人对其投入劳动和资本所生产的结果即产品都理所当然地享有权利，但知识生产有例外。这种例外尤其体现在专利和商标领域：即使有人投入了劳动和资本并取得了技术或者附着在相关标识上的经营成果，如果没有按照法定条件和程序申请获得权利，那么这些技术也不能够获得专利法保护，这些经营成果也不能够获得商标法保护；反之，如果有其他人申请了相应技术的专利或者相应标识的商标注册，则原技术研发者再也不能够依据该技术获得专利权或者依据该标识的先使用理由而获得商标权。可见，知识产权的专有性是从知识产权的法定性延伸而来的，它强调权利取得的唯一性。

知识产权的专有性是对于劳动和投资产生的成果应当归属于劳动者或投资者这一基本经济伦理的悖逆，所以现代知识产权法对此进行了诸多限制，甚至有国家通过先使用来进行权利归属的抗辩。但即便在先使用原则下，也无法完全解决知识产权授权的单一性导致的不同的劳动或投资主体基于各自独立的活动获得相同的知识成果，但该成果只有一个知识产权的状况。基于知识产品的无形性，为了对其归属进行确定，法律必须通过确定的方式公告权利的归属，而不能够使市场上出现多个主体各自拥有同一项权利的情形。为了防止不同主体拥有同一项知识产权所导致的财产权混淆，法律确定了知识产权的专有性。

（三）地域性

知识产权的地域性也是其法定性的延伸。知识产权的地域性强调：知识产权根据一国法律规定产生，也仅在一国境内受到保护。知识产权的保护不具有当然的域外效力。从历史的角度来看，知识产权的地域性源于知识产权最初的特许权的地域性。知识产权是从特许权发展而来的，而通过行政权力授予的特许权不可能有当然及于他国的效力。从现实层面来看，知识产权的地域性基于各国知识产品生产的不平衡性。我们承认对知识产权的保护是基于公共政策的考量，一国知识产品生产的状况必然会对该国知识产权的保护产生影响。

具体而言，知识产权的地域性体现在：一国的法律对于知识产权作出规定，也仅在该国境内遵循这些规定；特定的知识产权离开特定的地域范围则不受法律保护，其他国家法律除非根据本国的法律规定或国家之间的协议约定，否则没有必然的义务对这些知识产权进行保护。拥有知识产权的产品一旦脱离知识产权所属的地域范围，则附着于产品之上的知识产权不再当然获得承认和保护。

三、知识产权的属性

知识产权的属性包含两方面的含义：一是知识产权是属于公权范畴还是私权范畴；二是知识产权是属于一般财产权范畴还是特殊财产权范畴。

（一）知识产权的私权属性

Trips 协议在其序言部分宣称“知识产权为私权”，这一宣称随着世界上越来越多国家加入 Trips 协议而获得各成员的认可，最终成为知识产权作为民事权利组成部分的重要依据。

公权与私权的划分，一般认为源自于罗马法。公权是直接关涉政治政权的权力，包括刑事处罚权、国家治安管理权等，它们的行使掌控在国家手中。私权则是民众的私人生活和交往中应当具备的权利，包括财产权、婚姻权等。私权的行使应当尽可能遵循当事人的意思，即所谓的意思自治。

知识产权作为私权的属性，强调知识产权人对于自己所享有权利的充分保护、运用和处分权，强调知识产权不应受到国家的过分干预。知识产权作为私权的存在，缘于知识产权归根结底是市场发展的结果。对知识产权进行保护，是顺应市场需要而由国家在一定的市场垄断利益与知识创造成果公开的社会利用总体效益之间衡量取舍的结果，知识产权制度就是国家运用市场杠杆对知识资源进行再分配的制度。因此，知识产权只有置于市场中进行交易和运作才能够最终实现权利设定的初衷。要在市场中进行分配和交易，其前提就是权利归属的明晰；要实现知识产权制度刺激市场主体投入劳动和资金进行知识成果创造，就必须将知识产品私权化，以保障知识产权人的劳动和投资收益。同时，“权利的属性，取决于权利的基本内容而不是权利的产生方式”。①即使知识产权的权利来源于公权授权，也不妨碍它作为私权的存在，只要在法律规定的范围内知识产权人能够在权利的行使上实现意思自治。

可见，知识产权属于私权范畴。但是知识产权的这种属性并非知识产权的天然品格，恰恰是公共政策衡量的结果。知识产权私权属性的不彻底，是源于知识产权所附着的智力创造成果的原材料本身的非私有性——创造智力成果所依凭的知识绝大多数是人类社会自有文明以来源远流传的公共知识。因此，我们必须考虑知识产权私权保护与社会公共利益之间的平衡。②

（二）知识产权的财产权属性

现代法律制度所保护的财产分为有形财产和无形财产。知识产权的客体是一种无形的知识形态的劳动产品——知识产品。这一特性决定了知识产权与一般的财产所有权的差别：作为非物质性的知识形态的产品，它不能被人们在事实上占有或控制，一旦被公开就可以同时为许多人利用。这使得知识产权比有形财产权更容易遭受侵害，并且知识产权人通常只是在主张权利时才“发现”

---

① 吴汉东：《知识产权多维度解读》，北京大学出版社 2008 年版，第 41 页。

② 这方面的论述，可参见冯晓青：《知识产权法利益平衡理论》，中国政法大学出版社 2006 年版。

自己是权利人，故而知识产权制度的核心在于保护权利人对他人利用其成果的控制权。

知识产权之所以是无形的财产权利，其根本原因在于知识产品的财产价值。这种特殊财产权利与一般财产权利相比，具有以下明显的区别：

1. 权利客体不同。知识产权虽然也要通过具体的产品或方法体现出来，但其指向的客体是附着于具体物上的智力劳动成果或标记所体现的无形商业资源。一般财产权利则是针对动产和不动产等实实在在的物。

2. 权利取得和实现方式不同。一般财产所有权可以通过对物的事实占有而取得并实现，一般不需要履行特定的手续，即所谓“得物获权，物去权失”。知识产权的取得则具有法定性，如大多数知识产权（著作权除外）的取得须经过申请、审批或登记、注册等手续，这是因为其保护对象本身没有形体，不占据空间，难以实际控制，使用也不带来实际损耗，可以在无限制的范围内利用，需要通过法律手段来实现产权的公示与控制。

3. 权利的独占性程度不同。一般财产所有权的独占性、排他性与专有性程度较高，所有权人一旦占有和使用标的物，就事实上排除了他人同时占有和使用标的物的可能。知识产权在行使和利用时则受到多方面限制，如时间上的限制、地域上的限制、合理使用、权利穷竭等限制。

4. 权利行使方式不同。一般财产所有权的行使表现为对物的占有、使用、收益和处分，并且一项所有权只能由一人行使。知识产权的行使则表现为使用、转让、许可使用及禁止他人擅自利用其专有权，一项知识产权可能同时由多个主体行使。

5. 价值评估方式不同。一般财产所有权涉及的物的价值受价值规律的制约，在质和量方面具有确定性。知识产权的价值取决于知识产品被社会利用的程度和范围，具有较大的不确定性。

6. 权利侵害的内容不同。对一般财产所有权的侵害通常表现为对物的非法占有或毁损。对知识产权的侵害往往表现为非法复制、剽窃、假冒、仿冒等。

此外，知识产权是知识产品的法律化和权利化，具有法律授予性。人类智力成果和工商业标记的范围非常广泛，特别是前者。但是，它们并非都可以获得知识产权保护。大体上，一项创造性智力成果能否取得某种知识产权，需要同时满足以下条件：其一，相关法律中有关于这种知识产权的直接而具体的规定；其二，某一智力成果或工商业标记纳入该知识产权法律的保护范围；其三，按照法定的条件和程序，依法履行必要的手续。

第二节　知识产权法的概念、特征与调整对象

一、知识产权法的概念与特征

知识产权法与知识产权一样，在我国并未形成统一而明确的定义。其实，法作为调整社会关系的规范，可以从其调整的具体社会关系着手界定其内涵。从这个角度而言，知识产权法是调整基于智力创造和工商业活动所产生的社会关系的法律规范的总称。

与知识产权的概念存在广义与狭义之分相连，知识产权法的概念也有广义与狭义的区别。从最狭义的角度说，知识产权法从传统的知识产权的含义出发，即指专利法、商标法与著作权法；从最广义的角度看，一切调整智力成果和工商业标记社会关系的法律规范都是知识产权法。实际上，各国知识产权法的范围都是在传统知识产权法的基础上增进某些内容的。一般来说，可以采用比较广义的知识产权法的概念，将其限定为调整“与知识产权有关的社会关系的法律规范”。

对于知识产权法的特征，可以从以下几个方面把握：

1. 知识产权法重视以公法方式保护私权。知识产权法是在人类历史发展到一定阶段后，智力成果和工商业标记进入法律调整领域而形成的、关于智力成果和工商业标记的法律制度。相对于一般财产而言，智力成果和工商业标记是典型的无形财产，而知识产权法是调整这一类无形财产所形成的法律规范的总称。由于调整对象的特殊性，知识产权法在权利义务的设置上呈现出更强的强制性。又由于知识产权保护本身的公共政策性目标，尽管知识产权作为私权受到法律保护，但知识产权法并不完全遵循私法的一般原则：当事人意思自治原则。无论是权利的取得、利用、管理还是救济，知识产权法都体现出强烈的国家公权利对于私权的设定和管理。

2. 知识产权法具有综合性。知识产权法调整的内容具有综合性。知识产权法本身是一个类称，是国家法律体系中综合调整智力成果和工商业标记的创造、归属、利用、保护的法律部门。由于知识产品的多样性和复杂性，知识产权法也呈现出多样性，难以通过一个法律规范将所有知识产权囊括其中。因此，一般国家的知识产权法包括多个具体法律规范。著作权法、商标法与专利法是知识产权法传统的法律规范。现代社会中，包括对商业秘密、计算机软件、生物技术及基因工程、集成电路布图设计、传统知识等保护的法律规范都

成为知识产权法的组成部分。

同时，知识产权法在调整手段和方法上，也具有综合性，可以利用司法、行政等调整手段和方法调整因智力成果和工商业标记所产生的社会关系。不同于其他私权，知识产权对于行政权力的依赖是显而易见的。在知识产权保护方面，行政权力的行使具有重要的地位，行政控制是知识产权法的重要组成部分。

3. 知识产权法是典型的国内法，但其调整的知识产权关系却具有很强的国际性。基于知识产权的地域性特征，知识产权法原则上只在本国范围内有效。但一方面，大量知识产权制度是从美欧等发达国家源起，然后被其他国家借鉴；另一方面，知识产权保护在国际经济交往中的作用越来越重要，从而使知识产权保护成为国家之间经济贸易磋商的重要议题。基于以上现实，各国在知识产权立法时不能不考虑其参加的知识产权国际条约及国际惯例，导致各国知识产权制度不断向国际接轨，从而体现出一定程度的国际趋同性。因此，各国的知识产权法都体现出对于国际知识产权保护的关注和考虑，从而使知识产权保护的内容呈现出国际性的特点。

二、知识产权法的调整对象

知识产权法的调整对象是因创造性智力成果和工商业标记而产生的社会关系，即在确认、转让、行使、保护知识产权的过程中形成的民事关系、行政关系和刑事关系等。尽管其内容复杂、范围广泛，但都是因智力成果和工商业标记而产生的。对此可以按照不同的标准进行分类。

从动态上来说，依照知识产权的不同阶段，知识产权法的调整对象可以分为：

1. 因确认知识产权而发生的社会关系。知识产权法的核心在于从法律上确认智力成果与工商业标记归其创造者或其合法受让人所有，并用法律手段保障当事人的所有权。它通过授予知识产权人一定时期的独占权来确认智力成果和工商业标记的所有权及其财产价值，以此鼓励智力创造活动，促进社会进步。在确认知识产权的过程中，会在智力成果和工商业标记创造者、所有者及知识产权管理机关等之间形成一定的社会关系。

2. 因转让知识产权而发生的社会关系。就其在商品经济下的实质而言，知识产权是一种可供利用的财富，①权利人可以通过转让知识产权来利用这一

① 知识产权具有价值性，知识产权人能够通过对知识产品的控制和使用而获得经济效益。在此意义上，知识产权是一种可供利用的财富。

财富，实现一定的经济目的。此时，会在知识产权转让者和受让者及有关部门之间形成某些社会关系。

3. 因行使知识产权而发生的社会关系。知识产权人可以通过行使某一方面具体的知识产权来实现自己对知识产权的实际运用。知识产权的行使，包括自己使用知识产权进行生产活动，也包括将知识产权的部分权利许可其他人使用。

4. 因保护知识产权而发生的社会关系。知识产权法主要通过确定权利保护范围、明确侵权表现和应受处罚、给予权利人以必要限制，来保护知识产权，协调权利人利益与社会公共利益。在确认侵权、处罚知识产权违法犯罪等保护知识产权的过程中，必然会在有关管理部门、知识产权人、知识产权侵权人等之间产生一定的社会关系。

此外，按照知识产权法保护的内容划分，可以分为因专利权发生的社会关系，因商标权发生的社会关系，因著作权发生的社会关系，因制止不正当竞争而发生的社会关系等；按照知识产权法调整社会关系的性质，可以分为民事关系、行政关系和刑事关系；由于知识产权法具有国际性，还可分为国内知识产权关系和涉外知识产权关系。

第三节　知识产权法的地位与渊源

一、知识产权法的地位

知识产权法的地位，在形式上是指知识产权法在整个法律体系中是否构成相对独立的法律部门，在实质上则是指它在整个法律体系中的重要程度。

关于知识产权法的地位，即它是否构成相对独立的法律部门，通过分析知识产权法与相关法律的关系可以发现，它应当构成独立的法律部门，至少是相对独立的法律部门。

1. 知识产权法与民法。知识产权法与民法的关系最为密切。我国《民法通则》将知识产权纳入“民事权利”一章，表明我国立法已将知识产权法归入民法，学术界则不断有人为“知识产权法应归民法”提供理论上的证据。

实际上，知识产权的无形财产特性产生了不同于民法中财产权的一系列法律后果，知识产权在确认、行使、保护、利用上都有其特别之处，民法中财产关系的一般原则难以解决知识产权领域的特殊问题。知识产权制度的特殊性使得民法中许多通行的原则在知识产权法中并非顺理成章；反过来，知识产权法中广泛存在的人身权的死后延续性、财产权的有限期转让、权利主体与权利的分离等问题用民法中的原理也难以说通。总之，将知识产权法直接归入民法具有多方面的不适应性，但知识产权法确实需要调整平等主体之间的民法关系，要受民法原则的指导和制约。基于此，不少人认为知识产权法与民法是特别法与普通法的关系。

2. 知识产权法与经济法。知识产权法的调整对象包含经济关系，知识产权法的有关规则可以说是经济法及其背后的经济政策在知识产权领域的具体化。一些学者认为知识产权法客观上涉及多元的社会经济关系，既涉及财产关系又涉及管理关系，应当统一由经济法调整。但将著作权法纳入经济法很勉强，因为著作权法更多地作用于人们的精神生活领域而不是物质生产领域。可见，将知识产权法纳入经济法难以包含智力成果和工商业标记关系的全部问题。

知识产权法与经济法的关联主要体现在知识产权法与竞争法的关系中。知识产权法和经济法对于竞争关注的角度不同，使知识产权法与竞争法在某些竞争行为的调整上出现冲突。因此，在现代知识产权法中，与竞争法的协调与平衡是其重要的研讨议题。

3. 知识产权法与行政法。知识产权法中有大量知识产权管理方面的内容，其中相当一部分属于知识产权行政管理的范畴，知识产权规范中存在大量的行政性规范。相应地，知识产权法调整的关系中有相当一部分在性质上属于行政关系，而且这部分关系在我国知识产权法中占有比较重要的地位。从知识产权的基本属性来看，知识产权属于私权范畴，因此，作为调整知识产权的知识产权法就其基本归类来说，可以归于民法范畴。至于知识产权法中存在的大量行政性规范以及由此形成的行政法律关系，当然可以依循行政法的相关原则与内容进行推理，但不能够因此认为知识产权法就是行政法或者行政法的特别法。毕竟，在法典化的过程中，综合各种调整方式对于特定权利进行规制调整是维持法律调整完整性的必要手段。

4. 知识产权法与科技法。随着近些年科技法学研究的加强，不少人认为知识产权法可以归入科技法。其理由在于，知识产权法，尤其是专利法、著作权法中关于科技作品著作权、计算机软件著作权制度、集成电路布图设计保护制度、植物新品种知识产权制度等，是推动科技发明创造、促进科技进步的重要法律制度，知识产权法适宜纳入科技法律调整。应当看到，知识产权法的调整对象和科技法的调整对象只是在调整科技关系上有所重叠，商标法和反不正当竞争法这两部单行法调整的则是商业活动中产生的一系列社会关系。

综上所述，知识产权法调整对象的特殊性，使得将其归入任何法律部门都难以自圆其说，将其肢解到各法律部门则将破坏知识产权法的整体，由此产生的理论与实践问题将更复杂。根据世界上多数国家的规定及我国很多学者的观点，知识产权法与多个法律部门具有联系，但整体上构成任何法律部门都包含不了的、相对独立的部门法。①

二、知识产权法的渊源

知识产权法的渊源即知识产权法律规范的具体表现形式，它主要包括：

1. 宪法。宪法是我国知识产权法最重要的法律渊源。我国《宪法》与知识产权保护有关的条款主要有第2条、第20条、第22条、第47条等。

2. 法律。作为知识产权法渊源的法律主要有：（1）专利法、商标法、著作权法等关于知识产权的专门法，它们专门调整知识产权关系，是知识产权法的主要渊源；（2）民法、刑法、诉讼法、科技进步法等涉及知识产权的相关法律，它们对知识产权进行补充调整，是知识产权法不可缺少的渊源。

3. 行政法规。行政法规作为国家主管部门执行知识产权法的重要工具，对于加强知识产权保护、管理具有重要意义。如《著作权法实施条例》、《计算机软件保护条例》、《知识产权海关保护条例》等。

4. 有关知识产权的地方性法规、自治条例和单行条例、特别行政区的法律。它们作为知识产权法的渊源带有区域性质，只在颁布机关所辖区域内生效。

5. 国际条约。我国与外国缔结或我国加入并生效的知识产权国际条约，与我国国内法具有同样的约束力。目前我国已加入了多个知识产权方面的国际条约，与多个国家签订了有关知识产权的双边协定。这些条约、协定构成我国知识产权法的特殊渊源。

此外，最高人民法院与最高人民检察院发布了一些关于审理知识产权案件的司法解释，它们对于增强法律的可操作性，保障当事人的合法权益具有重要意义，也构成知识产权法的渊源之一。

① 近年来学术界关于知识产权法学科地位的讨论——将知识产权法提升为法学二级学科，无不反映了对知识产权法独立学科地位的呼吁和关注。《国家知识产权战略纲要》也明确地涉及了这一问题。

第二章　知识产权侵权与法律救济

第一节　知识产权侵权行为及其界定

一、知识产权侵权行为的认定

从理论上讲，知识产权侵权行为是一种对绝对权的损害，因而应当承认对侵害行为的不作为请求权。这种请求权的成立，一般有以下两个条件：一是不法侵权行为的客观存在，二是有权利被侵害的现实危险，或者同一加害人对同一权利反复或继续侵害的危险。这种请求权的成立条件不考虑行为人的主观要件，对人民法院而言，只要知识产权人证明被告实施了不法行为，不作为请求权即应被支持。①

二、知识产权侵权行为的归责原则

关于知识产权侵权行为的归责原则，我国现行法律没有明确规定。按照《民法通则》的规定，一般侵权行为适用过错责任原则，法律有特别规定的情形适用无过错责任原则。由于侵犯知识产权的行为没有被法律规定为“法律有特别规定的情形”，自《民法通则》实施以来，法学界一般认为侵犯知识产权的行为应适用“过错责任原则”。这是关于知识产权侵权归责原则的通说。其中一个重要理由是行为人违反知识产权法规定的不作为义务，本身是一种具有过错的行为。

---

① 参见蒋志培：《知识产权侵权认定与侵权责任构成》，载《电子知识产权》1999年第5期；史尚宽：《民法总论》，台湾正大印书馆1986年版，第200页。

第二节　知识产权侵权行为的法律救济

一、民事救济

知识产权的私权性决定了知识产权被侵犯后应当予以民事救济，即追究知识产权侵权行为人的民事责任，是保护知识产权的重要措施。《民法通则》第118条规定，知识产权受到剽窃、篡改、假冒等侵害时，被侵害人有权要求停止侵害，消除影响，赔偿损失。

知识产权侵权的民事救济具体包括为防止侵权或者侵权损失扩大而采取的临时措施和出现侵权损害后的损害赔偿。

（一）临时措施

临时措施只是为了保护知识产权人及其相关利害关系人利益而提供的临时性救济措施，并非一般民事责任的承担。作为知识产权的有效保护手段，Trips协议第50条规定的临时措施早已受到各国的关注。各国为了保障知识产权人及相关当事人的权益，都力图从立法上建立一套更有效、更稳定的临时措施体系。

我国《著作权法》第49条、《商标法》第57条、《专利法》第66条均规定，权利人或者利害关系人有证据证明他人正在实施或者即将实施侵犯其权利的行为，如不及时制止将会使其合法权益受到难以弥补的损害的，可以在起诉前向人民法院申请采取责令停止有关行为和财产保全的措施。我国保护知识产权的临时措施包括停止侵害、诉前财产保全和证据保全。

1. 停止侵害。从理论上说，要求停止侵害是知识产权请求权的行使。停止侵害是及时制止知识产权侵权、维护知识产权权利形态的重要救济措施。当知识产权受到侵害时，知识产权人既可以请求侵权人停止侵害，也可以请求法院责令侵权人停止侵害。请求停止侵害包括铲除已经产生的侵害和未来可能出现的侵害。停止侵害是保护知识产权立竿见影的措施，其实质是排除对权利人行使专有权之任何妨碍。

依照法律规定，请求法院责令停止侵害需要符合相应的条件：有证据证明他人正在实施侵害行为，或者有证据证明他人即将实施侵害行为。请求法院责令停止侵害不以行为人的过错为条件，但对于行为的侵权性应当提供证据证明。

2. 财产保全。权利人和利害关系人申请法院采取财产保全措施的，应当依照我国《民事诉讼法》的规定办理。《民事诉讼法》规定，人民法院采取财产保全措施，可以责令申请人提供担保；申请人不提供担保的，驳回申请。

3. 证据保全。我国《著作权法》、《专利法》和《商标法》对证据保全作出了明确规定。我国《民事诉讼法》也规定，在证据可能灭失或者以后难以取得的情况下，诉讼参加人可以向人民法院申请保全证据，人民法院也可以主动采取保全措施。

（二）损害赔偿

损害赔偿在知识产权侵权民事责任中最具实质内涵。当知识产权被侵害后，权利人要求侵权人支付一定数额的金钱予以赔偿，这显然是一种债权之诉。

根据侵权行为法原理，侵权损害赔偿的原则决定于侵权损害赔偿的目的及其实现条件。由于侵权损害赔偿以补偿受害人损失为一般目的，以抑制加害人为社会目的，全部赔偿原则就成为侵权损害赔偿的基本原则。知识产权侵权损害赔偿与传统所有权侵权损害赔偿一样，遵循全部赔偿的原则，即侵权人应当赔偿因其知识产权侵权行为而给被侵权人造成的一切损失。

知识产权侵权损害赔偿也存在一定的归责基础或说归责原则，即根据什么承担损害赔偿责任，这是统领知识产权侵权赔偿立法的指导方针。国外知识产权立法大多规定，是否存在过错不是认定侵权的前提，而是免除或减轻赔偿责任的前提。

在国际公约方面，明确界定知识产权侵权赔偿原则的，主要是Trips协议。Trips协议规定的知识产权侵权损害赔偿归责原则是过错责任原则，因为侵权者赔偿损失的条件是知道或应当知道他从事了侵权活动。Trips协议同时规定：在适当的情况下，即使侵权者不知道或没有正当的理由知道他从事了侵权活动，成员也可以授权司法部门，责令返还其所得利润和支付预先确定的损害赔偿费。

知识产权侵权损害赔偿额的界定，是知识产权审判实践中一个极为重要的问题。世界各国对知识产权损害赔偿的规定不尽相同。但大致说来，最常见的界定方式有三种：（1）以权利人因被侵权所遭受的实际损失作为赔偿数额；（2）以侵权利润作为损害赔偿额；（3）以“使用费”或“许可使用费”的合理倍数作为损害赔偿额。在以上方法均难以适用时，采用法定赔偿方法。

（三）诉讼时效

我国《专利法》第68条规定，侵犯专利权的诉讼时效为2年，自专利权人或者利害关系人得知或应当得知侵权行为之日起计算。我国《著作权法》、

《商标法》及其他相关知识产权法律制度没有关于诉讼时效的具体规定。但知识产权法作为民法的特别法，当特别法没有规定时应当根据一般法的规定，即其他知识产权侵权的诉讼时效应当根据《民法通则》的规定，为自权利人知道或应当知道权利被侵害时起2年。

对于知识产权侵权诉讼时效的起算点有不同的观点。《民法通则》规定，应当从权利人知道或者应当知道权利被侵害时起计算。最高人民法院《关于审理专利纠纷案件适用法律问题的若干规定》(2001年6月22日) 第23条规定，侵犯专利权的诉讼时效为2年，自专利权人或利害关系人知道或应当知道侵权行为之日起计算。权利人超过2年起诉的，如果侵权行为在起诉时仍在继续，在该项专利权有效期内，人民法院应当判决被告停止侵权行为。最高人民法院《关于审理著作权民事纠纷案件适用法律若干问题的解释》(2002年10月12日) 第28条、最高人民法院《关于审理商标民事纠纷案件适用法律若干问题的解释》(2002年10月12日) 第18条分别对著作权侵权和商标侵权的诉讼时效作出了相同的规定。可见，根据最高人民法院的司法解释，知识产权侵权诉讼时效的起算点为：自专利权人或者利害关系人知道或应当知道侵权行为之日起计算；权利人超过2年起诉，但侵权行为在起诉时仍在继续的，在该项知识产权有效期内，可以作为诉讼时效的抗辩理由。

二、行政保护

从我国知识产权法律、行政法规和有关规章的规定看，知识产权的行政保护措施通常有训诫，没收非法所得，责令停止制作、发行侵权复制品，没收侵权复制品和制作侵权复制品的设备，罚款等。

(一) 知识产权行政管理部门对知识产权的保护

我国知识产权行政保护的主管机关并不统一。目前我国著作权的主管部门是国家版权局，商标权的主管部门是国家工商行政管理总局商标局，专利权的主管部门是国家知识产权局。现在根据相关法律规定分述如下：

1. 著作权的行政保护。《著作权法》第7条规定：国务院著作权行政管理部门主管全国的著作权管理工作；各省、自治区、直辖市人民政府的著作权行政管理部门主管本行政区域的著作权管理工作。我国国家版权局是国务院著作权行政管理部门，主管全国的著作权管理工作。

国家版权局下设版权管理司，内设处级机构若干，负责具体事务的执行。各省、自治区、直辖市都设立了版权局，主管本行政区域内的著作权事务。

著作权行政主管机关对于著作权的保护主要依据《著作权法》第47条的

规定，该条规定列举的侵权行为同时损害公共利益的，可以由著作权行政管理部门责令停止侵权行为，没收违法所得，没收、销毁侵权复制品，并可处以罚款；情节严重的，著作权行政管理部门还可以没收主要用于制作侵权复制品的材料、工具、设备等。有《著作权法》第47条所列侵权行为，同时损害社会公共利益的，由地方人民政府著作权行政管理部门负责查处。国务院著作权行政管理部门可以查处在全国有重大影响的侵权行为。

2. 商标权的行政保护。根据《商标法》的规定，国务院工商行政管理部门商标局主管全国商标注册和管理的工作。国务院工商行政管理部门设立商标评审委员会，负责处理商标争议事宜。各地方工商行政管理部门也设有专门负责商标管理工作的职能机构。

对于商标侵权的处理，我国实行双轨制。《商标法》第53、54条规定，商标侵权纠纷既可以直接通过司法程序解决，也可以先通过行政救济解决。此外，《商标法》还规定了行政管理部门的执法权。上述规定为商标的行政保护提供了充分的法律依据。

3. 专利权的行政保护。国务院专利行政部门负责管理全国的专利工作；统一受理和审查专利申请，依法授予专利权。省、自治区、直辖市人民政府管理专利工作的部门负责本行政区域内的专利管理工作。我国目前的专利行政主管部门是国家知识产权局。

（二）海关对知识产权的保护

知识产权的海关保护是知识产权行政保护的一项重要内容。不同于知识产权国内行政机关的保护，海关保护主要关涉国与国之间知识产权保护的协议。由于知识产权的地域性特征，在知识产权的海关保护中，对于知识产权的认可是海关保护的前提。因此，知识产权的海关保护一般存在于有知识产权保护协议的国家或地区之间。目前有关知识产权海关保护的最重要的协议是Trips协议。它确立了知识产权海关保护的基本框架和程序。

在我国加入WTO以后，根据Trips协议的要求，国务院2003年11月26日通过了《知识产权海关保护条例》。根据该条例的规定，知识产权海关保护，是指海关对与进出口货物有关并受中华人民共和国法律、行政法规保护的商标专用权、著作权和与著作权有关的权利、专利权（以下统称知识产权）实施的保护。海关依照有关法律和条例的规定实施知识产权保护，行使《海关法》规定的有关权力。

根据该条例的规定，国家禁止侵犯知识产权的货物进出口。知识产权人请求海关实施知识产权保护的，应当向海关提出采取保护措施的申请。进口货物的收货人或者其代理人、出口货物的发货人或者其代理人应当按照国家规定，向海关如实申报与进出口货物有关的知识产权状况，并提交有关证明文件。

海关知识产权行政保护的执法方式包括：

1. 知识产权备案。知识产权人可以依照海关保护条例的规定，将其知识产权向海关总署申请备案；申请备案的，应当提交申请书。海关总署应当自收到全部申请文件之日起30个工作日内作出是否准予备案的决定，并书面通知申请人；不予备案的，应当说明理由。条例规定了海关总署不予备案的情形。

知识产权海关保护备案自海关总署准予备案之日起生效，有效期为10年。知识产权有效的，知识产权人可以在知识产权海关保护备案有效期届满前6个月内，向海关总署申请续展备案。每次续展备案的有效期为10年。

2. 扣留侵权嫌疑货物的申请及其处理。知识产权人发现侵权嫌疑货物即将进出口的，可以向货物进出境地海关提出扣留侵权嫌疑货物的申请。知识产权人请求海关扣留侵权嫌疑货物的，应当提交申请书及相关证明文件，并提供足以证明侵权事实明显存在的证据。条例规定了海关应当放行被扣留的侵权嫌疑货物的情形。

3. 法律责任。被扣留的侵权嫌疑货物，经海关调查后认定侵犯知识产权的，由海关予以没收。海关接受知识产权保护备案和采取知识产权保护措施的申请后，因知识产权人未提供确切情况而未能发现侵权货物、未能及时采取保护措施或者采取保护措施不力的，由知识产权人自行承担责任。知识产权人请求海关扣留侵权嫌疑货物后，海关不能认定被扣留的侵权嫌疑货物侵犯知识产权人的知识产权，或者人民法院判定不侵犯知识产权人的知识产权的，知识产权人应当依法承担赔偿责任。

三、刑事制裁

对知识产权侵权行为的刑事制裁即追究知识产权犯罪行为的刑事责任。当侵犯知识产权的行为情节严重构成犯罪时，对侵权行为人即应以侵犯知识产权罪追究刑事责任。

国际法涉及知识产权犯罪刑事制裁的，最主要的是Trips协议。Trips协议第6条规定，缔约各国或地区至少应制裁假冒商标或剽窃著作权作品的犯罪，其适用条件是非法使用人主观上出于故意，并且侵权使用达到一定的商业规模。关于刑事制裁措施，Trips协议第61条规定，成员应提供刑事诉讼程序和刑事处罚，可采取的法律补救措施应包括足以起到威慑作用的监禁或罚款，其处罚程序应与对具有相应严重性的罪行法律补救措施的处罚程序相一致。在适当的条件下，可采取的措施还应包括充公、没收或销毁侵权物品以及任何其主要用途是用来进行上述犯罪行为的材料和设备。Trips 协议的这些规定自然对 WTO 成员具有约束力。

1997 年《刑法》第三章“破坏社会主义市场经济秩序罪”第七节规定了侵犯知识产权罪的七个罪：假冒注册商标罪，销售假冒注册商标的商品罪，非法制造、销售非法制造的注册商标标识罪，假冒专利罪，侵犯著作权罪，销售侵犯著作权的复制品罪，侵犯商业秘密罪。2004 年最高人民法院、最高人民检察院《关于办理侵犯知识产权的刑事案件具体应用法律若干问题的解释》，对各类知识产权犯罪的认定作了具体规定。另外，2007 年最高人民法院和最高人民检察院又发布、施行了《关于办理侵犯知识产权刑事案件具体应用法律若干问题的解释（二）》，对知识产权犯罪及处理作出了新规定。该司法解释规定，对于侵犯知识产权犯罪，法院应综合考虑违法所得、非法经营数额、给权利人造成的损失和社会危害性等情节，依法判处罚金，罚金数额一般在违法所得 1 倍以上、5 倍以下，或者按照非法经营数额的 50% 以上、1 倍以下确定。被害人有证据证明的侵犯知识产权刑事案件，直接向人民法院起诉的，人民法院应当依法受理；严重危害社会秩序和国家利益的侵犯知识产权刑事案件，由人民检察院依法提起公诉。

第二编

著 作 权 法

第三章　著作权法概述

第一节　著作权和著作权法

一、著作权

著作权是指基于文学、艺术和科学领域的作品所依法产生的权利。文学、艺术和科学作品是著作权法产生的前提和基础，是著作权法律关系指向的对象。著作权是基于作品这一特定的对象而产生的权利。没有作品，就没有著作权。

我国《著作权法》第51条规定，著作权即版权。因此，在学理上，不少学者将著作权与版权交叉使用。

著作权有狭义和广义之分。狭义的著作权指的是文学、艺术和科学作品的作者依法享有的权利，包括人身权利和财产权利两个方面的内容，它基于作品的创作而产生。广义的著作权除了包括狭义的著作权之外，还包括传播者的权利，学理上称为著作邻接权，具体表现为表演者、录制者和广播组织基于传播活动而依法享有的权利。在我国著作权法中，邻接权也称为“与著作权有关的权益”，除包括表演者权、录制者权、广播组织权外，还包括出版者的版式设计权。就内容而言，著作权既包括与作者人身利益密切关联的人身内容，也包括纯粹的财产内容。

著作权属于民事权利，它和工业产权（主要包括专利权和商标权）共同构成了知识产权的核心部分。二者的共同之处在于，保护的对象都是表现形式，即各类作品、各种发明创造和工商业标记等。这些对象都具有可复制的特点，权利人无法从物理上对其控制，在现代传播手段下，这些对象的传播成本几乎为零。二者的区别则在于：

1. 著作权和工业产权保护对象所属的领域和功能不同。著作权保护的对象属于文学、艺术和科学领域，重在满足人们的精神需求。一般情况下，作品不具有（物质）实用性。工业产权的对象是产品、工艺方法和工商业标记等，其功能在于满足人们的物质生产和生活需求，目的在于改善人们的衣食住行等物质生活。可见，实用性/非实用性大致划定了著作权和工业产权对象的界限。

2. 著作权和工业产权产生的依据不同。自《保护文学艺术作品伯尔尼公约》（下称《伯尔尼公约》）1908年文本之后，著作权法即实行自动保护主义原则。正因为如此，著作权法允许巧合现象存在。相同的民事主体就相同的主题创作完成了相似作品，只要是独立完成而非抄袭的，都可以享有著作权。就工业产品的发明人或者设计人而言，即使他们进行了独立的发明，仍不能依据发明行为获得专有权。绝大多数工业产权必须由特定的机构，依据一定的法定程序，完成必需的技术和法律上的审查、公示、登记，才能产生。

3. 权利显示的专有性和排他性不同。著作权法实行自动保护主义，作品一旦创作完成，著作权即已产生。它鼓励的是独立创作行为。因此，著作权的效力只及于那些对创作人独创性的表达未经许可的利用，而不排除他人独立完成的与之相近似甚或相同的作品。最高人民法院《关于审理著作权民事纠纷案件适用法律若干问题的解释》第15条规定，由不同作者就同一题材创作的作品，只要作品的表达是独立完成并且有独创性的，就认定作者各自享有独立的著作权。工业产权显示的专有性和排他性远较著作权强。不同的民事主体就相同的构思开发的发明创造或设计的工商业标记，即使是自己独立开发或者设计的，法律只保护满足批准条件的那一民事主体，赋予其以独占、排他的权利，而排除他人就同一表现形式再享有权利的可能性。

著作权与工业产权显示的专有性与排他性的程度差异，反映了著作权法与工业产权法理念上的差别。著作权法的目的在于鼓励文化领域作品的多样性。因此，只要不是抄袭的作品，都符合著作权法的宗旨。工业产权法，特别是专利法则旨在通过鼓励创新达到促进经济发展的目的，它重在科技的发展，因此，避免重复开发是专利法的应有之义。如果说，著作权法的侧重点则在于促进文化领域对象的横向扩展；那么工业产权法的侧重点则在于促进产业领域对象的纵向发展。

二、著作权法

著作权法是指调整因著作权的产生、控制、变动等产生的财产关系和人身关系的法律规范的总称。这些关系是平等主体之间的民事关系，一方不能将其意志强加给另一方。在著作权法中也包含一些行政性规范，但这些规范都是为确认和保护私权服务的，不能改变著作权法是私法、著作权是私权的性质。广义的著作权法包括著作权法、邻接权法、各种相关法律规范以及相关的国际条约。

我国著作权法的法律渊源主要体现为宪法、基本法律（如《民法通则》、《刑法》）、专门法律（如《著作权法》）、行政法规（如《著作权法实施条例》、《计算机软件保护条例》）、司法解释（如最高人民法院《关于审理著作权民事纠纷案件适用法律若干问题的解释》）、部门规章（如《计算机软件著作权登记办法》）以及中国参加的国际条约（中国声明保留的条款除外）。

第二节　著作权法的效力

著作权法的效力又称著作权法的适用范围，指的是著作权法在什么范围内发生效力以及对生效以前的行为是否具有溯及力。具体言之，可以分为对事的效力、对人的效力以及时间效力三个方面。

一、对事的效力

对事的效力指的是著作权法的调整对象和范围。著作权法调整自然人、法人和其他组织之间因作品的创作、权利归属、利用、管理和救济等活动而产生的社会关系。原则上，因作品而产生的社会关系，包括平等主体之间的关系以及部分行政关系，均属于著作权法的调整范围。

二、对人的效力

（一）国籍标准

我国自然人、法人或者其他组织的作品，自创作完成之日起，不论是否发表，依照著作权法之规定享有著作权。只要具有中国国籍，即使民事主体住在其他国家或地区，其作品也应受到著作权法的保护。如果是共同作品，只要共同作者中有一个人具有中国国籍，就可以受到著作权法的保护。其中，中国国民，包括自然人，依照我国的法律所设立的法人、其他组织和在中国国内设有主要办事机构的法人和其他组织。

（二）地域标准

1. 在中国首次出版。外国人或无国籍人，其作品如果在中国首次出版，就可以依照我国著作权法享有著作权。该原则又称出版原则，主要解决在中国首次出版的外国人的作品在中国的保护问题。在中国首次出版自然应当包括在中国和其他国家同时出版。“同时出版”并不是要求出版在同一天发生。《伯尔尼公约》对“同时出版”的界定是一个作品在首次出版后30天内在两个以上国家出版，则该作品应视为在这几个国家同时出版。

须注意的是，地域原则强调的是首次“出版”，而国籍原则强调的是不论是否“发表”。这两个概念是不同的。在我国，出版指的是复制加发行；而发表指的是公之于众。根据《伯尔尼公约》第3条的规定，戏剧、音乐戏剧或电影作品的表演，音乐作品的演奏，文学作品的公开朗诵，文学或者艺术作品的有线传播或广播，美术作品的展出和建筑作品的建造都不构成出版。显然，“出版”的含义比“发表”窄，如口头诵读一首未公开的诗歌，属于作品的发表，而不构成作品的出版。

2. 在中国参加的国际条约的成员国首次出版。未与中国签订协议或共同参加国际条约的国家的作者以及无国籍人的作品首次在中国参加的国际条约的成员国出版的，或者在成员国和非成员国同时出版的，该作品受我国著作权法保护。在中国首次出版与在中国参加的国际条约的成员国首次出版，或者在成员国和非成员国同时出版相比，其区别在于：在中国首次出版，该作品依照中国著作权法享有著作权；在中国参加的国际条约的成员国或者在成员国和非成员国同时出版，该作品受中国著作权法的保护。根据立法者的解释，“依照本法享有著作权”与“受本法保护”的意义不完全相同。“依照本法享有著作权”指中国是作品的起源国，按照中国著作权法的标准加以保护；“受本法保护”指依照中国参加的协议或者国际条约的标准进行保护。①如按照《著作权法》第3条规定，“口述作品依照本法享有著作权”，但《伯尔尼公约》没有规定对口述作品的保护。如果我国与其他成员国另有协议约定相互间保护口头作品，则该成员国作者的口述作品在我国受到保护；如果没有此类协议，该成员国的口述作品在我国就不受保护。

需要注意的是，外国人或无国籍人的表演和录音制品，若要在中国得到保护，并没有“首次”要求。只要该外国人或者无国籍人的表演、录音制品（而非录像制品）在中国境内进行或者制作发行，就受著作权法保护。

3. 负载协定或者条约上保护义务的文化成果。外国人、无国籍人的作品根据其作者所属国或者经常居住地国同中国签订的协议或者共同参加的国际条约享有的著作权，受我国著作权法保护。

外国人、无国籍人根据中国参加的国际公约对其表演、其制作的录音制

① 参见姚红主编：《中华人民共和国著作权法释解》，群众出版社2001年版，第49～50页。

品、其播放的广播、电视节目享有的权利，受我国著作权法保护。

外国人或者无国籍人的作品或者表演等要适用该原则，必须符合下列条件：(1) 外国人的所属国或者无国籍人的经常居住地同中国签订了互相保护著作权的协定或者共同参加了有关保护著作权的国际公约；(2) 该协议或者国际公约承认该外国人或者无国籍人对文化成果享有著作权；(3) 该协议或者国际公约要求协议国或者参加国相互保护其承认的著作权。如中国和法国都参加了《伯尔尼公约》，法国人的小说即使不在中国出版，也受保护。

三、时间效力

《著作权法》自 1991 年 6 月 1 日起生效，它是否具有溯及力？法律不溯及既往，这是现代法治国家的基本原则。为此，《著作权法》明文规定，“本法施行前发生的侵权或者违约行为，依照侵权或者违约行为发生时的有关规定和政策处理”。

然而，《著作权法》还规定，本法规定的著作权和邻接权的内容在本法实施之日尚未超过规定的保护期的，依照本法保护。这就意味着，对权利的保护期，著作权法具有溯及力，即依法规定享有权利的人，在其施行之日没有超过著作权法规定的保护期的，受著作权法保护。过去对某种权利的保护期没有明确，依照《著作权法》新规定的保护期进行保护。新确定的保护期在《著作权法》施行之日已经届满的，就不能得到保护，没有届满的，可以得到保护。著作权法在时间上的追溯力根源于著作权的自动保护主义。“著作权的产生无须国家批准，其存续期间又随作者的寿命千差万别，法律便只能宣布从哪一天开始保护，而无法规定保护一旦启动，著作权从哪一天开始。即在法律生效之日，著作权自动回溯保护所有符合保护条件的之前的作品，无论这种作品的形成、占有、继承发生在什么样的环境。也就是说，这也意味着版权纠纷的自动回溯。”①

① 冯象：《法盲与版权》，载《读书》2001 年第 1 期。

第四章　著作权的对象

第一节　作品的概念及种类

一、作品的概念

作品是著作权法保护的对象，是著作权法律关系产生的依据。《现代汉语词典》将作品界定为“文学艺术领域的产品”。在理解这一概念时，应当注意两个方面的内容：其一，作品涉及文学、科学和艺术领域内的一切产物。其二，表现形式或者方法不影响作品的性质，不能因表现形式或者方法而对其进行限制。文学、艺术和科学作品的种类非常繁多，但所有的作品，都具备下列两个基本特征。

（一）作品是思想和情感的表现形式，不是思想、情感本身

作品是思想或者情感的表现形式（表达）。思想或者情感本身属于主观范畴，是抽象的，不能为他人所感觉。一个思想或者一种情感，若要为他人所了解，必须借助一定的外在表达。

现代著作权法借助了思想 / 表达（idea / expression）的二分法，规定著作权法保护的是表达，而不是思想。《伯尔尼公约指南》第 2 条第 1 款指出，“一个人公开他的思想后，是没有办法阻止他人使用这一思想的。但这一思想一旦被阐述或者表达出来，就存在对借以表现这一思想的文字、符号、线条等的著作权保护。换言之，能受到保护的是表现形式而不是思想本身”。著作权保护表达不保护思想的原则也在 Trips 协议和《世界知识产权组织著作权条约》（WCT）中有明确规定。Trips 协议第 9 条第 2 款规定，“著作权保护应延及表达方式，但不延及思想、工艺、操作方法或者数学概念本身”。

（二）该表现形式属于文学、艺术和科学范畴

作品是思想、情感的表现形式，这种表现形式属于文学、艺术和科学领域。这里的文学、艺术和科学领域应理解为全部的文化领域，以与工商业领域

相区别。一件新产品，比如多数年轻人喜爱的 MP4 播放机，也是人类思想情感的表现。但它属于工商业领域，主要用于满足人们的物质需求，不是作品，不受著作权法的保护。但根据制造该 MP4 播放机的技术和流程而撰写的生产说明书，则属于科学作品，如果它具备了独创性，就可以受到著作权法的保护。

二、作品的种类

我国《著作权法》第 3 条规定了作品的种类。在司法实践中，如果法院在审理案件时发现某个对象应受著作权法保护，即使无法将其归入《著作权法》第 3 条规定的作品种类，也可以通过其兜底条款加以保护。最高人民法院《关于审理涉及计算机网络著作权纠纷案件适用法律若干问题的解释》（2006 年修订）第 2 条规定，“受著作权法保护的作品，包括著作权法第三条规定的各类作品的数字化形式。在网络环境下无法归于著作权法第三条列举的作品范围，但在文学、艺术和科学领域内具有独创性并能以某种有形形式复制的其他智力创作成果，人民法院应当予以保护”。

（一）文字作品

文字作品是指小说、诗词、散文、论文等以文字形式表达的作品。这里的文字形式是广义的，包括以字词、数字、符号等形式表现的文章、故事、科普读物、技术说明书、某个时期的工农业生产发展和国民收入比较表等。文字的书写方式并不影响文字作品的性质，如它可以采取计算机屏幕、打印、手写或者印刷形式。当然，如果手写形式形成了美术字，则可以按照美术作品来保护。

（二）口述作品

口述作品是指即兴的演说、授课、法庭辩论等以口头语言形式表现尚未以文字或者录音等形式固定下来的作品。与文字一样，口述也是语言的表现形式。在著作权法上，口述作品一般被理解为在特定场合发表的正式言论。①需要注意的是，口述作品是尚未以文字或者录音等形式固定下来的即兴的作品，事先拟好的讲稿，事后的宣读、朗诵等不是口述作品，它们是对文字作品的表演。口述作品主要体现为听觉的、时间的、流动的艺术，它以语言为表现手段，以声音为物质载体，有感而发、临机创作、即兴完成、瞬间即逝，并以口

① 参见世界知识产权组织：《著作权与邻接权法律术语汇编》，刘波林译，北京大学出版社 2007 年版，第 5 页。

述为原始表现形式。①并非所有的国家都保护口述作品，英美法系许多国家不保护口述作品，它们强调作品必须以一定的物质形式固定下来。《伯尔尼公约》第2条第2款规定："本联盟成员国法律有权规定仅保护表现于一定物质形式的文学艺术作品或其中之一种或数种。"显然，《伯尔尼公约》并没有强制要求成员国把口述作品作为著作权法的保护对象。

（三）音乐、戏剧、曲艺、舞蹈作品、杂技艺术作品

1. 音乐作品。音乐作品是指歌曲、交响乐等能够演唱或者演奏的带词或者不带词的作品，其基本表现手段为旋律、和声和节奏。音乐作品可以乐谱形式出现，也可不以乐谱形式出现。音乐作品包括配词或者不配词的声音的各种具有独创性的组合，其独创性在于其构成要素的组合。这种独创性可以存在于旋律之中，也可以存在于和声或者节奏中。音乐可以和其他艺术门类相结合而产生新的艺术形式。音乐和语言结合产生歌曲；和戏剧表演结合产生歌剧、戏曲；和舞蹈结合产生舞剧；和电影艺术结合产生电影音乐等。②

2. 戏剧作品。戏剧包括悲剧、喜剧、独幕剧、滑稽剧等形式。我国《著作权法实施条例》第4条规定，戏剧作品是指话剧、歌剧、地方戏等供舞台演出的作品。

3. 曲艺作品。曲艺也称说唱艺术，是以带有表演动作的说唱来叙述故事、塑造人物、反映社会生活、表达思想情感的艺术形式。按照我国《著作权法实施条例》第4条的解释，曲艺作品是指相声、快书、大鼓、评书等为主要形式的作品。无论哪种形式的曲艺作品，在我国均受到著作权法的保护。③

4. 舞蹈作品。舞蹈作品是指通过连续的动作、姿势、表情等表现思想的作品。如秧歌舞、芭蕾舞、迪斯科等。舞蹈包括舞蹈表情、舞蹈节奏和舞蹈构图三个要素，它们统一于独特的艺术形态中。

5. 杂技艺术作品。杂技艺术作品是指杂技、魔术、马戏等通过形体动作和技巧表现的作品。具体而言，杂技包括蹬技、手技、踩技、车技、武术、爬竿、走索以及各种民间杂耍等，是表演艺术的一种。中国杂技历史悠久，在世界上有很高的声誉。因此，我国《著作权法》于2001年修订时将其增列为保

① 参见刘春田主编：《知识产权法》，高等教育出版社、北京大学出版社2007年版，第50页。

② 参见刘春田主编：《知识产权法》，高等教育出版社、北京大学出版社2007年版，第50～51页。

③ 参见张玉敏主编：《知识产权法学》，法律出版社2005年版，第89页。

护对象。

（四）美术、建筑作品

1. 美术作品。美术也称造型艺术、空间艺术、视觉艺术、静态艺术。我国《著作权法实施条例》第4条将其定义为绘画、书法、雕塑等以线条、色彩或者其他方式构成的有审美意义的平面或者立体的造型艺术作品。它通常包括绘画、书法、雕塑、工艺美术、建筑艺术等。绘画指用笔、刀等工具，墨、颜料等物质材料，在纸、木板、纺织物或墙壁等平面上，通过构图、造型和色彩等表现手段，创造可视的形象。雕塑是指用雕、刻、塑三种方法，以各种可塑的或可雕可刻的材料，制作出各种具有实在体积的形象，通常分为雕刻和塑造。书法一般指用毛笔字书写汉字的艺术。

著作权法上的美术作品属于纯欣赏性作品，与之相对的是具有实用性的工艺美术，它们共同属于视觉艺术作品。工艺美术又称实用艺术品，指人们日常生活中主要在身边适用的道具及其他物品，它们通过其材料、意匠、技巧或者制作过程的关联而表现美的效果。也就是说，实用艺术品既是物质产品，具有物质实用性功能，又具有审美功能。它具体包括家具、瓷器、洁具、茶具、灯饰、地毯等。《伯尔尼公约》第2条对纯美术作品和实用艺术品分别进行规定，这就避免了对实用艺术品是否应当给予著作权保护的争论。

2. 建筑作品。建筑作品是指以建筑物或者构筑物的形式表现的有审美意义的作品。建筑作品不同于建筑物，建筑物只有在某种程度上具有标志、传意、象征功能时，才是一项艺术作品。①世界知识产权组织和联合国教科文组织认为：建筑作品应当包括两项内容：（1）建筑物本身（仅仅指外观、装饰或设计上含有独创性成分的建筑物）；（2）建筑设计图与模型。②《伯尔尼公约》第2条规定，对与建筑有关的设计图和立体作品应当给予著作权保护。立体作品应当包括建筑物和建筑模型。

我国《著作权法》关于建筑作品的范围与世界知识产权组织和联合国教科文组织的范围不完全一致。在我国，建筑作品仅指建筑物本身。应当指出，如果建筑物的形式没有独创的设计成分，那么它们就不能成为著作权法保护的对象。受著作权法保护的是建筑物本身的独创性部分，其构成材料、建筑方法不受著作权法保护。世界上有很多宫殿、博物馆、剧院、教堂、体育馆等都具

① 参见刘春田主编：《知识产权法》，高等教育出版社、北京大学出版社2007年版，第53页。

② 参见郑成思：《版权法》，中国人民大学出版社1997年版，第114页。

有独创性，可以受到著作权法的保护。例如，2008 年北京奥运会赛场建筑中的“鸟巢”、“水立方”等都是典型的建筑艺术作品。

（五）摄影作品

摄影作品是指借助器械在感光材料上或者其他介质上记录客观物体形象的艺术作品。如照片、电影电视片中可以单独使用的镜头等。著作权法保护的摄影作品指的是有独创性的照片，纯复制性的摄影照片，如翻拍文件、书刊、地图等，因不具备独创性而不受著作权法的保护。世界知识产权组织认为，摄影作品包括“一切摄影作品和以摄影方式表现的其他作品。”“摄影作品”是指传统意义上的照片，如人物肖像照片、风景照等；“以摄影方式表现的其他作品”是指电影影片中的单独镜头、储存在计算机中可通过终端屏幕显示出来的摄影作品，以红外线摄影、激光摄影、数码摄影等先进技术拍摄出来的作品等。可见，摄影作品的范围非常广泛。

（六）电影和以类似摄制电影的方法创作的作品

电影和以类似摄制电影的方法创作的作品指摄制在一定介质上，由一系列有伴音或者无伴音的画面组成，并且借助适当装置放映或者以其他方式传播的作品，它包括故事片、科教片、美术片等。电影是一种特殊作品，它是由众多作者创作的综合性艺术作品，如由小说作者、将小说改编成剧本的作者、将剧本改编成“分镜头剧本”的作者（导演）、拍摄影片的摄影作者、配曲配调的词曲作者、美工设计的作者等共同创作完成的作品。著作权法所说的电影作品是摄制完成的影片，或具有独立意义的片段，而不是其中的阶段性成果，也不是电影艺术中的构成要素。2001 年修改《著作权法》时，将原来规定的“电视、录像作品”修改为“以类似摄制电影的方法创作的作品”。这是因为以拍摄电影方式制作的那部分电视片、录像片，其拍摄过程与电影作品相同，应当作为著作权法保护的对象。复制性地录制他人报告、讲学等而制作的电视片、录像片，如电视台制作先进人物报告会的电视片、录像片，电视大学制作某教授讲课的录像片等不属于作品，①而属于录像制品。

（七）工程设计图、产品设计图、地图、示意图等图形作品和模型作品

图形作品，是指为施工、生产、反映地理现象、说明事物原理或者结构绘制的工程设计图、产品设计图、地图、示意图等作品。工程设计图是指利用各种线条绘制的、作为建设或施工依据的工程实物基本结构和造型的平面图案，

① 参见姚红主编：《中华人民共和国著作权法释解》，群众出版社 2001 年版，第 59 页。

如工厂、矿山、铁路、公路、桥梁等设计图；产品设计图是指以各种线条绘制的、用以说明生产的产品造型及结构的平面图案，如服装设计图、家具设计图等；地图是一种客观反映地理实况、人口分布实况、矿藏实况，并为人们识别方便而具指示性和艺术性的作品。著作权法将其作为保护对象正是因为它具有一定的指示性和艺术性。地图可以分为普通地图和专用地图。示意图是指以点、线、几何图形、注记等为表现形式来说明较复杂的事物及其原理，或显示事物的具体形状、轮廓而创作的作品，如人造卫星运行图、分子结构模拟图、动物解剖图等。

模型作品是指为展示、试验或者观测等用途，根据物体的形状和结构，按照一定比例制作的立体作品，如建筑模型。

(八) 计算机软件

计算机软件包括计算机程序及其文档。计算机程序是指为了得到某种结果而可以由电子计算机等具有信息处理能力的装置执行的代码化指令序列，或可以被自动转换成代码化指令序列的符号化指令序列或符号化语句序列，以及有关的数据。文档是指在程序创作过程中用自然语言或形式化语言所编写的用来描述程序的内容、组成设计、功能规格、测试结果及使用方式的文字资料和图表，如程序设计说明书、流程图、用户手册等。

Trips 协议要求将计算机程序作为文字作品保护。我国将计算机软件作为著作权法的保护对象，同时又颁布了《计算机软件保护条例》加以调整。根据该条例的规定，受保护的软件必须由开发者独立开发，并已固定在某种有形物体上。即该计算机程序已经相当稳定，相当持久地固定在某种载体上，而不是一瞬间的感知、复制、传播程序。从本质上讲，计算机软件也是文字作品。其不同之处在于，它要执行一定的命令，履行一定的功能，具有明显的工具性特征；而一般的作品主要是供人们阅读的。

(九) 民间文学艺术作品

民间文学艺术作品是指某一民族或者地区人民的传统艺术表达，如民间传说、民间诗歌、民间音乐、民间服饰、民间建筑等。《伯尔尼公约》第 15 条第 4 款规定，各成员国在书面通知了伯尔尼联盟总干事的前提下，可以给不知作者的、未出版的而又确信其属于本公约成员国之作品的那一部分作品提供法律保护。1976 年联合国教科文组织和世界知识产权组织为发展中国家制定了《突尼斯样板著作权法》，其中专门规定了对“本国民间创作的作品”的保护条款。1982 年又正式通过了《保护民间文学表达形式、防止不正当利用及其他行为的国内法示范条款》。到目前为止，已有 50 多个国家将民间文学艺术作品纳入著作权法的保护范围。

民间文学艺术作品具有如下特点：第一，创作主体不易确定；第二，内容反映该民族地区的社会群体所特有的传统文化艺术遗产，并且世代传颂、不断变化、没有固定形式；第三，创作完成时间无法确定。①

需要注意的是，民间文学艺术作品与经过整理者提炼、加工的民间文学艺术作品的整理本有所不同，前者的著作权主体是创作民间文学艺术作品的某个民族或某个地区的社会群体，不是特定的个人或几个人；后者的著作权主体是民间文学艺术作品的整理者，即著作权归整理者所有，其作品列入著作权法所规定的文学、口述、音乐、戏剧、舞蹈等作品之中。整理者是否要经过民间文学艺术著作权人的许可，仍是一个存在争议的问题。无论如何，民间文学艺术作品的整理者在将其整理本发表时，应当注明主要素材提供者，并依素材提供者的贡献大小向其支付适当报酬。同时，对同一民间文学艺术作品，某人进行整理后，他人仍可进行整理，后者的整理本只要不是剽窃、抄袭前者的整理本，同样享有著作权。

(十) 法律、行政法规规定的其他作品

这是一个兜底条款。随着时间的推移、技术的发展、人们观念的变化，即使某些新的思想情感的表现形式无法归为上述作品之列，也可以依照该款获得著作权法的保护。

第二节　著作权法不予保护的对象

著作权法保护的对象非常广泛。但是，很多国家也把某些对象排除在外。我国《著作权法》第 4 条、第 5 条分别就三种情况规定了不受著作权法保护的对象。

一、依法禁止出版、传播的作品

我国《著作权法》第 4 条规定，依法禁止出版、传播的作品不受著作权法保护。按照我国 2002 年 2 月 1 日实施的《出版管理条例》的规定，出版发行的作品不得含有下列内容：(1) 反对宪法确定的基本原则的；(2) 危害国家统一、主权和领土完整的；(3) 泄露国家秘密、危害国家安全或者损害国家荣誉和利益的；(4) 煽动民族仇恨、民族歧视，破坏民族团结，或者侵害

① 参见李明德、许超：《著作权法》，法律出版社 2003 年版，第 51 页。

民族风俗、习惯的；（5）宣扬邪教、迷信的；（6）扰乱社会秩序，破坏社会稳定的；（7）宣扬淫秽、赌博、暴力或者教唆犯罪的；（8）侮辱或者诽谤他人，侵害他人合法权益的；（9）危害社会公德或者民族优秀文化传统的；（10）有法律、行政法规和国家规定禁止的其他内容的。另外，以未成年人为对象的出版物含有诱发未成年人模仿违反社会公德的行为和违法犯罪行为的内容或含有恐怖、残酷等妨害未成年人身心健康的内容的，也属于禁止出版发行的对象。

二、需要尽快传播的作品

我国《著作权法》第5条第1项规定，法律、法规，国家机关的决议、决定、命令和其他具有立法、行政、司法性质的文件，及其官方正式译文不受著作权法保护。著作权法不保护这些作品是《伯尔尼公约》第2条之一第4款确认的原则，也是国际通例。这些官方文件和译本也是作品，但官方希望将这些作品传播得越广越好，最好能人人皆知。如果赋予其著作权，禁止他人随意复制，就违背了官方的意图。

三、表达形式单一的作品

表达形式单一的作品，也称思想与表达合并的作品，其基本含义是指当思想（或者事实）与表达密不可分的时候，或者说当某种思想（事实）只有一种或有限的几种表现形式时，著作权法不仅不保护思想，而且也不保护表达。①我国《著作权法》第5条第1～2项规定的时事新闻、历法、通用数表、通用表格和公式就属于这类对象。

时事新闻是指通过报纸、期刊、广播电台、电视台等媒体报道的单纯事实消息。按照新闻专业的说法，时事新闻又称纪实新闻，是指全部由对事实的报道（或称"硬件"，包括时间、地点、人物、事件等客观现象或事实）组成的新闻。这种新闻只是对事实的客观报道，构成要素简单，没有表达写作人的主观思想或情感，任何人要报道某一事实，如果不失真实性，只能按照事件发生的时间、地点、顺序进行说明，不存在发挥的余地，也就是说表达形式非常单一。如果在时事新闻中报道者夹叙夹议地对时事新闻进行了整理加工，以综述、评论等表达形式进行报道，这时报道者付出了自己的创造性劳动，应当享有著作权。

① 参见李明德、许超：《著作权法》，法律出版社2003年版，第29页。

历法指用年、月、日计算时间或节气的方法，主要分阳历、阴历。历法是已被人们公认的以科学为依据计算时间或节气的一种方法，人们运用这种方法都能计算出时间和节气，都能推算出某年某月某日是星期几，不用付出什么创造性劳动。因此，著作权法对其不予保护。这里需要注意的是，我们经常见到历法以配有人物摄影、山水画的挂历和配有生活小百科知识的台历等形式出现，这类挂历、台历则享有著作权。通用数表指人们普遍使用的含有一定数字并能反映一定关系的表，如元素周期表、三角函数表等。通用表格指人们普遍使用的为填写数字或者文字而按照一定项目绘制的表格。公式是指用数字符号表示几个量之间关系的因式。这四类都是人类在长期的生产生活中积累的对自然规律的认识，已经属于公知公用的事物，因此，著作权法不予保护。

绝大多数国家的著作权法对上述三种对象不给予保护。除此之外，有的国家还规定，作品若要获得著作权的保护，除了具备独创性外，还必须以一定的物质载体固定下来，否则就不给予著作权保护。按照这种标准，口述作品在这些国家就得不到保护。我国没有“固定”的要求，因而口述作品可以成为我国著作权法的保护对象。

第五章　著作权的取得、内容和期间

第一节　著作权的取得

一、实质要件

《著作权法实施条例》第2条规定："著作权法所称作品，是指文学、艺术和科学领域内具有独创性并能以某种有形形式复制的智力成果。"这一概念长期以来被知识产权法学学者作为论述作品概念的依据。按此，若构成一件作品，必须具备以下几个条件：属于文学、艺术和科学领域；具有独创性；具备一定的表现形式；可以复制。

在理解作品的构成要件时，笔者认为应当严格区分事实判断和价值判断。事实判断的着眼点在于，某一作品是否存在，它是否经由思想阶段、构思阶段而进入了表达阶段；而价值判断则反映了立法者的取向，其关注的问题是是否所有的作品都受著作权法保护，作品若要获得著作权保护，它必须具备哪些法律要件。笔者认为，独创性是作品获得著作权保护的要件，而不是作品的构成要件。把独创性作为作品获得著作权保护的要件，可以用来解释立法者的价值取向，也可以用来解释不同国家保护范围的不同。

独创性不是作品的构成要件，而是作品受著作权保护的要件，这一认识还可以在比较法上找到依据。多数国家的著作权法和国际公约在对作品进行界定时，都没有将独创性作为构成作品的一个条件，如《日本著作权法》第2条、《伯尔尼公约指南》第2条第1款。同时，有些国家明确规定，独创性是作品受保护的要件。如《美国著作权法》第102条（a）规定："以任何现在已知或以后出现的物质表达方式——通过此种方式可以直接地或借助于机械或装置可感知、复制或以其他方式传播作品——固定的独创性作品，受著作权保护。"显然，独创性是获得著作权保护的条件。

（一）独创性

作品属于文化领域，文化具有公共性、传承性。严格说来，任何一部作品的创作都依赖于前人的成果。因此，如何不将公有领域的东西划入私有的范畴是著作权法首先面对的问题。在这里，著作权法引入了“独创性”这一概念。需要注意的是，著作权法并不过问思想、感情是否具有独创性，它关注的只是某种思想、感情在某个时间是否进行了独创性的表达。

独创性也称原创性、初创性，要求作品由作者自己创作。这意味着“一件作品的完成应当是作者自己的选择、取舍、安排、设计、综合、描述的结果，既不是依已有的形式复制而来，也不是依既定的程式或程序（又称手法）推演而来。前者如对现有美术作品进行复制的临摹。后者如按照一定的顺序、公式或者结构完成的智力成果，像按一定的定律、公式或者会计制度经过对一系列数据的处理，表现为运算过程及其总结的一整套数据成果，当然是一项智力成果，但这种智力成果没有运算人的个人创造和设计，运算人付出的只是经过学习和训练的知识和能力，凡是经过同样训练和具备同样能力的人，只要其运算方法和过程不出现错误，所有人都会完成同样的成果”。①前者可以称为技艺性成果，后者可以称为机械性智力成果，都没有独创性。

独创性是创作的结果，而创作是一种直接产生文学、艺术和科学作品的智力活动。因此，为他人创作进行组织工作、提供咨询意见、物质条件或者进行其他辅助工作，不构成创作，也不产生独创性作品。创作是一种事实行为，未成年人的作品如果具备了独创性，同样也可以获得著作权的保护。

独创性和新颖性不同，前者是著作权保护的要件，后者是专利权保护的要件。依照著作权法上的独创性理论，即使和已有的作品近似甚至相同，如果事先没有接触，也可以认定为具有独创性的非抄袭的作品，巧合的作品同样受到著作权法保护；而按照专利法上的新颖性理论，即使是自己开发的技术方案，如果与已经获得专利权的方案近似或者相同，那么，也丧失了新颖性。显然，著作权法独创性的范围要宽于专利法新颖性的范围。独创性只要求作品是作者独立创作的，而新颖性则要求发明创造不仅是发明人自己开发的，还要求该发明不与他人已经获得专利保护的发明或者已经提交申请并且公布的发明重合。

（二）不违反法律的特别规定

有些作品尽管具备了独创性，但基于公共利益的考虑，法律仍然不给予保

---

①　刘春田主编：《知识产权法》，高等教育出版社、北京大学出版社 2007 年版，第 46～47 页。

护。如我国《著作权法》第4条、第5条规定的部分情形。

二、程序要件

程序要件指的是作品创作完成以后，是否需要附加其他条件或履行法律规定的程序才能取得著作权。目前，各国的做法不完全相同。

(一) 自动取得

按照这种取得方式，作品创作完成以后，著作权自动产生，无须履行任何手续。对自动取得原则而言，作品创作的完成是一个关键的时间点。完成包括全部完成和部分完成，只要一件作品能够表达作者一定的思想和感情，或者制品能够为人们所欣赏，就可以认定为完成。

自动取得原则保护水平高，作品或制品一旦完成，不会因为任何人为因素而丧失著作权，因而能够更好地保护著作权人的利益。这一原则自1908年《伯尔尼公约》确定以来，为世界上大多数国家所采用。自动取得原则的缺点在于发生著作权纠纷时，确认著作权归属在技术上存在一定的困难。

(二) 固定取得著作权

在有些国家，如英国，作品创作完成以后，并不能自动取得著作权。它还要求作品必须以书面或者其他形式固定下来，才能获得著作权。固定取得著作权最大的好处是以后发生纠纷时，取证容易。当然，在很多情况下，作品的创作过程和固定过程是分不开的，如电影作品等。不过，有些作品的创作并不必然是固定下来的，如文学作品可以通过口述来创作、音乐作品可以通过演唱来创作、戏剧作品可以通过表演来创作。在这种情况下，这些作品由于没有满足固定要求，就不能获得著作权。①

(三) 加注标记取得著作权

加注标记取得著作权要求著作权的对象出版时须在每一复制件上加注著作权标记。美国法就要求本国作者在作品的复制件上加注著作权标记。《世界著作权公约》采纳了这种原则。按照《世界著作权公约》的规定，著作权标记包括三项内容：(1) “不许翻版”、“著作权保留”、“著作权所有”之类的声明，或者将这种英文缩略语字母C（C是英文Copyright的缩写）的外面加上一个圆圈，如果是音像制品，则在字母P（P是英文Phonogram的缩写）的外面加上一个圆圈；(2) 著作权人的姓名或名称；(3) 著作权对象的出版年份。

---

① See Lionel Bently and Brad Sherman, *Intellectual Property Law*, Oxford University Press, 2004, p. 87.

如果未加注上述标记或未将上述标记载于适当位置就不能享有著作权。加注著作权标记简单易行，又是取得著作权的初步证据。因此，即使是采用自动取得方式的国家，也普遍在作品复制件上加注著作权标记。

我国《著作权法》实行的是自动取得，作品创作完成之后，无须履行任何手续，即可取得著作权。此外，我国版权局还颁布了《作品自愿登记办法》，对作品实行自愿登记制度。这种登记仅具有初步证据的作用，并不是取得著作权的法定条件。

第二节　著作人身权

著作人身权指的是作者依法享有的以人身利益为内容的权利，与著作财产权相对。其对应的英文为“moral rights”，“personal rights”。它直接反映了作者与作品之间的不可割裂的“血缘”关系。通常情况下，著作人身权由作者享有。著作人身权具有以下几个特点：（1）法人和非法人团体在一定条件下可以被视为作者，因而，法人和非法人团体也可以享有著作人身权；（2）著作人身权具有较强的专属性，大部分情况下，不得转让、继承或者放弃；（3）著作人身权与民事权利中的其他人身权相比存在着一定的差异。著作人身权基于文学艺术作品的创作这一法律事实，而民事权利中的其他人身权依赖于民事主体的出生与生命延续。①《著作权法》第10条规定了发表权、署名权、修改权、保护作品完整权四项著作人身权。

一、发表权

发表权是决定作品是否公之于众的权利，即作者决定作品是否公之于众、何时何地以何种方式公之于众的权利。公之于众指的是将作品置于公众所知的状态，至于公众是否实际上已经知悉或关注被发表的作品，在所不问。同时，公之于众指的是向不特定的多数人公开，而不是作者将自己的作品提供给家属、亲友或向某些专家请教。发表权有以下几个特点。

1. 发表权是一次性的权利。一件作品创作完成之后，只要以符合法律规定的方式公开，置于为公众所知的状态，即行使了发表权。同一作品不存在再

① 参见刘春田主编：《知识产权法》，高等教育出版社、北京大学出版社2007年版，第64页。另参见冯晓青：《著作权法通论》，中南工业大学出版社1993年版，第118～119页。

次甚至反复行使发表权的情形。

2. 发表权与著作财产权密切相关，但它本身没有财产内容。发表权通常不能单独行使，需和其他著作财产权一并行使。通常情况下，作者不可能在将其他财产权转让出去的情况下，自己还保留发表权。因此，有人认为，发表权属于财产权，或者兼具人身权与财产权两种性质。的确，发表权与作品的使用密切相关，不发表作品而以复制、发行等方式使用作品是不可能的。但是，与财产权同时行使并不表明其本身就是财产权。发表权的重点是是否公之于众。如果作者单独行使发表权而不行使具体的财产权，很难说此发表行为是行使财产权利，如在公众集会上发表演讲等。著作权法在规定发表权时，很多情况下作了不同于其他人身权的处理，是从有利于作品的传播来考虑的，但并不是说它具有财产内容。①

3. 发表权可以由他人代为行使。发表权专属于作者，通常不能转让，由作者行使。但由于发表权的重点是作者发表或不发表作品的决定，因此，他并不需要自己亲自行使，由他人代为行使亦可。《著作权法实施条例》规定，有些情况下，发表权可以由作者以外的人代为行使：第一，作者身份不明时，发表权由作品原件的合法持有人行使。第二，作者生前未发表的作品，如果作者未明确表示不发表，作者死亡后50年内，其发表权可由继承人或者受遗赠人行使；没有继承人又无人受遗赠人的，由作品原件的合法持有人行使。第三，电影作品和以类似摄制电影的方法创作的作品的发表权由其制片者行使。第四，著作权（署名权除外）由法人或者非法人团体享有的职务作品的发表权由该单位行使。②

4. 发表权的行使有可能与他人的肖像权、隐私权相冲突。如以肖像和人体为主要内容的美术作品或摄影作品，未经有关第三人的许可而发表，就会与该第三人的肖像权或隐私权相冲突。要发表这类作品，通常应当取得肖像权、隐私权主体的许可。③

二、署名权

署名权是表明作者身份，在作品上署名的权利，它最早被确定在《伯尔

---

① 参见姚红主编：《中华人民共和国著作权法释解》，群众出版社2001年版，第84页。

② 参见张玉敏主编：《知识产权法学》，法律出版社2005年版，第99页。

③ 参见刘春田主编：《知识产权法》，高等教育出版社、北京大学出版社2007年版，第64页。

尼公约》第6条之二的第1款中。其内容一般认为包括下列几项：（1）作者有权要求确认其作者身份。（2）作者有权决定在作品上署名的方式，如署真名、假名或者不署名等。署假名或者不署名是署名权的行使方式之一，不等于作者没有或者放弃署名权，也不等于没有或者放弃作者身份。在作者为多人的情况下，署名的方式还包含对署名的顺序的安排。在实践中因署名顺序发生的纠纷，有约定的按约定确定署名顺序，没有约定的，可以按照创作作品付出的劳动、作品排列、作者姓氏笔画等确定署名顺序。（3）作者有权禁止他人在自己的作品上署名，这是最常见的抄袭行为。（4）署名权的内容还要求他人在使用作者的作品时，应当署上作者的姓名。《著作权法》规定，在一般情况下，使用他人的作品，应当指明作者姓名、作品名称，但是，当事人另有约定或者由于作品使用方式的特性无法指明的除外。

一般情况下，公众靠作品上的署名来推断作者的身份，但如果出现了有利的证据，能够证明没有署名的人是真正的作者，这时，就应当按照创作的实际情况而不是按照署名来决定作者的身份。

三、修改权

修改权是自己修改或者授权他人修改作品的权利。这里讲的修改，是对作品内容作局部的变更以及文字、用语的修正。它不同于改编，后者是指在不改变作品基本内容的情况下，改变作品的表达形式或用途。随着时间的推移，作者的观点、思想可能发生相应的改变，社会观念的更新和科学技术的发展也可能要求对以前的作品作相应的修正。因此，为了使作品能够最完整、最真实地反映作者最新的思想和观念，满足社会的需要，法律允许作者对其作品进行修改。修改权表现为两方面：作者有权修改作品或授权其他人修改其作品，同时作者也有权禁止他人未经许可而修改自己的作品。

修改权是作者的专属权利。修改与否、怎样修改以及是否授权他人修改，都应根据作者的意愿来确定。作者是自然人的，其死亡后，继承人不能继承行使。法人或者其他组织视为作者的，其变更、终止后，其权利义务的承受人也不能行使修改权。但是，有些情况下，原作本人无法对作品进行修改，出于维护社会公共利益的需要，修改权可以由他人代为行使。

四、保护作品完整权

保护作品完整权是保护作品不受歪曲、篡改的权利，它与修改权是一个问题的两个方面。侵犯保护作品完整权通常表现为两种情形：其一，作品本身遭到改动，如对美术作品进行了切割，改变了作品的主题；其二，作品本身并未改变，但对作品进行了其他使用（如将用于公益广告的美术作品改做商业目的），从而损害了作者的名誉与声望。需要注意的是，如果作品本身没有被改动，在认定某行为是否侵犯了保护作品完整权时，应当以该行为损害了作者的名誉或者声望为要件。

修改权和保护作品完整权并不是绝对的，在某些情况下，它们的行使要受到一定的限制。按照我国《著作权法》和其他国家的惯例，在下述情况下，不应认为侵害了作者的修改权和保护作品完整权：第一，出版者为刊载需要，对作品作文字性修改、删节；第二，为教学目的不得已对作品的用词、用语所作的改动；第三，著作权人许可他人将作品摄制成电影作品和以摄制电影的方法创作的作品的，视为已同意对其作品进行必要的改动；第四，建筑物的所有人或管理人为了改建、修缮、扩建建筑物而进行的必要改动；第五，为计算机硬件的正常运转或者为版本升级而对计算机软件所作的必要改动；第六，被许可使用人在未改变主题的情况下，对美术作品、摄影作品载体尺寸、大小进行的改动；第七，按照作品的性质、使用目的或者按照诚信原则不得已对作品进行的其他改动。①

五、收回权

除上述内容外，有的国家还规定了作品的收回权。收回权是指作者在具备正当理由的前提下，有权以赔偿使用者的损失作为条件，收回已经发表的作品，有权禁止他人复制发行其已经表示收回的作品。这里的收回是指作者因思想观念的改变、作品内容不当而产生不良影响或有其他正当事由，收回已经发出的使用作品的许可或不再继续发出使用作品的许可，以停止使用者对作品的使用和传播，而并非将已经流入公众手中的作品原件、复制件全部收回。②法国法规定了该权利。从法律对作者权利的尊重和保护原则出发，可以从对发表权的补充推知作者在理由正当的前提下收回自己的作品，并不违背著作权法。

六、作者死后人格利益的保护

《伯尔尼公约》第6条之二规定："不受作者财产权的影响，甚至在上述财产权转让之后，作者仍保有主张对其作品的著作者身份的权利，并享有反对

① 参见李雨峰：《保护作品完整权的重构》，载《法学论坛》2003年第1期。
② 参见张玉敏主编：《知识产权法学》，法律出版社2005年版，第103页。

对上述作品进行任何歪曲或割裂有而损于作者声誉的权利（前款）。根据前款给予作者的权利，在其死后至少应保留到财产权期满为止，并由向之提出保护要求的国家的本国法所授权的人或机构行使。”我国《著作权法实施条例》第15条规定：“作者死亡后，其著作权中的署名权、修改权和保护作品完整权由作者的继承人或者受遗赠人保护。著作权无人继承又无人受遗赠的，其署名权、修改权和保护作品完整权由著作权行政管理部门保护。”显然，作者的人格利益在其死后仍受保护。

需要注意的是，日本著作权法在规定保护作者死后人格利益的同时，为了维护公共利益，促进作品的利用，规定了一定的但书，以期在权利人和利用人之间达成平衡。《日本著作权法》第18条规定：“依其行为的性质及程度、社会变动及其他情事，认为不违反该作者的意思者，不在此限。”这一但书的内容值得我们借鉴。

第三节　著作财产权

著作财产权可分为复制权、演绎权和传播权三类内容。摄制权、改编权、翻译权等属于演绎权；发行权、出租权、展览权、表演权、放映权、广播权、信息网络传播权等属于传播权。《著作权法》没有采用财产权分为三大类的办法，而是对著作权的内容进行了详细列举。《著作权法》第10条第1款规定，著作财产权包括复制权、发行权、出租权、展览权、表演权、放映权、广播权、信息网络传播权、摄制权、改编权、翻译权、汇编权，除此之外还规定了一个兜底条款。

一、复制权

复制权是著作财产权中最基本的内容。按照我国《著作权法》的解释，复制权是指以印刷、复印、拓印、录音、录像、翻录、翻拍等方式将作品制作一份或者多份的权利。这里的录音是狭义的机械复制，如对他人的演讲等口述作品进行录音等。将音乐作品制作成唱片等，制作过程比较复杂，不属于这里的“录音”。除了列举的这七种复制形式之外，还包括下列复制方式：手抄、光盘复制、计算机扫描、网络作品下载等。常见的复制行为包括以下类型：（1）从平面到平面的复制，如印刷、复印、拓印、翻拍等；（2）从无载体到有载体的复制，如将口述作品录音；（3）从立体到平面的复制，如对雕塑作品进行拍摄并且该拍摄行为无独创性；（4）从立体到立体的复制，如完全按照一建筑作品、建筑作品的模型建造另一建筑物，对雕塑进行放大或缩小。

修订前的《著作权法》将临摹视为复制的一种，但2001年修订《著作权法》时则将其删去。一种看法认为，临摹类似于写生，是一种“非接触性”地再现他人作品的行为，不能一概而论，要具体情况具体分析：如果临摹者在临摹的过程中有创造性的智力劳动，应对有创造性的部分享有著作权，侵害的只是原作的演绎权；如果临摹者在临摹的过程中并没有创造性的智力劳动，这种临摹应属于复制。另一种看法认为，临摹是一种技艺性智力成果，它既是技艺的学习，也是技艺的运用过程，无论临摹的水平多高，其产生的作品也是复制品。当然，如果在临摹的时候，临摹者注入了自己的取舍和安排，那么其结构就是临摹与创作的结合，就构成了演绎作品，而不是单纯的临摹品。但不能将临摹说成是创作，因为临摹和创作是两个不同的概念。①笔者同意后者的观点。

二、发行权

发行权是指以出售或赠与方式向公众提供作品的原件或复制件的权利。发行权的行使往往与复制权的行使联系在一起。复制是为了发行，发行是复制的必然结果。在我国，复制和发行共同构成了出版。《著作权法》所规定的发行权主要有以下几个特点：其一，发行作品的方式为出售或赠与；其二，发行的对象为不特定的公众；其三，发行的客体包括作品的原件和复制件。

与发行权密切相连的是“发行权穷尽”原则。“发行权穷尽”原则又称为“首次销售”原则，其基本含义是指著作权人将作品的原件或复制件提供给公众后，著作权人即失去了对这些原件或复制品的控制权，他人可以自由地再次出售，而不构成对著作权人的侵权。德国、美国、奥地利等国著作权法对此都有规定。我国《著作权法》对此虽没有明文规定，但应作如此解释。

三、出租权

2001年修改的《著作权法》增加了出租权的内容，它是指有偿许可他人临时使用电影作品和以类似摄制电影的方法创作的作品及计算机软件的权利。

对于出租权，有两个需注意的问题：其一，出租权的对象仅是电影作品、以类似摄制电影的方法创作的作品、计算机软件，对于其他作品，著作权人不

① 参见刘春田主编：《知识产权法》，高等教育出版社、北京大学出版社2000年版，第38、58页。

享有出租权。其二，计算机软件不是出租的主要标的的，软件著作权人不能对其享有出租权。例如，出租一台装有计算机程序的计算机，该计算机是出租的主要标的，而装入的程序并不是出租的主要标的，这时，软件著作权人不能对其享有出租权，既不能禁止出租人的出租行为，也不能向承租人收取租金。

出租权是著作权人的财产权利，经常有人将其误解为出租店的权利。事实上，如果出租电影作品的出租店在对外出租时根本没有获得权利人的许可，那么它不但没有出租权，反而构成了侵权。

四、展览权

展览权是指公开陈列美术作品、摄影作品的原件或者复制件的权利。这里的美术作品，包括绘画、版画、漫画、卡通、素描、书法、字型绘画、雕塑等；摄影作品包括照片、幻灯片及其他以摄影的方法创作的作品。一般情况下，作品原件的价值高于复制件的价值，但有些复制件也具有相当的艺术造诣和展览价值，所以，作品的原件和复制件都可以成为展览的对象。

展览的地点可以是任何适合公开展示的场所，如美术馆、博物馆、陈列馆等专门场所，也可以是书店、橱窗、街头、公园等地。展览的目的是供不特定的多数人欣赏，仅供家庭或单位内部少数人欣赏，不构成著作权法上展览权规制的范围。可见，展览的关键在于向不特定的多数人公开。展览权的设置意在向公众展示作品获取财产收益。它不受时间、地点的限制，只要条件适当，公众对作品的展示有社会需求，作为著作财产权的展览权就可以多次行使，反复行使。①这也是它和发表权的重要区别。

展览权一般由著作权人享有。但是，根据我国《著作权法》第 18 条的规定，美术作品原件所有权的转移，虽然不影响著作权人的其他权利，但是作品原件的展览权却转移给原件的所有人。显然，该权利受到了相当程度的限制。这样规定是为了解决作品原件的所有权与著作权的冲突，便于当事人行使权利，便于作品的利用。当然，原著作权人对美术作品和摄影作品的复制件还享有展览权。

五、表演权

表演权是指公开表演作品，以及用各种手段公开播送作品的表演的权利。

① 参见刘春田主编：《知识产权法》，高等教育出版社、北京大学出版社 2007 年版，第 72 页。

“公开表演作品”也被称为活表演、现场表演或者直接表演，是指演员直接或者借助技术设备以声音、表情、动作公开再现作品，如演奏乐曲、上演剧本、朗诵诗词等。公开演出包括公开上演、公开演唱和公开演奏三部分。公开上演是以演技、舞蹈方法向现场公众传达作品的内容，如将剧本在舞台演出、将舞谱在舞台演出等；公开演唱是以歌唱方法向现场公众传达作品的内容，如唱歌；公开演奏是以弹奏乐器的方法向现场公众传达作品内容，如以钢琴、吉他等乐器弹奏音乐。

“用各种手段公开播送作品的表演”指的是机械表演，也称间接表演，是指借助录音机、录像机等技术设备将自然人的表演公开传播，即以机械方式传播作品的表演。使用录放设备公开播送录有表演的唱片、录音带、录像带等都属于机械表演，如宾馆、饭店、商店、歌舞厅为吸引顾客播放音乐、歌舞表演等。使用有线广播传播作品的表演也是机械表演。①《伯尔尼公约》规定，表演权的对象是文学作品、音乐作品和戏剧作品。

机械表演的范围在我国规定得比较广泛，但不包括广播电台和电视台的无线播放，也不包括电影作品的放映，前者属于作品的广播权，后者属于作品的放映权。②《伯尔尼公约》关于表演权的解释也排除了广播电台和电视台对作品的无线播放。③

六、放映权

放映权是指通过放映机、幻灯机等技术设备公开再现美术、摄影、电影和以类似摄制电影的方法创作的作品等的权利。

关于放映权的适用对象，各个国家的规定不完全一致。我国与德国的规定较为相似，其适用范围包括：电影和以类似摄制电影的方法创作的作品，美术和摄影等能够放映的其他作品。但是，很多国家的法律规定，放映权仅适用于电影和以类似摄制电影的方法创作的作品，如英国、美国、意大利等。

放映权与表演权不同，表演权是公开表演作品和播送作品的表演的权利。其第一项内容强调的是作品的“表演”。放映电影等则不是表演作品，也不是

① 参见姚红主编：《中华人民共和国著作权法释解》，群众出版社2001年版，第92页。

② 参见姚红主编：《中华人民共和国著作权法释解》，群众出版社2001年版，第95页。

③ 参见《保护文学艺术作品伯尔尼公约指南》，刘波林译，中国人民大学出版社2002年版，第53页。

播送作品的表演，因为电影等本身就是作品，放在表演权中不符合逻辑的要求，我国、德国等将其规定为一项独立的权利。

七、广播权

广播权是指以无线方式公开广播或者传播作品，以有线传播或者转播的方式向公众传播广播的作品，以及通过扩音器或者其他传送符号、声音、图像的类似工具向公众传播广播的作品的权利。广播权又称为播放权，但由于播放主要是通过广播形式传播，所以一般称为广播权。广播权包括几层内容：第一，以无线方式公开广播或者传播作品，一般是指通过无线电台、电视台或者其他无线方式传播；第二，将电台、电视台广播的作品通过有线方式传播或者转播；第三，通过扩音器等工具传播电台、电视台广播的作品。显然，第一层含义是无线方式；第二层含义是有线方式，但它不是以有线方式直接传播作品，而是将电台、电视台广播的作品通过有线方式传播或者转播；第三层含义是通过扩音器等媒介的传播，也不是直接传播。因此，以有线方式直接传播作品并不包括在著作权的广播权中。我国广播权的内容直接来源于《伯尔尼公约》第 11 条之二的第 1 款。

八、信息网络传播权

信息网络传播权是指以有线或者无线方式向公众提供作品，使公众可以在其个人选定的时间和地点获得作品的权利。与广播不同，信息网络传播使得公众可以在自己选定的时间和地点获得作品，如在互联网上阅读作品、观看影片、收听音乐等。随着计算机通信等技术的发展，作品在网上传播与由此带来的纠纷越来越多，为了适应这种状况，世界知识产权组织于 1996 年 12 月 20 日通过了《世界知识产权组织著作权条约》（WCT）。该条约第 8 条规定，在不损害《伯尔尼公约》有关条款规定的情况下，文学和艺术作品的作者应享有专有权，以授权将其作品以有线或者无线方式向公众传播，包括将其作品向公众提供，使公众在其个人选定的地点和时间可获得这些作品。将作品通过网络向公众传播，属于著作权法规定的使用作品的方式，著作权人享有以该种方式使用或者许可他人使用作品，并由此获得报酬的权利。

“有线或者无线方式”限定了该项权利调整的范围，排除了非电子环境下的网络环境，如商品的销售网、连锁经营网，同时，也防止过窄地理解电子环境的概念。“信息网络传播”不仅指通常理解的因特网，而且包括一切符合该项权利要件的电子环境下的网络，如电话点歌服务等。“向公众提供作品”排除了个人之间的传播，如个人之间发送电子邮件等；同时，它只制止未经著作权人许可向公众提供作品的行为，如擅自将作品上网，而不追究在网上浏览，甚至将网上的作品下载到个人计算机上的行为。① “使公众可以在其个人选定的时间和地点获得作品”突出了与发行不同的三个特点：其一，个人获得作品不再受时间、地点的限制；其二，公众变被动为主动；其三，无须有作品的载体。

九、摄制权

摄制权也被称为制片权，是指以摄制电影或者以类似摄制电影的方法将作品固定在载体上的权利。摄制电影和以类似摄制电影的方法创作的作品包括将作品拍摄成电影故事片、电视剧等作品，但不包括将作品制作成讲课录像等录像制品。因为，在我国著作权法中，电影作品与录像制品是两类不同的对象。原则上讲，这项权利适用于一切作品，文字作品、音乐作品、舞蹈作品的作者都享有这项权利。

一旦作品的作者与制片人签订合同，同意将其作品摄制成电影作品，在电影作品摄制完成后，作者除享有署名和获得报酬的权利外，其他权利归电影制片人享有。而且，这时，视为著作权人已经同意对其作品进行必要的不构成歪曲篡改的改动。但是，作者对自己的创作部分，如电影作品的剧本、音乐等，仍享有独立的著作权。

《伯尔尼公约》第 14 条规定，摄制权包括了改编和表演的内容，因为，将一部作品拍摄成电影，首先要经过改编和表演。不过，我国《著作权法》单列了改编和表演，所以，在摄制权中不包括改编和表演。

十、改编权

改编权是指改变作品，创作出具有独创性的新作品的权利，它属于演绎权的范畴。改编作品一般是指在不改变原作基本内容的前提下，改变作品的用途和表现形式，创作出新的作品以满足不同的需要。因此，改编的特点有二：一是须以原作为基础；二是改编须有新意，二者兼备才可创作出独立的新作品。最常见的改编形式有：将小说改编成适于演出的剧本，改编成连环画，将作品扩写、缩写或者改写，虽未改变作品类型，只要创作出具有独创性的作品，也可以认为是改编。

改编权不同于改编者权，改编权是著作权人对原作进行二度创作的权利。

① 参见黄勤南主编：《新编知识产权法》，法律出版社 2003 年版，第 73 页。

改编者权是改编者经过二度创作后基于新的作品而产生的权利。改编者将作品经再度创作赋予新的形式，改编者对这种新的形式享有新的著作权。

十一、翻译权

翻译权是指将作品从一种语言文字转换成另一种语言文字的权利。翻译是在原作的基础上进行再创作，但是翻译必须忠实于原作，不得侵犯原作的著作权。翻译权适用于文字作品、口述作品、电影或者以类似摄制电影的方法创作的作品等所有以语言为其表现形式的作品。

翻译尽管是在他人已有作品的基础上进行的，但仍然需要翻译人的创作。无论是对原作的理解与判断，还是在完成新作品过程中的选择、取舍、组合等，都是一种独创性的劳动。因此，法律赋予翻译人对其表现形式以新的与原作同等的著作权。当然，由于翻译毕竟是对已有作品的再创作，新作中凝结的是原作与二度创作的双重劳动，在权利上也理应包含原作者与翻译者的双重利益。所以在保护翻译者利益的同时，也要保护原作者的著作权。比如，对英文翻译成中文的作品再作演绎创作，翻译成第三种语言文字，则不仅要取得中文的翻译者许可，还要受到原英文作者权利的制约。①

十二、汇编权

汇编权是指将作品或者作品的片段或者其他材料通过选择或者编排，汇集成新作品的权利。与改编不同，汇编并不改变被汇编作品的表现形式，只是为了某种目的将作品或作品的片段汇集起来。汇编成新作品，是指在选择或者编排上体现独创性，在整体上成为新作品，而不是指所编的原作品是新作品。所编原作可能是在汇编成的作品中第一次发表的，也可能在汇编以前就发表过，常见的汇编作品如报纸、期刊、作品集。需要注意的是，并不是所有的汇编作品都是行使汇编权而产生的，因为有些汇编作品是由不构成作品的数据或者其他材料所组成的。

多数国家明确或者暗示地承认了汇编权，《伯尔尼公约》第 2 条之二也有规定。基于汇编权，著作权人可以自己汇编，也可以授权他人汇编并获得报酬，任何人未经著作权人许可而汇编其作品或作品的片段的，除法律另有规定以外，均构成侵权。在没有规定汇编权的国家，如果未经作者许可进行简单的

① 参见刘春田主编：《知识产权法》，高等教育出版社、北京大学出版社 2007 年版，第 81 页。

汇编是侵害复制权的行为。

十三、应当由著作权人享有的其他权利

（一）注释权

注释权是指作者自己对作品注释或者授权他人注释的权利。注释通常是对晦涩难懂的经典作品或其他作品中的典故作比较通俗的解释。只有受著作权法保护的作品才享有注释权。对于超过保护期的作品，进行注释，无须取得任何人的同意。这些作品不享有注释权。注释人对其注释作品享有新的著作权。

（二）整理权

整理权是指作者自己整理或者授权他人整理作品的权利。整理权一般是对"内容零乱、层次不清"的有著作权的作品"进行条理化、系统化的加工"的权利。对古籍的校点、补遗并不构成这里的整理。整理权行使的前提是原作品享有著作权。基于这项权利，原著作权人可以自己或者授权他人整理原作品，或者禁止他人整理原作品。

改编、翻译、整理、汇编、注释等权利统称为演绎权，也有人称为改作权、改造权。需要注意的是，演绎权与演绎者的权利是不同的。享有演绎权的前提是原作品必须享有著作权，因而这些权利是原著作权人的权利；而对原作品（包括享有著作权的和不享有著作权的作品）进行演绎而产生的作品称为演绎作品，其著作权归属于进行演绎行为的人。当然，如果演绎的对象是享有著作权的作品，那么原著作权人也可通过行使演绎权对演绎人的行为进行控制。

（三）以有线方式直接公开广播或者传播作品的权利

我国《著作权法》关于广播权的定义严格遵循了《伯尔尼公约》第 11 条之二第 1 款的规定，即广播包括以无线方式广播作品和以有线方式间接广播作品，即传播"广播的作品"。其原因在于：（1）广播只包括无线电台和电视，不包括有线电视，广播本身的意思就是通过无线电波远距离传播声音或者图像，由公众接收；（2）有线传送或者说电缆传送不是广播，因为有线传送不是任何公众都能任意接收的，公众必须与有线传送者订立合同才能接收其传送的节目。由于电磁波的覆盖面、地形等原因，有些地区接收不到或者不能很好地接收电磁波信号，需要有线传送解决这一问题。①显然，设置有线传送最初只是为了更好地传播节目。但是，有线传送发生了很大的变化，不再仅仅传送

① 参见姚红主编：《中华人民共和国著作权法释解》，群众出版社 2001 年版，第 92 页。

无线电台、电视台的广播，它们开始自己安排或者制作广播节目，有的电视台很少或者根本不传送无线电台、电视台的广播。显然，有线电视台直接广播作品就与作者的著作权密切相关。因此，作者应当享有以有线方式直接公开广播或者传播作品的权利。

（四）按照设计图进行施工的权利

我国《著作权法》上的复制权的内容是狭义的，不包括从平面到立体的再现。但是，《伯尔尼公约》明文规定，保护建筑物及其建筑设计图。按照公约关于复制权的内容，依照工程设计图、产品设计图进行施工也构成复制权规制的内容。在对复制权采取广义含义的国家，如法国、英国、日本等，这一问题可以很容易地解决。为与公约保持一致，我国应当赋予工程设计图、产品设计图作者按照设计图进行施工的权利。

（五）技术措施的保护

技术措施是权利人在数字技术与网络环境下采用的，有效控制他人接触和破坏其控制领域的设备、产品或方法。技术措施尽管不是在计算机网络发展起来以后才出现的，但是网络的发展确实促进了技术措施的广泛采用。在实践中，技术措施多种多样，但主要包括控制访问的措施和控制使用的措施。

技术措施是权利人为防止自己的作品被他人擅自接触与使用而采用的，如反复制设备、电子水印、数字签名或数字指纹技术等。但这些措施往往被使用人所破解。破解技术措施的行为可分为两类：一是既擅自破解了他人采取的技术措施，又直接实施了侵害著作权的行为；二是制造、销售破解技术措施的装置或者提供破解技术措施的服务，但并未直接侵害著作权。对于第一类行为，适用著作权法进行制止并无困难。对于第二类行为，2001 年修订之后的《著作权法》作出了明确规定。该法第 46 条（6）规定，故意规避权利人为保护作品、录音录像制品等采取的保护权利的技术措施的，也是侵权行为。

（六）权利管理信息的保护

权利管理信息是指标示作品、作品的作者、作品的其他权利人或者关于使用作品期限和条件的信息，以及代表这些信息的代码。这些信息中的任何一项需要附加于作品复制件上或者当作品向公众传播时显现出来。

WCT 第 12 条规定，破坏权利管理信息的行为主要包括：（1）删除、改动权利管理信息的行为；（2）发行、进口、广播、向公众传播权利管理信息已经被擅自删除或者改动的作品或者作品复制件的行为；（3）提供或者散布虚假权利管理信息的行为。我国《著作权法》第46条（7）仅规定了上述三种情况的第一种情况，而对第二、第三种情况未予规定。

第四节　著作权的期间

一、著作权期间的两种起算方式

著作权的期间是著作权人对权利对象享有专有权的时间界限。在这一界限内，著作权受法律的保护，期限一旦届满，对象即进入公有领域，不再受法律的保护，任何人都可以自由地、无偿地加以利用。规定一定的保护期，是协调著作权人和社会公众利益的结果。

著作权期间的计算方法有两种立法例：一是死亡起算主义，即著作权的期间为作者终生加死后的若干年限，该立法例的起算日期并非作者死亡的确切时间，而是从死亡之年年末或翌年年初起计算，大多数国家采用这种立法例；二是发表起算主义，即著作权从作品发表之年年末或者翌年年初起的若干年限内受到法律保护，与作者生存与否无关。我国《著作权法》兼采这两种立法例。权利主体是自然人（摄影作品除外）的，其作品的著作财产权和发表权的保护期的规定采死亡起算主义，权利主体是法人的，其作品和部分特殊作品的著作财产权和发表权的保护期的规定采发表起算主义。

二、著作权的保护期间

（一）人身权利

《著作权法》第20条规定，作者的署名权、修改权、保护作品完整权的保护期不受限制。这并不意味着，作者死亡或消灭之后还享有这三项精神权利。民事主体能够享有民事权利的前提是具有民事权利能力，而民事权利能力因其死亡而消灭。法律如此规定的目的在于保护作者在死亡或消灭后的人格利益，是基于公益目的的考虑。作者生存期间，署名权、修改权、保护作品完整权由其自己保护；作者死亡后，这些人身权利由其继承人或受遗赠人保护；著作权无人继承又无人受遗赠的，这些权利由著作权行政管理部门保护。继承人、受遗赠人和著作权行政管理部门只能消极行使上述权利，即只能制止他人的不法行为，而不能积极行使这些权利。同样，法人或者其他组织的署名权、修改权和保护作品完整权也没有时间限制，当法人或者其他组织变更、终止时，这三项人身权利由承受其权利义务的法人或者其他组织保护，没有承受其权利义务的法人或者其他组织的，由国家进行保护。

自然人的作品，其发表权的保护期为作者终生加死后50年，截止于作者死亡后的第50年的12月31日。作者生前未发表的作品，如果作者未明确表示不发表，作者死亡后50年内，其发表权可由继承人或者受遗赠人行使；没有继承人又无受遗赠人的，由作品原件的合法所有人行使。

《著作权法》第21条第2款、第3款规定，法人或者其他组织的作品、著作权（署名权除外）由法人或者其他组织享有的职务作品、电影作品和以类似摄制电影的方法创作的作品以及摄影作品的发表权的保护期为50年，截止于作品首次发表后第50年的12月31日，但作品自创作完成后50年内未发表的，不再保护。这里显然采用的是发表起算主义，这就产生了一个悖论：发表权是一次性权利，一旦行使即不复存在，何来保护50年？对该规定的理解应着重于后一部分，即对上述作品在50年内未发表的，权利人丧失发表权，也就是说，这些作品发表权的期间是从创作完成之日起算。①

（二）财产权利

根据《著作权法》的规定，自然人的作品（摄影作品除外），其著作财产权的保护期原则上采死亡起算主义，即为作者终生及其死后50年，截止于作者死亡后第50年的12月31日；如果是合作作品，期间截止于最后死亡的作者死亡后第50年的12月31日。该期间是固定的，与作品是否发表及何时发表无任何关系。

法人或者其他组织的作品、著作权（署名权除外）由法人或者非法人单位享有的职务作品，其著作财产权的保护期原则上采发表起算主义，即截止于作品首次发表后第50年的12月31日，但作品自创作完成后50年内未发表的，不再保护。

《著作权法》第21条规定，自然人作品著作财产权的保护期原则上采死亡起算主义，法人作品著作财产权的保护期原则上采发表起算主义。同时又规定了一定的特例：电影作品和摄影作品，无论其归属于自然人还是法人，其财产权利的保护期均采发表起算主义，即保护期截止于作品首次发表后第50年的12月31日。

作者身份不明的作品，著作财产权的保护期采发表起算主义，即截止于作品首次发表后第50年的12月31日。作者身份一旦确定，则适用一般自然人

① 参见张玉敏主编：《知识产权法学》，法律出版社2005年版，第129页。

作品的著作财产权保护期间。之所以采用发表起算主义，原因在于，作者身份不明，无法确定作者的死亡时间，采用发表起算主义是不得已的选择。

第六章　著作权的主体

第一节　著作权主体的概念与分类

一、著作权主体的概念

著作权的主体，即著作权人，是指依照著作权法对文学、艺术和科学作品享有著作权的人。著作权的主体从动态的角度看，是著作权的归属。本章讲述的主要是著作权的原始主体，著作权的继受主体纳入著作权变动部分讨论。著作权的主体和作者是两个不同的概念。作者基于创作作品的身份而获得著作权，是事实判断；而著作权主体著作权的获得依赖于法律的规定，反映了立法者的价值取向。并不是在任何情况下，创作了作品的人都是著作权的主体。尽管理论界对作者是否包括法人或者非法人单位存在争议，但是，在著作权主体包括法人或者其他组织这一点上没有任何疑问。根据我国著作权法，著作权的主体不仅包括创作作品的作者，也包括法人和非法人组织，在特殊情况下，还包括国家。

二、著作权主体的分类

（一）自然人、法人和其他组织

这是以主体的形态为标准进行的分类。自然人，包括中国人、外国人和无国籍人。创作是一种事实行为，它不要求创作人具有完全的民事行为能力。民法上的未成年人，属于无民事行为能力人或者限制民事行为能力人，也可以成为著作权的主体。因此，幼儿园的儿童可以因为绘画享有著作权。按照《民法通则》第37条的规定，法人应当具备四个条件：依法成立，有必要的财产或经费，有自己的名称、机构和场所，能独立承担民事责任。关于“其他组织”，1990年《著作权法》称为“非法人单位”，但2001年修改后的《著作权法》并没有对其范围进行界定。如果从谱系上看，“其他组织”应理解为

1991年《著作权法实施条例》中的“非法人单位”，即包括经核准登记的社会团体、经济组织和组成法人的各个相对独立的部门。但是，实践中一般认为，“组成法人的各个相对独立的部门”没有独立的人格，不是民事法律关系的主体，将“非法人单位”改为“其他组织”正是排除了这部分组织的民事主体资格。按照最高人民法院的司法解释，“其他组织”必须具备三个条件：（1）合法成立；（2）有组织机构；（3）有独立的财产。因此，那些仅持有《期刊出版社许可证》的编辑部、杂志社不属于“其他组织”，没有诉讼主体资格。①

对著作权主体进行这种划分的意义在于：（1）著作权保护期的起算时间不同。原则上，自然人的发表权和著作财产权，其保护期自创作完成开始保护，采死亡起算主义；法人和其他组织的发表权和著作财产权，其保护期也自创作完成开始保护，但采发表起算主义。（2）确定诉讼主体资格。任何自然人都可以成为著作权案件的诉讼主体，但有些组织却不能。

（二）原始著作权人和继受著作权人

这是以权利取得的方式为标准进行的分类。原始著作权人是直接依照著作权法的规定，对创作的作品享有著作权的人。作者为主要的原始著作权人。此外，职务作品的雇主和委托作品的委托人，有时也可以成为原始主体。继受著作权人是通过继承、受遗赠、受让、受赠等方式而获得著作权的人。继受著作权人的权利来自原始著作权人的权利。

对著作权主体进行这类划分的意义在于：享有权利的范围不同。原始著作权人可能享有完整的著作权，而继受著作权人则不能拥有完整的著作权。比如，人身权利只能由作者这种原始著作权人享有。

（三）本国著作权主体和外国著作权主体

这是以国籍为标准进行的分类。本国著作权主体指具有本国国籍的自然人、法人或者其他组织。外国著作权主体指不具备中国国籍的外国人和无国籍人。

著作权法上将主体划分为本国主体和外国主体的意义在于：对他们的作品保护的条件不同。本国主体的作品自创作完成时受著作权法保护。外国主体的作品若受著作权法的保护，必须满足特定的条件，如其所属国或者经常居住地国与中国共同参加了国际条约，或者与中国签订了保护著作权的双边协定，或

① 参见陈锦川：《2002年北京高级人民法院著作权案例要点及评析》，载《知识产权办案参考》(6)，中国方正出版社2003年版，第6~7页。

者其作品首次在中国出版等。

（四）作者和其他主体

这是以是否参与了直接创作为标准进行的分类。作者是直接创作作品的自然人。另外，由法人或者其他组织主持，代表法人或者其他组织意志创作，并由法人或者其他组织承担责任的作品，法人或者其他组织视为作者。其他主体是指依照著作权法享有著作权的公民、法人或其他组织，包括通过继承、赠与、委托关系获得著作权的自然人；依照法律规定或者通过委托合同、职务合同获得著作权的法人或者其他组织。

著作权法将著作权主体分为作者和其他主体的意义在于：他们享有的权利的完整性不同。作者可以享有完整的著作权，而其他主体不能享有完整的著作权。例如，因继承、转让而成为著作权主体的人不能享有基于作品而产生的人身权利。

第二节 著作权的原始归属

一、著作权原始归属的原则

我国著作权法实行自动保护原则，作品一经创作完成，著作权即自动产生。因此，著作权原则上属于作者，但是著作权法另有规定的除外。

（一）作者的概念和条件

《著作权法》第11条第2款规定，作者是直接创作作品的自然人。通常认为，作者应具备两个条件：第一，作者只能是具有直接的思维能力的自然人；第二，作者必须实际创作了作品。创作是设计并完成文学艺术形式的行为，是从构思到表达完成的过程。创作必须是直接产生文学艺术和科学作品的智力活动，而不包括为他人创作进行组织工作，提供咨询意见、物质条件，或者进行其他辅助活动。

（二）拟制作者

《著作权法》规定，原则上，只有自然人才可以作为作者，但是，在某些情况下，法人和其他组织可以被视为作者，即拟制作者。这是一种立法技术的选择。然而，法人和其他组织只有符合法定的条件，才可以视为作者。具体而言，法人或其他组织在具备下列条件时，才被视为作者：第一，由法人或者其他组织主持创作，即代表法人或者其他组织的人员负责组织该项创作，而不是由该法人或者其他组织的工作人员自发进行；第二，创作思想和表达方式代表、体现法人或者其他组织的意志，一般是依法或者按照章程体现出来；第三，由法人或其他组织承担责任，而不是由执笔人负责。常见的拟制作者的作品有政府工作报告、大型百科全书、单位工作总结等。

（三）作者的推定

《著作权法》第 11 条第 4 款规定，作者的认定实行推定原则，即如无相反证明，在作品上署名的自然人、法人或者其他组织为作者。作者的署名包括自然人的姓名和法人等团体的实际名称，还包括艺名、简略名称等。署名的通常方式以作品的种类、作品的利用形态等确立的习惯而定。在没有确立通常习惯时，应当考虑经济技术因素对署名的影响。进入数字时代以后，作者在作品上的信号、记号等可以机读的方式识别的，也应当包括在作者署名的范围内。WCT 第 12 条规定，缔约各方应对未经许可去除或者改变权利管理电子信息的行为加以规制，而权利管理信息是指识别作品、作者、作品的任何权利的所有人、有关使用该作品的期限和条件的信息以及代表此类信息的任何数字或者代码。《著作权法》第 47 条第 7 项也作了类似规定。

当然，如有相反证据证明署名的人非为作者或者真正作者未署名的，应当根据证据进行认定。

二、法律的特别规定

《著作权法》第 11 条对著作权的原始归属作了原则性规定之后，又具体明确了某些特殊作品的著作权归属。

（一）演绎作品的著作权归属

演绎作品是改编、翻译、注释、整理已有作品或者其他材料而产生的新作品，又叫派生作品。构成演绎作品，并不要求被演绎的对象是著作权保护的作品。演绎作品的著作权，归属演绎人。如果被演绎的对象享有著作权，那么应满足以下条件：第一，演绎人在利用原作品时，必须经过被演绎的作品的作者的许可；第二，演绎作品的著作权虽然是完整的，但不是独立的，它在行使自己的著作权时不能侵害原作品的著作权；第三，他人如果使用演绎作品，那么就必须经过原作品作者和演绎作品之演绎人的双重授权。

（二）合作作品的著作权归属

合作作品是两人以上合作创作的作品。这里的两人可以是自然人、法人、其他组织的两两组合。但是，没有参加创作的人，不能成为合作作品的作者。认定合作作品，应当考虑下面三个因素：第一，合作作者之间应有共同创作某一作品的意思表示;①第二，在创作过程中，合作作者之间始终贯彻合作作者的意图，有意调整各自的创作风格和习惯，以便使他们的合作成果相互照应、衔接、协调和统一，达到整体的和谐；第三，每个合作作品所完成的文学艺术形式，应达到著作权法所要求的作品的标准。②

合作作品的整体著作权由合作作者共同享有。可以分割使用的合作作品，作者对各自创作的部分可以单独享有著作权，但行使著作权时，不得侵害合作作品整体的著作权，即准用民法上的“按份共有”。不能分割的合作作品，其行使由当事人协商一致，不能协商一致又没有正当理由的，任何一方不能阻止他方行使除转让之外的其他权利，但是所得的利益应当合理分配给其他所有合作作者，即准用民法上的“共同共有”。无论是可以分割使用还是不能分割使用的合作作品，合作作者之一死亡后，其对合作作品享有的财产权利，无人继承又无人受遗赠的，都由其他合作作者享有。

（三）汇编作品的著作权归属

汇编作品是对若干作品、作品的片段、不构成作品的数据或者其他材料，在内容方面进行独创性的选择或者编排而产生的新作品。汇编作品分为集合作品和事实作品。集合作品是汇编若干作品、作品的片段而形成的作品，至于其中的作品或者作品的片断是否享有著作权在所不问，如报纸、期刊、百科全书、论文集等；事实作品又称数据汇编，是将不受著作权法保护的数据或者事实汇集在一起而形成的作品，如数据库作品。

汇编作品的整体著作权属于汇编人。汇编人多为自然人，如果自然人的汇编行为构成了职务行为以致形成了职务作品，那么其著作权归属就按照职务作品著作权归属的规定处理。如果被汇编的是享有著作权的作品，那么应注意：第一，汇编人在利用原作品时，必须经过被汇编作品的著作权人许可；第二，存在被汇编的作品的著作权和汇编作品的著作权两个著作权，他人如果利用其中的某个作品，就必须取得该作品之著作权人的许可，如果他要利用整个汇编作品，那么只要取得汇编作品著作权人的许可。如果被汇编的是不享有著作权的作品或者其他材料，汇编人仅就其设计和编排的结构或者形式享有著作权。

（四）电影作品和以类似摄制电影的方法创作的作品的著作权归属

电影作品和以类似摄制电影的方法创作的作品，简称电影作品。有学者认

① 参见冯晓青：《著作权法通论》，中南工业大学出版社 1993 年版，第 85 页。

② 参见刘春田主编：《知识产权法》，高等教育出版社、北京大学出版社 2007 年版，第 89 页。

为，这类作品称为视听作品更为合适。这类作品是利用技术手段将众多作者和表演者及其创作活动凝结在一起的复合体，多数作者的创作成果被融为同一个形式，除音乐、剧本、或者美术作品之外，其他人的创作成果都无法从视听作品的整体中分离出来。①《著作权法》规定，电影作品的作者包括导演、编剧、作词、作曲、摄影等人。

就电影作品的著作权归属而言，国外存在下列几种立法例：（1）这类作品的所有著作权一律归属制片人，目的在于保护投资人的利益。（2）这类作品的作者只能是参加创作的每一个自然人，如导演、编剧、作词人、作曲人、摄影师等，他们享有作品的原始著作权。但是，可以通过合同向制片人转让该作品的专有使用权。（3）将电影作品当做汇编作品来处理。（4）理论上这类作品的著作权归其创作者如导演、编剧等作者所有，制片者为邻接权人，而且，作者们的权利被视为自始已交给制片者行使，这种做法被称为“法定转让”制度。②

电影作品和以类似摄制电影的方法创作的作品的著作权由制片者享有，但编剧、导演、摄影、作词、作曲等作者享有署名权，并有权按照与制片者签订的合同获得报酬；电影作品和以类似摄制电影的方法创作的作品中的剧本、音乐等可以单独使用的作品的作者有权单独行使其著作权。由此可见，电影作品的整体著作权，除作者的署名权外，其他权利，包括人身权利中的修改权、发表权、保护作品的完整权和所有财产权利均归制片人所有；同时，这类作品中的剧本、音乐等作为该作品的组成部分也是相对完整的、可以单独使用的作品，其作者可分别享有著作权。

（五）职务作品的著作权归属

职务作品，是指自然人为完成法人或者其他组织工作任务所创作的作品，例如工程设计、工作总结、工作报告等。构成职务作品需要具备以下条件：第一，作者和所在单位之间具有劳动法律关系，这种劳动关系与一般的合同关系相比具有隶属性。这里的劳动关系是广义的，既包括劳动法上订有劳动合同的关系，也包括整个企事业单位经过聘任合同或者其他手续形成的劳动关系。第二，创作的目的是为了完成本单位的工作任务。工作任务是指自然人在该法人或者该组织中应当履行的职责。第三，对作品的使用应当属于作者所在单位工

---

① 参见刘春田主编：《知识产权法》，高等教育出版社、北京大学出版社 2007 年版，第 56～57、94～95 页。

② 参见张玉敏主编：《知识产权法学》，法律出版社 2005 年版，第 121 页。

作任务或者业务范围之内。

《著作权法》规定，职务作品的著作权归属分两种情况：

1. 通常职务作品的著作权属于事实作者，即自然人享有，单位在其业务范围内享有优先使用权。这类职务作品自完成起2年内（该2年自作者向单位交付作品之日起算），未经单位同意，作者不得许可第三人以与单位相同的方式使用该作品。另外，在这2年内作者自己也不得以与单位使用该作品相同的方式对其进行使用。也就是说，在这2年内作者自己或许可第三人以与单位不同的方式使用该作品是可以的，单位不能禁止。此种情况下，作者享有职务作品的著作权，但是其权利要受到单位的限制。为了保证职务作品的正常使用，职务作品完成2年内（该2年自作者向单位交付作品之日起算），经单位同意，作者许可第三人以与单位使用的相同方式使用作品所获报酬，由作者与单位按约定的比例分配。

2. 职务作品的作者仅享有署名权，其他权利由单位享有，单位可以给予作者奖励。这类职务作品有两种：（1）主要是利用法人或者其他组织的物质技术条件创作，并由法人或者其他组织承担责任的工程设计图、产品设计图、地图、计算机软件等职务作品。这里所说的物质技术条件，是指该法人或者该组织为公民完成创作专门提供的资金、设备或者资料。这些作品往往需要单位在资金、人员和物质上的大量投入，并且承担投资的风险，法律规定著作权归其所有，有利于单位收回投资。（2）法律、行政法规规定或合同约定著作权由法人或其他组织享有的职务作品。

（六）委托作品的著作权归属

委托作品是指受托人根据委托人的委托而创作的作品。委托作品与合作作品的区别在于：合作作品是由合作作者共同创作，而委托作品只由受托人创作，委托人并不参与。委托作品与职务作品的区别在于：职务作品产生于单位和作者之间的劳动法律关系，而委托作品的立约人双方并没有劳动法律关系。委托人与受托人之间订立的合同，可以采用书面形式，也可以采用口头形式。

《著作权法》规定，受委托创作的作品，著作权的归属由委托人和受托人通过合同约定。合同没有明确约定或者没有订立合同的，著作权属于受托人。

（七）美术作品原件展览权的归属

就美术等作品而言，它主要涉及两种权利：一是美术等作品的原件的所有人对作品原件所享有的所有权；二是美术等作品的著作权。二者是两种不同性质的权利，实际生活中也常常出现美术等作品原件与作品著作权人分离的情况。作品的原件仅仅是该作品的物质载体，一般而言，著作权的归属与作品载体所有权的转移无任何联系，因此美术等作品原件所有权的转移，不能视为作品著作权的转移。它适用于任何原件所有权可能转移的作品。但一概这样处理，对这些作品原件的展览就变得十分困难，因为在作品原件与作品著作权人分离的情况下，著作权人由于不享有作品原件所有权而无法行使展览权，作品原件的所有人享有原件的所有权却不能展览它，一方要展览作品的原件均需取得对方的同意，如不能取得对方的同意就不能对其进行展览。①美术作品的价值在很多情况下就无法实现。为此，我国《著作权法》第 18 条规定，美术作品原件的展览权由原件所有人享有。同时，展览权的对象既包括美术作品的原件，也包括复制件。因此，美术作品复制件的展览权仍然保留在著作权人手中。

（八）由他人执笔，本人审阅定稿并以本人名义发表的报告、讲话等作品的著作权归属

最高人民法院《关于审理著作权民事纠纷案件适用法律若干问题的解释》第 13 条规定，由他人执笔，本人审阅定稿并以本人名义发表的报告、讲话等作品，在属于法人或者其他组织被视为作者的作品的情况下，著作权由该法人或者其他组织享有，执笔人和本人均不能享有任何著作权；在这类作品不属于法人或者其他组织被视为作者的作品的情况下，著作权归报告人或者讲话人（本人）享有，执笔人不享有任何著作权，但根据具体情况，著作权人可以支付执笔人适当的报酬。

（九）当事人合意以特定人物经历为题材完成的自传体作品的著作权归属

最高人民法院《关于审理著作权民事纠纷案件适用法律若干问题的解释》第 14 条规定："当事人合意以特定人物经历为题材完成的自传体作品，当事人对著作权权属有约定的，依其约定；没有约定的，著作权归该特定人物享有，执笔人或整理人对作品完成付出劳动的，著作权人可以向其支付适当的报酬。"

① 参见张玉敏主编：《知识产权法学》，法律出版社 2005 年版，第 124 页。

第七章 邻 接 权

第一节 邻接权的概念

邻接权（neighboring rights），原意是相邻、相近或相关联的权利。在国际上是指表演者、录音制作者和广播组织所享有的权利。我国《著作权法》第1条称之为“与著作权有关的权益”。学术界称之为邻接权或著作邻接权。多数学者认为，与著作权基于作品的创作而产生不同，邻接权的产生基于对作品的传播。人们习惯上将艺术表演、录音制品的制作、广播电视的播放称为作品的传播，将表演艺术家、录音制品制作人、广播电视组织称为传播人。《罗马公约》将邻接权的内容界定为表演者权、录音制品制作者权、广播组织权。我国《著作权法》不仅保护录音制品，也将录像制品当做邻接权的保护对象。此外，还赋予出版者对其出版的图书、报刊的版式设计一定时间的专有权。另外，邻接权也并非都是依赖作品（无论作品是否享有著作权）而产生的权利。录音录像制作者对自然声音、景色的录制也可能会产生邻接权。因此，邻接权基于作品的传播而产生这种说法并不十分严密。

邻接权的产生是传播技术进步的结果。1877 年爱迪生发明留声机以前，要欣赏他人的表演，必须到表演者所在的现场。但产生留声技术和其他录音技术以后，人们可以将他人的表演录制下来欣赏，而且欣赏的时间和地点都可以由欣赏者自己决定。这种情形给表演者造成了两种相反的结果：一方面，欣赏表演的人增多，表演者的知名度提高了；另一方面，现场表演的次数减少，其收入降低了。因而表演者便想在其表演的录制过程中获得一些回报，这是最初的传播者的权利要求。同样，录制公司在制作唱片时，要在录制设备、技术、表演者身上花费大量的投资。但有的录制公司不投入资本就可以把他人录制完成的唱片复制、发行并与原有的录制公司竞争。这种不诚实的经营显然会给诚实商人带来不利的结果。因此如何协调他们之间的关系和利益就构成了各国共同面临的问题。由此，邻接权得以产生。显然，保护传播者主要是基于保护投资和劳动的考虑。传播者在传播作品的过程中，付出了大量投资和劳动，他人如果对这些传播结果免费使用，是不公平的，也不利于调动他们的积极性。

在世界上，较早给予邻接权保护的是德国和英国。1910 年，德国在其《文学和音乐作品产权法》中将表演者视为原作的改编创作者加以保护。1911 年、1925 年、1956 年英国分别制定了保护录音制品制作人、艺术表演人和广播电视组织权益的法律。1961 年在罗马召开的外交会议上通过了保护表演者、录音制品制作者和广播组织权益的国际公约，即《保护表演者、录音制品制作者和广播组织公约》，简称《罗马公约》，实现了国家间对邻接权的保护。1971 年在日内瓦召开的外交会议上，就录音制品通过了《保护录音制品制作者防止未经许可复制其录音制品的公约》，简称《录音制品公约》。随着网络技术的广泛采用，保护邻接权人利益的矛盾也越来越突出。为解决这样的矛盾，1996 年，世界知识产权组织通过了《世界知识产权组织表演和唱片条约》。

邻接权属于广义著作权的组成部分，同狭义著作权有着非常紧密的联系。一般情况下，二者都与作品相联系；二者具有某些相同的特征，如可以分地域取得和行使；有关著作权的一些规定也适用于邻接权保护，如合理使用、权利质押等。但邻接权也有其相对独立性，它与著作权的区别主要表现在以下几个方面：第一，权利产生的原因不同。著作权基于作品的创作而产生，邻接权基于其传播活动中投入的一定资金和劳动而产生。当然，这并不排除在某些情况下，表演者对作品赋予了一定程度的再创作。第二，权利主体的种类不同。著作权的主体主要是自然人，邻接权的主体除表演者外一般是社会组织。第三，权利的对象不同。著作权的对象是作品，要求具有独创性，邻接权的对象是传播作品所产生的劳动成果，如表演活动。第四，权利的内容不同。著作权的内容包括财产权利和精神权利，而邻接权中除表演者权外不包括人身权利。就权利内容而言，著作权的财产权利也比邻接权的财产权利丰富。

第二节　表演者权

一、表演者的概念

按照《罗马公约》的界定，表演者是指演员、演唱者、演奏家、舞蹈家和演出、演唱、朗诵、演讲或者以其他方式表演文学艺术作品的人。表演者所表演的作品是否受著作权保护并不重要，但必须是著作权法意义上的作品。①因此，那些不是表演作品的人和从事竞技性活动的人，如体育运动员不是著作权法上的表演者。②另外，《罗马公约》将魔术师、杂技演员和马戏小丑排除在著作权法上的表演者范围之外。③我国2001年修订《著作权法》时，将杂技艺术作品纳入著作权法保护的范围，杂技艺术作品包括杂技、魔术、马戏。因此，在我国，杂技演员、魔术师和马戏小丑应当属于表演者。就表演者的主体而言，按照我国《著作权法》的界定，表演者包括自然人和演出单位。

二、表演者权的内容

表演者权的内容包括人身权利和财产权利两个方面。给予表演者以人身权利，乃是因为表演本身体现了表演者的人格和品质。

（一）表演者的人身权利

1. 表明表演者身份。表演者对其表演有权向公众表明自己作为表演者的身份，主要指向公众表明自己的姓名，它类似于作者所享有的署名权。表明身份的方式因表演形式的多样而有不同。现场演出的，可由报幕员、节目主持人向观众表明节目的主要表演者身份，或在节目单、海报上刊登出主要表演者的名单，在电影、电视、音像制品和广播中的表演，应当在节目播放时的影视屏幕上或者广播中同时播出主要演员的姓名。

在一些表演中，如果表演者是一人或几人，按照惯例，这类表演者都有权向公众表明自己的身份。如果表演者是十几人或几十人，按照惯例，可以仅将主要表演者，如合唱中的领唱，向公众作口头或书面的介绍。

2. 保护表演形象不受歪曲。表演形象是表演者在表演活动中的艺术形象，即剧照形象，而非在表演活动之外的本来形象。前者属于著作邻接权保护的范围，后者则是民法上的肖像权的保护范围。表演形象是表演者表演的效果表现，表演形象的优劣关系到观众的吸引和评价。表演形象一旦被固定下来，就存在着被变更、歪曲的可能性。如果表演形象被歪曲了，就有可能损害表演者

① 参见《罗马公约和录音制品公约指南》，刘波林译，中国人民大学出版社2002年版，第15页。

② 参见张玉敏主编：《知识产权法学》，法律出版社2005年版，第154页。

③ 参见《罗马公约和录音制品公约指南》，刘波林译，中国人民大学出版社2002年版，第15页。

的声誉，进而影响表演者的经济收入。①表演者一旦发现有人歪曲其表演形象，例如在报刊上撰文，对其表演进行不符事实的描述，表演者有权予以制止，并有权要求侵权人依照《著作权法》的规定，承担停止侵害、消除影响、公开赔礼道歉、赔偿损失的民事责任。

（二）表演者的财产权利

1. 许可他人从现场直播和公开传送其现场表演，并获得报酬。现场直播是指通过无线电广播或者电视系统等传播手段把现场表演直接传送给用户。这里的现场表演是一次性的，但在有些情况下，因表演活动的时间原因，导致现场直播收听或收视率的下降，因而应当允许广播组织先将表演录音录像，然后在收听或收视率高峰时再将节目播出，但这种播出仅限一次。② 1991 年《著作权法》关于表演者权的规定仅限现场直播。但是，Trips 协议第 14 条规定，表演者有权制止他人未经许可以无线电方式广播其现场表演，向公众传送其现场表演。“向公众传送其现场表演”是指通过除广播以外的任何媒体向公众的传播，比如使用扬声器将演唱者在音乐厅中的演唱传送到音乐厅外的现场，使不在现场的公众感受到现场的表演。③为与 Trips 协议保持一致，修订后的《著作权法》增加了关于向公众传送现场表演的规定。须注意的是，“向公众传送其现场表演”强调的是在现场表演的同时，将该表演通过广播以外的任何媒体传播出去。因此，不包括那些将该现场表演录制下来再通过广播、录音机、录像机等其他方式对外传播的行为。也就是说，表演者仅享有现场表演权，不享有机械表演权。

2. 许可他人录音录像，并获得报酬。

3. 许可他人复制、发行录有其表演的录音录像制品，并获得报酬。

4. 许可他人通过互联网络向公众传播其表演。

为解决国际互联网络环境下应用数字技术而产生的邻接权侵权的新问题，《世界知识产权组织表演和唱片条约》第 15 条规定了网络环境下的传播权。我国 2001 年修订后的《著作权法》考虑到目前网络环境下的侵权问题的特殊性，在第 37 条作了相应规定。

① 参见刘春田主编：《知识产权法》，高等教育出版社、北京大学出版社 2007 年版，第 101 页。

② 参见刘春田主编：《知识产权法》，高等教育出版社、北京大学出版社 2007 年版，第 102 页。

③ 参见姚红主编：《中华人民共和国著作权法释解》，群众出版社 2001 年版，第 229 页。

表演者的人身权利，其保护期不受限制；其财产权利的保护期为50年，截止于该表演发生后的第50年的12月31日。

三、表演者的义务

表演者在使用他人享有著作权的作品进行表演时要履行一定的义务，具体为：第一，表演者使用他人的作品演出，应当取得著作权人许可，并支付报酬。如果由演出组织者组织演出的，由该组织者取得著作权人许可，并支付报酬。第二，表演者使用改编、翻译、注释、整理已有作品而产生的作品进行演出，应当取得改编、翻译、注释、整理作品的著作权人和原作品的著作权人许可，并支付报酬。

此外，我国《著作权法实施条例》还规定了对外国表演者的保护。外国人、无国籍人在中国境内的表演，受著作权法保护。外国人、无国籍人根据中国参加的国际条约对其表演享有的权利，受著作权法保护。

第三节 录音录像制作者权

一、录音录像制作者权的概念

录音录像制作者权简称录制者权，是指录制者对其录音录像制品所享有的权利。录音录像制品包括录音制品和录像制品。按照《著作权法实施条例》的解释，录音制品是指任何对表演的声音和其他声音的录制品。显然，录音制品并不限于对表演声音的录制，对其他声音如自然界声音的录制，也构成录音制品，具体形式为磁带、CD等。录像制品是指电影作品和以类似摄制电影的方法创作的作品以外的任何有伴音或者无伴音的连续相关形象、图像的录制品，包括表演形象的原始录制品和非表演形象的原始录制品，后者如自然风光和动物世界的原始录制品。录像制品和电影作品都是对有伴音或者无伴音的连续相关形象、图像的制作，其区别主要是技术上的，录像制品是机械性的，没有体现制作者的创造性活动，保护它主要是因为投资的缘故；而电影作品的制作过程非常复杂，体现了导演和制作人的独创性活动。

录制者权的主体是录制者，包括录音制作者和录像制作者。按照《著作权法实施条例》的解释，录音录像制作者是指录音录像制品的首次制作人。

二、录音录像制作者权的内容

（一）复制、发行权

我国《著作权法》规定，录音录像制作者对其制作的录音录像制品，享有复制、发行权。由于录音录像制品的复制发行量直接关系到制作者的利益，为保护其合法权益，法律赋予录音录像制作者对其制品复制发行的控制权。这种权利包括两个方面的内容：一是自己复制、发行录音录像制品的权利；二是许可或者禁止他人复制、发行录音录像制品的权利。这里所说的复制，既包括全部录制品的复制，也包括部分录制品的复制。值得注意的是，按照我国现行的出版政策，录制品必须由出版社出版，才能向公众发行；出版社以外的录制者只能复制其录制品，但无权将之向社会公开发行。

（二）出租权

出租权最早出现在 Trips 协议之中。按照该协议第 11 条和第 14 条的要求，至少应赋予计算机程序和电影作品、录音制品以出租权。我国 2001 年修订后的《著作权法》规定了这项权利。需要指出的是，出租权不仅适用于录音录像制品的原件，也适用于其复制件。

（三）通过信息网络向公众传播其录音录像制品权

这项内容规定在《世界知识产权组织表演和录音制品条约》第 14 条之中，但仅限于录音制品。我国 2001 年修订《著作权法》时，增加了该项内容，但享有该权利的不仅包括录音制品，还包括录像制品。

（四）录像制品的广播权

对于录像制品的广播权，2001 年修订后的《著作权法》并没有规定在录音录像制作者一节，而是从广播组织的义务角度规定的，具体体现在《著作权法》第 45 条。须注意的是，《著作权法》并没有规定录音制品的广播权，广播组织播放已经出版的录音制品，只需向著作权人支付报酬，并不需要向录音制作者支付报酬。

录音录像制作者享有的都是财产权利，其保护期为 50 年，截止于该制品制作完成后第 50 年的 12 月 31 日。

三、录音录像制作者的义务

录音录像制作者应当履行的义务具体包括：第一，录音录像制作者使用他人作品制作录音录像制品，应当取得著作权人许可，并支付报酬；第二，录音录像制作者使用改编、翻译、注释、整理已有作品而产生的作品，应当取得改编、翻译、注释、整理作品的著作权人和原作品著作权人许可，并支付报酬；第三，录音制作者使用他人已经合法录制为录音制品的音乐作品制作录音制品，可以不经著作权人许可，但应当按照规定支付报酬，著作权人声明不许使用的不得使用；第四，录音录像制作者制作录音录像制品，应当同表演者订立合同，并支付报酬。

此外，我国《著作权法实施条例》还规定了对外国录音制作者（不包括录像制作者）的保护。外国人、无国籍人在中国境内制作、发行的录音制品，受著作权法保护。外国人、无国籍人根据中国参加的国际条约对其制作的录音制品享有的权利，受著作权法保护。

第四节 广播组织权

一、广播组织权的概念

广播组织权是指广播组织就自己播放的节目信号所享有的权利。广播组织是指通过载有声音、图像的信号而传播节目的电台、电视台等组织。早期的广播组织仅指无线电台、电视台，随着卫星广播技术和电缆广播技术的普及，广播组织又包括了卫星广播组织和电缆广播组织。

广播组织权的保护对象是广播组织播放的节目信号。这里的播放既包括无线播放，也包括有线播放。广播组织获得广播组织权的依据不是对节目的制作，而是对节目的播放。也就是说，无论该节目是否为广播组织制作，只要是广播组织合法播放的，广播组织对节目信号都享有广播组织权。①

二、广播组织权的内容

《著作权法》第44条规定，广播组织对其播放的广播、电视节目信号享有控制权。

（一）未经许可，他人不得转播

转播是指一个广播组织的节目被另一个广播组织同时广播。转播强调的是“同时”，而将节目录制下来的再播放属于重播而不是转播。未经许可转播可能会严重损害广播组织的经济利益。为此，2001年修订的《著作权法》将禁止他人转播的权利赋予了广播组织。

① 参见王迁：《知识产权法》，中国人民大学出版社2007年版，第225页。

（二）未经许可，他人不得擅自将其播放的节目信号录制、复制

广播组织权的保护期为50年，截止于该广播、电视首次播放后第50年的12月31日。

三、广播组织的义务

广播组织应当履行的义务具体包括：第一，广播组织播放他人未发表的作品，应当取得著作权人许可，并支付报酬。第二，广播组织播放他人已发表的作品，可以不经著作权人许可，但应当支付报酬。第三，广播组织播放已经出版的录音制品，可以不经著作权人许可，但应当支付报酬，当事人另有约定的除外。第四，电视台播放他人的电影作品和以类似摄制电影的方法创作的作品、录像制品，应当取得制片者或者录像制作者许可，并支付报酬；播放他人的录像制品，还应当取得著作权人许可，并支付报酬。

第五节　出版者的权利

在邻接权中，纳入对图书、报刊出版者权利的规定，是我国《著作权法》的一大特点。1991年《著作权法》赋予了出版者三项权利：图书出版者的专有出版权，图书、报刊的版式设计权，装帧设计权。出版者包括图书出版者和报刊出版者。2001年修改《著作权法》的时候，仅保留了版式设计权。

版式设计权是指出版者对于图书、期刊的版式设计享有的专有权，出版者有权禁止或者许可他人使用该版式设计，而不论出版的作品本身是否享有著作权。版式设计是对印刷品的版面格式的安排，是指由文字排列的顺序、字体及其他排版材料的选用、行间和段间的空距、版面的布局等因素构成的印刷物总体，它是出版者在编辑加工作品时完成的劳动成果。被出版的作品是否受著作权法的保护并不影响版式设计权的成立。版式设计权的内容主要限于禁止他人擅自按照出版者的版式设计而进行的复制。如果他人进行的是改动很小的或者变化了比例的复制，出版者同样有权予以禁止。版式设计权的保护期为10年，截止于使用该版式设计的图书、期刊首次出版后的第10年的12月31日。

2001年修改《著作权法》时，为什么删去出版者的装帧设计权和图书出版者的专有出版权？

装帧设计是对书报杂志的装潢设计，包括封面、插图、开本、书脊、封里、扉页等印刷物外观的设计，在多数情况下，装帧设计本身构成了著作权法

保护的作品。①图书专有出版权是指图书出版者与作者约定的独家享有并排除他人出版某一作品的权利。专有出版权并非是一种法定的权利，它来源于著作权人在出版合同中的明确授权。如果著作权人未在合同中声明让与的是专有出版权，则出版者不能主张享有排他性的专有出版权。公有领域作品的出版，出版社不享有专有出版权。显然，从本质上讲，专有出版权不是出版社的权利，而是作者的权利，属于著作权的内容。1991 年《著作权法》规定图书出版者当然地享有专有出版权，在 2001 年进行修订时，对该规定是否修改存在重大分歧。在比较法上，有些国家侧重保护传播者的利益，规定作者在出版范围内享有的全部或者部分权利可作为出版合同的标的，如无相反约定，授予的权利推定为专有权利。有的国家，侧重保护著作权人的利益，在著作权法中不作硬性规定，而由当事人约定。我国《著作权法》在修订时采用的是后一种模式。

① 参见李明德、许超：《著作权法》，法律出版社 2003 年版，第 198 页。

第八章　著作财产权的变动

著作财产权的变动，包括继承、许可使用、转让、设定质权、强制执行、信托、消灭等。就著作权而言，其变动涉及的是其中的财产内容。著作权中的人身内容，由于具有人身属性，通常情况下，不能继承（法、德等国除外）、不能被转让和剥夺。

大多数著作财产权变动的内容，从另一个角度看，又是权利主体对著作财产权的利用。著作权人享有权利实现利益必须通过一定的方式进行。这些方式多以权利内容形式出现。著作权人可以自己利用以实现著作财产权的行使目的，也可以授权他人使用，还可以将权利在一定的时间、地域和范围内转让给他人。这些利用的形式构成了权利的变动。同著作财产权相同，邻接权也适用于这样的变动规则。为行文方便，不再特别提及邻接权。

第一节　著作财产权的继承

一、著作财产权继承的一般原则

著作财产权可以依法继承。我国继承法上关于继承原则、法定继承、遗嘱继承、继承顺序等的规定可以适用于著作财产权。也就是说，著作权属于自然人的，在自然人死亡后，其著作财产权在法定的保护期内，依照继承法转移，继承人成为著作财产权新的权利人。美术作品原件所有权的转移导致原件展览权的转移，因此，在其著作财产权发生继承时，复制件的展览权和其他著作财产权发生继承。在我国，著作人身权不能继承。但是，著作财产权的继承影响着著作人身权的保护。因此，我国《著作权法实施条例》规定，作者死亡后，其署名权、修改权和保护作品完整权由著作财产权的继承人或者受遗赠人保护。著作财产权无人继承或者无人受遗赠的，由著作权国家行政管理部门保护。著作人身权中的发表权，作者生前没有发表的作品，如果作者未明确表示不发表，作者死亡后50年内，其发表权可由继承人或者受遗赠人行使；没有继承人又没有受遗赠人的，由作品原件的合法所有人行使。

二、著作权法上的特别规定

在民法上，所有权的权利人死亡后没有继承人也没有受遗赠人时，其财产属于国库。如果著作权人死亡后，没有继承人也没有受遗赠人时，其著作财产权该如何处理？我国《著作权法实施条例》第14条规定，如果是合作作品，其中一人死亡，在没有继承人也没有受遗赠人时，著作财产权归属其他合作人。但如果不是合作作品时，该如何处理？我国法律没有规定。日本、韩国等国家的立法将这种情况下著作财产权的继承作为传统民法的一个例外，认为为了协调著作权人的利益和社会公共利益，应当使这些作品进入公有领域。笔者认为，中国应当借鉴这种做法。

第二节　著作财产权的许可使用

一、著作财产权许可使用的概念

著作财产权的许可使用是指著作权人授权他人以一定的方式、在一定的时期和一定的地域范围内使用其作品的权利。著作财产权的许可使用是一种重要的法律行为，是著作权人实现自己著作权利益的常见形式。著作财产权的许可使用应当订立许可使用合同。著作权人利用许可使用合同可以将著作财产权中的一项或多项内容许可他人使用，同时，向被许可人收取一定数额的著作权使用费，以保证实现著作财产利益。

二、著作财产权许可使用的种类

著作财产权许可使用可分为独占许可使用、排他许可使用和普通许可使用。

（一）独占许可使用

独占许可使用，又叫专有许可使用，是指著作权人授权在一定期限和地域范围内以特定的方式，将该作品仅许可一个被许可人使用，除被许可人之外，包括著作权人本人在内的其他任何人均不能以该方式在约定的期限和地域范围内使用该作品。在理解独占许可使用时，有下列几点需要注意：第一，独占许可使用合同必须采取书面形式。因此，这是一种要式法律行为。但是，如果这种专有许可使用是报社或者期刊社对作品的刊登，则无须采用书面形式。第二，分许可的禁止。分许可是被许可人向第三人发放的许可证。关于被许可人能否向第三人发放分许可，立法例上存在两种模式：一种模式认为可以由被许可人向第三人发放分许可证。另一种模式认为，原则上被许可人不能向第三人发放分许可证。如果被许可人许可第三人行使同一权利，必须取得著作权人的许可。我国采取了第二种立法例。原因在于，著作权的许可使用，本质上依著作财产权人与被许可使用人之间的信赖关系为基础，无信赖关系的第三人往往无法充分有效利用著作权人的作品。第三，独占许可使用与其他使用方式相比，要支付给著作权人更高的费用，也更易受到侵害。第四，独占许可合同，当事人可以向著作权行政管理部门备案，以作为发生纠纷时的证据。

（二）排他许可使用

排他许可使用，又叫独家许可使用，是指著作权人授权他人在一定期限和地域范围内以特定方式使用作品，同时，著作权人可以以同样的方式在该期限和地域范围内使用，但不得许可他人进行同样的使用。按照《著作权法实施条例》第23条的规定，排他许可使用应当签订合同。在当事人的诉讼地位上，排他许可使用与独占许可使用存在一定的差别。当被许可使用的权利受到第三人不法侵害时，被许可人可与著作权人共同提起诉讼；在著作权人不提起诉讼的情况下，被许可人可以自己的名义独立提起诉讼，以保护自己的权利。

（三）普通许可使用

普通许可使用是指著作权人授权作品使用者在一定期限和地域范围内以特定方式使用作品，同时，著作权人可以同样的方式在该时间和地域范围内使用，也可以许可他人进行同样的使用。普通许可使用也应当签订合同。合同包括书面形式、口头形式和其他形式。法律、行政法规规定采用书面形式的，应当采用书面形式。当事人约定采用书面形式的，应当采用书面形式。《著作权法实施条例》第23条规定，专有许可使用（不包括报刊社刊登作品）应当采用书面形式。普通许可使用合同是非要式法律行为。因此，无论书面或口头，明示或默示，均发生法律效力，但单纯的沉默，不构成默示的许可。

在发生侵权行为时，被许可人原则上不能提起诉讼。但经著作权人明确授权，可以提起诉讼。

三、著作财产权许可使用合同的内容

使用他人作品应当同著作权人订立许可使用合同，该合同原则上为不要式合同。但如果是专有许可使用（报社、杂志社刊用作品除外），应当订立书面

合同。就内容而言，著作权许可使用合同主要包括下列各项：许可使用的权利种类；许可使用的权利是专有使用权或非专有使用权；许可使用的地域范围、期间；付酬标准和方法；违约责任；双方认为需要约定的其他内容。

1. 许可使用的权利种类。著作财产权许可使用合同必须明确规定著作权人授权被许可人使用作品的方式。合同中未明确许可的权利，被许可人不得行使。作品不同，其使用的方式也不同。例如，对于文字作品而言，其使用的主要方式包括复制、发行、翻译等；对音乐作品而言，其使用的主要方式包括表演等。使用的方式构成了许可使用合同的必要条款。如果双方没有在合同中约定作品的使用方式，合同就缺乏标的，无法通过解释明确，会导致许可使用合同不成立。

2. 许可使用的权利是专有使用权或者非专有使用权。这是对作品使用方式的进一步确定。这一内容不是合同的必要条款，如果当事人没有在合同中约定，一般认为被许可人仅获得了非专有使用权。

3. 许可使用的地域范围、期间。著作权在效力上具有地域性。一部作品可以同时许可他人在不同的地域范围内使用。期间不同于履行期限。期间指的是在合同生效以后，被许可人使用作品的时间长度，而履行期限是合同成立之后，双方当事人履行合同的时间长度。地域范围和期间是合同的必要条款，如果当事人在合同中没有约定，无法通过解释明确，那么会导致合同不成立。

4. 付酬标准和方法。使用作品的付酬标准可以由当事人约定，也可以按照国务院著作权行政管理部门会同有关部门制定的付酬标准支付报酬。当事人约定不明确的，按照国务院著作权行政管理部门会同有关部门制定的付酬标准支付报酬。就文字作品而言，法定的付酬标准按照国家版权局 1999 年颁布的《出版文字作品报酬规定》执行。该条例规定，支付报酬的形式为三种：基本稿酬加印数稿酬；版税；一次性付酬。基本稿酬加印数稿酬，指出版者按作品的字数，以千字为单位向作者支付一定报酬（基本报酬），再根据图书的印数，以千册为单位按基本稿酬的一定比例向著作权人支付报酬（印数稿酬）。作品重印时，只付印数稿酬，不再付基本稿酬。版税，指出版者以图书定价×发行数×版税率的方式向作者支付报酬。一次性付酬，指出版者按照作品的质量、篇幅、经济价值等情况计算报酬，并一次性向作者付清。

这里有两项需要注意的内容：大量印刷发行的九年义务教育教材、国家规划教材、法律法规汇编、学习或者考试指定用书等作品，不适用版税付酬标准；报社、杂志社刊载作品只适用一次性付酬方式。

5. 违约责任。违约责任不是合同的必要条款，如果当事人在合同中没有约定，可以适用《合同法》第七章和《民法通则》的有关规定。

6. 双方认为需要约定的其他内容。这主要是指纠纷的解决办法、管辖地的约定等内容。这是一个兜底条款，只要双方约定或一方要求必须订立且另一方接受的条款，都可以纳入到合同中。

四、出版合同

出版合同是最常见的著作财产权许可使用合同。根据作品形式的不同，出版合同可分为图书出版合同和报刊刊登作品合同。

（一）图书出版合同

对于图书出版合同，著作权法规定的双方当事人的义务包括：

1. 著作权人应当按照合同约定的期限交付作品；图书出版者应当按照合同约定的出版质量、期限出版图书。对于作者主动投给图书出版者的稿件，1991 年《著作权法实施条例》第 40 条规定，出版者应在 6 个月内决定是否采用。采用的，应签订合同；不采用的，应及时通知作者。既不通知作者，又不签订合同的，6 个月后作者可以要求出版者退还原稿和给予经济补偿。6 个月期限，从出版者收到稿件之日起计算。修改后的《著作权法实施条例》删去了这一规定。但出版者将著作权人交付出版的作品丢失、毁损致使合同不能履行的，应当承担相应的违约责任。

2. 图书出版者经作者许可，方可对作品进行修改、删节。

3. 图书出版者重印、再版作品的，应当通知著作权人，并支付报酬。图书脱销后，图书出版者拒绝重印、再版的，著作权人有权终止合同。著作权人寄给图书出版者的两份订单在 6 个月内未能得到履行，视为脱销。

4. 出版者在使用作品时，不得侵犯作者的署名权、修改权、保护作品完整权和获得报酬的权利。

双方当事人的权利包括：

1. 著作权人有获得报酬权。

2. 图书出版者可以按照约定享有专有出版权。

图书出版者对著作权人交付出版的作品，按照合同约定享有的专有出版权受法律保护，他人不得出版该作品。图书出版合同约定的专有出版权如果没有明确具体内容，那么，应认为图书出版者享有在合同有效期限内和在合同约定的地域范围内以同种文字的原版、修订版出版图书的专有权利。

著作权人自费出版不能构成著作权法上的图书出版合同。在作者承担出版费用的情况下，作者或其他权利人向出版者支付商定的酬金，由出版者按照合同规定的形式和表达方式制作一定数量作品的复制件并负责出版和发行。该合同属于提供服务合同。①

（二）报刊刊登作品合同

报刊刊登作品合同，因为作品的时效性较强，基于效率的考虑，可不采用书面形式。我国《著作权法》规定，著作权人向报社、期刊社投稿的，自稿件发出之日起15日内未收到报社通知决定刊登的，或自稿件发出之日起30日内未收到期刊社通知决定刊登的，可以将同一作品向其他报社、期刊社投稿。双方另有约定的除外。也就是说，在向报社投稿15日内或者向杂志社投稿30日内，如果双方达成合意，作者可以一稿多投。但是，最初收稿的报刊社即使在法定期限内未作是否刊登的通知，除非作者撤稿，它仍有权进行刊登。所以为了维护其他报刊社的利益，著作权人应将第一次投稿的事实告知之后的报刊社。作品刊登后，除著作权人声明不得转载、摘编的外，其他报刊可以转载或作为文摘、资料刊登，但应当按照规定向著作权人支付报酬。这里的“不得转载、摘编”声明，应当在报纸、期刊刊登该作品时附带作出。另外，报社、期刊社可以对作品作文字性修改、删节，对内容的修改应当经作者许可。报刊在刊载他人作品时，不得侵犯作者的署名权、修改权、保护作品完整权和获得报酬的权利。

第三节 著作财产权的转让

一、著作财产权转让的概念

著作财产权的转让是指著作权人将其著作财产权的一部分或全部内容转移给他人所有，并使之成为新的著作权人的法律行为。著作财产权的转让具有以下法律特征：

1. 著作财产权的转让是一种双方、要式法律行为，著作权的转让必须签订书面合同。

2. 著作财产权可以和著作人身权分离而为转让。即著作财产权属于原作者时，著作财产权与著作人身权相结合，而如果著作权人将著作财产权独立转让，则著作财产权与著作人身权分属不同之人。

① 参见姚红主编：《中华人民共和国著作权法释解》，群众出版社2001年版，第203页。

3. 著作财产权的转让指的是著作权人将著作财产权的一项、几项或全部转让给受让人，从而使受让人成为该作品一项、几项或全部著作财产权的权利人的法律行为。

4. 著作财产权的转让并非作品原件物权的转让。著作财产权不同于所有权，作品载体所有权的转移并不导致著作财产权的转移。同样，作品著作财产权的转让也并不导致作品载体所有权的转移。如果转让行为涉及对作品原件的使用，在使用完毕后，应当将该作品原件返还给原著作权人或者原件的合法所有人。但对于美术作品，《著作权法》第 18 条规定，美术作品原件所有权的转移，不视为作品著作权的转移，但美术作品原件的展览权由原件所有人享有。

5. 著作财产权的转让与著作权的许可使用存在着明显的区别：第一，著作权的许可使用不改变著作权的归属，被许可人只取得作品的使用权，著作权主体并未改变；而通过著作权财产权的转让，受让人代替原著作权人取得所受让的权利，在权利转让的地域范围内，原著作权人丧失所转让的权利。第二，在著作权的许可使用中，被许可人要受到著作权人的约束，只能按著作权人的授权在双方约定的范围内以一定的方式使用作品，除著作权人同意外，无权再向他人发放许可；而通过著作权财产权的转让，受让人作为著作权人在约定的地域范围内可按自己的意志行使所受让之著作权，不再受转让人的约束，例如他可以将其受让之著作权许可他人使用、出质甚至再转让。

6. 著作财产权的转让究竟是全部转让，还是部分转让，以及转让的地域范围，应当依照当事人之间的合同加以约定。如果著作财产权转让合同约定不明确的，则应当根据事实和法律作出合理的推定。合同未明确约定的权利，推定为未转让；合同未明确规定地域范围的，则应当推定为仅在受让人所在法域范围内有效。①

二、著作财产权转让合同

为避免不必要的纠纷，法律规定著作财产权的转让应当订立书面合同。著作财产权转让合同应包括下列主要内容：作品的名称；转让的权利种类、地域范围；转让价金；交付转让价金的日期和方式；违约责任；双方认为需要约定的其他内容。著作财产权转让合同，可以向著作权行政管理部门备案。另外，

① 参见刘春田主编：《知识产权法》，高等教育出版社、北京大学出版社 2007 年版，第 113 页。

根据《计算机软件保护条例》的规定，订立转让软件著作权合同，可以向国务院著作权行政管理部门认定的软件登记机构登记；中国公民、法人或其他组织向外国人转让软件著作权的，应当遵守《技术进出口管理条例》的有关规定。①

第四节 著作财产权的质押

一、著作财产权质押的概念

严格说来，质押不是一个法律用语，而是一个经济学上的用语，称为设定质权更为合适。它是指债务人或第三人依法将其著作财产权中的财产权利出质，将该财产权利作为债权的担保，债务人不履行债务时，债权人有权以该财产权利折价或者以拍卖、变卖该财产权的价款优先受偿。我国著作权法上没有著作财产权质押的内容。担保法对之作出了规定，1996年国家版权局根据该法制定了《著作权质押合同登记办法》。著作财产权设定质权这种法律行为具有下列特征：

1. 它是一种要式法律行为。《著作权质押合同登记办法》规定，以依法可以转让的著作财产权出质的，出质人与质权人应当订立书面合同，并向国家版权局指定的登记机关办理出质登记，质押合同自颁发著作权质押合同登记证之日起生效。按此，著作财产权的质押采取的是登记要件主义。

2. 作为出质标的的著作财产权必须处于著作权的保护期内，且只能是著作财产权。提供质押的著作权人既可以是债务人本人，也可以是第三人，但必须是对该著作财产权享有完整的权利并能对它进行自由处分的人；如果著作权人为两人以上共有的，出质人应为全体著作权人。归属存在争议的著作权，不能作为质押的标的。

二、著作财产权质押的法律效果

1. 为了保护债权人的利益，著作财产权出质后，出质人不得将其转让或许可他人使用，但经出质人与质权人协商同意的除外。出质人所得的转让费、

① 著作财产权转让合同还可能涉及和作者的著作人身权协调的问题。有学者提出了“精神权利部分穷竭”原则，值得考虑。参见冯晓青主编：《知识产权法学》，中国政法大学出版社2008年版，第156页。

许可使用费应当向质权人提前清偿所担保的债权或将使用费提存。当债务人到期不履行债务时，质权人可以与出质人协商将该著作财产权折价转归债权人所有；或者由质权人将该著作财产权变卖、拍卖，以所得价金优先受偿。

2. 质权担保之主债权的种类、数额等发生变更或质权的种类、范围、担保期限发生变更的，质押合同当事人应于变更之日起 10 日内办理合同变更登记，否则变更后的合同无效。当事人提前终止质押合同的应办理合同注销登记。在质押担保期限内质押合同履行完毕的，当事人应在质押期限届满之日起 10 日内办理注销登记。

第五节　著作财产权的消灭

著作财产权的消灭，指的是著作财产权中的一项、几项或全部客观上不再存在。著作财产权为财产权的一种，一般财产权的消灭原因，如抛弃、标的物灭失、时效、标的物的征收或者没收等，是否适用著作权法？

一、抛弃

著作财产权可以全部或部分抛弃。著作财产权全部抛弃，则著作财产权全部消灭，著作财产权部分抛弃，如抛弃翻译权、表演权等，则著作财产权中的该部分消灭，其他著作财产权仍然存在。著作财产权的抛弃必须有明确的意思表示，著作权人对侵害其著作财产权的人并未追溯，不是对著作财产权的抛弃。①另外，作家或者画家将不满意的原稿丢在垃圾桶，亦不是著作财产权的抛弃，仅为该纸张所有权的抛弃，如他人拾得该原稿加以发表，不得主张著作财产权的无主占有，仍是对著作财产权的侵害。②共有著作财产权，共有人中一人抛弃其应有份额时，其应有部分如何？一种观点认为，应当归属于其他共有人；另一种观点认为应进入公共领域。比照《著作权法实施条例》14 条之规定，笔者赞同前一种观点。

二、标的灭失

在著作权制度上，作品是标的，是著作权法律关系指向的对象。作品具有可复制性，一般情况下不易灭失。但在某些特殊情况下，如承载作品的原件灭

① 参见［日］山本桂一：《著作权法》，有斐阁 1973 年版，第 135 页。
② 参见［日］半田正夫：《著作权法概说》，一粒社 1994 年版，第 193 页。

失且没有其他复制件，作品也随之灭失，当然引起著作权的消灭。

三、时效

私法上的时效有消灭时效和取得时效两种。著作财产权属于绝对权与支配权，而不是请求权，民法上的消灭时效适用于请求权，因此，著作财产权不适用于消灭时效。至于著作财产权能否适用取得时效，即因他人的取得而使原来的著作权人的财产权消灭，新著作财产权人取得著作财产权，颇有争议。在理论上，可以适用取得时效。亦即，以著作财产权人的意思，5 年间和平、公然准占有他人的著作财产权，自然取得著作财产权，原著作财产权人的权利因此而消灭。

四、主体消亡

自然人的作品，自然人死亡后没有继承人，也没有受遗赠人的；法人的作品，法人变更或者解散后没有权利义务承受人的，也属于著作权消灭的情况。

五、信托

信托是指著作权人用转让或者其他处分的方法将著作财产权托付给受托人，并约定获取报酬的标准和办法，让受托人以自己的名义按照一定的目的对著作财产权进行管理或者处分的制度。在信托关系中，著作财产权属于受托人，但受托人必须按照信托目的行使著作财产权，以保证履行在信托关系中向信托人承担的义务。

六、强制执行

在强制执行中，如果被执行人享有著作财产权，该权利也可以成为强制执行的对象。但是，基于对著作人身权的尊重和保护，未发表作品的著作权不能作为强制执行的对象。因此，相应作品的原件所有权也属于禁止扣押的财产。①

七、作为破产财产

债务人因资不抵债，可以自己申请也可以由他人申请法院宣告其破产。宣

① 参见刘春田主编：《知识产权法》，高等教育出版社、北京大学出版社 2007 年版，第 115 页。

告破产时，必须对债务人的财产进行清算，以了结被宣告破产者的债权债务关系。如果债务人享有著作财产权，该项权利也可以成为破产财产的组成部分。

八、作为夫妻共同财产

夫妻关系存续期间，一方创作的作品，其著作财产权能否作为夫妻共同财产？我国《婚姻法》（2001 年修订）规定，夫妻婚姻关系存续期间所得的知识产权的收益归夫妻共同所有，另有约定的除外。也就是说，除非双方另有约定，知识产权作为一项财产权，与其他财产一样，应当属于夫妻共同财产。①

① 有关夫妻关系存续期间的著作权问题，可参见冯晓青：《著作权法通论》，中南工业大学出版社 1993 年版，第 202 ~ 205 页。

第九章　著作权的限制

第一节　著作权限制的理由和原则

一、著作权限制的理由

多数情况下，著作权人与社会公众之间的利益是一致的。一方面，著作权制度使作者和传播者从社会公众那里获得了报酬，并激发作者创作更多的作品，激发传播者更多地向社会公众传播作品；另一方面，著作权制度还使社会公众获得了丰富的文学艺术作品，满足了他们的精神生活需求。在这个意义上，合理的著作权制度是一种使作者、传播者和社会公众双赢的机制。但是，从本质上讲，著作权是一种对知识进行控制的制度。如果权利人对利用作品的每一个环节进行收费，那么必然会对社会公众接触知识造成一定的影响。

鉴于此，现代著作权制度必须在保护著作权人、邻接权人的合法权益和社会公众的利益之间寻求平衡。也就是说，一方面要保护著作权人和邻接权人的利益，以鼓励有益于社会的作品的创作和传播，另一方面也要保护公众对作品的使用，以促进社会科学文化事业的发展与繁荣，提高人们的科学文化素质。要达到著作权制度追求的目标，既要授予著作权人控制作品使用的专有权，又需要对其权利给予合理的限制，以达到三者利益的平衡，著作权的限制制度就是平衡三者利益关系的产物。由此，现代著作权法确立了合理使用、法定许可使用、强制许可使用等限制制度。

二、著作权限制的原则

（一）法定原则

著作权的限制是著作权法对著作权人行使著作权的约束。限制的范围、程度等都只能由法律直接规定，否则会损害著作权人的合法权益。《伯尔尼公约》第 9 条第 2 款规定："本联盟成员国的立法可以准许在某些特定情况下复制上述作品，只要这种复制不与该作品的正常利用相冲突，也不致不合理地损害作者的合法利益。" Trips 协议第 13 条规定："全体成员均应将专有权的限制或例外局限于一定特例中，该特例应不与作品的正常利用冲突，也不应不合理地损害权利持有人的合法利益。" 何谓《伯尔尼公约》所谓的"某些特定情况"或者 Trips 协议所谓的"特例"？这里的"某些特定情况"或者"特例"要求国内法应当在法律中明确描述。①

（二）公平原则

对著作权进行限制的目的是为了平衡著作权人、邻接权人与社会公众的利益，这就要求把握好"度"。如果掌握不好，其积极意义会被负面影响所掩盖。适度的限制能对著作权人进行有效的约束，有利于社会公众接触和使用作品，而过分的限制则会扼杀作者的创作积极性，不利于社会科学文化的进步。所以既要抛弃"个人利益至上"的观念，也要摒除"公共利益至上"的想法，将个人利益和社会利益有机地结合起来。

（三）不与作品的正常利用相冲突原则

对著作权进行限制的根本目的是便于社会公众接触、利用作品，而接触、利用的方式，如复制、发行、展览等，主要是著作财产权控制的内容。著作权中的人身内容与此关系不大，而且，著作人身权与作者密不可分、不可剥夺，对它不能进行限制。因此，在对著作权进行限制的时候，仍然必须说明作者的姓名、作品的出处等内容。②

著作权的限制只能及于其财产权利中的某一项或几项内容，而不能及于所有的内容。《伯尔尼公约》第 9 条只规定著作权的限制适用于复制权。之后，Trips 协议和《世界知识产权组织著作权条约》尽管都将限制扩大到了整个著作权的范围，但在确定具体的限制行为类型时，仍应当明确该种限制适用于哪一种利用方式。即不能因为对著作权的限制影响著作权人对作品的正常利用。

① 参见［德］约格·莱因伯特、西尔克·冯·莱温斯基：《WIPO 因特网条约评注》，万勇、相靖译，中国人民大学出版社 2008 年版，第 164 页。

② 应注意，《著作权法实施条例》第 19 条对"必须指明著作权人的姓名、作品名称"作出了例外规定："使用他人作品的，应当指明作者姓名、作品名称；但是，当事人另有约定或者由于作品使用方式的特性无法指明的除外。"

第二节 著作权限制的方式

一、合理使用的概念和类型

(一) 合理使用的概念

合理使用 (fair use, fair dealing) 是指著作权人以外的人在法律规定的条件下可以不经著作权人许可、不向著作权人支付报酬而使用作品的情形。合理使用制度肇始于英美判例法。在多数大陆法系国家，一般不采用“合理使用”这个表述，而是将有关内容归为“著作权的限制”。合理使用尽管无须获得著作权人的许可，无须向其支付报酬，但应当指明作者的姓名、作品名称、作品出处等。

如何判断一种使用作品的行为构成了合理使用?《伯尔尼公约》、Trips 协议、《世界知识产权组织著作权条约》都采用了“三步检验法”(three-step test)。即这类行为要满足三个条件:“只能在特殊情况下作出，与作品的正常利用不相冲突，不能无理地损害权利人的合法权益”。我国国内法也承认三步检验法。《著作权法实施条例》第 21 条规定:“依照著作权法有关规定，使用可以不经著作权人许可的已经发表的作品的，不得影响该作品的正常使用，也不得不合理地损害著作权人的合法利益。”在具体认定合理使用行为时，美国法院总结了四条标准，并被成文法所吸纳:(1) 有关使用行为的目的。即是否为商业目的使用。(2) 被使用的作品的性质。对不同类型作品的著作权，如新闻评论和电影作品，判定是否合理的界限也不相同。(3) 被使用的部分与整部作品的比例关系。如果比例关系适当，则可以认定是合理使用。(4) 使用行为对被用作品潜在市场的影响。

(二) 合理使用的类型

《著作权法》第 22 条规定了合理使用的范围和具体方式:

1. 为个人学习、研究或欣赏，使用他人已经发表的作品。这种情况限制了目的、主体和对象三个内容。目的只能是学习、研究或欣赏;主体只能是个人;对象只能针对已发表的作品，未发表的作品不在合理使用之列。

2. 为介绍、评论某一作品或说明某一问题，在作品中适当引用他人已发表的作品。这里所说的“适当”是指所引用部分不能构成引用人作品的主要部分或者实质部分，如果“引用”比例不适当，就可能构成抄袭。

3. 为报道时事新闻，在报纸、期刊、广播电台、电视台等媒体中不可避免地再现或引用已经发表的作品。应当明确：（1）使用目的仅限于报道时事新闻；（2）被使用的作品须是已发表的；（3）在报道中应当注明被使用作品的出处和原刊登作品之报刊、电台的名称。

4. 报纸、期刊、广播电台、电视台等媒体刊登或播放其他报纸、期刊、广播电台、电视台等媒体已经发表的关于政治、经济、宗教问题的时事性文章，但作者声明不许刊登、播放的除外。

5. 报纸、期刊、广播电台、电视台等媒体刊登或播放在公众集会上发表的讲话，但作者声明不许刊登、播放的除外。只要作者未明确声明不许刊登、播放，上述传播媒体即可对这类作品进行合理使用。

6. 为学校课堂教学或科学研究、翻译或少量复制已经发表的作品，供教学或科研人员使用，但不得出版发行。这类限定使用的目的是课堂教学或科学研究，限定的主体是教学或科研人员，限定使用的方式是翻译或少量复制。因此，为课堂教学而播放电影，不构成这里的合理使用。

7. 国家机关为执行公务在合理范围内使用已经发表的作品。

8. 图书馆、档案馆、纪念馆、博物馆、美术馆等为陈列或保存版本的需要，复制本馆收藏的作品。此处的作品包括未发表的作品，但复制未发表的作品要尊重作者的发表权，不能将其陈列。

9. 免费表演已经发表的作品，该表演未向公众收取费用，也未向表演者支付报酬。构成这类合理使用行为，要求演出组织者既不能向公众收费，也不能向演员支付报酬，二者缺一不可。

10. 对设置或陈列在室外公共场所的艺术作品进行临摹、绘画、摄影、录像。室外公共场所的艺术作品，是指设置或陈列在室外社会公众活动处所的雕塑、绘画、书法等艺术作品。对陈列在室外公共场所的艺术作品的临摹、绘画、摄影、录像，是在原有艺术品上的再创作，将这些行为归为合理使用，是国际惯例。

11. 将中国公民、法人或者其他组织已经发表的以汉语言文字创作的作品翻译成少数民族语言文字作品在国内出版发行。构成这类合理使用必须同时具备五个条件：第一，针对的是具有中国国籍的自然人、法人或者其他组织的作品。外国人，包括外籍华人的作品，不包括在内。对于合作作品，有一个作者不是中国人的，也不在此合理使用之列。第二，针对的是已经发表的作品，未发表的作品不在此列。第三，必须是用汉语言文字撰写的作品。具有中国国籍的人用外语创作的作品，不在此列。第四，必须是从汉语到少数民族语言文字的翻译。第五，翻译作品只能在中华人民共和国境内出版发行。

12. 将已经发表的作品改成盲文出版。

根据《著作权法》的规定，上述12种对著作权的限制措施，同样适用于对出版者、表演者、录音录像制作者、广播电台、电视台的权利的限制。

二、法定许可使用

法定许可使用是指根据法律的规定，以特定方式使用他人已发表的作品，可以不经著作权人许可，但应向其支付报酬并尊重著作权人其他权利的制度。法定许可使用方便了作品传播者对作品的使用，避免了因寻求著作权人授权所带来的不便，既有利于作品的传播，又可保障著作权人的利益。基于此，法定许可使用便成为各国著作权法普遍推行的一种制度。

《著作权法》规定，法定许可使用须符合以下四个条件：第一，使用的对象必须是已经发表的作品。第二，使用的方式必须符合法律规定。《著作权法》对法定许可使用的适用范围有明确规定，使用人不得超出法律所规定的范围对作品进行使用，以免对著作权人的合法权益造成损害。第三，必须向著作权人支付报酬。付酬标准由法律直接加以规定。我国国家版权局发布了《报刊转载、摘编法定许可付酬标准暂行规定》、《演出法定许可付款标准暂行规定》和《录音法定许可付酬标准暂行规定》，使用人应按这些规定向著作权人支付报酬。著作权人或者著作权人地址不明的，应在1个月内将报酬寄送国家版权局指定的机构，由该机构转递著作权人。第四，使用人不得损害著作权人的精神权利和其他财产权利。

需要注意的是，《著作权法》在三种法定许可使用的方式中赋予了著作权人以保留权，即著作权人可以事先声明排除法定许可的适用，这与国际上通行的法定许可使用制度有些不同，故有学者将之称为“准法定许可”。

我国《著作权法》规定了下列五种法定许可使用的方式：

1. 为实施九年制义务教育和国家教育规划而编写出版教科书，在教科书中汇编已经发表的作品片段或短小的文字作品、音乐作品或单幅的美术作品、摄影作品。对于这项法定许可使用需要注意以下问题：其一，作者事先声明不许使用的，不适用该项法定许可使用。其二，使用的目的是为了实施九年制义务教育和国家教育规划而编写出版教科书，这里的教科书指的是课堂教学所用的正式教材，不包括辅助读物。其三，使用的作品只能是已经发表的作品。其四，应当按照规定支付报酬，指明作者姓名、作品名称，并且不得侵犯著作权人依照著作权法所享有的其他权利。其五，该法定许可使用的规定也适用于对出版者、表演者、录音录像制作者、广播电台、电视台权利的限制，它是我国唯一适用于邻接权人的法定许可使用方式。

2. 报纸、期刊转载或作为文摘资料刊登其他报刊已经登载的作品。转载是指原封不动或略有改动后刊登已在其他报刊上发表的作品；摘编是指对原文主要内容进行摘录、缩写。对于这项法定许可使用需要注意以下问题：第一，著作权人声明不得转载、摘编的，不适用该项法定许可使用，著作权人如欲排除法定许可使用，应当在报纸、期刊首次刊登该作品时附带声明。第二，此项法定许可使用只能在报刊之间进行。第三，依法定许可进行转载或摘编的，应当按照规定支付报酬，注明作者姓名、作品名称及原作首次刊登的报刊名称和日期，并且不得侵犯著作权人依照著作权法所享有的其他权利。

3. 录音制作者使用他人已经合法录制为录音制品的音乐作品制作录音制品。著作权人享有保留权，行使保留权的方式是在该作品被合法录制为录音制品时声明。

4. 广播电台、电视台播放他人已发表的作品。这项法定许可使用是对著作权人的广播权所作的限制。需要注意的是，对该法定许可使用，著作权法未赋予著作权人以保留权。

5. 广播电台、电视台播放已经出版的录音制品。对于这项法定许可使用需要注意以下问题：其一，对该法定许可使用，著作权法未赋予著作权人以保留权。其二，广播电台、电视台播放已经出版的录音制品应当向著作权人支付报酬，但双方约定不支付报酬的，也可以按约定执行。其三，由于表演者和录音制作者不享有播放录音制品的权利，故不存在取得其许可和向其支付报酬的问题。

三、强制许可使用

强制许可使用是指在法律规定的条件下，由著作权主管机关根据具体情况，将对已发表的作品进行特殊使用的权利授予申请使用此项权利的人的制度。在国际著作权公约中，通常表述为强制许可证。

强制许可使用制度的功能也是通过对著作权人的权利加以限制，来确保公众接触和使用作品的权利，以促进社会科学文化事业的繁荣。强制许可与法定许可的区别是，法定许可是由法律直接规定允许使用的方式，凡符合条件的均可自行使用，使用人并无特定的范围。强制许可则需经使用人事先申请，由主管机关个案批准授权后方可使用，并向著作权人支付报酬。未获授权的不得使用。

根据国外立法和国际公约的规定，强制许可使用主要有以下条件：第一，只能针对已发表的作品。第二，作品使用人必须事先以合理的使用费为条件向著作权人申请作品的使用权而未获得许可，或者无法与著作权人商谈作品的许可使用。第三，使用人必须向著作权主管机关提出强制许可使用的申请。第四，使用方式主要是翻译、复制。第五，作品使用人必须向著作权人支付法律所规定的报酬。第六，作品使用人在使用作品时不得侵犯著作权人其他的合法权益。

我国《著作权法》对强制许可使用制度未作规定，但我国已加入的《伯尔尼公约》和《世界著作权公约》等都确立了该项制度，故我国对上述公约成员国的作品可以进行强制许可使用。①

① 参见刘春田主编：《知识产权法》，高等教育出版社、北京大学出版社 2007 年版，第 126 页；冯晓青、杨利华主编：《知识产权法学》，中国大百科全书出版社 2008 年版，第 124 页。

第十章　著作权的集体管理

第一节　著作权集体管理概述

一、著作权集体管理的概念与意义

著作权的集体管理是指一定的社会组织对著作权人不便自己行使的权利或难于实现的权利进行的统一管理活动。它是通过代表著作权人的集体管理组织，授权作品的使用者使用该组织成员作品，并收取著作权使用费分配给著作权人的一种社会行为。这种代表著作权人的集体组织通常称为著作权集体管理机构。集体管理是著作权领域所特有的，在专利、商标领域没有这种制度。

著作权从其作为财产权的意义上说，是权利人对作品利用的控制权及因此而获得报酬的权利。对于这一民事权利，一般由权利人自己行使。不过，作品利用方式的多样性及作品可以不受限制地复制与传播的特征，使由著作权人自己单独行使所有著作权，既不经济、也不现实。因为任何一个权利人都没有能力到全国、全世界所有地方，与所有使用其作品的人、组织打交道。同样，作品使用人，尤其是为数众多、作品使用量巨大的报社、演出团体、广播电视媒体、互联网站等，也不可能为其使用的每一件作品寻找其作者并逐一取得许可。所以，无论著作权人还是作品使用人都需要某种方便的联系方式，以便著作权人行使权利和作品使用者使用作品。著作权集体管理制度正是为了方便权利人和作品使用人而建立的制度。它在尊重著作权的前提下，追求著作权行使的效率，促进作品的有效传播与利用，既使作品使用与著作权行使中各方的经济成本得以降低，也使各方的利益达到最大化，是实现著作权法确定并保护著作权、维持与著作权有关的各种利益平衡，促进社会文化科技事业发展和进步的宗旨的重要保障。

二、著作权集体管理的特点

著作权集体管理一般具有以下特点：

第一，体现著作权的自我保护功能。著作权集体管理不同于著作权代理，著作权集体管理组织对作品的使用进行统一监管，并以一揽子许可方式授权作品使用人使用该机构名下的所有著作权人的作品，将著作权使用费发放给著作权人。著作权集体管理是著作权保护机制中自我保护功能的体现。

第二，主要涉及著作权人不便行使或难于实现的权利，如音乐作品的表演权、播放权等。著作权集体管理不是侵夺著作权人亲自行使其著作权的权利，而只是对权利人不便或难于实现的权利进行管理。

第三，将单个的著作权人的权利集中到一起，由集体管理机构统一管理。集体管理机构往往通过签订一揽子许可合同，许可他人使用诸权利人的作品并综合性地收取使用费，维护著作权人的合法权益。

第四，集体管理由特定的社会组织进行，这类组织具有一定的垄断性和非官方性。这种机构一般为非赢利性的社团法人，通常需要由政府部门批准(我国由版权局和民政部批准)。一旦获得批准成立后，有关的监督机构就要对著作权集体管理组织的运作，进行长期而多方面的监督。

著作权集体管理组织具有一定的垄断性，每个集体管理组织的业务范围不能交叉、重合。世界上主要有两种对集体管理组织进行治理的模式。一种模式是，对集体管理组织的成立不予限制，保障管理组织之间以及著作权人与管理组织之间的竞争自由，利用市场机制限制集体管理组织获取垄断地位。另一种模式是，依据竞争法对处于垄断地位的集体管理组织的市场行为进行直接限制，从制度上保证该垄断组织难以滥用市场优势。我国类似于第二种模式。

通常情况下，著作权集体管理组织是民间组织，具有非官方性。有的著作权集体管理组织尽管是在官方的推动和支持下成立的，而且，其活动要受到官方的监督，但这并不影响集体管理组织的非官方性质。

三、国外著作权集体管理的产生与发展概况

著作权集体管理起源于法国的戏剧权管理。世界上最古老的著作权集体管理机构的雏形，被认为是 1777 年法国戏剧家博马歇创立的“戏剧立法局”，其创立的目的在于支持会员获得法律对作者权利的承认，并帮助会员从剧院获取作品的使用报酬。经过不懈的努力，它实现了自己的目标。该协会于 1791 年促使法国法律规定了作者的有关权利。

在著作权集体管理制度史上产生重大影响的事件，被认为是发生在 1847 年法国两位作曲家因其乐曲被咖啡厅演奏而拒付饮料费的案例。当时法国的三名词曲家到巴黎一家咖啡馆喝饮料，发现咖啡馆正在演奏他们的音乐，而使用人事先没有获得他们的许可，也没有向他们支付过报酬。因此三人拒绝向咖啡馆付账，理由是既然咖啡馆靠他们的音乐作品招揽生意而没有向他们付费，他们也可以不付饮料费。于是咖啡馆向法院提起诉讼。1849 年，法国法院判决这三名词曲作者胜诉。这件事使法国感到有必要成立著作权集体管理组织，以便于著作权人行使权利，也便于使用的人履行自己缴纳许可费的义务。经过艺术家们的不断努力，1851 年法国成立了世界上第一个著作权集体管理机构——词作家、作曲家及音乐出版商协会（SACEM），管理非戏剧音乐作品的表演权。此后，欧美一些国家相继成立了自己的著作权集体管理组织，如法国作者协会（SACD）是世界上历史最悠久的著作权集体管理组织之一；意大利 1882 年成立的作者和出版商协会（SIDAE）在国际上久负盛名。迄今为止，世界上许多国家和地区都建立了著作权集体管理机构。

随着各国著作权集体管理组织的发展，人们逐渐意识到在作品传播与利用技术不断发展的情况下，需要建立统一的组织和运作规范，才能为各国的著作权人和作品使用者提供有效的服务。为此，各国权利人酝酿成立国际性的著作权集体管理组织。其中比较有影响的是 1926 年成立的国际作家作曲家协会联合会。该组织在世界范围内代表了包括音乐、戏剧、文学、视听艺术、美术等类作品的海量著作权人，得到了各国政府乃至世界知识产权组织、联合国教科文组织和欧盟的一致公认，在世界范围内具有广泛的影响力。我国于 1994 年 5 月正式加入了该组织。

在著作权集体管理制度的两百多年的发展历史中，其内容不断丰富、制度不断完善。管理的作品从最初的戏剧、文学、音乐等领域逐步延伸到美术、摄影、电影、多媒体等多个行业，管理的权利范围从传统的表演权、机械复制权扩展到广播权、信息网络传播权等。

第二节　我国著作权集体管理制度

一、我国著作权集体管理制度的发展

我国的著作权集体管理制度始于 20 世纪 90 年代。1991 年《著作权法》施行后，1992 年就批准成立了第一家著作权集体管理组织——中国音乐著作

权协会，代表作为会员的音乐作品著作权人管理其音乐作品的表演权、广播权、录制权。2001年修改的《著作权法》第8条对著作权集体管理组织的法律地位及著作权集体管理的性质等进行了原则性规定。2004年国务院颁布了《著作权集体管理条例》，对著作权集体管理的相关内容作了规定。

《著作权集体管理条例》实施后，我国著作权集体管理工作得到快速发展。2005年12月，批准成立了中国音像集体管理协会，同时相关权利人正积极筹建文字、摄影、电影等领域的集体管理组织。

二、我国著作权集体管理制度的基本内容

《著作权集体管理条例》（下文简称《条例》）根据与著作权法及相关规范衔接、既借鉴国外经验又立足中国国情及搁置争议求同存异的原则，以著作权集体管理组织为核心，就著作权集体管理组织的设立、著作权集体管理组织的机构、著作权集体管理活动、对著作权集体管理组织的监督、法律责任等问题作了详细规定。

（一）著作权集体管理组织的设立

享有著作权或者邻接权的人都可以发起设立著作权集体管理组织。设立集体管理组织应当具备下列条件：发起设立著作权集体管理组织的权利人不少于50人；不与已经依法登记的著作权集体管理组织的业务范围交叉、重合；能在全国范围代表相关权利人的利益；有著作权集体管理组织的章程草案、使用费收取标准草案和向权利人转付使用费的办法草案。著作权集体管理组织章程应当载明下列事项：名称；住所；设立宗旨；业务范围；组织机构及其职权；会员大会的最低人数；理事会的职责及理事会负责人的条件和产生、罢免的程序；管理费提取、使用办法；会员加入、退出著作权集体管理组织的条件、程序；章程的修改程序；著作权集体管理组织终止的条件、程序和终止后资产的处理。对集体管理组织的设立，我国实行批准主义，任何人申请设立著作权集体管理组织，必须获得有关部门批准。

（二）著作权集体管理组织的性质

《著作权法》第8条规定，著作权集体管理组织是非营利性组织。我国的非营利性组织分为社会团体、民办非企业单位和事业单位。其中，社会团体是指会员自愿组成，为实现会员共同意愿，按照其章程开展活动的非营利性社会组织，著作权集体管理组织是为了更好地行使权利而由权利人发起成立的社会组织，具有社会团体的法律特性。因此，《条例》第3条规定：著作权集体管理组织“是指为权利人的利益依法设立，根据权利人授权、对权利人的著作

权或者与著作权有关的权利进行集体管理的社会团体”，“应当依照有关社会团体登记管理的行政法规和本条例的规定进行登记并开展活动”。明确集体管理组织属于依法成立的非营利性社会团体，为其运作提供了基本的制度规范。著作权集体管理组织与权利人之间是一种信托关系，按照这种关系，著作权人参加著作权集体管理组织之后，著作权集体管理组织即可以自己的名义从事上述活动，无须再获得著作权人的授权。

（三）著作权集体管理的内容

著作权集体管理组织经权利人授权，可以集中行使权利人的有关权利并以自己的名义从事著作权管理活动。包括：（1）与使用者订立著作权或者与著作权有关的权利许可使用合同；（2）向使用者收取使用费；（3）向权利人转付使用费；（4）进行涉及著作权或者与著作权有关的权利的诉讼、仲裁等。

外国人、无国籍人可以通过与中国的著作权集体管理组织订立相互代表协议的境外同类组织，授权中国的著作权集体管理组织管理其依法在中国境内享有的著作权或者与著作权有关的权利，而不能作为中国著作权集体管理会员，直接授权集体管理组织管理其相应权利。

在对外关系上，著作权集体管理组织除了履行其基本职责——发放许可和收取许可使用费外，还涉及一系列其他事务，包括提起维护著作权的诉讼或者仲裁，与境外著作权集体管理组织签订协议，接受政府和社会公众的监督。

（四）著作权集体管理组织管理的权利

权利人享有的著作权和与著作权有关的权利，一般都由权利人个人行使，只有那些权利人自己难以有效行使的权利，才需要通过集中行使的方式来实现。《条例》第 4 条规定：著作权法规定的表演权、放映权、广播权、出租权、信息网络传播权、复制权等权利人自己难以有效行使的权利，可以由著作权集体管理组织进行集体管理。

（五）使用费的收取和转付

著作权集体管理组织向使用者收取使用费的方式和数额，属于民事行为，应当通过协商确定。这是国际上的通行做法，我国《条例》第 25 条也作了这样的规定。同时，为了防止著作权集体管理组织利用优势地位提高收取使用费的数额，保护作品使用人的利益，维护正常的作品使用秩序，《条例》还规定：著作权集体管理组织应当制定使用费收取标准，该标准经国务院著作权管理部门公告以后，应当作为著作权集体管理组织与使用者约定收取使用费的具体数额的根据。

著作权集体管理组织向使用者收取的使用费，是使用者使用作品后支付给权利人的报酬。《条例》第 29 条规定，著作权集体管理组织收取的使用费，在提取管理费后，应当全部转付给权利人，不得挪做他用。协议收取、全额转付，堪称著作权使用费收转的基本原则。《条例》还规定，著作权集体管理组织提取管理费的比例应当随着使用费收入的增加而逐步降低。

（六）著作权集体管理与法定许可的关系

我国著作权法设置了法定许可制度。法定许可情况下，使用作品不需要经过许可，使用方式多且地点分散，权利人既难以了解自己的作品为他人使用的情况，也难以收取法定许可费用；同时，海量的使用人又很难找到相应的权利人并向其支付使用费。基于集体管理组织明确稳定的地址和权威的著作权管理地位，由其收转法定许可使用费有利于权利人实现自己的合法权利。由此，《条例》第 47 条规定：依照法定许可使用他人作品，未能向权利人支付使用费的，应当将使用费连同邮资以及使用作品的有关情况送交有关著作权集体管理组织，由该组织将使用费转付给权利人。考虑到建立法定许可付酬制度需要在负责转付使用费的著作权集体管理组织与权利人之间建立顺畅的联系，并对该著作权集体管理组织进行监督，《条例》还规定，“负责转付使用费的著作权集体管理组织应当建立作品使用情况查询系统，为权利人、使用者查询”。“负责转付使用费的著作权集体管理组织可以从其收到的使用费中提取管理费，管理费按照会员大会决定的该集体管理组织管理费的比例减半提取。除管理费外，该著作权集体管理组织不得从其收到的使用费中提取其他任何费用。”也就是说，《条例》将著作权集体管理组织确定为转付法定许可使用费的法定机构，即“法定许可、集体收费”。

第十一章　著作权的保护

第一节　侵犯著作权的行为

一、侵犯著作权行为的分类

依据不同的标准，可以对侵犯著作权的行为进行不同的分类。以侵权人的行为方式及其在侵权中的作用为标准，可以分为直接侵权行为和间接侵权行为。以侵权行为的主体数量为标准，可以分为单独侵权行为和共同侵权行为。

直接侵权行为指行为人的行为直接侵害了权利人的著作权，中间没有其他人行为的介入。如未经许可商业性复制他人的作品。直接侵权行为在日常生活中最为常见。间接侵权行为指行为人并未直接实施受著作权控制的行为，但其行为与他人的直接侵权行为之间存在特定的关系，基于法律原理或公共政策的考虑也应当被认定为侵权行为。间接侵权分为两大类，一类是教唆、引诱他人侵权和故意帮助他人侵权，另一类是“直接侵权”的预备行为和扩大侵权后果的行为。①最高人民法院《关于贯彻执行〈中华人民共和国民法通则〉若干问题的意见》第148条规定，教唆、帮助他人实施侵权行为的人，为共同侵权行为人，应当承担连带民事责任。我国《著作权法》没有明确间接侵权行为的类型，但最高人民法院《关于审理涉及计算机网络著作权纠纷案件适用法律若干问题的解释》（2006年修订）中明确了间接侵权行为。依照该解释，如果网络服务提供商通过网络参与他人侵犯著作权的行为，或者通过网络教唆、帮助他人实施侵犯著作权的行为；如果网络服务提供商明知专门用于故意避开或者破坏他人著作权技术保护措施的方法、设备或者材料，而上载、传播、提供的；如果网络内容提供商明知网络用户通过网络实施侵犯他人著作权

---

① 参见李雨峰等编著：《著作权法》，厦门大学出版社2006年版，第178～179页。

的行为，或者经著作权人提出确有证据的警告，但仍不采取移除侵权内容等措施以消除侵权后果的，都要承担相应的民事责任。

单独侵权行为是行为人一人实施的侵害他人权利和利益的行为。共同侵权行为是多人共同致人损害的行为。最高人民法院《关于审理人身损害赔偿案件适用法律若干问题的解释》第 3 条第 1 款规定："二人以上共同故意或者共同过失致人损害，或者虽无共同故意、共同过失，但其侵害行为直接结合发生同一损害后果的，构成共同侵权，应当依照民法通则第一百三十条规定承担连带责任。"第 2 款规定："二人以上没有共同故意或者共同过失，但其分别实施的数个行为间接结合发生同一损害后果的，应当根据过失大小或者原因力比例各自承担相应的赔偿责任。"该条以司法解释的形式界定了共同侵权的构成要件和法律后果。尽管该解释是针对人身损害赔偿的，但笔者认为，它可以作为认定共同侵犯著作权行为的参考。

二、侵犯著作权行为的表现形式

《著作权法》第 46 条和第 47 条列举了侵犯著作权和著作邻接权的行为类型。

1. 未经著作权人许可，发表其作品的。这种行为侵害了权利人的发表权。但需注意，发表权仅能行使一次。如果作者将作品发表之后，他人又将作品在网上发行等，则不是对发表权的侵害。此时，侵害的是信息网络传播权。

2. 未经合作作者许可，将与他人合作创作的作品当做自己单独创作的作品发表的。

3. 没有参加创作，为谋取个人名利，在他人作品上署名的。这种行为侵犯了作者的署名权。

4. 歪曲、篡改他人作品的。这种行为侵害的是保护作品完整权。侵害保护作品完整权的行为包括两大类，一类是对作品本身进行了改动；另一类是对作品本身没有改动，但对作品进行了其他利用，如改变作品的用途，使作者的名誉或声望受到损害。

5. 剽窃他人作品的。

6. 未经著作权人许可，以展览、摄制电影和以类似摄制电影的方法使用作品，或以改编、翻译、注释等方式使用作品的，著作权法另有规定的除外。

7. 使用他人作品，应当支付报酬而未支付的。这主要是指法定许可的情形。

8. 未经电影作品和以类似摄制电影的方法创作的作品、计算机软件、录音录像制品的著作权人或者与著作权有关的权利人许可，出租其作品或录音录像制品的，著作权法另有规定的除外。

9. 未经出版者许可，使用其出版的图书、期刊的版式设计的。

10. 未经表演者许可，从现场直播或公开传送其现场表演，或者录制其表演的。

11. 未经著作权人许可，复制、发行、表演、放映、广播、汇编、通过信息网络向公众传播其作品的，著作权法另有规定的除外。

12. 出版他人享有专有出版权的图书的。

13. 未经表演者许可，复制、发行录有其表演的录音录像制品，或者通过信息网络向公众传播其表演的，著作权法另有规定的除外。

14. 未经录音录像制作者许可，复制、发行、通过信息网络向公众传播其制作的录音录像制品的，著作权法另有规定的除外。

15. 未经许可，播放或者复制广播、电视的，著作权法另有规定的除外。

16. 未经著作权人或与著作权有关的权利人许可，故意避开或破坏权利人为其作品、录音录像制品等采取的保护著作权或与著作权有关的权利的技术措施的，法律、行政法规另有规定的除外。

17. 未经著作权人或与著作权有关的权利人许可，故意删除或改变作品、录音录像制品等的权利管理电子信息的，法律、行政法规另有规定的除外。

18. 制作、出售假冒他人署名的作品的。

19. 其他侵犯著作权以及与著作权有关的权益的行为。

第二节　侵犯著作权的法律责任

侵犯著作权的法律责任是指侵权行为人违反著作权法或相关法律、法规的规定，对他人著作权造成损害时，依法应承担的法律后果。

一、民事责任

(一) 责任形式

侵犯著作权的行为应承担的责任形式主要包括以下几种：

1. 停止侵害。对于已经发生而且仍在进行的侵害著作权的行为，权利人可要求法院责令侵权人停止侵害行为。如对未经许可的复制、发行、播放等行为，可采取封存、扣押侵权物，停止发行，禁止播放等措施，以保护著作权人的权利。停止侵害原则上是无过错责任，它不要求行为人主观上有过错。

2. 消除影响、赔礼道歉。对于有损权利人名誉、人格的侵权行为，如歪曲、篡改他人作品的行为，权利人可要求侵权者消除影响、赔礼道歉。消除影响、赔礼道歉是一种过错责任，要求行为人主观上有过错。①

3. 赔偿损失。对于侵犯著作权的行为，侵权人应赔偿因其侵权行为给著作权人造成的损失。赔偿的数额应当按照权利人的实际损失计算。权利人的实际损失，可根据权利人因侵权所造成的复制品发行减少量或侵权复制品销售量与权利人发行该复制品的单位利润乘积计算。发行减少量难以确定的，按照侵权复制品的市场销售量确定。实际损失难以计算的，可以按照侵权人的违法所得给予赔偿。赔偿数额还应当包括权利人为制止侵权行为所支付的合理开支，如包括权利人或者委托代理人对侵权行为进行调查、取证的合理费用。权利人的实际损失或侵权人的违法所得不能确定的，由人民法院根据侵权行为的情节，判决给予50万元以下的赔偿。人民法院在确定赔偿数额时，应当考虑作品类型、合理使用费、侵权行为性质、后果等情节综合确定。赔偿损失是过错责任，要求行为人主观上有过错。

（二）管辖

著作权民事纠纷案件的管辖原则上由中级以上人民法院管辖，但是各高级人民法院根据本辖区的实际情况，可以确定若干基层人民法院管辖第一审著作权民事纠纷案件。因侵犯著作权行为提起的民事诉讼在地域管辖方面，适用《民事诉讼法》第29条的规定，即由侵权行为地和被告住所地人民法院管辖。侵权行为地分侵权行为实施地和侵权结果发生地，具体包括侵权复制品储藏地、查封扣押地，实施被诉侵权行为的网络服务器、计算机终端等设备所在地。侵权复制品储藏地，是指大量或经营性储存、隐匿侵权复制品所在地；查封扣押地，是指海关、著作权行政管理、工商等行政机关依法查封、扣押侵权复制品所在地。对难以确定侵权行为地和被告住所地的，原告发现侵权内容的计算机终端等设备所在地可以视为侵权行为地。

对涉及不同侵权行为实施地的多个被告提起的共同诉讼，原告可以选择其中一个被告的侵权行为实施地人民法院管辖；仅对其中某一被告提起的诉讼，该被告侵权行为实施地的人民法院有管辖权。

（三）举证责任

在民事诉讼中，原则上实行谁主张、谁举证的举证责任。但对于侵害著作权的案件而言，有时证据掌握在侵权人手中，权利人很难获得证据。这时，如

① 参见张玉敏主编：《知识产权法学》，法律出版社2005年版，第37页。

果仍然实行谁主张、谁举证的原则，就对权利人保护不利。为此，我国《著作权法》规定了一定情况下的举证责任倒置。即由复制品的出版者，制作者，电影作品、计算机软件、录音录像制品的出租者证明其行为有合法来源，如果他们不能证明其行为有合法来源，则应当承担法律责任。

另外，在民事诉讼的举证过程中，提交的证据必须具备合法性。但有时，在侵害知识产权的诉讼中，权利人无法通过合法途径获取证据。为此，最高人民法院《关于审理著作权民事纠纷案件适用法律若干问题的解释》第8条规定，当事人自行或者委托他人以订购、现场交易等方法购买侵权复制品而获得的实物、发票等，可以作为证据。公证人员在未向涉嫌侵权的一方当事人表明身份的情况下，如实对另一方当事人按照前款规定的方式取得的证据和取证过程出具的公证书，应当作为证据使用，但有相反证据的除外。

（四）保全措施和诉讼时效

《著作权法》第49条规定，著作权人或与著作权有关的权利人有证据证明他人正在实施或即将实施侵犯其权利的行为，如不及时制止就会使其合法权益受到难以弥补的损害的，可以在起诉前向人民法院申请采取责令停止有关行为和财产保全的措施。人民法院可依我国《民事诉讼法》第93～96条和第99条之规定处理上述申请。《著作权法》第50条规定：为制止侵权行为，在证据可能灭失或者以后难以取得的情况下，著作权人或与著作权有关的权利人可以在起诉前向人民法院申请保全证据。人民法院接受申请后，必须在48小时内作出裁定；裁定采取保全措施的，应当立即开始执行。人民法院可以责令申请人提供担保，申请人不提供担保的，法院将驳回申请；申请人在人民法院采取保全措施后15日内不起诉的，人民法院应当解除保全措施。

侵害著作权的诉讼时效为2年，从权利人知道或应当知道侵权行为之日起计算。这时计算赔偿额度的期间为侵权行为发生日至起诉日。权利人自知道或应当知道侵权行为超过2年起诉的，如果侵权行为在起诉时仍在持续，在该著作权保护期内，人民法院应当判决被告停止侵权行为；侵权损害赔偿数额应当自权利人向人民法院起诉之日起向前推算2年计算。

二、行政责任

侵犯著作权和著作邻接权的行政责任是指国家著作权行政管理部门依照法律规定，对侵犯著作权及著作邻接权的行为给予的行政处罚。我国《著作权法》规定，如果行为人实施了前述行为，同时损害了公共利益的，还应当承担行政责任。行政责任的形式包括：责令停止侵权行为；没收违法所得；没收、销毁侵权复制品；罚款；没收主要用于制作侵权复制品的材料、工具、设备等。

三、刑事责任

侵犯著作权和著作邻接权的刑事责任是指人民法院代表国家依照刑法的规定，对侵犯著作权和著作邻接权的犯罪分子给予的刑事制裁。

《刑法》第217条规定了侵犯著作权罪，这里的著作权包括著作邻接权。该条规定，以营利为目的，有下列侵犯著作权情形之一，违法数额较大或有其他严重情节的，处3年以下有期徒刑或者拘役，并处或单处罚金；违法数额巨大或有其他特别严重情节的，处3年以上7年以下有期徒刑，并处罚金：（1）未经著作权人许可，复制发行其文字作品、音乐、电影、电视、录像作品、计算机软件及其他作品的；（2）出版他人享有专有出版权的图书的；（3）未经录音录像制作者许可，复制发行其制作的录音录像的；（4）制作、出售假冒他人署名的美术作品的。

《刑法》第218条规定了销售侵权复制品罪。该条规定，以营利为目的，销售明知是《刑法》第217条规定的侵权复制品，违法所得数额巨大的，处3年以下有期徒刑或拘役，并处或单处罚金。

行为人如果既实施了《刑法》第217规定的侵权行为，又实施了销售侵权复制品行为，不能适用数罪并罚，而应当按照刑法理论上的吸收犯的处理原理，以主行为定罪处罚，从行为可以作为量刑情节予以考虑，即以侵犯著作权罪定罪从重判处。

《刑法》第220条规定，单位犯第217条和第218条规定之罪的，对单位判处罚金，并对其直接负责的主管人员和其他直接责任人员，依照上述各条规定予以处罚。

为进一步确定定罪量刑的标准，最高人民法院、最高人民检察院分别于2004年、2007年通过了两个《关于办理侵犯知识产权刑事案件具体应用法律若干问题的解释》，分别对《刑法》第217条、第218条中的“违法数额较大”、“有其他严重情节”、“违法所得数额巨大”、“有其他特别严重情节”等作出了具体解释。

第三编

专 利 法

第十二章　专利制度与专利法

第一节　专利、专利法与专利制度

一、专利的含义

专利一词是从英文 patent 翻译过来的，patent 来自拉丁文 letters patent，是中世纪英国国王对人们封以爵位、任命官职及授予各种特权所常用的一种文书。这种文书盖有国王御玺，没有封口，人人可以打开阅读。也就是说，这种证书的内容是公开的。自 1623 年英国颁布垄断法以后，英国对发明人授予垄断权所用的这种文件改用英国专利局的印章，表明国家对某一发明创造已授予垄断权。这种文件在当今被称为专利证书，其所授予的权利被称为专利权，亦可简称专利。这种证书的内容也是公开的。这两大特点构成了专利的最基本特征——垄断和公开。

专利一词在现代使用主要有以下三种含义：

1. 专利就是专利权的简称。它是一种法定权利，是指对一项发明创造，专利申请人依法向国家专利主管机关提出专利申请，经审查后，向专利申请人授予的规定时间内对该项发明创造享有的专有权利。这也是专利一词在现代的最基本含义。本书在涉及“专利”概念时一般也是指专利权。

2. 专利是指专利权的客体。即取得专利权的发明创造。从此意义上理解，专利是具有独占权的公开技术。

3. 专利是指记载发明创造内容的专利文献。如说明书及其摘要、权利要求书等。即专利又可理解为公开的专利文献。

二、专利法的概念和特征

专利法是以专利为核心的一部知识产权法。专利法具有其他知识产权法的一些共性，但又具有区别于其他知识产权法的本质特点。关于专利法的概念，学者们的表述各不相同。有学者认为，专利法是指调整因确认发明创造的所有权和因发明创造的实施而产生的各种社会关系的法律规范的总称；①有学者认为，专利法是指调整因发明创造的开发、实施以及保护等发生的各种社会关系的法律规范；②更多学者则认为，专利法是国家制定的用以调整因确认发明创造的所有权和因发明创造的使用而产生的各种社会关系的法律规范。③

专利法是保护发明创造的法律，上述定义都是围绕发明创造而定义的，均有可取之处。但整体上，“专利法是国家制定的用以调整由发明创造活动而引起的各种社会关系的法律规范的总称”这一定义更合适。

专利法的调整对象是一种特殊的社会关系。概言之，有以下几种：其一，专利法调整因发明创造的归属而产生的社会关系；其二，因授予发明创造以专利权而产生的社会关系；其三，因发明创造的利用和保护而产生的社会关系。

专利法具有以下特征：

其一，专利法是社会规范与科学技术规范相结合的法律规范。专利法是保护发明创造的法律规范，发明创造本身属于科学技术范畴，没有发明创造，也就没有专利法。

其二，专利法既是实体法，又是行政程序法，是以实体法为主，与程序法相结合的法律规范，这特别表现在专利法不仅规定发明创造的权利人（即专利权人）的权利，而且规定了有关专利权的申请、审查、取得与行使的程序等内容。

其三，专利法采用行政和民事相结合的调整方式。这两种调整方式是相辅相成的。

三、专利制度的概念、特征及其作用

（一）专利制度的概念

关于专利制度的概念，国内外有不同的理解和表述。在我国，最具代表性的专利制度的概念是 1983 年《中华人民共和国专利法（草案）的说明》所下

① 参见吴汉东主编：《知识产权法》，中国政法大学出版社 2002 年版，第 111 页。

② 参见齐爱民主编：《现代知识产权法学》，苏州大学出版社 2005 年版，第 235 页。

③ 参见郑成思主编：《知识产权法教程》，法律出版社 1993 年版，第 133 页。

的定义："专利制度是国际上通行的一种利用法律的和经济的手段推动技术进步的管理制度。这个制度的基本内容是依据专利法，对申请专利的发明创造，经过审查和批准，授予专利权。同时把申请专利的发明创造的内容公开，以便进行技术情报交流和技术有偿转让。"

这是一个比较严密完整的定义。简单地说，专利制度是依照专利法，通过授予专利权和公开发明创造，推动技术进步和创新以及经济发展的法律制度。专利制度也是一种完整而系统的科学管理制度。

（二）专利制度的特征

1. 法律保护。专利制度是以专利法为核心形成的一种专利管理、专利工作和专利实施制度。专利制度最本质的特征在于它是一种法律制度。因此，专利制度和专利法的关系十分密切。专利法是专利制度的基础和其赖以建立的前提条件，是国家专利制度实施和专利工作顺利进行的保障，是专利制度的核心。专利法通过调整专利工作中的各种法律关系，保障专利制度的实施和专利工作的顺利进行。

2. 科学审查。要获得专利权，需经过科学审查。国家专利主管机关依法对申请专利的发明创造进行专利条件的审查。这种审查是建立在对已有技术充分检索的基础上的，具有法定的程序性。专利制度中的科学审查是现代科学技术发展的客观要求，也是保证专利质量的重要举措。

3. 技术公开。发明创造通过专利申请的公布或专利的颁布将技术内容向社会公开、传播。这是专利制度进步性的重要表现。

4. 国际交流。这是针对专利制度在国际范围内进行科学技术、贸易和经济等方面的交往而言的。专利制度对于推动国际技术交流起着重要的作用。

在以上四个特征中，法律保护与技术公开是专利制度的两大支柱。专利制度的关键是在依法授予并保护专利权人对发明创造独占权（即以法律的手段实现对技术实施的垄断）的同时，通过法律手段和经济手段促进发明创造内容尽早公开和实施。允许独占与强调公开和实施，集中体现了专利制度的特色和目的。

（三）专利制度的作用

1. 保护和鼓励发明创造。专利制度作用的基点在于通过授予发明创造以专利权而达到保护发明创造的目的。仅以 2008 年为例，该年国家知识产权局受理三种专利申请828328件，其中发明专利申请289838件，实用新型专利申请225586件，外观设计专利申请312904件，三种专利申请量同比分别增长18.2%、24.4%和17%。截至2008 年年底，国家知识产权局共受理三种专利申请总量累计4853506件。①我国已步入“专利申请大国”之列。这一统计数据也反映了专利制度在鼓励和保护发明创造方面的重要作用。

2. 打破技术封锁，促进新技术成果的推广应用，推动科学技术的进步与创新。专利制度能够促使新技术公开，使技术成果迅速转化为生产力；能够保证技术发展投资的回收，为进一步进行发明创造提供必要的物质条件。专利制度还能够解决重复科研的问题。

3. 促进国民经济的发展。专利制度促进国民经济发展的作用决定于科学技术在一个国家国民经济中的重要地位。科学技术是生产力，专利制度是一种推动科学技术进步和创新的先进的管理制度，它必然会直接或间接地促进国民经济繁荣。

第二节　我国专利法的制定与完善

一、我国的第一部专利法及其特点

我国于1984年3月12日通过了《中华人民共和国专利法》（下称1984年《专利法》），该法于1985年4月1日正式实施。1985年1月国务院又批准了《中华人民共和国专利法实施细则》。

我国1984年《专利法》具有以下特点：

1. 将发明创造的推广应用作为专利法的一个重要目的。1984年《专利法》第1条开宗明义地指出，制定它是要“保护发明创造专利权、鼓励发明创造，有利于发明创造的推广应用，促进科学技术的发展，适应社会主义现代化建设的需要”。

2. 实行单一的专利保护制度。为增强我国专利制度的国际协调，专利法采取了单一的专利保护制度，确立了对发明创造这种无形财富的工业产权保护。

3. 三种专利合为一法保护。世界上有些国家专利法只保护发明专利，有些国家保护发明专利与外观设计专利或发明专利与实用新型专利。我国专利法将发明、实用新型与外观设计三种专利形式融为一体。

---

①　参见闫文峰、张海志、刘仁：《田力普总结2008年知识产权工作“战略”由制定转为实施，知识产权事业进入又快又好发展关键时期》，载《中国知识产权报》2009年1月16日。

4. 实行计划许可与强制许可并用的制度。专利法强调发明创造的实施，规定了强制许可制度。同时，专利法将社会整体利益与专利权人局部利益结合起来，规定了国家计划许可制。

5. 实行专利审查制，保证授权质量。

6. 对专利纠纷的处理，实行行政处理与司法审判相结合的双轨制。

二、我国专利法的修改与完善

（一）《专利法》的第一次修改

《专利法》自1985年实施至今，已历经两次比较大的修订。为进一步加强专利制度的作用，1992年9月4日七届全国人大常委会第27次会议通过了《关于修改中华人民共和国专利法的决定》，于1993年1月1日正式实施（以下称1992年《专利法》）。

《专利法》第一次修改的主要内容如下：

1. 扩大了专利保护范围。删除1984年《专利法》对药品和用化学方法获得的物质以及食品、饮料和调味品不授予专利权的规定，对上述产品授予专利权，这是我国知识产权制度与国际接轨的重大举措，有利于我国医药、化工行业从仿制为主的窘迫的境况中走出来。

2. 延长了专利权保护期限。将发明的专利保护期从15年改为20年，实用新型和外观设计的专利保护期从原来5年加3年续展期改为10年，不再续展。

3. 改进了专利审批制度。这方面的修改和调整主要有：（1）将授权前的异议程序改为授权后的撤销程序；（2）增设本国优先权；（3）将专利申请文件修改的范围，从限于说明书扩大到说明书和权利要求书；（4）对无效宣告请求的时间及被宣告无效的专利权的追溯效力作了进一步规定。

此外，在完善专利审批程序方面，还设置了权利恢复程序；扩大了专利复审范围，对专利局撤销或维持专利权的决定不服的，也可以请求复审；明确了发明专利申请公布的时间以及专利复审委员会和专利管理局审理案件的性质等。

4. 进一步加强了专利权的保护。（1）依国际惯例增加了进口权的规定，提高了专利保护水平；（2）对方法专利的保护延及依该方法直接获得的产品；（3）对强制许可条件作了重新规定，补充了强制许可的类型；（4）补充冒充专利的处罚，增加了对冒充专利产品或方法的管理和制裁的规定。

为与修改后的1992年《专利法》相协调，1992年12月12日国务院批准修订了《中华人民共和国专利法实施细则》，该实施细则于1993年1月1日起施行。

（二）《专利法》的第二次修改

2000年8月25日，九届全国人大常委会第17次会议表决通过了《关于修改〈中华人民共和国专利法〉的决定》（下称2000年《专利法》），并于2001年7月1日起施行。

2000年《专利法》修改的范围涉及35条，包括新增4条，删除4条，修改27条，它吸收了中国深化经济体制改革以来的实践经验和立法成果，加大了专利保护力度，简化了专利审批程序，按Trips协议的要求进一步调整、完善了专利法的有关规定。具体包括以下方面：

1. 明确专利立法为促进科技进步与创新服务。促进科技创新的精神在专利法修改中有诸多体现，特别表现在第1条立法宗旨的修订上，将“促进科学技术的发展”改成“促进科学技术的进步和创新”。2000年《专利法》将专利制度融入国家科技创新体系，要求处理好专利与技术创新的关系，确立和强化企业的技术创新主体地位。

2. 不再区分“持有”与“所有”。原《专利法》规定国有单位只享有对专利权的“持有权”，而专利权为国家“所有”。2000年《专利法》取消了对专利权的“所有（人）”和“持有（人）”的区分，有利于国有企业事业单位作为平等的市场主体参与竞争，激励其创新意识和创新动力，促进国有企业的技术革新和申请开发专利。

3. 对职务发明进行了合理的界定，并从法律上明确规定对职务发明人应当给予报酬。（1）合理界定职务发明创造的范围，将“主要利用本单位的物质条件”修改为“主要利用本单位的物质技术条件”。另外还规定，利用本单位的物质技术条件所完成的发明创造，单位与发明人或设计人订有合同，对申请专利的权利和专利权的归属作出约定的，从其约定。（2）职务发明创造中发明人或设计人与单位的利益平衡。将“应当给予奖励”改为“应当给予报酬”，以调动科研人员从事和实施发明创造的积极性。

4. 对外观设计的专利性的修改。将原《专利法》第23条修改为“授予专利权的外观设计，应当同申请日以前在国内外出版物上公开过或者国内公开使用过的外观设计不相同和不相似”，表明只有既不相同也不相似的外观设计才具有专利性。同时还规定，授予专利权的外观设计不得与他人取得的在先权利相冲突。

5. 简化、完善专利审批和维权程序。（1）向外国申请专利手续的简化。

取消了“经国务院有关主管部门同意”的条件。（2）实用新型专利申请审批制度的改进。2000年《专利法》除维持原有的初步审查制外，还规定了“检索报告制”。（3）专利申请权与专利权转让手续的简化。2000年《专利法》删除了全民所有制单位转让专利申请权或专利权，必须由上级主管机关批准的规定。对于转让合同，规定只需登记即告生效。（4）专利权撤销程序的取消与无效宣告程序的完善。

6. 对专利权限制的修改。（1）对第三人善意使用、销售专利产品，2000年《专利法》一方面明确其仍为侵权行为，另一方面也明确了只要能证明其产品合法来源的，就可以免除赔偿责任。（2）对于国有企业、事业单位的发明专利，取消国家计划许可，实行指定许可。（3）强制许可的改进。将后一发明或实用新型比前一发明或实用新型“在技术上先进”的条件改为“具有显著经济意义的重大技术进步”。

7. 加大保护力度，完善专利司法和行政执法。（1）增加了许诺销售权的规定。（2）增加了有关侵权损失赔偿额的计算规定。（3）规定了专利侵权的诉前临时措施。（4）修改了对发明专利临时保护纠纷案件诉讼时效的规定。（5）方法专利侵权诉讼举证责任改为“应当提供其制造方法不同于专利方法的证明”。

8. 进一步与国际接轨。（1）取消专利复审委员会对实用新型和外观设计的复审与无效审查决定是终局决定的规定。（2）与《专利合作条约》协调，增加了有关专利国际申请的规定。

此外，为了与2000年《专利法》的实施相配套，对《专利法实施细则》也作了相应修改，修改后的“细则”于2001年7月1日起开始实施。

（三）《专利法》的第三次修改

随着国内、国际形势的发展，需要进一步完善我国专利法律制度：一是我国提出了提高自主创新能力、建设创新型国家的目标，国务院制定了《国家知识产权战略纲要》。为此，需要通过修改、完善专利法，进一步加强对专利权的保护，激励自主创新，促进专利技术的实施，推动专利技术向现实生产力转化。二是世界贸易组织多哈部长级会议通过了《关于〈与贸易有关的知识产权协议〉与公共健康的宣言》（下称《多哈宣言》），世界贸易组织总理事会通过了落实《多哈宣言》的《修改〈与贸易有关的知识产权协议〉议定书》（下称《议定书》）。《多哈宣言》和《议定书》允许世界贸易组织成员突破Trips协议的限制，在规定条件下给予实施药品专利的强制许可。据此，需要对2000年《专利法》作必要修改。此外，《生物多样性公约》对利用专利制度保护遗传资源作了规定，我国作为遗传资源大国，需要通过修改专利法，行使该公约赋予的权利。在这种新的时代背景下，我国专利法面临第三次修改。①

2008年12月27日，根据第十一届全国人民代表大会常务委员会第六次会议《关于修改〈中华人民共和国专利法〉的决定》。修订后的《专利法》将于2009年10月1日起施行（下称《专利法》）。

《专利法》涉及修改的内容主要体现在以下几方面：

第一，关于专利法的立法宗旨。当前，建设创新型国家是我国目前的战略目标之一。为实现这一目标，需要在立法上充分展现这一需求，《专利法》增加了“提高创新能力”的内容。同时将“有利于发明创造的推广应用”修改为“推动发明创造的应用”，强化专利法在促进发明创造应用方面的功能和作用，与“提高创新能力”一脉相承。

第二，规定深化行政审批改革、建设服务型政府的举措，包括取消对涉外代理机构指定，取消向外国申请专利须先申请中国专利的规定，增加国务院专利行政部门在传播专利信息职责方面的规定等。

第三，关于申请专利的权利、专利申请权的归属和管理。对在中国完成的发明创造向国外申请专利的审批程序进行了完善；对同一申请人同日对同样的发明创造既申请实用新型专利又申请发明专利的处理作了进一步规定。

第四，关于专利权的授予标准。采用绝对新颖性标准，即取消对现有技术和现有设计的地域限制，增加了对遗传资源的保护和遗传资源来源披露要求的规定。

第五，进一步完善外观设计制度。其中涉及对外观设计授权范围的进一步限定、授予外观设计专利权实质性条件的提高、关联外观设计合案申请、建立外观设计检索报告制度、赋予外观设计专利权人许诺销售权等。

第六，进一步扩大专利保护，完善专利行政执法，同时加大对违法行为的处罚力度，进一步完善侵权赔偿数额的计算方式以及法定赔偿额，增加诉前证据保全措施，完善财产保全措施等。

第七，维护公共权益和制止知识产权滥用的举措，包括对强制许可制度进

① 参见《关于〈中华人民共和国专利法修正案〉（草案）的说明》，中国人大网（www. npc. gov. cn）。

一步完善，增加现有技术抗辩的规定等。

第八，促进技术推广应用的举措，包括增加专利权共有人实施或者许可他人实施共有专利的制度，增加不视为侵犯专利权的情形、完善善意侵权制度等。

第十三章　专利保护的客体

专利保护的客体是依法以专利形式保护的发明创造成果，是依法应授予专利、记载于专利文件之中已公开的技术成果。我国专利保护的客体有发明、实用新型和外观设计。

第一节　发　　明

一、发明的概念

专利法意义上的发明比一般意义上的发明要严格得多，后者是指经过实践证明能够直接应用于工业生产的技术成果。专利法所说的发明仅是一种解决技术问题的具体方案或一种技术构思，它并不要求“经过实践证明可以直接应用于工业生产”。当然，它应具有在工业上应用的可能性。

专利法上的发明是指发明人利用自然规律为解决某一技术领域存在的问题而提出的具有创造性水平的技术方案。所谓技术方案，是利用自然规律解决人类生产、生活中某一特定技术问题的构思。我国《专利法》第 2 条第 2 款规定：“发明，是指对产品、方法或者其改进所提出的新的技术方案。”

二、发明的属性

作为专利客体的发明必须具备两个属性：技术属性和法律属性。

（一）技术属性

1. 发明是一种技术方案。专利法上的发明并不要求发明是技术本身，它只要求是技术方案即可。这使我国《专利法》与《发明奖励条例》在“发明”的概念上区别开来。

2. 发明是利用自然规律在技术应用上的创造和革新，而不是单纯地揭示自然规律。首先，发明是利用自然规律的结果，违背自然规律或不是利用自然规律的“技术方案”或其他方案不是发明。其次，发明是一种技术应用上的创造和革新，不是认识自然规律的理论创新。

3. 发明是解决特定技术课题的技术方案，而不是单纯提出课题。单纯提出课题，有关发明还停留在构思阶段，而没有表现为一种针对特定技术课题的技术方案，不构成为专利法上的发明。当然，提出课题、发明构思往往是发明的先导。

4. 发明必须通过物品表现出来，或是在作用于物品的方法中表现出来。这是因为技术思想与技术方案本身都是观念性的东西，具体物品才是技术思想的载体。

(二) 法律属性

专利法保护的发明具有一定的法律意义。因为被称为发明的新技术方案并不能自动成为专利保护的客体。它们要经过主管专利机关的审查，确认其符合专利法的条件才能取得专利权。技术上的发明要成为法律上的发明必须具备一些法定条件。

三、发明的种类

我国专利法确认的发明种类有产品发明、方法发明和改进发明。

(一) 产品发明

产品发明是指经过人工制造，以有形形式出现的一切发明。它是人们通过创造性劳动创制出来的各种制成品或产品。这些产品是自然界从未有过的，也是人类社会从未有过的。未经人的加工而属于自然状态的东西不能称为产品发明，如野生药材、矿物质等。产品发明又可具体分为制造品的发明，如机器设备、装置等的发明；材料的发明如化学物质、组成物等的发明；有新用途产品的发明。产品发明取得专利后称为产品专利。产品专利不保护制造方法，只保护产品本身。

(二) 方法发明

方法发明是利用自然规律系统地作用于一个物品或物质，使之发生新的质变或成为另一种物品、物质的方法的发明。简言之，它是为解决某一特定技术问题所采取的手段、步骤。方法发明多种多样，通常包括：制造方法的发明、化学方法的发明、生物方法的发明、将产品（主要是物质）用于新用途的方法的发明。方法发明可以涉及全部过程，也可以只涉及其中某个步骤。应当注意，不是利用自然规律的方法不能成为方法发明。

(三) 改进发明

这是指对已有的产品发明和方法发明提出实质性革新的技术方案。改进发明是在保护已知对象独特性的前提下对已有产品或方法赋予新的特性或进行新的部分质变。例如，美国通用电器公司用充惰性气体的方法改进了爱迪生的白炽灯，显著地改善了白炽灯的质量，这就是改进发明。

第二节　实用新型

一、实用新型的概念与特点

（一）实用新型的概念

《专利法》第2条第3款规定："实用新型，是指对产品的形状、构造或者其结合所提出的适于实用的新的技术方案。"这个新技术方案能够在工业上制造出具有使用价值或实际用途的产品。实用新型也是利用自然规律所提出的新技术方案，这一点与发明是相同的。实用新型的确也是一种发明，只是其对创造性要求较低，保护范围比发明专利窄，通常人们称之为"小发明"，即发明中技术水平较低、难度较小的发明。

（二）实用新型的特点

1. 实用新型必须是产品。这种产品是经过工业方法制造的占据一定空间的实体，如仪器、设备、日用品。这种产品也可以是物品或其中的一部分，只要这种物质能在工业上得到应用或使用。制造这种产品的工艺方法不受实用新型专利保护。这一点体现了实用新型与发明保护范围的差异，发明既可以是产品也可以是方法，而实用新型仅针对产品，而不能是方法。

2. 实用新型必须是具有一定立体形状和结构或者是两者相结合的产品。形状是指外部能观察到的产品固定的主体外形，它不是装饰性的外表，而是具有一定技术效果的形状。

3. 实用新型应具有实用性。实用新型必须在产业上有直接的实用价值。例如，轮胎的花纹是为了防滑。如果产品的形状构造只是为了美观，就不能获得实用新型专利保护。

4. 实用新型的创造性较发明低。专利法一般仅要求实用新型具有实质性特点和进步，而不要求如发明那样有突出的实质性特点和显著进步。因此，实用新型申请与授权过程中，专利行政机关并不进行实质审查，而仅进行初步审查，授权程序相对简单、迅捷。

二、各国对实用新型的法律保护

就世界范围来说，保护实用新型的法律制度的建立晚于发明、外观设计的法律制度。1843 年英国制定了《实用新型法》，这是世界上最早的实用新型法。将实用新型作为一种单独的工业产权加以保护则首先是德国于 1891 年通过立法确立的。1911 年《巴黎公约》正式确立了实用新型保护制度。目前世界上采用实用新型保护制度的只有中、德、日、法、葡等 20 个国家。其中多数国家规定实用新型是对物品的形状构造或装置所进行的新的、有用的改进。

在采取实用新型制度的国家中，对实用新型的保护方式也不同。一少部分国家以专利法加以保护，如巴西、菲律宾等国。有些国家则以专门的实用新型法加以保护，如日本、德国和意大利、乌拉圭等。在称谓上也不相同，如日本称“实用新案”，德国称“实用证书”，其他国家称“实用新型”或“新型”。此外，有些国家如英国和美国虽未规定实用新型专利，但实际上是把实用新型作为小发明纳入发明中一起保护的。

我国实用新型的发明创造的数量很大。建立实用新型制度有利于调动人民群众从事发明创造的积极性，推动科学技术的进步，这已为实践所证明。

第三节 外观设计

一、外观设计的概念与特点

外观设计，又称工业品外观设计。《专利法》第 2 条第 4 款规定：“外观设计，是指对产品的形状、图案或者其结合以及色彩与形状、图案的结合所作出的富有美感并适于工业应用的新设计。”它与发明和实用新型不同，涉及的不是技术上的发明创造，而是一种工业品的装饰性或艺术性外观或式样。外观设计具有以下特点：

1. 外观设计是对产品的外表所作的设计。外观设计必须与产品有关，并与使用该外观设计的产品合为一体。外观设计涉及的是产品的外观，而不是该产品的结构、用途或制造技术。

2. 外观设计是关于产品形状、图案或其结合以及色彩与形状、图案相结合的设计。这里的形状是指具有三维空间的产品造型，如电冰箱的外形；图案是指二维的平面设计，或用线条、不同色彩形成的图形，如地毯图案；色彩是指构成图案的成分。常见的外观设计往往是对产品的形状、图案和色彩的结合。它可以是形状与色彩、图案与色彩或形状、图案、色彩三者的结合。仅仅为实现某种技术思想而作的设计不能称为外观设计。

3. 外观设计富有美感。授予外观设计专利的目的主要是为促进商品外观的改进，既增加竞争能力，又丰富人们生活。外观设计美感应以消费者的眼光来衡量，只要多数消费者认为是美观的，就可以认为是富有美感的外观设计。

4. 外观设计必须是适合于工业上应用的新设计。适合于工业上应用是指使用外观设计的产品能通过工业生产过程大量地复制生产，也包括通过手工业形成批量生产。这使得外观设计与艺术创作相区别。新设计是指该外观设计具有新颖性，在现有技术中找不到与之相同或相近的外观设计。

二、外观设计与实用新型的区别

外观设计是一个美学设计，它是技术和艺术、自然科学和美学创作与生产、创造等综合起来的一种新设计。因此外观设计专利的保护范围是产品的外观形状、美感效果。实用新型专利的保护范围则是产品功能和技术效果。外观设计和实用新型都可能涉及产品的外部形状，但外观设计仅涉及产品的外部形状，实用新型则不仅涉及产品的外形和外部结构，还可能涉及产品的内部形状和构造，具有一定的功能目的。可以说，外观设计是物的美化上的创作，实用新型则是物的功能上的创作。

当然，也有一部分产品设计既有美感效果又有技术效果，此时则应分析哪一种效果是主要的。如果两种效果不可分开，而技术效果只能通过特定造型才能体现出来，就不宜申请外观设计专利；如果产品外形设计具有明显美感效果，对产品形状、构造有较强的制约作用，而该产品外表具有明显外部效果的，则应申请外观设计专利。

三、各国对外观设计的法律保护

对外观设计的法律保护是从中世纪的佛罗伦萨共和国开始的。法国最早在1711年就建立了外观设计保护制度，当时它是由里昂地方政府制定的，旨在保护该市丝绸品图案。1806年法国颁布了第一部保护外观设计的法律，但直到1825年外观设计制度才推行到法国全国。随后各国也相继建立了外观设计制度。1883年签订的《巴黎公约》将外观设计列为工业产权的一种，推动了各国立法对外观设计的保护。该公约1958年修订时，进一步规定缔约国有保护外观设计的义务。1925年，在海牙签订《外观设计国际保护海牙协定》，并建立了外观设计国际申请联盟（简称海牙联盟），推动了外观设计的国际合作和保护。现在，世界上有120多个国家和地区建立了外观设计法律保护制度。

各国对外观设计所采取的保护方式不尽相同。①以英、美为代表的多数国家采用专利保护形式。理由是外观设计代表设计者的创作活动，具有发明性质，其显著性特点是同样的外观设计可为很多人制造出来，其新颖性具有关键意义，应以专利形式保护。不过以专利形式保护并非都在专利法中予以规范，如日本和英国是在外观设计法中予以规定的。一些国家采用外观设计和著作权的双重保护制度，如德国工业品外观设计版权法与外观设计注册法并存。以西班牙为代表的一些国家则采取注册保护的方式。

不论对外观设计采取何种保护方式，其保护效果是基本一致的，即外观设计所有人对其外观设计享有独占权，未经其许可或法律特别规定，其他任何人不得复制或摹仿受保护的外观设计。

第四节　不受专利法保护的对象

并非一切发明创造都能够获得法律保护。各国专利法一般要对授予专利的发明创造作出严格的法律界定，将某些类型的发明和非为发明的项目排除在专利客体之外。我国《专利法》对不授予专利的客体也作了明确规定。

一、违反法律、社会公德或妨害公共利益的发明创造

《专利法》第5条第1款规定："对违反法律、社会公德或者妨害公共利益的发明创造，不授予专利权。"

（一）违反法律的发明创造

法律，是指由全国人民代表大会或全国人民代表大会常务委员会依照立法程序制定和颁布的法律。它不包括行政法规和规章。违反法律的发明创造如用于赌博的设备、机器，伪造公文、印章、文物的设备等，不能被授予专利权。发明创造本身的目的并没有违反国家法律，但是由于被滥用而违反国家法律的，则不属此列。换言之，有些发明创造的目的本身并不违法，但其技术特征决定了它可以成为违法犯罪的手段时，应具体分析。如电子游戏机本以娱乐为目的，但也能用于赌博。如专利申请中包含了这方面用途，就应将这方面内容删掉。

① 《巴黎公约》对外观设计的保护形式未作任何强制性规定，所以各国保护外观设计的法律规范是多样的。

（二）违反社会公德的发明创造

违反社会公德的发明创造不利于我国精神文明建设，不能取得专利权。社会公德可以理解为公众普遍认为是正当的、并被接受的伦理道德观念和行为准则。发明创造在客观上与社会公德相违背的，不能被授予专利权。例如，带有暴力凶杀或者淫秽的图片或者照片的外观设计，不能被授予专利权。

（三）妨害公共利益的发明创造

妨害公共利益，是指发明创造的实施或使用会给公众或社会造成危害，或者会使国家和社会的正常秩序受到影响。例如发明创造的实施或使用会严重污染环境、破坏生态平衡的，不能被授予专利权。但是，如果因为对发明创造的滥用而可能造成妨害公共利益的，或者发明创造在产生积极效果的同时存在某种缺点的，例如对人体有某种副作用的药品，则不能以“妨害公共利益”为理由拒绝授予专利权。

二、违法获取或利用遗传资源，并依赖该遗传资源完成的发明创造

《专利法》第5条第2款规定：“对违反法律、行政法规的规定获取或者利用遗传资源，并依赖该遗传资源完成的发明创造，不授予专利权。”这就增加了对遗传资源专利权保护方面的规定。该规定旨在建立一种机制，防止违反我国遗传资源管理法律、法规而完成的发明创造获得专利权。在实践中，依赖遗传资源完成的发明创造本身可能具备授予专利权的条件，但由于该遗传资源获取或利用违反了中国法律、行政法规的规定，仍然不能授予专利权。

我国是批准加入1993年12月29日开始生效的《生物多样性公约》最早的国家之一。该公约旨在保护遗传资源和人类生存环境，促进资源的合理研究开发与利用，并保障资源提供者的知情同意和惠益分享的权利。公约明确规定遗传资源的利用应遵循国家主权、知情同意、惠益分享的原则，并且专利制度应有助于实现保护遗传资源的目标。我国既是该公约的成员国，也是一个拥有巨大遗传资源的国家。对遗传资源的保护不仅关系到我国生物多样化，而且关系到我国农业和制药业的发展，关系到我国对战略资源的合理规划与利用。利用专利法修改之际，增加保护遗传资源的内容，是很有必要的。因此，2008年《专利法》增加了上述规定。这一规定对于防止非法窃取我国遗传资源进行技术开发并申请专利，保护我国遗传资源具有重要意义。

三、科学发现

科学发现是对客观世界存在的未知物质、现象、变化过程及其特征和规律

的揭示和认识，不是专利法意义上的发明创造，不能授予专利权。但是，将新的发现付诸使用则可能取得专利。如将新发现的元素与其他化学元素或化合物用特殊方法结合起来产生一种新化合物，即是一种可以取得专利的发明。而且，科学发现仍可受专利法以外形式的法律保护，如我国的《自然科学奖励条例》。

发明和科学发现两者关系密切。通常，很多发明是建立在科学发现的基础之上的，进而发明又促进了发现。发明与发现的这种密切关系在化学物质的“用途发明”上表现最为突出，当发现某种化学物质的特殊性质之后，利用这种性质的“用途发明”则应运而生。同时，科学发现与发明之间也具有重要区别。科学发现是揭示自然界本身的存在，而不是从无到有创造以前并不存在的东西。发明则不同，它是利用自然规律解决技术问题的新的技术方案。

四、智力活动的规则和方法

智力活动是人的思维运动，它源于人的思维，经过推理、分析和判断产生出抽象的结果，或者必须经过人的思维运动作为媒介才能间接地作用于自然、产生结果。

智力活动的规则和方法是人们进行推理、分析、判断、记忆等思维活动的规则和方法，如计算方法、统计方法、速记方法。它不是利用自然规律的过程，不能在工业上使用，因而不是专利保护的客体。

如果一项发明仅涉及智力活动的规则和方法，亦即智力活动的规则和方法本身，则不应当被授予专利权。例如仪器和设备的操作说明；计算机的语言及计算规则；计算机程序本身。

五、疾病的诊断和治疗方法

这是指确定或消除有生命的人体和动物体病灶及病因的步骤过程。它不能在工业上应用，也不适用于专利保护。从社会人伦的角度考虑，也不允许垄断疾病诊断和治疗方法。如西医外科手术的方法、中医的针灸和脉诊方法都不能被授予专利权。但在疾病诊断和治疗中所使用的器械、仪器等医疗设备可以获得专利权。

诊断方法，是指为识别、研究和确定有生命的人体或动物体病因或病灶状态的全过程。

治疗方法，是指为使有生命的人体、动物体恢复或获得健康或者减少痛苦，进行阻断、缓解或消除病因或病灶的过程。它包括以治疗为目的或者具有治疗性质的各种方法。预防疾病或免疫的方法视为治疗方法。

六、动物和植物品种

这种发明是针对动物和植物品种本身而言的。对于动物、植物品种的发明是否授予专利，目前国际上有两种不同的做法。一是授予专利。美国、法国等国授予植物品种以发明专利，匈牙利等国授予动物品种以专利。二是不授予发明专利。这是多数国家的做法。从国际趋势看，动植物品种发明专利有可能从专利法中分离出来，赋予特别法的保护。1961 年签订的《植物新品种保护公约》就规定，各成员国应以特别证书或专利的方式对植物培育者给予保护。

我国专利法规定对动物和植物品种不给予专利保护。但是动物和植物品种的生产方法与一般的方法发明一样可以取得专利。这里的生产方法，即生物方法以外的方法。此外，微生物不属于动物或植物范畴，微生物方法也不是生物方法。微生物品种以及微生物方法可以依照我国专利法给予保护。

我国专利法不保护动植物品种，并不意味着动植物品种不受其他知识产权法的保护。为有效保护植物品种，我国已制定实施了一系列鼓励植物新品种开发、应用的法规、规章，如《种子管理条例实施细则》、《农作物品种审定办法》等。特别是 1997 年颁布了《植物新品种保护条例》，这对于建立我国植物新品种知识产权保护制度具有重要的意义。

七、原子核变换方法和用该方法获得的物质

原子核变换方法是指使一个或几个原子核经分裂或者聚合形成一个或几个新原子核的过程、步骤。

用原子核变换方法获得的物质是指用核裂变或核聚变的方法获得的元素或化合物。对这类物质的发明，除极少数国家外，大多数国家都不授予专利权。这主要是因为用原子核变换方法获得的物质关系到国家的国防、科研和公共生活的重大利益，不宜为单位或私人垄断，所以不能被授予专利权。

为实现核变换方法的各种设备、仪器及其部件可以被授予专利权。为实现原子核变换而增加粒子能量的粒子加速方法，如电子行波加速法、电子驻波加速法等因其不属于原子核变换方法，属于可授予发明专利权的客体，可以被授予专利权。

八、对平面印刷品的图案、色彩或二者的结合作出的主要起标识作用的设计

《专利法》第25条第6项规定，对平面印刷品的图案、色彩或二者的结合作出的主要起标识作用的设计，不授予专利权。与该法第23条第1款、第2款增加外观设计绝对新颖性标准和创造性标准一样，其主要目的是为了提高外观设计专利的质量，促进外观设计的创新。近年来，中国外观设计专利申请和授权数量增长迅速，但其中也不乏仅涉及主要起标识作用的、以瓶贴和平面包装为主要特色的图案设计，属于对平面印刷品的图案、色彩或二者的结合作出的主要起标识作用的设计。这类设计固然有一定的新颖性和创造性，但与外观设计专利保护的本质不够协调，需要通过立法修改引导外观设计的创造者重视对产品本身外观的创新活动，以提高中国外观设计专利产品的国际竞争力。另外，将瓶贴和平面包装为主要特色的图案设计申请专利，容易产生外观设计专利权与他人的注册商标权、著作权的冲突。①基于这些考虑，2008年《专利法》作出了上述修改。可以预料，这一修改有利于鼓励设计人对产品本身的外观设计创新，提高外观设计创新水平。

① 这类设计在满足独创性的条件下，可以获得著作权。

第十四章　专利权的主体

第一节　专利权主体概述

一、专利权主体的概念

专利权的主体是指有权提出专利申请和获得专利权，并承担与此相适应义务的人。我国《专利法》规定，发明人和设计人及其合法受让人，发明人和设计人工作单位以及外国的单位和个人可以成为专利权的主体。

二、专利申请权人与专利权人

专利申请权是指依照专利法的规定有资格提出专利申请的权利。专利申请权人即享有专利申请权的人。如上所述，发明人和设计人及其合法受让人，发明人和设计人工作单位以及外国的单位和个人可以成为专利权的主体，对其发明创造享有申请专利的权利。

应当注意，申请专利的权利与专利申请权是两个不同的概念，我国《专利法》对此作了区分，即前者是指提出专利申请的资格，后者则是指提出专利申请后享有的参与专利审批程序的当事人的资格。

同时，申请专利的权利与获得专利的权利也是两个不同的概念。申请专利的权利是解决提出专利申请阶段申请权的归属问题，即申请人的资格问题；获得专利的权利解决的则是专利权授予阶段专利权的归属问题，即专利权人的资格问题。在有些情况下，享有、行使申请专利的权利并不一定能最终获得专利权。专利权可以通过转让、赠与或继承等方式取得。可见，享有申请专利的权利并非是取得专利权的充分条件，专利权人取得专利权的方式并不限于专利申请这一途径。

三、专利权的继受主体

专利权的继受主体是指通过转让、继承或赠与方式而依法获得专利权的人。专利申请权和专利权均为民法上的财产权，故其转让已为各国法律所肯定。我国《专利法》第10条明确规定，专利申请权和专利权可以转让。中国单位或个人向外国人、外国企业或外国其他组织转让专利申请权或专利权的，应当依照有关法律、行政法规的规定办理手续。①

发明创造人的继承人通过继承亦可以取得发明创造的专利申请权和专利权。对此，我国《继承法》第3条第6项亦规定，专利权中的财产权部分可作为遗产继承。

在继受取得中，合法受让人无论通过何种方式取得专利申请权或专利权，其仅能取得专利权中的财产权，因为发明人和设计人的人身权是不可转让和继承的。同时，合法继受人在申请专利时，应向专利局提供合法受让该发明创造所有权的证明。

四、确定相同发明创造专利权主体的原则

(一) 授予发明创造专利权的两种不同模式

专利权具有独占性，同样的发明创造只能被授予一项专利。若两个专利申请人就相同发明创造向专利局分别提出专利申请，如何确定专利权人？国际上通行两种不同的原则，即先发明原则和先申请原则。

1. 先发明原则，指两个以上的申请人就同样的发明创造分别向专利局申请专利，专利权授予最先完成发明创造的人的原则。这一原则虽符合专利制度鼓励发明创造的宗旨，但缺乏实际可操作性。

2. 先申请原则，也称优先申请原则，是指两个以上的申请人分别就同样的发明创造申请专利，专利权授予最先申请人的原则。这一原则为大多数国家所采用。我国《专利法》第9条第2款规定，两个以上的申请人分别就同样的发明创造申请专利的，专利权授予最先申请的人。《专利法实施细则》第13条规定，两个以上的申请人在同一日分别就同样的发明创造申请专利的，应当

① 2000年《专利法》第10条第2款的相应规定是："中国单位或者个人向外国人转让专利申请权或者专利权的，必须经国务院有关主管部门批准。"2008年《专利法》的这一修改，便利了中国单位或个人向外国人、外国企业或外国其他组织转让专利申请权或专利权，有利于我国开展与外国的专利技术贸易。

在收到国务院专利行政部门的通知后自行协商确定申请人。应注意，在实行先申请原则的国家，判断申请先后的时间标准有两种：一是以申请日为判断标准；二是以申请时刻为判断标准。我国采用第一种标准，即以申请日期确定先申请人。

（二）禁止重复授权

《专利法》第9条第1款规定，同样的发明创造只能授予一项专利权。但是，同一申请人同日对同样的发明创造既申请实用新型专利又申请发明专利，先获得的实用新型专利权尚未终止，且申请人声明放弃该实用新型专利权的，可以授予发明专利权。这一规定确立了禁止重复授权原则。

为了避免重复授权问题出现，专利法首先确立了“同样的发明创造只能授予一项专利权”的原则。同样的发明创造只能授予一项专利权，可以理解为禁止对同样的发明创造授予两个或两个以上的专利权，包括禁止基于同样的发明创造同时存在两个以上的有效专利权。但基于同样的发明创造先后存在两个以上有效专利，专利法是否应予禁止？2000年《专利法》将“抵触申请”仅限于他人的专利申请，而不包括本人申请，这使得在审查实践中容易造成同一人对同样的发明创造被重复授予发明和实用新型专利权。2008年《专利法》的上述规定弥补了这一缺陷，它可以使同一申请人同日对同样的发明创造既申请实用新型专利又申请发明专利时，避免重复授权现象的产生。

第二节　发明人或设计人

一、发明人或设计人

（一）发明人或设计人的定义

确认发明人或设计人的身份是确定专利申请权人和专利权人资格的主要依据。所谓发明人，是指对产品、方法或其改进提出新技术方案的人，或者对产品的形状、构造或其结合提出适于实用的新方案的人。所谓设计人，是指对产品的形状、图案或其结合以及色彩与形状、图案的结合所作出的富有美感，并适用于工业应用的新设计的人。

发明人或设计人在任何情况下都只能是自然人，不能是法人或其他组织。在各种专利文件上，都要求填写发明人或设计人的姓名，这是对发明人或设计人身份权的一种确认和保护。发明创造活动是一种事实行为，而不是法律行为，申请人申请专利和取得专利权的依据是发明创造这一智力成果，因此，发明人或设计人资格的取得不受民事行为能力的限制。

（二）发明人或设计人的判断规则

发明人或设计人应当是对发明创造的实质性特点作出创造性贡献的人。在完成发明创造的过程中，只负责组织工作的人、为物质技术条件的利用提供方便的人或从事其他辅助工作的人，不是发明人与设计人。发明人应当使用本人真实姓名，不得使用笔名或其他非正式的姓名。

（三）发明人或设计人的署名权

《专利法》第17条规定，发明人或设计人有在专利文件中写明自己是发明人或设计人的权利。这一规定确立了发明人或设计人的署名权。发明人可以请求专利局不公布其姓名；请求不公布姓名的，应当由发明人本人书面提出。不公布姓名的请求提出后，经审查认为符合要求的，专利局在专利公报、说明书单行本以及专利证书中均不公布其姓名，发明人也不得再请求重新公布其姓名。

二、共同发明人或设计人

共同发明人或设计人，是指两个或两个以上的人对同一发明创造共同构思，并都对其实质性特点作出了创造性贡献之人。此项发明创造称为共同发明创造。

正确认定共同发明人或共同设计人，对于确定专利权的归属具有重要意义。共同发明人或设计人不是几个挂名的形式上合作的人，而是指在实质上参与了发明创造活动的人。《专利法实施细则》规定，在完成发明创造的过程中，只负责组织工作的人、为物质条件利用提供方便的人或从事其他辅助工作的人，不是发明人或设计人，也不是共同发明人或设计人。

《专利法》第8条规定："两个以上单位或者个人合作完成的发明创造、一个单位或者个人接受其他单位或者个人委托所完成的发明创造，除另有协议的以外，申请专利的权利属于完成或者共同完成的单位或者个人；申请被批准后，申请的单位或者个人为专利权人。"

就共同非职务发明创造申请专利和获得专利的权利属于共同发明人或共同设计人共同所有。至于专利申请被批准后，共同专利权人对专利权的转让有优先受让权，但如果转让或许可给专利权人以外的人，共同专利权人应事先约定。

《专利法》第15条规定："专利申请权或者专利权的共有人对权利的行使有约定的，从其约定。没有约定的，共有人可以单独实施或者以普通许可方式许可他人实施该专利；许可他人实施该专利的，收取的使用费应当在共有人之间分配。除前款规定的情形外，行使共有的专利申请权或者专利权应当取得全体共有人的同意。”上述规定，既有利于充分保障共有人的合法权益，又有利于促进共有专利的实施，实现专利法既要充分保护权利人的专有权，又要促进专利技术推广应用的双重价值目标。

2008年《专利法》的规定有以下特点：一是意思自治优先。这一规定有利于共有人之间协商解决权利行使问题。二是明确了各共有人在缺乏约定前提下自己行使权利的范围和限制，有利于共有权利的行使。三是确立了收益共享原则。这有利于确保全体共有权利人的利益，防止在共有权利行使方面处于优势地位的共有人独占共有专利的利益。

第三节 发明人或设计人的工作单位

随着科学技术的发展，发明创造日趋复杂，越来越需要公司、企业、研究机构组织众多的人在他们履行职务时来完成，于是出现了“职务发明创造”的概念并被各国广泛接受。

《专利法》第6条规定，执行本单位的任务或主要是利用本单位的物质技术条件所完成的发明创造为职务发明创造。与此相对的概念是非职务发明创造。①正确区分这两种发明创造极为重要。我国专利制度实践中最突出的问题之一就是有关职务发明创造与非职务发明创造的界限问题。根据《专利法》第6条和《专利法实施细则》第11条的规定，职务发明创造分为以下几种类型：

1. 在本职工作中作出的发明创造。它既可以是因完成单位下达的本职工作范围的任务，也可以是作为日常本职工作的一部分由发明人或创造人主动完成的发明创造。即完成发明创造的行为是发生在职务范围以内。“职务”是指个人从事的本职工作或本岗位职责，职务范围，即工作责任、工作职责的范围。这是根据发明人或设计人所从事的工作性质和业务范围来确定职务发明创造的基本依据。换言之，判断发明创造是否为职务发明创造，可参照工作人员的职务内容或责任范围来确定。从范围上讲，应注意它不是指个人的专业范围，也不是指单位的业务范围，而是个人的具体工作岗位；从时间上讲，不应

① 非职务发明创造的专利保护在《专利法》中有专门规定。《专利法》第7条规定，对发明人或设计人的非职务发明创造专利申请，任何单位或个人不得压制。

以“工作时间”而论。判断是否在本职工作范围内，除了工作性质和业务范围外，还可以从实施行为方面考虑。发明人或设计人为某项发明创造所实施的具体行为就其性质而言是执行所承担的本职工作，其行为所导致的发明创造就是职务发明创造。

2. 履行本单位交付的本职工作之外的任务所作出的发明创造。这主要是指按照单位的要求，工作人员承担的正常本职工作之外的短期或临时下达的任务，如组织攻关、合作开发等。具体地说，有两种情况：一是发明人或设计人在单位内部执行本单位临时下达的任务所作的发明创造，二是发明人或设计人被所在单位派往外单位解决某一技术问题所作出的发明创造。

3. 退职、退休或调动工作后 1 年内作出的，与其在原单位承担的本职工作或原单位分配的任务有关的发明创造。这是从发明创造本身的特征判定职务发明创造。这种类型的发明创造应具备以下条件：

（1）该发明创造是在退职、退休或调动工作后 1 年内作出的。“1 年内”应以正式办理调离或退职、退休手续之日起计算。

（2）该发明创造须与其在原单位承担的本职工作或分配的任务有关。“有关”是指与其在原单位承担的本职工作或分配任务的工作性质、业务范围和专业技术有联系。这一规定有利于防止个别人利用退职、退休等机会侵吞国家、集体的无形财产。对于辞职、停薪留职、内部调动工作的职工，也可以适用这一规定。

4. 主要是利用本单位的物质技术条件完成的发明创造。这是从发明人或设计人与单位在发明创造过程中建立的物质技术关系来判断职务发明创造的。本单位的物质技术条件，包括本单位的资金、设备、零部件、原材料等或不对外公开的技术资料。主要利用，是指本单位提供的物质条件是完成发明创造不可缺少的，它对发明创造的完成起了决定作用。如果仅仅是利用单位少量的物质条件，这种利用对发明创造的完成只起辅助作用，就不能认定是“主要利用”。

对于利用本单位的物质技术条件所完成的发明创造，单位与发明人或设计人订有合同，对申请专利的权利和专利权的归属作出约定的，从其约定。

《专利法》规定，职务发明创造申请专利的权利属于该单位。申请被批准后，该单位为专利权人，这里所称的单位，包括临时工作单位。

职务发明创造的发明人或设计人仍存在以下两项权利：

一是署名权，即有权在该项职务发明创造上标明其是发明人或设计人。

二是获得奖励和报酬的权利。《专利法》第 16 条规定：“被授予专利权的单位应当对职务发明创造的发明人或者设计人给予奖励；发明创造专利实施后，根据其推广应用的范围和取得的经济效益，对发明人或者设计人给予合理的报酬。”《专利法实施细则》对职务发明创造的发明人或设计人的奖励和报酬作了进一步规定。被授予专利权的国有企业事业单位应当在规定期限内发给发明人或设计人奖金。在专利的有效期内，实施或许可他人实施其专利，应当从税后利润或使用费中提取一定比例的报酬支付给发明人或设计人。中国的其他单位，可以参照执行。

第四节 外国人

一、外国申请人

外国人是具有外国国籍的自然人和依据外国法律成立并在外国登记注册的法人，包括外国自然人、外国企业和外国其他组织。我国《专利法》原则上承认外国自然人和法人在我国有申请专利和取得专利权的权利。

（一）在我国有经常居所或营业所的外国人

这主要是指在我国境内长期居住、生活、工作的外国自然人和在我国设有机构、长期营业的外国公司、企业和其他组织。营业所必须是真实有效的。我国《专利法》对这部分外国人给予与中国单位和个人完全相同的待遇，不附加任何条件或限制。这也是落实《巴黎公约》所规定的国民待遇原则的体现。

（二）在我国没有经常居所或营业所的外国人

这仅限于以下三种情况：

1. 外国自然人或法人所属国与我国签订了共同承认申请并取得专利权的双边协定。

2. 外国自然人或法人所属国与我国共同参加了相互承认申请并取得专利权的国际条约。

3. 虽不符合上述规定，但外国自然人或法人所属国允许我国自然人或法人去该国申请专利并取得专利权，依照互惠原则，我国也允许该自然人或法人在我国申请专利并取得专利权。

《专利法》第18条规定：“在中国没有经常居所或者营业所的外国人、外国企业或者外国其他组织在中国申请专利的，依照其所属国同中国签订的协议或者共同参加的国际条约，或者依照互惠原则，根据本法办理。”

二、外国专利申请人的代理

2000 年《专利法》第 19 条规定："在中国没有经常居所或者营业所的外国人、外国企业或者外国其他组织在中国申请专利和办理其他专利事务的，应当委托国务院专利行政部门指定的专利代理机构办理。中国单位或者个人在国内申请专利和办理其他专利事务的，可以委托专利代理机构办理。"2008 年《专利法》第 19 条第 1、2 款则将上述第 19 条修改为："在中国没有经常居所或者营业所的外国人、外国企业或者外国其他组织在中国申请专利和办理其他专利事务的，应当委托依法设立的专利代理机构办理。中国单位或者个人在国内申请专利和办理其他专利事务的，可以委托依法设立的专利代理机构办理。"

显然，2008 年《专利法》取消了外国自然人、企业或其他组织在中国申请专利和办理其他专利事务必须委托指定的涉外代理机构办理的规定，而代之以应当委托依法设立的专利代理机构办理。这实际上扩大了我国专利代理机构办理专利业务的范围。这一修改是基于我国专利代理机构的现状而作出的。过去我国专利代理机构有能力从事涉外业务的很少，现在很多专利代理机构具备了处理涉外专利业务的能力。这一修改，将大大扩大中国没有经常居所或营业所的外国人、外国企业或外国其他组织在中国申请专利和办理其他专利事务时选择专利代理机构的机会，便利了涉外专利事务的办理。同时，这一修改还有利于促进我国专利代理机构的公平竞争，防止涉外专利业务被少数专利代理机构垄断，从而有利于促进我国专利代理整体水平的提高。

第十五章　授予专利权的条件

一项发明创造要取得专利，必须具备一定的条件，包括形式条件和实质条件。形式条件将在第十六章阐述。本章讨论的是授予专利权的实质条件，即申请专利的发明创造本身有无专利性，通常又称专利性或专利条件。

第一节　发明、实用新型的专利条件

一、新颖性

（一）新颖性的含义

一项技术方案之所以被授予专利，首先因为它是一种新技术。只有对前所未有的发明创造给予专利保护，才符合专利法保护和促进发明创造的宗旨。因此新颖性是发明和实用新型专利授权的最基本条件。各国专利法对此都作了规定。

2000 年《专利法》第 22 条第 1 款规定，新颖性，是指在申请日以前没有同样的发明或实用新型在国内外出版物上公开发表过、在国内公开使用过或以其他方式为公众所知，也没有同样的发明或实用新型由他人向专利局提出过申请并且记载在申请日以后公布的专利申请文件中。《专利法》第 22 条将上述规定修改为："新颖性，是指该发明或者实用新型不属于现有技术；也没有任何单位或者个人就同样的发明或者实用新型在申请日以前向国务院专利行政部门提出过申请，并记载在申请日以后公布的专利申请文件或者公告的专利文件中。"

由此可见，2008 年《专利法》采用了绝对新颖性标准。这一规定首先是为防止一些专利申请人将没有在我国公开使用过或者以其他方式为公众所知、但在国外已经被公开使用或者已经有相应的产品出售的技术或设计申请专利，妨碍了国外已有技术或设计在我国的应用。其次，从现有技术或现有设计标准的现实看，原来规定的"地域性标准"逐渐丧失了意义。2000 年《专利法》

规定的新颖性标准在出版物公开方面采用全球标准，在使用或其他方式公开方面则限于国内范围。随着科学技术的发展，特别是网络技术的发展，加之经济全球化的急速变化，出版物与非出版物之间的界限变得模糊，将现有技术或现有设计的非出版物公开的地域范围限于我国国内已显得过时。再次，对现有技术或现有设计取消地域范围限制，是目前大多数国家专利法的通例，采用绝对新颖性标准是遵循国际通行的做法。最后，绝对性标准的采用，也表明了我国对发明、实用新型和外观设计专利质量的要求提高了，有利于提高专利授权的质量，提高我国的自主创新能力。这对于实现2008年《专利法》增加的“提高创新能力”等立法宗旨具有实实在在的意义。

（二）现有技术的界定

1. 现有技术的概念。专利法意义上的现有技术应当是在申请日以前公众能够得知的技术内容。换言之，现有技术应当在申请日以前处于能够为公众获得的状态，并包含有能够使公众从中得知实质性的技术知识的内容。现有技术指的是一种客观状态，而是否在客观上真正为公众所获知则在所不问。

《专利法》第22条第5款将现有技术界定为申请日以前在国内外为公众所知的技术。现有技术对于判断发明、实用新型的新颖性和创造性具有基础性作用。现有技术公开的方式很多，但是，无论通过什么方式公开技术内容，只要其产生的效果是使技术内容脱离了保密状况而让公众能够得知，就可以认为该技术是专利法意义上的现有技术。①换言之，现有技术应当是有关知识、信息内容处于向公众公开的状态，而且所属领域的技术人员能够通过正常的途径从公众领域中获取该知识、信息。

2. 现有技术的时间界限。这是指确定发明或实用新型的实质性内容是现有技术还是不为人所知的新技术的时间界限，也是用以划分新技术发明与已知技术的时间界限。根据《专利法》第22条第2款与《专利法实施细则》第30条的规定，现有技术的时间界限是申请日，享有优先权的，则指优先权日。广义上说，申请日以前公开的技术内容都属于现有技术。

（1）以申请日为时间界限判断现有技术。即发明人提出专利申请之前的技术都属于现有技术，在申请之前不为人知的技术则具有新颖性。

《专利法》第28条规定，国务院专利行政部门收到专利申请文件之日为申请日。如果申请文件是邮寄的，以寄出的邮戳日为申请日。

（2）以优先权日为时间界限判断现有技术。如果申请人在申请日前已在

① 参见曲三强：《知识产权法原理》，中国检察出版社2004年版，第297页。

外国或本国提出过要求优先权的申请并且符合优先权条件的，应以优先权日作为判断现有技术和新颖性的时间标准。专利法上的优先权有外国优先权和本国优先权两种情况。对此，后面还将专门阐述。

3. 现有技术的公开方式与地域界限。

（1）现有技术的公开方式。现有技术的公开方式有出版物公开、使用公开和以其他方式公开三种。

第一，出版物公开。现有技术通过在国内外出版物上公开发表，也就是通过出版物使技术内容为公众所知，是技术最主要的公开方式。专利法所指的出版物是记载有技术或设计内容的独立存在的有形传播载体，并且应当表明其发表者或出版者以及公开发表或出版时间。这些出版物可以是印刷的、打字的纸件，还包括采用其他方法制成的各种有形载体。出版物不受地理位置的限制，不论是在国内还是在国外出版或发表。但对于印有"内部发行"等字样的出版物，确系特定范围内要求保密的，如对阅览范围或对象作了限制，或仅仅提供给特定的人，则不属于出版物公开这一方式。

第二，使用公开。使用公开是通过公开实施使公众能了解和掌握该技术方案。由于使用导致一项或者多项技术方案的公开，或者导致该技术方案处于公众中任何一个人都可以得知的状态，这种公开方式就是使用公开。这种公开不仅包括通过制造、使用、销售、进口，还包括通过模型演示使公众能够了解其技术内容，如对新方法的展示与操作表演。但未给出任何有关技术内容的说明，以致所属技术领域的技术人员无法得知其结构和功能或材料成分的产品展示，不属于使用公开。

第三，以其他方式公开。以其他方式公开，主要是指口头公开以及除出版物公开和使用公开以外的其他任何可能的公开方式。例如，口头交谈、报告、讨论会发言等能使公众得知技术内容的方式。应强调的是，以报告或讨论会方式的公开是否符合专利法上的公开，应当考虑报告人与听众之间是否存在特定的保密义务，如果不存在特定的保密义务，则可能由不特定的人所获知，从而可认定为已公开。

（2）现有技术的地域界限。现有技术的地域界限视具体的公开方式而确定。只有在规定地域内未公知、公用的发明创造才具有新颖性。目前各国对地域标准的规定主要有以下三种做法：

第一，世界地域标准。这是指一项发明或实用新型在全世界范围内未在出版物上公开过、在全世界范围内未公开使用过或以其他形式为公众所知，才认为具有新颖性。一般被称为"绝对新颖性"。这种新颖性要求很高。也就是说，就出版物公开而言，现有技术是指在全世界范围内出版或发表的技术内容，没有被出版或发表的则是具有新颖性的技术。我国《专利法》2008 年修订时已采用该标准。

第二，本国地域标准。这是指出版、使用公开和其他形式的公开均采取本国地域标准。也就是发明创造只要在本国地域内未被公开、使用或以其他方式为公众所知，就不是现有技术。

第三，混合性标准。该标准是指出版物公开采用世界地域标准，而使用以及其他方式的公开采用本国地域标准。我国 2008 年《专利法》实施前即一直采用这一标准。

（三）抵触申请

在一件专利申请的新颖性判断中，在该申请的申请日以前向专利局提出并且在申请日以后（含申请日）公布的同样的发明或实用新型专利申请，将会损害该申请日提出的专利申请的新颖性。为描述简便，在判断新颖性时，将这种损害在后申请新颖性的专利申请，称为抵触申请。

抵触申请对新颖性具有影响，这是指如果在一项申请（后申请）的申请日以前，另外有人①就同样的发明或实用新型向国务院专利行政部门提出了一项申请（前申请），只要该申请在后申请的申请日以后公布了，或者根据该申请授予了专利，尽管该申请的内容在后申请的申请日前没有公开过，仍以为它是现有技术的一部分而破坏后申请的新颖性。

一项发明创造只能授予一项专利权，因此，为避免对同样的发明或实用新型专利申请重复授权，国家专利行政主管部门在进行新颖性审查时，有必要检索是否存在损害该发明或实用新型专利申请新颖性的抵触申请。在确定专利新颖性、进行新颖性检索时不仅要查阅在先申请原始文本的权利要求，而且要查阅其说明书（包括附图），以其全文内容为准。又因抵触申请不属于《专利法实施细则》第 30 条规定的现有技术，所以抵触申请只在确定发明或实用新型的新颖性时才予以考虑，而在确定其创造性时，不予考虑。实际上，抵触申请中所含技术方案可能不属于现有技术，但在判断新颖性时作为现有技术来考虑，可以避免对同样的发明或实用新型专利申请重复授权。

抵触申请仅指由任何单位或个人在申请日以前提出的申请，不包含由任何单位或个人在申请日提出的同样的发明或实用新型。

---

① 2000 年《专利法》中，抵触申请不涉及申请人本人，而 2008 年《专利法》则修改为“任何单位或个人”。

（四）不丧失新颖性的例外

为了公正、合理地保护发明创造者的合法权益，促进新技术尽早公开，各国专利法几乎都规定了发明创造在一定情况、一定期限内不破坏新颖性效力的例外规定。即新颖性宽限期。它是申请专利的发明创造在公开后至申请日以前不丧失新颖性的法定期限。我国《专利法》规定的宽限期是6个月，适用宽限期的情形是：

1. 在中国政府主办或承认的国际展览会上首次展出的发明创造。《专利法》第24条第1项规定，申请专利的发明创造在申请日以前6个月内，在中国政府主办或承认的国际展览会上首次展出的，不丧失新颖性。这里所说的中国政府主办的国际展览会，包括国务院、各部委主办或者国务院批准由其他机关或地方政府举办的国际展览会。中国政府承认的国际展览会，包括国务院、各部委承认的在外国举办的展览会。所谓国际展览会，即展出的展品除了举办国的产品以外，还有来自外国的展品。

2. 在规定的学术会议或技术会议上首次发表的发明创造。《专利法》第24条第2项规定，申请专利的发明创造在申请日以前6个月内，在规定的学术会议或技术会议上首次发表的，不丧失新颖性。规定的学术会议或技术会议，是指国务院有关主管部门或全国性学术团体组织召开的学术会议或技术会议，不包括省以下或受国务院各部委、全国性学会委托或者以其名义组织召开的学术会议或技术会议。在后者所述的会议上的公开导致丧失新颖性，除非这些会议本身有保密约定。应注意，这一规定只适用于我国，许多国家专利法中未作规定。申请人若想到国外申请专利，不宜将这种会议上发表的内容泄露到没有这种规定的国家中去。这里的发表是以何种形式，相关法律未作出明确规定。

3. 他人违反申请人本意的公开。《专利法》第24条第3项规定，申请专利的发明创造在申请日以前6个月内，他人未经申请人同意而泄露其内容的，不丧失新颖性。这是一种非本意的公知。作出这一规定在于保护申请人不因违背其本意的公开而致损失。

他人未经申请人同意对发明创造所作的公开，包括他人未遵守明示的或默示的保密信约而将发明创造的内容公开，也包括他人用威胁、欺诈或间谍活动等手段从发明人或申请人那里得知发明创造的内容而后公开。

申请专利的发明创造在申请日以前6个月内，发生上述三种法定情形之一的，该申请不丧失新颖性。

实际上，这种公开只是指在一定期限内对申请人的专利申请来说不视为影响其新颖性和创造性的现有技术，并不是将发明创造的公开日看做是专利申请的申请日。因此，从公开之日至提出申请的期间，如果第三人独立地作出了同样的发明创造，而且在申请人提出专利申请以前提出了专利申请，那么根据先申请原则，申请人就不能取得专利权。当然，由于申请人（包括发明人）的公开，使该发明创造成为现有技术，因此第三人的申请没有新颖性，也不能取得专利权。

由此，上述宽限期并不是作为申请日，而仅仅是对首次展出或发表的有限保护。发明人不能因为有宽限期的保护而随意公开其发明创造。最好的选择应是首先将发明创造申请专利，然后参加有关国际展览会展览或在学术会议、技术会议上发表。

二、创造性

（一）创造性的概念

创造性是从质的方面反映发明创造的本质特征，解决发明创造的技术水平问题。只有具备新颖性的发明创造才可能具备创造性，但仅具备新颖性是不够的，专利法不仅是鼓励和保护新技术创造，更重要的是通过保护具有创造性的先进技术推动技术和经济的发展，故而各国专利法都规定了创造性这一专利条件。

何为“创造性”？我国《专利法》第22条第3款规定：“创造性，是指与现有技术相比，该发明具有突出的实质性特点和显著的进步，该实用新型具有实质性特点和进步。”

1. 这里的现有技术，是指申请日以前在国内外为公众所知的技术。

2. 发明有突出的实质性特点，是指发明相对于现有技术，对所属技术领域的技术人员来说，是非显而易见的。如果发明是其所属技术领域的技术人员在现有技术的基础上通过逻辑分析、推理或有限的试验可以得到的，则该发明是显而易见的，也就不具备突出的实质性特点。

3. 发明有显著的进步，是指发明与最接近的现有技术相比能够产生有益的技术效果；如发明克服了现有技术中存在的缺点和不足，或者为解决某一技术问题提供了一种不同构思的技术方案，或者代表某种新的技术发展趋势。

发明是否具备创造性，应当基于所属技术领域的技术人员的知识和能力进行评价。所属技术领域的技术人员，也可称为本领域的技术人员，是指一种假设的“人”，假定他知晓申请日或者优先权日之前发明所属技术领域所有的普通技术知识，能够获知该领域中所有的现有技术，并且具有应用该日期之前常规实验的手段和能力，但他不具有创造能力。如果所要解决的技术问题能够促使本领域的技术人员在其他技术领域寻找技术手段，他也应具有从该其他技术领域中获知该申请日或优先权日之前的相关现有技术、普通技术知识和常规实验手段的能力。作出这一假设的目的在于统一创造性的评价标准。

（二）发明的创造性审查

一件发明专利申请是否具备创造性，只有在该发明具备新颖性的条件下才予以考虑。这是创造性审查的前提与基准。审查发明是否具备创造性，应当审查发明是否具有突出的实质性特点，同时还应当审查发明是否具有显著的进步。

在评价发明是否具有创造性时，审查员不仅要考虑发明技术解决方案本身，而且还要考虑发明要解决的技术问题和所产生的技术效果，将其作为一个整体来看待。与新颖性“单独对比”的审查原则不同，审查创造性时，将一份或多份对比文件中不同的技术内容组合在一起进行评定。就申请的权利要求而言，如果一项独立权利要求具备创造性，则不再审查该独立权利要求的从属权利要求的创造性。

在评价发明是否具有显著的进步时，主要应当考虑发明是否具有有益的技术效果。以下情况，通常应当认为发明具有有益的技术效果，具有显著的进步：(1) 发明与最接近的现有技术相比具有更好的技术效果，例如，产量提高、节约能源、防治环境污染等；(2) 发明提供了一种技术构思不同的技术方案，其技术效果能够基本上达到现有技术的水平；(3) 发明代表某种新技术发展趋势；(4) 尽管发明在某些方面有负面效果，但在其他方面具有明显积极的技术效果。

（三）实用新型的创造性

发明与实用新型都要求具有实质性特点与进步，但其程度不同，实用新型的创造性程度要求要低。因此，实用新型同样也应具有创造性，尽管我国《专利法》对实用新型不进行实质审查，但授权后的专利无效宣告程序中仍可能对其创造性审查。在进行创造性判断时，应参照有关实用新型所属技术领域的技术人员的知识水平，将实用新型同申请日以前已公开的技术相比，判断其是否具有实质性特点和进步。

三、实用性

（一）实用性的含义

实用性又称工业实用性或产业实用性。它既是发明或实用新型的技术属性，又是其社会属性。因为专利法的宗旨在于促进技术和经济发展，没有实用性的技术方案自然不能被授予专利权。实用性也可以说是对发明或实用新型授予专利权的社会理由。

《专利法》第22条第4款规定："实用性，是指该发明或者实用新型能够制造或者使用，并且能够产生积极效果。"

实用性涉及发明或实用新型能够在工业上制造或使用，而与发明或实用新型的产生方式或是否已实施无关，只与它们的可能应用有关。据此，下列创造不具有实用性：违背自然规律的；不属于工业范畴的，如美学或艺术创作、疾病的诊断和治疗方法；缺乏技术手段的；需要利用独一无二的自然条件的产物，如固定建筑物；抽象性的方法体系，如统计制度。

（二）实用性的判断依据

1. 可实施性。这是指发明或实用新型能够在实践中实施，也就是能够制造或使用。制造即能够在生产中生产、加工、制成；使用即方法发明在生产中的使用。可实施性并不意味着已经制造或使用，它强调发明或实用新型在工业中实用的现实可能性，即它具有潜在的制造或使用的可能性。一般来说，发明或实用新型在申请专利前已在工业中实施，就会丧失新颖性，故从新颖性的角度也不能要求发明或实用新型在申请前就在工业中实施。另外，方法发明的实用领域比产品发明的实用领域要广一些。

2. 再现性。这是指所属技术领域的普通技术人员按照公开的技术内容能够重复实施专利申请中所采用的技术方案。即发明或实用新型的实施能够多次重复的可能性，包括重复制造和重复使用。利用创造者本身的特殊条件才能实施的发明、只有在独一无二的自然条件下才能实现的发明都不具备实用性。

3. 有益性。这是指发明或实用新型的实施能够产生积极的技术、经济和社会效果。有益性表明了发明或实用新型的社会属性：发明创造要能满足社会需要，促进科技和经济发展。那些脱离社会需要的发明、严重污染环境的发明等都是不具备有益性、不能取得专利的发明。当然，有益性并不要求发明或实用新型完美无缺，有些缺陷存在是允许的，只要它无碍于在整体上使有益性占主导地位。

第二节　外观设计的专利条件

外观设计是工业产品的外表式样，多数国家实行注册方式保护。我国对外观设计采取专利方式保护。外观设计涉及的是产品外观的美学内容，归根到底是一种外形或式样设计，与作为技术方案的发明和实用新型不同，故而其专利条件也不同。2008 年《专利法》第 23 条规定："授予专利权的外观设计，应当不属于现有设计；也没有任何单位或者个人就同样的外观设计在申请日以前向国务院专利行政部门提出过申请，并记载在申请日以后公告的专利文件中。授予专利权的外观设计与现有设计或者现有设计特征的组合相比，应当具有明显区别。授予专利权的外观设计不得与他人在申请日以前已经取得的合法权利相冲突。本法所称现有设计，是指申请日以前在国内外为公众所知的设计。"

由此可见，外观设计的专利条件包括新颖性、创造性（独创性）、美感性和工业实用性以及不得与他人在先取得的合法权利冲突。

一、外观设计专利申请授权的积极条件

（一）新颖性

新颖性是外观设计获得专利权的基本条件。它是指申请专利的外观设计与已经公开的外观设计不相同，即外观设计是前所未有的。在判断外观设计时，也要把握一定的公开标准、时间标准和地域标准。外观设计的公开包括书面公开和使用公开。书面公开指将外观设计的图片或照片在公开发行的出版物上发表，单纯以文字形式对外观设计进行描述不构成书面公开。使用公开指外观设计被用于公开销售或流通的工业品的外表上。在外观设计公开的地域标准上，2008 年《专利法》规定了绝对新颖性标准，即授予外观设计专利权的设计在国内外都没有为公众所知。外观设计必须与产品融为一体，应用于具体产品上，这种依附产品的特点决定了外观设计不存在口头公开。至于时间标准，仍然采取申请日标准。前面提到的不丧失新颖性的例外规定同样适用于外观设计。

（二）创造性

2000 年《专利法》规定，授予外观设计专利权仅有新颖性要求。这使得外观设计授权条件较低，现实中外观设计专利申请的数量远远高于发明专利和实用新型专利。为改变这种局面，2008 年《专利法》补充了与发明、实用新型相似的创造性要求。授予专利权的外观设计与现有设计或现有设计特征的组合相比，应当具有明显区别。即要求外观设计具有创造性。

形成我国工业品外观设计知识产权优势是构建我国知识产权优势的重要组成部分。借鉴国外立法经验，提高外观设计质量、促进外观设计创新是外观设计专利改革的方向。上述规定提高外观设计专利的授权标准，有利于提高我国外观设计专利的质量，促进我国外观设计创新。

（三）美感性

外观设计的美感是一种视觉感受，以肉眼观察作为判断标准。美感作为主观认知活动的一种结果，个人主观色彩较浓，很难规定一个客观标准。不过它有一定的客观基础，即它取决于外观设计的形状、图案、色彩或有机结合。

（四）适于工业上应用

外观设计专利保护的目的在于促进经济的发展。授予专利权的外观设计必须适于工业上应用。即外观设计能够用于产品的制造，而且这种产品能够用工业生产方法（包括手工业）批量生产出来。

二、外观设计是否相同或相近似的判断

（一）判断客体

在判断外观设计是否相同或相近似时，将进行比较的对象称为判断客体。判断客体分为在后客体和在先客体。在后客体是指被请求宣告无效的授予专利权的外观设计①（简称为被比外观设计）；在先客体是指在被比外观设计的申请日以前的现有设计，或在被比外观设计申请日以前申请并且在该申请日以后（含申请日）公布的外观设计。

（二）判断主体

在判断外观设计是否相同或相近似时，应当基于被比外观设计产品的一般消费者的知识水平和认知能力进行评价。

不同种类的被比外观设计产品具有不同的消费者群体。作为某类外观设计产品的一般消费者应当具备下列特点：（1）对被比外观设计产品的同类或相近似产品的外观设计状况具有常识性了解。（2）对外观设计产品之间在形状、图案以及色彩上的差别具有一定的分辨力，但不会注意到产品的形状、图案以及色彩的微小变化。

（三）判断原则

如果一般消费者在试图购买被比外观设计产品时，在只能凭其购买和使用所留印象而不能见到被比外观设计的情况下，会将在先设计误认为是被比外观设计，即产生混同，则可认为被比外观设计与在先设计相同或者与在先设计相近似；否则，两者既不相同也不相近似。

---

① 我国对外观设计申请在授权以前仅进行初步审查，而不进行实质审查，即使该外观设计缺乏新颖性，一般也很难发现。只有在申请宣告该专利无效的程序中才会审查其新颖性。

如果一般消费者经过对被比外观设计与在先外观设计的整体观察可以看出，二者的差别对于产品的整体视觉效果不具有显著的影响，则被比外观设计与在先外观设计相近似；否则，两者既不相同，也不相近似。如果一般消费者会将被比外观设计与在先外观设计误认、混同，则二者的差别对于产品的整体视觉效果显然不具有显著的影响。

三、与在先权利非冲突性判断

外观设计的新颖性关注的是其不与已在国内外公开发表过或国内公开使用过的外观设计相同或近似。但它不足以避免外观设计专利与在先权利的冲突。例如，将他人已经注册的商标或享有著作权的作品的图案或造型申请外观设计专利，给他人行使自己的合法权利造成了一定的障碍。所以，《专利法》第23条第3款规定："授予专利权的外观设计不得与他人在申请日以前已经取得的合法权利相冲突。"这也可理解为外观设计专利授权的消极条件，只是因不进行实质审查而仅仅体现在申请宣告外观设计专利无效程序中。

外观设计是由产品的形状、图案或其结合以及色彩与形状、图案的结合这些要素构成。外观设计申请人可能基于自身利益或不正当目的，在其外观设计中使用他人的美术作品、商标、肖像以及知名商品特有包装等，如含有这些内容的设计被使用，将构成对他人著作权、商标权、肖像权以及知名商品特有包装使用权的侵权。

第十六章　专利的申请和审批

第一节　专利的申请

一、专利申请的原则

专利申请的原则是专利申请中具有指导性的准则。我国专利申请的原则主要有书面原则和单一性原则。

书面原则是指一项发明创造要申请专利，必须按照专利法的规定，以书面形式提交专利局。不仅是申请，以后整个审批程序中的所有手续都必须以书面形式办理，而且提交的申请文件必须按照法律规定和专利局要求的格式书写。《专利法实施细则》第3条对此作了明确规定。之所以要规定严格的书面形式，是因为发明创造是一种知识形态的劳动产品，本身是无形的，唯书面描述才能体现其技术构思、水平和要求。

单一性原则是指一项专利申请只限于一项发明创造。如果两项或两项以上的发明创造要取得专利，就应分别提出专利申请，不能将其放在一个申请案中办理申请手续。《专利法》第31条规定，一件发明或实用新型专利申请应当限于一项发明或实用新型。一件外观设计专利申请应当限于一项外观设计。实行单一性原则，便于对专利申请进行分类、检索、审查和进行现代化的信息处理。

但《专利法》第31条也规定：属于一个总的发明构思的两项以上的发明或实用新型，可以作为一件申请提出；同一产品两项以上的相似外观设计，或用于同一类别并且成套出售、使用的产品的两项以上外观设计，可以作为一件申请提出。这通常称为合案申请。这种具有特定关系并属于一个总的发明构思的两项以上的发明或实用新型，是指具有共同发明目的、在技术上相互关联、包含一个或多个相同或相应特定技术特征的两项或两项以上的发明或实用新型。对于一个总的发明构思的一组发明申请专利，可以提出多个独立权利要求的申请。就属于一个总的发明构思的两项以上的实用新型提出专利申请，其权利要求可以是不能包括在一项权利要求内的两项以上产品的独立权利要求。

关于外观设计的合案申请，以前一项外观设计专利申请只能涉及同一类别成套出售或使用的产品。如成套茶具、组合家具就可以提出合案申请。2008年《专利法》对此作了修改，规定允许对关联外观设计的合案申请。即围绕一个基本的外观设计可能会形成一系列接近、相似的外观设计方案，对成套的外观设计产品可以在提出一件申请之外，允许对相似、关联的外观设计方案提出一件申请。这一修改，大大便利了关联外观设计设计人申请外观设计，避免竞争对手在对现有基本设计进行修正后轻而易举地绕开外观设计专利权的保护范围，从而有利于充分地保护外观设计专利权人的合法权益。

二、专利申请文件的种类与要求

（一）发明和实用新型专利申请文件

《专利法》第26条第1款规定："申请发明或者实用新型专利的，应当提交请求书、说明书及其摘要和权利要求书等文件。"

1. 请求书。它是申请人向专利局递交的请求授予专利权的呈请文件，一般放在申请案的最前面。请求书应简明扼要，说明申请所要达到的目的。

2000年《专利法》第26条第2款规定："请求书应当写明发明或者实用新型的名称，发明人或者设计人的姓名，申请人姓名或者名称、地址，以及其他事项。"2008年《专利法》第26条第2款则将"发明人或者设计人的姓名"改为"发明人的姓名"。这样规定一来与外观设计的创造者被称为"设计人"作了区分，二来从术语表达上体现了实用新型与发明一样，都属于发明创造范畴，本质上也是发明。

2. 说明书。说明书是具体阐述发明创造内容的文件。《专利法》第26条第3款规定："说明书应当对发明或者实用新型作出清楚、完整的说明，以所属技术领域的技术人员能够实现为准；必要的时候，应当有附图。摘要应当简要说明发明或者实用新型的技术要点。"

说明书及其附图主要用于清楚、完整地公开发明或实用新型，以使所属技术领域的技术人员能够理解和实施该发明或实用新型。说明书及其附图还用于支持权利要求，并可在确定发明或实用新型专利权的保护范围时，用于解释权利要求。凡是所属技术领域的技术人员不能从现有技术中直接、唯一地得出的有关内容，均应当在说明书中描述。

如果说明书的格式或内容不符合法律、法规的要求以及专利公开性的要求，而申请人又拒绝就说明书中有缺陷的内容进行修改，那么该项申请将会被驳回。

依《专利法实施细则》第 18 条，说明书应当包括下列内容：技术领域、背景技术、发明内容、附图说明及具体实施方式。

3. 权利要求书。

（1）权利要求书的法律效力与类型。权利要求书，是专利申请人向国务院专利行政主管部门提交的用以确定专利保护范围的文件。《专利法》第 26 条第 4 款规定："权利要求书应当以说明书为依据，清楚、简要地限定要求专利保护的范围。"权利要求书应当有独立权利要求，也可以有从属权利要求。一旦专利申请被批准，权利要求书就成为具体表明专利权限范围的书面文件。它框定了纳入专利权保护范围的技术特征，是判定他人是否侵犯专利权的根据，具有直接的法律效力。

按照内容划分，权利要求可以分为独立权利要求和从属权利要求。权利要求书通过对技术特征的具体描述来划定权利保护的范围，而一项发明创造的技术特征可以分为必要技术特征和附加技术特征。必要技术特征是指一项技术为达到效果或目的而不可欠缺的技术特征，缺少必要技术特征的任何一项将使该项发明创造无法实现。附加技术特征则是指与发明或实用新型的目的有关，进一步限定或增加必要技术特征的那些技术特征。独立权利要求应当从整体上反映发明或实用新型的技术方案，记载解决技术问题的必要技术特征。从属权利要求应当用附加技术特征，对引用的权利要求作进一步限定。

（2）独立权利要求。记载解决技术问题的必要技术特征的权利要求为独立权利要求。在一件申请的权利要求书中，独立权利要求所限定的一项发明或实用新型的保护范围最宽。独立权利要求应当从整体上反映发明或实用新型的技术方案；除必须用其他方式表达的以外，独立权利要求应当包括前序部分和特征部分。

一件申请的权利要求书中，应当至少有一项独立权利要求。权利要求书中有两项或两项以上独立权利要求的，写在最前面的独立权利要求称为第一独立权利要求，其他独立权利要求称为并列独立权利要求。

（3）从属权利要求。如果一项权利要求包含了另一项同类型权利要求中的所有技术特征，且对该另一项权利要求的技术方案作了进一步的限定，则该权利要求为从属权利要求。从属权利要求用附加的技术特征对所引用的权利要求作了进一步的限定，因此其保护范围落在其所引用的权利要求的保护范围之内。

4. 摘要。即说明书摘要，是对说明书公开内容的概括，应写明发明或实用新型专利申请所公开内容的概要，即写明发明或实用新型的名称和所属技术领域，并清楚地反映所要解决的技术问题、解决该问题的技术方案的要点以及主要用途。

摘要与说明书不同，它不具有法律作用，与专利权的授予和保护没有直接关系。摘要内容也不同于说明书与附图，它不属于专利申请文件的原始公开。

（二）遗传资源专利申请的特别要求

2008 年《专利法》在 2000 年《专利法》第 26 条中增加一款，作为第 5 款，规定了依赖遗传资源完成的发明创造申请专利的信息披露义务。该款规定："依赖遗传资源完成的发明创造，申请人应当在专利申请文件中说明该遗传资源的直接来源和原始来源；申请人无法说明原始来源的，应当陈述理由。"

就依赖遗传资源完成的发明创造而言，要求专利申请人披露获取或利用该遗传资源的有关信息，是一些保护遗传资源的国家和地区的通例。2008 年《专利法》的这一规定有利于我国主管部门了解遗传资源的获取与利用是否符合国际上规定的知情同意原则和惠益分享原则，便于保护来自于我国的遗传资源的提供者的利益，促进遗传资源惠益分享。

三、外观设计专利申请文件

《专利法》第 27 条规定："申请外观设计专利的，应当提交请求书、该外观设计的图片或者照片以及对该外观设计的简要说明等文件。申请人提交的有关图片或者照片应当清楚地显示要求专利保护的产品的外观设计。"

（一）请求书

申请人应当使用专利局现行规定格式的请求书。请求书的内容大体上与发明专利请求书相同，只是应当专门注明外观设计所使用的产品及其所属类别。申请人应当按照表格规定的格式以及填表注意事项中的要求填写，否则申请将被要求补正或被驳回。

（二）图片或照片

《专利法实施细则》第 27 条第 3 款规定，申请人应当就每件外观设计产品所需要保护的内容提交有关视图（图片或者照片），清楚地显示请求保护的对象。外观设计的图片或照片相当于发明或实用新型的权利要求书的作用，通过图片或照片确定专利授权的范围和内容。如果图片不清楚，则可能导致保护范围过窄或不被授予专利。为此，2008 年《专利法》修订时增加了“申请人提交的有关图片或者照片应当清楚地显示要求专利保护的产品的外观设计”这一要求。

（三）简要说明

《专利法》规定，申请外观设计专利必须提交简要说明。简要说明是对外观设计图片或照片中没有表达的部分或其他内容进行文字性阐明，旨在便于理解外观设计专利保护的内涵，因而能够起到解释、限定和说明的作用。

四、专利申请的提出

（一）专利申请的提出和申请日的确定

专利申请人向专利主管机关提交前述文件后，即表明专利申请人正式提出了专利申请。专利申请人可以直接把申请文件递交到专利局或上海分局以及长沙、成都或南京等地的代办处，也可将申请文件邮寄到上述机构。对于保密专利的申请及受理，还有一些特别规定，如国防系统单位申请专利，涉及国防方面的国家秘密需要保密的，由国家科技主管部门设立的专利机关受理。

另外，根据国家知识产权局 2004 年颁布的新规定，发明、实用新型和外观设计专利申请均可采用电子文件形式提出。提出电子专利申请的，应当事先与国家知识产权局签订《电子专利申请系统用户注册协议》，申请人委托已与国家知识产权局签订用户协议的专利代理机构办理电子专利申请业务的除外。

专利局在收到专利申请文件后，应当明确申请日，给予申请号，并且通知申请人。专利局收到专利申请文件之日为申请日。如果文件是邮寄的，以寄出的邮戳日为申请日。申请日和申请号确定后，就取得一定的法律地位，对其后提出的同样的发明创造专利申请来说，该申请取得了先申请地位。

（二）专利申请优先权

与专利申请日密切相关的概念是优先权日和优先权。为方便申请人申请专利，《巴黎公约》和绝大多数国家都建立了优先权制度。优先权分为外国优先权和本国优先权。

1. 外国优先权。外国优先权是指申请人在外国首次提出正式的专利申请后，在一定期限内就同一主题向我国提出专利申请，可以要求享有其在先申请的优先权，即以其第一次在国外提出申请的日期作为申请日。在我国，外国申请人和向外国提出首次申请的中国人都可以享有优先权。《专利法》第 29 条规定：申请人自发明或实用新型在外国第一次提出专利申请之日起 12 个月内，或外观设计在外国第一次提出专利申请之日起 6 个月内，又在中国就相同主题提出专利申请的，依照该外国同中国签订的协议或共同参加的国际条约，或依照互相承认优先权的原则，可以享有优先权。

优先权制度使外国人在我国申请发明或实用新型专利时，以其在本国的首次申请作为向我国在后申请的申请日，较好地保护了外国人的权益。因为在优先权期间，即使公布了相同的发明或实用新型，或他人就相同主题提出了申请，也不损害该外国人申请的新颖性，仍以其第一次提出申请的时间作为在后申请的申请日，首次申请的申请日即优先权日。在判断新颖性时，应以优先权日作为申请日。在享有优先权的情况下，只有在首次申请以前存在的技术，才是现有技术。

享有外国优先权应具备一定的条件。这些条件可分为实质要件和形式要件。

实质要件包括：

（1）申请人所属国与我国共同参加了有专利申请优先权规定的国际条约，或者与我国签订了相互承认优先权的双边协议，或者承认我国公民在该国的优先权。

（2）作为优先权根据的第一次申请是外国专利主管机关已正式受理并给予了申请日的正式申请。

（3）前后两个申请的主题相同。如果后一申请的内容超出了前一申请的内容，那么只能就其中相同内容部分享有优先权，而不相同的部分仍以其在我国的申请之日为申请日，但不能享有优先权。此即部分优先权。在合案申请中则可能存在多重优先权，专利审查部门将根据不同的优先权日判断发明创造的新颖性与创造性。

（4）必须在优先权期间内向我国提出专利申请。优先权期间是指首次申请的申请日与在后申请的申请日之间的时间。

（5）向我国提出专利申请的后申请人应当是第一次提出申请的申请人或其权利受让人或合法继承人。至于受让或继承方式，依国际私法原则，由当地法律决定。

在形式要件上，要求外国优先权的申请人应提交书面的优先权声明和第一次提出的专利申请文件副本。《专利法》第30条规定："申请人要求优先权的，应当在申请的时候提出书面声明，并且在3个月内提交第一次提出的专利申请文件的副本；未提出书面声明或者逾期未提交专利申请文件副本的，视为未要求优先权。"上述规定同样适用于下文所述的本国优先权。

2. 本国优先权。外国优先权制度有利于国际专利申请，但在一国内部，外国优先权表面上仅仅有利于外国人申请专利，并没给在本国首次提出专利申请的人带来直接利益。因此，为实现本国国民与外国人之间利益的对等，《专利法》第 29 条第 2 款及《专利法实施细则》第 33 条规定了本国优先权（又称国内优先权）制度，即申请人就相同主题的发明或实用新型在中国第一次提出专利申请之日起 12 个月内，又以该发明专利申请为基础向专利局提出发明专利申请或实用新型专利申请的，或者又以该实用新型专利申请为基础向专利局提出实用新型专利申请或发明专利申请的，可以享有优先权。

本国优先权，是基于一个本国申请所产生的优先权。即申请人在本国第一次提出申请后的法定期限内，又在国内就相同主题提出专利申请时，专利申请人享有以首次申请的申请日作为在后申请的申请日的权利。本国优先权利于本国申请人在保持相同主题的情况下，在发明和实用新型专利申请之间互相转换。

申请人要求本国优先权应慎重，应当在对于提出享有本国优先权的要求有成功的把握。因为根据《专利法实施细则》第 33 条第 2 款的规定，申请人要求本国优先权的，其在先申请自在后申请提出之日起视为撤回。

五、专利申请的修改、分案与撤回

（一）专利申请的修改

专利申请提出后，各国专利法一般允许对申请文件进行更正或修改。专利申请文件的修改可以由申请人主动提出，也可以应专利局的要求进行。对专利申请文件的修改必须在法定范围内进行。在内容的修改上，不能与原申请的内容有出入或增加新内容。《专利法》第 33 条规定：“申请人可以对其专利申请文件进行修改，但是，对发明和实用新型专利申请文件的修改不得超出原说明书和权利要求书记载的范围，对外观设计专利申请文件的修改不得超出原图片或者照片表示的范围。”

（二）专利申请的分案

专利申请的分案又称分案申请，它是指申请人将包含两个以上发明创造的专利申请中的某一部分或几部分分割出来，另外提出一项或多项专利申请。专利申请缺乏单一性是分案申请中最常见的原因。除此之外，还可能因为其他原因而需要对申请分案，如：申请人认为原合案申请不如分案申请有利；多项优先权的存在；原申请说明书中有的技术特征未写入权利要求书，申请人想增加保护内容等。

分案申请应符合的要求有：

1. 分案申请不能改变原申请的类别。

2. 原申请确系包括两个或两个以上不属于一个总的发明构思的独立的发明或实用新型。

3. 提出的分案申请的技术内容，应属于原申请案记载的范围之内。

分案申请也有时间限制和内容限制。《专利法实施细则》第 42 条规定，一件专利申请包括两项以上发明、实用新型或外观设计的，申请人可以在专利局发出授予专利权的通知前，向国务院专利行政部门提出分案申请。由于分案申请实质上也是对原申请的一种修改，专利法对“内容限制”等修改专利申请的规定也适用于分案申请。

（三）专利申请的撤回

《专利法》第 32 条规定：“申请人可以在被授予专利权之前随时撤回其专利申请。”申请人提出专利申请后，在被授予专利权之前，可以随时撤回其申请。

专利申请的撤回必须符合一定的条件，主要有：

1. 只有当对申请人的专利申请权无争议时，专利局才会批准，公告其撤回请求。

2. 申请人申请专利后随即向第三方出让了实施许可证，而且该许可证的出让已公告，那么其撤回申请的请求应当附具该被许可人的书面同意证明。

3. 履行书面形式要求，即应当向专利局提出书面声明。

4. 撤回专利的申请不得附加任何条件。

当撤回专利申请的声明是在专利局已经作好公布该专利申请文件印刷准备工作以后提出时，申请文件仍予公布，然后终止审查程序。

专利申请撤回的效力一般从专利局公告撤回决定之日起计算。申请如果是在公布前撤回，申请人还可以重新提出申请，若是在公布后撤回，《专利法》第 13 条①规定的请求权将视为自始即不存在。

为敦促申请人履行义务，《专利法》还规定了推定撤回的情形，即“视为撤回”。如要求申请人在指定期限内修改申请内容，在期限届满前，申请人未作回复的，视为撤回申请。视为撤回与主动撤回具有相同的法律后果。

---

① 该条规定，发明专利申请公布后，申请人可以要求实施其发明的单位或个人支付适当的费用。

第二节 专利申请的审查和核准

一、专利申请的几种审查制度

（一）形式审查制

形式审查制也称登记制或不审查制。即专利主管部门只对专利申请的法定形式要求进行审查，如申请文件是否齐备、所提交文件是否符合规定的格式要求、申请费是否缴纳①等，申请案只要符合这些形式上的要求，就批准授予专利权，专利局对发明创造的专利性并不进行审查。

形式审查制是一种历史上沿袭下来的古老的审查制度。其优点是：专利申请案手续简单，审查批准迅速；不需要设置庞大的审查机构和资料文献库；费用较少。但实行这种制度也有很大的缺点，如专利质量不可靠、专利价值不高、专利保护范围不明确。因此，采用形式审查制的国家不多。

（二）实质审查制

实质审查制又称完全审查制。即对专利申请不仅要进行形式上的审查，还要进行实质内容的审查。美国 1836 年开实质审查制的先河。

在实行实质审查制度的情况下，专利局对提交的专利申请按照法定程序进行严格的审查，只是各国对申请案中所述的技术特点审查的范围不尽相同。实行实质审查制的优点是能保证所批准的专利质量，促进发明的推广和应用，并有利于减少专利争议和诉讼，缺点是要建立庞大的专利机构，耗费大量人力物力来进行这一工作，而且无法解决申请案大量积压的问题。于是延迟审查制应运而生。

（三）延迟审查制

延迟审查制又称请求审查制或早期公开、请求审查制。它是指申请人提出专利申请后，专利局先进行形式审查，并在一定时期内将申请案予以公开，申请人为获得专利权，必须在一定期限内请求实质审查，专利局将应申请人的请求对其申请进行实质审查。如果申请人不在规定时间内请求实质审查，其申请将被视为撤回。延迟审查制是针对实质审查制造成申请案大量积压而改进的一种审查制度，现已成为风行世界的审查制度。

① 《专利法》第 75 条规定："向国务院专利行政部门申请专利和办理其他手续，应当按照规定缴纳费用。"

延迟审查制的优点主要有：减轻了专利局的审查工作负担，使专利局能集中时间和精力审查那些应当审查的申请案；专利申请内容公布较早，有利于促进科技情报交流，启迪新的发明思想；能够为申请人减轻费用负担提供机会。不过，延迟审查制也并非十全十美，其缺点在于：审查程序繁杂，专利申请要公布两次（不请求实质审查的除外）；申请在法律上存在一个相当长的不确定期限，影响到发明的利用和推广。该制度于1964年确立于荷兰，此后为德国、瑞典等多数国家及《专利合作条约》、《欧洲专利公约》所采用。

二、我国发明专利申请的审查

我国对发明专利申请实行延迟审查制，其审批程序包括初步审查、申请的公布、请求实质审查、实质审查以及专利权的授予。必要时还会存在复审程序。《专利法》第21条第1款规定："国务院专利行政部门及其专利复审委员会应当按照客观、公正、准确、及时的要求，依法处理有关专利的申请和请求。"

（一）初步审查

这主要是专利局对专利申请文件进行的形式审查，也包括一定程度上的实质条件的审查，它对专利申请是否符合《专利法》及《专利法实施细则》规定的形式要求及明显实质性缺陷进行审查。

初步审查的主要内容有：申请手续是否完备，文件是否齐备，填写是否符合规定；申请专利各种必备的证件是否完备；申请专利的主题是否明显不符合发明的定义；专利申请是否明显违反国家法律、社会公德或妨碍公共利益；专利申请的内容是否明显不属于专利保护范围；申请人是否已缴纳申请费；是否明显不符合单一性原则；申请人对申请文件的修改是否明显超出原说明书和权利要求书所记载的范围等。

专利局对上述内容进行初步审查后，应当将审查意见通知申请人，要求其在指定期限内陈述意见或补正；申请人期满未答复的，其申请将被视为撤回。专利申请经补正后，仍不符合有关规定的，应当予以驳回。申请被驳回后，如申请人不服，可以请求专利复审委员会进行复审。

此外，如申请涉及国家安全或重大利益的，还应进行保密审查。

（二）申请的公布

《专利法》第34条规定："国务院专利行政部门收到发明专利申请后，经初步审查认为符合本法要求的，自申请日起满18个月，即行公布。国务院专利行政部门可以根据申请人的请求早日公布其申请。"申请一旦公布，就会产生一定的法律效果和意义：第一，公布申请意味着该发明已成为公开发表的技术，该申请人依法获得了优先申请并取得专利的权利。第二，申请公布后，该发明即获得了一定程度的临时保护。发明专利申请公布后，申请人可以要求实施其发明的单位或个人支付适当的费用。

（三）请求实质审查

这是指申请人依专利法的规定在法定期间内对其申请专利的发明的专利性请求进行审查。它是启动实质审查程序的前提条件。大多数国家规定请求审查的法定期间（延迟期间）为2～7年，自申请日起算。要求优先权的，从优先权日起算。《专利法》第35条第1款规定："发明专利申请自申请日起3年内，国务院专利行政部门可以根据申请人随时提出的请求，对其申请进行实质审查；申请人无正当理由逾期不请求实质审查的，该申请即被视为撤回。"

不过，对一些有重大意义的发明，专利局认为必要时，可以自行对发明专利申请进行实质审查。这里的"必要"，一般指专利局初步审查后，认为该发明专利申请的技术内容，是涉及国家、社会重大利益的非常有价值的发明。《专利法》第35条第2款规定："国务院专利行政部门认为必要的时候，可以自行对发明专利申请进行实质审查。"

《专利法》第36条规定："发明专利的申请人请求实质审查的时候，应当提交在申请日前与其发明有关的参考资料。发明专利已经在外国提出过申请的，国务院专利行政部门可以要求申请人在指定期限内提交该国为审查其申请进行检索的资料或者审查结果的资料；无正当理由逾期不提交的，该申请即被视为撤回。"这主要是指在完成发明创造过程中所参考过的背景技术资料，如专利文献、科技期刊等。申请人除提交有关资料外，还应当缴纳审查费，否则将视为未提出过实质审查请求。

（四）实质审查

实质审查是专利局对发明专利申请的实质性条件所作的审查，是从技术角度审查发明的专利性，其任务是解决能否授予专利权的问题。审查工作由专利局的审查员担任，在严格保密的情况下也可以请专利局以外的专家进行。实质审查一般是世界性文献检索，据此判断新颖性，然后判断发明的创造性和实用性。在此基础上审查员将提出审查意见，并通知申请人修改或陈述意见，最后由审查员作出审查决定。

实质审查主要审查以下问题：申请专利的发明是否为专利法所称的发明；是否违反国家法律、社会公德或妨碍公共利益；是否属于不能取得专利的发明；申请的公开是否充分；是否符合发明单一性原则；合案申请是否符合专利法的规定；申请专利的发明是否具备授予专利权的“专利三性”条件；说明书的撰写是否符合要求；权利要求书是否以说明书为依据，其撰写是否符合专利法的规定；申请人的修改或分案申请，是否超出原说明书和权利要求书记载的范围；申请专利的发明主题是否曾被授予专利权等。

上述问题中有些在初步审查中只解决了明显的实质性缺陷，在实质审查中仍然要进一步审查。《专利法》第37条规定：“国务院专利行政部门对发明专利申请进行实质审查后，认为不符合本法规定的，应当通知申请人，要求其在指定的期限内陈述意见，或者对其申请进行修改；无正当理由逾期不答复的，该申请即被视为撤回。”第38条规定：“发明专利申请经申请人陈述意见或者进行修改后，国务院专利行政部门仍然认为不符合本法规定的，应当予以驳回。”

三、我国实用新型和外观设计专利申请的审查

关于实用新型和外观设计专利申请的审查，多数国家采用形式审查制，只进行初步审查，不进行实质审查，我国也不例外。专利局对实用新型和外观设计专利申请初步审查的内容与对发明专利申请初步审查大体相同，包括形式审查、明显性缺陷审查、合法性审查，但不涉及保密审查。主要内容如：申请的主题是否为专利法所说的实用新型或外观设计；请求书是否符合规定的格式和填写要求；实用新型的说明书及其附图和权利要求书的撰写是否符合专利法的要求；外观设计专利申请的图片或照片是否符合要求。

专利局经初步审查认为申请不符合上述形式要求和一定程度的实质要求，应通知申请人，要求其在指定期限内陈述意见或对其申请进行修改。经申请人陈述或修改后仍不符合要求的，应将申请驳回。

四、复审程序

《专利法》第41条第1款规定：“国务院专利行政部门设立专利复审委员会。专利申请人对国务院专利行政部门驳回申请的决定不服的，可以自收到通知之日起3个月内，向专利复审委员会请求复审。”专利复审委员会由专利局指定的技术专家和法律专家组成，主任委员由专利局负责人兼任。

复审程序的启动必须以专利申请人、宣告专利权无效请求的任何单位和个人依法提出复审请求为前提，所以复审程序并不是专利审批程序的必经程序，而是一个具有监督性质的独立的法律程序。复审程序除适用于受理和审查专利权无效请求外，只适用于专利申请被专利局驳回的情况，对专利局不予受理、

视为撤回之类的通知或决定不服的，只能按专利局行政复议规程请求专利局行政复议机关进行复议。①

经复审后，专利复审委员会应依法作出复审决定，以书面形式通知专利申请人、宣告专利权无效请求人和专利权人。《专利法》第 41 条第 2 款规定："专利申请人对专利复审委员会的复审决定不服的，可以自收到通知之日起 3 个月内向人民法院起诉。"

五、专利权的授予

《专利法》第 39 条规定："发明专利申请经实质审查没有发现驳回理由的，由国务院专利行政部门作出授予发明专利权的决定，发给发明专利证书，同时予以登记和公告。发明专利权自公告之日起生效。"第 40 条规定："实用新型和外观设计专利申请经初步审查没有发现驳回理由的，由国务院专利行政部门作出授予实用新型专利权或者外观设计专利权的决定，发给相应的专利证书，同时予以登记和公告。实用新型专利权和外观设计专利权自公告之日起生效。"国务院专利行政部门发出授予专利权的通知后，申请人应当自收到通知之日起 2 个月内办理登记手续。申请人按期办理登记手续的，国务院专利行政部门应当授予专利权，颁发专利证书，并予以公告。期满未办理登记手续的，视为放弃取得专利权的权利。

① 复审与专利行政复议不同。专利行政复议是一种依申请程序而进行的行为，带有行政司法行为的性质。两者在受案范围、适用期限、效力、作为诉前程序的适用等方面都有明显区别。

第十七章　专利权的内容

专利权的内容是指专利权人依法享有的权利及应承担的义务，是专利法律关系的构成要素之一。

第一节　专利权人的权利和义务

一、专利权人的权利

（一）自己实施专利的权利

关于专利权的内容，很多国家是从禁止的角度规定的。我国《专利法》也只是规定专利权人有权禁止他人实施其专利，没有规定专利权人有独占实施权。在一般情况下，专利权人自己实施其专利的权利是不言而喻的。因为专利技术的价值是通过实施得以实现的，专利权人申请专利的直接目的就是为了垄断该项技术的实施权，凭借这种垄断性权利获取独占性利益。

（二）禁止他人未经许可实施其专利的权利

专利权人有权禁止他人未经许可制造、使用、许诺销售、销售或进口其专利产品，或者使用其专利方法以及使用、许诺销售、销售、进口依该专利方法直接获得的产品。其中，专利产品是专利说明书和权利要求书内写明的产品。这一权能是前项垄断性的实施权的补充。

（三）许可他人实施其专利的权利

这是专利权人允许他人在一定条件下使用其取得专利权的发明创造的全部或部分技术的权利。依我国《专利法》的规定，除法律另有规定外，任何单位或个人使用专利产品或实施专利方法都必须得到专利权人的许可。许可权的实质在于专利权人同意被许可人从事只能由专利权人进行的行为，这些行为是专利权人本来有权禁止他人实施的。

（四）转让其专利的权利

专利权人有权将其专利的所有权转让给其他单位或个人。转让权和许可权不同，它涉及的是专利所有权的转移，而不仅是专利使用权的转移。转让权的行使原则上是自由的，但它也要受到一定的限制。

（五）在专利产品上缀附标记的权利

这一权利简称标记权，是专利权人在专利产品或专利产品的包装上标明专利标记和专利号的权利。《专利法》第17条第2款规定："专利权人有权在其专利产品或者该产品的包装上标明专利标识。"专利标记是指"专利"或"中国专利"字样，专利号是授予专利的号码。

（六）从专利实施中获取经济收益的权利

专利权人可以通过自己实施专利而获得报酬，也可以通过许可他人实施而获得专利使用费，还可以通过转让专利权而获得转让费。无论哪种形式，都是专利权人行使收益权的体现。

（七）放弃其专利的权利

这实际上是对专利权的一种处分行为。放弃专利权即专利权人放弃了对其专利发明创造的独占实施权。根据《专利法》的规定，放弃专利权也应登记和公告。

二、专利权人的义务

（一）缴纳专利年费的义务

年费，是专利权人为维持专利权的效力，从授予专利的当年开始，在专利权有效期内逐年向专利局缴纳的费用。目前绝大多数国家都规定了专利权人的这种义务。

征收年费，主要有以下两个目的：一是可以补偿专利局从事专利工作的开支，增加专利局的财政收入，减轻国家负担。二是年费的征收为维持专利权的效力起调节作用。专利权的维持要付出代价，专利权人就需要认真考虑有无必要支出逐渐增多的年费来继续维持专利权的效力。这样可以淘汰价值不大或长期不实施的专利，使其早日成为社会公有财产。

关于年费的缴纳方法，《专利法》第43条规定："专利权人应当自被授予专利权的当年开始缴纳年费。"

不过，《专利法实施细则》第7条对权利恢复制度作了规定。专利权人因不可抗拒的事由未按时缴纳专利年费，从而造成权利丧失的，可在不可抗拒的事由消除之日起2个月内，请求恢复专利权。这是对因客观原因造成的专利权丧失的一种补救。

（二）实施专利的义务

世界上多数国家的专利法都规定，实施取得专利的发明创造是专利权人应尽的义务。

所谓实施专利，是指将获得专利的发明创造应用于工业生产中，即制造取得专利的产品、应用取得专利的方法或在生产中使用取得专利的产品，其通常意义就是制造专利产品或使用专利方法。

2000年《专利法》第51条规定，专利权人负有自己在中国制造其专利产品、使用其专利方法或许可他人在中国制造其专利产品、使用其专利方法的义务。现行《专利法》删除了这一条。但这并不意味着专利权人不存在专利实施的义务。

第二节　专利权的限制

专利权是一种具有排他性的独占权，但它不是一种绝对的、无限制的权利，为了维护国家和社会利益，防止专利权人滥用专利权，各国专利法都对专利权进行了一定形式和程度的限制。

一、不视为侵犯专利权的行为

在有些情况下，制造、使用、许诺销售或销售专利产品、使用专利方法等行为虽未经专利权人许可，但仍不视为侵犯专利权。这也被称为侵权例外。这种侵权例外一般是由法律直接规定的。

（一）专利权用尽以后的行为

《专利法》第69条第1项规定：专利产品或依照专利方法直接获得的产品，由专利权人或经其许可的单位、个人售出后，使用、许诺销售、销售、进口该产品的，不视为侵权。这一规定确立了专利穷竭原则与允许平行进口原则。

专利权穷竭的实质在于，专利产品只要是被合法地投入商业流通领域，就不再受专利权人的控制。专利权人在制造或许可他人制造有关产品时，一次便“用完”了自己享有的独占权，或者说专利权的效力已经耗尽。这一原则无疑有利于商品的自由流通，防止专利权人滥用权利，造成妨碍专利产品分销与使用的后果。

《专利法》的上述规定，主要是在一般意义上的权利穷竭制度上允许“平行进口”。[1]由于权利穷竭原则不仅是一个法律问题，而且关系到一个国家或地区专利政策导向问题，Trips 协议等国际公约对成员国国内法没有统一的要求。从我国的现实情况看，为发展民族产业，提高市场竞争能力，2008 年修改《专利法》时引进了平行进口制度。

（二）先用权人的利用

《专利法》第 69 条第 2 项规定：在专利申请日前已经制造相同产品、使用相同方法或已经作好制造、使用的必要准备，并且仅在原有范围内继续制造、使用的，不视为侵权。这是所谓的“先用权”。这一规定着眼于保护没有取得专利权的另一发明创造人的最低利益。在实践中，相同发明创造分别由两个不同的人完成是常有的事。如果其中一个人没有申请专利或申请日在另一个人之后，从而使该发明创造专利由另一个人享有时，获得专利权的那个人对于在其提出专利申请以前已利用其发明创造的人也行使专有权，就势必使其丧失全部投资，这是很不合理的。所以许多国家基于公平原则，规定了先用权制度。这是给予没有取得专利权的发明创造人的一种特殊权利，即享有先用权的人可以继续制造专利产品或使用专利方法。

先用权原则在专利侵权认定中常被沿用，被告人也常常以此作为抗辩。因此正确界定享有先用权的条件是很重要的。这些条件主要有：

一是享有先用权的人先使用的技术必须是自己独立完成或通过其他合法途径取得的。此外，享有先用权的人不能是专利权人的某种特定关系人。

二是先用权成立的时间条件在我国是以申请日为准的。在他人专利申请日之后，哪怕是在申请公布前善意使用或准备使用，都不能享有先用权。

三是先用权人必须在他人专利申请日前已制造了相同产品或使用相同方法，或者已经作好了制造、使用的必要准备。这里的“必要准备”一般可理解为“制造相同产品、使用相同方法”所必不可少的各种物质、资金和人员条件。

四是先用权人在他人取得专利权后，只能在原有范围内继续制造原有的相同产品或使用相同的方法，不得扩大使用范围。

---

[1] 专利平行进口是指在国际贸易中，第三方在未经专利权持有人许可的前提下从一国市场中合法获取专利产品并进口到该专利权发生效力的国家，而该专利产品是专利权人或经其许可而合法销售到市场的产品。换言之，专利权人的一项发明在多个国家都取得了专利权，一国未经授权的进口商将其从另一国获得的、由专利权人或其被许可人制造或销售的专利产品进入该国销售的行为。

需要注意的，先用权是相对专利权而言的，是对专利权的一种抗辩权，只有在专利侵权诉讼中确认才具有实际意义。并且，先用权是依赖专利权而存在的一种不完整的无形财产权。具体表现为：先用权不是独立的交易对象，不能成为转让合同的唯一标的，不过它可以成为转让合同客体的一部分；先用权不能成为许可贸易对象，不能就先用权订立许可实施合同；先用权不具有独占性，它可以为不同的单位或个人同时享有，而且互不排斥。总之，先用权是一种只能由先用权人自己行使，不能单独转让给他人且不具有排他性的权利。

（三）临时过境的外国运输工具运行中的使用

《专利法》第69条第3项规定，临时通过中国领陆、领水、领空的外国运输工具，依照其所属国同中国签订的协议或共同参加的国际条约，或者依照互惠原则，为运输工具自身需要而在其装置和设备中使用有关专利的，不视为侵犯专利权。这一规定的目的在于便利国际交通运输。

（四）非营利性质的科学研究和实验活动

《专利法》第69条第4项规定，专为科学研究和实验而使用有关专利的，不视为侵犯专利权。

专利法的宗旨是促进技术进步与创新，法律应当允许人们在专利技术的基础上从事改进。这种非营利性质的科学研究和实验活动，是为了考察验证取得专利的发明创造有无技术效果或经济效果，或者为了在该发明创造基础上作进一步的改进，它不以营利为目的，与专利权人之间不存在竞争关系，对专利权人的市场利益也不会构成侵害；同时有利于推动科学技术进步，因而无须征得专利权人的许可。但应注意，一是不能将供科学研究和实验使用的专利产品的制造和销售包括在内。二是对以教育为目的使用有关专利的行为是否属于侵权应具体分析。如果是直接利用专利技术方案产生的功能和效果，属于专利法禁止的范畴；如果是通过讲解某专利产品或方法来阐述某一科学道理，则不受专利权的约束。

（五）Bolar例外

Bolar例外是指仅为获得和提供药品或医疗器械行政审批所需要的信息而以特定方式实施专利时，不构成专利权侵权。该例外可以从美国1984年专利法中找到渊源。该例外来自于美国联邦上诉法院对Roche Products公司和Bolar Pharmaceutical公司一案①的判决，故有Bolar例外之说。

药品和医疗器械在上市前需要履行审批手续，而为达到审批要求，申请者

① 221 USPQ 937, cert denied (1984); 733 F. 2d 858.

需要提供该药品或医疗器械的各种试验数据和资料，以证明其产品符合规定的要求。如果是对享有专利权的药品或医疗器械进行仿制，那么在正常情况下需要等到专利权届满后才能进行试验。这样就势必推迟仿制药品或医疗器械上市时间，从而影响公众在专利权届满后及时获得价格较低的仿制药品或医疗器械。为此，美国、日本、加拿大、澳大利亚等国家均在其专利法中规定了Bolar例外。

2008年《专利法》借鉴了美国Hatch-Waxman法案，增加了以下规定："为提供行政审批所需要的信息，制造、使用、进口专利药品或者专利医疗器械的，以及专门为其制造、进口专利药品或者专利医疗器械的"，不视为侵犯专利权。通过实施这一规定，既有利于与我国有关行政审批制度相衔接，促进药品或专利医疗器械的生产尽快实施，同时也有利于平衡专利权人的利益与社会公众利益之间的关系，防止专利权滥用。

另外，2000年《专利法》按照Trips协议的要求确立了"善意侵权"原则，其第63条第2款规定，"为生产经营目的使用或者销售不知道是未经专利权人许可而制造并售出的专利产品或者依照专利方法直接获得的产品，能证明其产品合法来源的，不承担赔偿责任"。2008年《专利法》保留了这一原则，只是对行为人实施行为的范围作了扩大。该法第70条规定："为生产经营目的使用、许诺销售或者销售不知道是未经专利权人许可而制造并售出的专利侵权产品，能证明该产品合法来源的，不承担赔偿责任。"这一修改，有利于平衡专利权人与社会公众之间的利益关系，促进专利产品的正常利用。

二、强制许可

（一）强制许可的概念

专利实施的强制许可是一种实施专利的许可。它是采用行政措施限制专利权人滥用独占权的一种形式。其基本含义是：国家专利主管机关可以不经专利权人的许可，通过行政程序而直接允许第三者实施专利权人取得专利权的发明或实用新型，并向其颁布实施该专利的强制许可证的法律行为。

实施强制许可的目的是防止和限制专利权人滥用其专利权，保护本国和社会公众利益，促进发明创造的实施和推广应用。

（二）强制许可的类型和条件

我国专利法规定的强制许可类型有：

1. 滥用专利权的强制许可。《专利法》第48条规定："有下列情形之一的，国务院专利行政部门根据具备实施条件的单位或者个人的申请，可以给予实施发明专利或者实用新型专利的强制许可：（一）专利权人自专利权被授予之日起满3年，且自提出专利申请之日起满4年，无正当理由未实施或者未充分实施其专利的；（二）专利权人行使专利权的行为被依法认定为垄断行为，为消除或者减少该行为对竞争产生的不利影响的。”

上述第一种情形实施强制许可的条件是：① 申请强制许可的单位或个人具备实施条件，即具备制造、使用、销售专利产品或使用专利方法等条件；② 专利权人自专利权被授予之日起满3年，且自提出专利申请之日起满4年，无正当理由未实施或未充分实施其专利。①

上述第二种情形是针对构成垄断的滥用专利权的行为，其出发点是为消除或减少该行为对竞争产生的不利影响。至于什么样的行为应被认定是垄断行为，由反垄断法及相关法律予以规定。通过专利法与反垄断法的配套、协调实施，防止专利权人“合法”地滥用其专利权。②

2. 从属专利的强制许可。从属专利又称依存专利，是指前后两个专利之间在技术上存在着依存关系，不实施前一个专利所保护的发明或实用新型，后一个发明或实用新型专利就无法实施。

《专利法》第51条规定：“一项取得专利权的发明或者实用新型比前已经取得专利权的发明或者实用新型具有显著经济意义的重大技术进步，其实施又有赖于前一发明或者实用新型的实施的，国务院专利行政部门根据后一专利权人的申请，可以给予实施前一发明或者实用新型的强制许可。在依照前款规定给予实施强制许可的情形下，国务院专利行政部门根据前一专利权人的申请，也可以给予实施后一发明或者实用新型的强制许可。”这一规定有利于促进改进的技术或先进的技术的推广应用，防止专利权人滥用专利权而妨碍技术进步。

根据《专利法》的规定，实施从属专利的强制许可应具备以下条件：

（1）必须有两个取得专利权的发明或者实用新型，其中后一取得专利权的发明或实用新型在技术上比前者更为先进；

（2）后一发明或实用新型在技术上从属于前者，不实施前者，后者就无

---

① 《专利法》第54条还规定，“依照本法第四十八条第（一）项、第五十一条规定申请强制许可的单位或者个人应当提供证据，证明其以合理的条件请求专利权人许可其实施专利，但未能在合理的时间内获得许可”。

② 另外，《专利法》第52条规定，“强制许可涉及的发明创造为半导体技术的，其实施限于公共利益的目的和本法第四十八条第（二）项规定的情形”。

法实施；

（3）后一发明或实用新型专利权人曾与前一发明或实用新型专利权人就许可证事宜进行谈判，但后一专利权人未能以合理条件签订专利实施合同；

（4）首先申请强制许可的只能是后一专利权人。

3. 根据公共利益的强制许可。《专利法》第49条规定："在国家出现紧急状态或者非常情况时，或者为了公共利益的目的，国务院专利行政部门可以给予实施发明专利或者实用新型专利的强制许可。"这类特殊的强制许可，没有时间限制和其他附属条件，也无须经过任何单位的请求。

《专利法》第50条规定："为了公共健康目的，对取得专利权的药品，国务院专利行政部门可以给予制造并将其出口到符合中华人民共和国参加的有关国际条约规定的国家或者地区的强制许可。"

上述第50条是2008年修订《专利法》时完全新增的内容。该规定涉及的药品强制许可是基于2001年世界贸易组织通过的《多哈宣言》和《议定书》的规定而增加的。《议定书》规定了在一定条件下药品专利的强制许可，从而打破了Trips协议第31条关于强制许可只能主要用于供应国内市场需要的限制性规定。这一规定，有利于帮助缺乏制药能力或制药能力不足的发展中国家和最不发达国家解决其面临的公共健康问题，允许我国制药企业制造有关专利药品并将其出口到这些国家。

（三）强制许可决定的内容

1. 强制许可的范围。包括强制许可的期间和强制许可受益人行为的范围。强制许可期间可以是专利权的整个期间，也可以比专利权期限短。在这个时间内应注意维护专利权的有效性，防止专利权人以任何方式终止专利权。强制许可受益人行为的范围可以是专利权人可以做的一切，也可以只是其中的某些行为。不管怎样，应限定强制许可实施主要是为供应国内市场的需要，不得用于出口目的。《专利法》第53条明确规定："除依照本法第四十八条第（二）项、第五十条规定给予的强制许可外，强制许可的实施应当主要为了供应国内市场。"

2. 强制许可实施与终止时间。这个时间应视具体情况来确定。如强制许可受益人实施的准备比较充分，这个时间就可以定得短一些。《专利法》第55条规定："国务院专利行政部门作出的给予实施强制许可的决定，应当及时通知专利权人，并予以登记和公告。给予实施强制许可的决定，应当根据强制许可的理由规定实施的范围和时间。强制许可的理由消除并不再发生时，国务院专利行政部门应当根据专利权人的请求，经审查后作出终止实施强制许可的决定。”

3. 使用费的数额。《专利法》第57条规定：“取得实施强制许可的单位或者个人应当付给专利权人合理的使用费，或者依照中华人民共和国参加的有关国际条约的规定处理使用费问题。付给使用费的，其数额由双方协商；双方不能达成协议的，由国务院专利行政部门裁决。”第58条规定：“专利权人对国务院专利行政部门关于实施强制许可的决定不服的，专利权人和取得实施强制许可的单位或者个人对国务院专利行政部门关于实施强制许可的使用费的裁决不服的，可以自收到通知之日起3个月内向人民法院起诉。”

（四）强制许可的权利范围

强制许可的权利范围涉及强制许可是独占许可还是非独占许可、是否可以转让和实施分许可等内容。关于强制许可的独占性。《专利法》第56条规定：“取得实施强制许可的单位或者个人不享有独占的实施权，并且无权允许他人实施。”这就是说，强制许可受益人取得的仅是一种普通实施权，专利权人仍然有权自己实施或允许他人实施，专利局也可以就同一发明或实用新型实施第二个强制许可。在目前我国需要大量引进技术和外资的情况下，为使在我国获得的专利权有可靠的保障措施，实行非独占性的强制许可是适宜的。从《专利法》的规定还可以看出，强制许可受益人不得授予他人分许可证。

三、国家指定许可

《专利法》第14条规定：“国有企业事业单位的发明专利，对国家利益或者公共利益具有重大意义的，国务院有关主管部门和省、自治区、直辖市人民政府报经国务院批准，可以决定在批准的范围内推广应用，允许指定的单位实施，由实施单位按照国家规定向专利权人支付使用费。”

“指定许可”制度，包括以下内容：

第一，被指定许可的专利限于发明专利。因为发明专利的技术进步意义最大、技术难度最高，其社会、经济价值往往也最大。

第二，被指定许可的发明专利，限于由国有企事业单位所有的专利。国有企事业单位财产的最终所有者是国家，国家有权根据其代表的国家利益和社会公共利益的需要，决定其作为终极所有人的发明专利权的实施。

第三，指定许可是对专利权人享有的自愿许可权的一种例外，需要严格的条件限制。其条件包括：

（1）被采取指定许可的专利，必须是对国家利益或公共利益具有重大意义的发明专利；

（2）指定许可的决定权，只能由国务院有关主管部门和省级人民政府在报国务院批准后才能行使，其他任何机关都无权决定指定许可；

（3）指定许可限于在批准推广应用的范围内，由指定实施的单位实施。

第四，被指定单位的专利实施权不是无偿的，而需按规定向专利权人支付专利实施费。

此外，还应注意，国家指定许可只适用于中国单位和个人的专利，不适用于外国人、外国企业和外国其他组织在中国取得的专利。这有利于更好地贯彻对外开放的政策，吸引外国人来华申请并取得专利。

国家指定许可和强制许可都是对专利权的限制形式，但它们之间也有明显的区别。国家指定许可是授权的国家机关根据国家指定主动采取的推广应用发明创造的措施，而不是由于专利权人滥用专利权而导致的消极法律后果。

第三节　专利权的期限、终止和无效

一、专利权的期限

专利权的期限是专利局授予专利权从发生法律效力到失效之间的这段时间，是专利权受法律保护的期限。期限届满后，专利权不再受到法律保护，专利发明创造成为任何人可以自由利用的公共财富。

《专利法》第42条规定："发明专利权的期限为20年，实用新型专利权和外观设计专利权的期限为10年，均自申请日起计算。"不过，规定从申请日起算。这并不意味着专利权从申请日起即获得保护，其保护要等到专利权授予之日才开始。当然，如前所述，从申请日到授权日的这段时间内，发明专利还是可以获得临时保护的。

二、专利权的终止

专利权的终止是指专利权在保护期届满以及保护期届满前因法律规定的某种原因而失去效力。专利权因保护期届满而终止是一种自然终止。从实际情况看，大多数是由于法律规定的其他原因而终止的。《专利法》第44条规定："有下列情形之一的，专利权在期限届满前终止：（一）没有按照规定缴纳年费的；（二）专利权人以书面声明放弃其专利权的。专利权在期限届满前终止的，由国务院专利行政部门登记和公告。"

（一）因没有按期缴纳年费而终止

专利权因专利权人未按规定缴纳年费而终止的，由专利局登记和公告。终止的起算时间应从未缴年费的当年起算。同时，应注意：专利权人在宽限期内补缴，专利权仍然有效；专利权人缴纳年费有困难的，可以申请缓缴或减缴；专利权人因不可抗力的事由而耽误缴纳年费导致专利权丧失的，可以请求恢复其专利权。

（二）因专利权人自动放弃专利权而终止

专利权人放弃专利权，其放弃部分是从其宣布放弃之日起计算的。

（三）因专利权人死亡后无人继承而终止

三、专利权的无效

（一）专利权无效的含义

专利权的无效是指被授予的专利权因其不符合专利法的有关规定，而由有关单位或个人请求专利复审委员会通过行政审理程序宣告无效。《专利法》第45条规定："自国务院专利行政部门公告授予专利权之日起，任何单位或者个人认为该专利权的授予不符合本法的有关规定的，可以请求专利复审委员会宣告该专利权无效。"设置专利无效宣告程序是为了纠正专利权工作中的错误，保证专利法的正确执行和维护公众的正当权益。

（二）请求宣告专利权无效的条件

请求宣告专利权无效是对一种具有法律效力的无形财产权进行剥夺或重新确认的重要法律行为。对此应注意以下条件要求：

1. 请求宣告专利权无效的可以是任何单位或个人，当然主要是与被请求宣告无效的专利权有利害关系的单位和个人；

2. 提出无效请求的法定时间是自专利局公告授予专利权之日起；

3. 请求人应向专利复审委员会提交专利权无效宣告请求书和有关文件，说明请求宣告无效所依据的事实和理由；

4. 请求人应按照规定缴纳无效宣告请求费，即应当自无效宣告请求之日起1个月内缴纳无效宣告请求费，期满未缴纳或未缴足的，被视为未提出请求。

另外，无效宣告请求应以书面形式提出，请求人如委托专利代理机构代理，应提交委托书并载明委托权限。

（三）请求宣告专利权无效的理由

请求宣告专利权无效的理由，依照《专利法实施细则》第64条的规定，主要有：

1. 取得专利权的发明或实用新型不符合《专利法》第22条关于专利“三性”的要求；

2. 取得专利权的外观设计不符合《专利法》第23条关于不相同的或不相近似的要求；

3. 说明书公开不充分，权利要求书得不到说明书的支持；

4. 不属于专利法所称的发明创造；

5. 取得专利的发明创造或其利用违反国家法律、社会公德或妨碍公共利益；

6. 取得专利的发明创造属于《专利法》第25条规定的不授予专利权的领域；

7. 取得专利权的发明创造不符合先申请的原则；

8. 属于重复授权；

9. 取得专利的发明或实用新型的专利申请文件的修改或分案超出了原说明书和权利要求书记载的范围，外观设计专利申请文件的修改超出了原图片或照片表示的范围。

至于缺乏单一性和权属争议不能成为无效请求的理由。专利权无效的理由可能只存在于几个或某一个权利要求，也可能只存在于某一个权利要求的某些部分。因而，请求宣告专利权部分无效也是可以的。

请求宣告专利权无效的理由只涉及专利权客体的理由，不包括专利权主体的理由。《专利法实施细则》第65条规定，专利权无效宣告请求书不符合该细则第64条规定的，专利复审委员会不予受理。

（四）无效宣告申请的审查

无效宣告程序的审查流程可分为形式审查、合议审查和无效决定三个阶段。请求人应向专利复审委员会提出请求书并说明理由。经形式审查合格后，专利复审委员会即将无效请求书副本和有关文件副本送交专利权人，并向双方当事人发出受理通知书。专利权人收到上述文件后应在指定期限内陈述意见。期满未答复的，不影响专利复审委员会的审理。此后，专利复审委员会将组成合议组进行合议审理。

无效宣告决定可以有以下几种情况：无效宣告请求理由成立的，宣告专利权无效；否则，驳回无效宣告请求，维持专利权继续有效。如果理由部分成立，则宣告专利权部分无效。《专利法》第46条规定：“专利复审委员会对宣告专利权无效的请求应当及时审查和作出决定，并通知请求人和专利权人。宣告专利权无效的决定，由国务院专利行政部门登记和公告。对专利复审委员会宣告专利权无效或者维持专利权的决定不服的，可以自收到通知之日起3个月内向人民法院起诉。人民法院应当通知无效宣告请求程序的对方当事人作为第三人参加诉讼。”

（五）宣告专利权无效的效力

宣告专利权无效的效力包括社会性效力、一事不再理的效力和追溯力三方面的内容。其中追溯力比较复杂，我国《专利法》规定，被宣告无效的专利权视为自始不存在。从理论上讲，被宣告无效的专利权本来是不应当被授权的，因而宣告无效的效力应溯及专利权效力的开始。

《专利法》第47条规定：“宣告无效的专利权视为自始即不存在。宣告专利权无效的决定，对在宣告专利权无效前人民法院作出并已执行的专利侵权的判决、调解书，已经履行或者强制执行的专利侵权纠纷处理决定，以及已经履行的专利实施许可合同和专利权转让合同，不具有追溯力。但是因专利权人的恶意给他人造成的损失，应当给予赔偿。依照前款规定不返还专利侵权赔偿金、专利使用费、专利权转让费，明显违反公平原则的，应当全部或者部分返还。”

宣告专利权无效决定的追溯力应不适用于人民法院作出的民事裁定，这可以从民事诉讼裁定的本意作出理解。最高人民法院《关于对诉前停止侵犯专利权行为适用法律问题的若干规定》第13条规定，申请人不起诉或申请错误造成被申请人损失的，被申请人可以向有管辖权的人民法院起诉请求申请人赔偿，也可以在专利权人或利害关系人提起的专利侵权诉讼中提起损害赔偿的要求，人民法院可以一并处理。由此可见，在原告申请裁定有误，给被告造成损害时，原告须承担损害赔偿责任。从理论上说，即使该裁定已经执行，亦应当具有追溯力。实际上，法律要求请求人在申请裁定措施时提供一定的担保，主要目的是为了保证在申请有误而给对方造成损害时能够给对方以赔偿。

第四节　专利权的实施许可与转让

专利权的利用是专利工作的生命线。贯彻专利法的最终目的，是要通过利用取得专利权的技术促进技术进步和经济发展。专利权的利用主要涉及专利的实施许可及其相关的专利许可证贸易、专利权的转让等问题。

一、专利的实施许可

（一）专利实施许可的概念与特点

专利实施许可，是专利权人或其授权的人作为许可方许可他人在一定范围内实施专利，被许可方支付约定使用费的一种法律行为。

专利实施许可具有以下特点：

1. 它是专利使用权的转让，而不是专利所有权的转让；
2. 被许可人应当支付专利使用费；
3. 应通过签订合同的方式实现；①
4. 被许可人实施专利有一定时间、地点、范围的限制，不得超过合同约定的范围；
5. 被许可人依法取得的使用权受法律保护，包括专利权人在内的任何人不得侵犯。

（二）专利实施许可合同的含义

许可其他单位与个人实施专利，是通过签订专利实施许可合同的方式实现的。这种合同又叫许可证合同，通过发放许可证合同的方式实施专利又被称为专利许可证贸易。专利许可证贸易是专利制度的重要组成部分，是连接发明创造专利与其实际应用的桥梁。

专利实施许可合同，是专利权人或其授权的人作为转让方，许可受让方在一定的范围实施专利，受让方支付约定使用费所订立的合同。《专利法实施细则》规定，专利权人与他人订立的专利实施许可合同，应当自合同生效之日起 3 个月内向国务院专利行政部门备案。

（三）专利实施许可合同的类型

根据专利转让的范围和权限的不同，专利实施许可合同可分为以下几种类型。

1. 独占实施许可合同。根据这种合同，被许可方在约定的时间和地域内对许可方的专利享有独占使用权，包括许可方在内的其他任何人都不得在上述范围内使用该专利，许可方也不得在上述范围内就该专利技术与第三方签订许可合同。这种合同授予被许可方的权利很广，相应地，许可方获得的专利使用

① 《专利法》第 12 条规定："任何单位或者个人实施他人专利的，应当与专利权人订立实施许可合同，向专利权人支付专利使用费。被许可人无权允许合同规定以外的任何单位或者个人实施该专利。"

费也较高。应注意，独占实施许可合同的订立不得影响国家按照专利法的规定实施指定许可。

2. 排他实施许可合同。这类合同又称为独家实施许可合同、独家许可证。根据这种合同，被许可方在合同约定的条件和范围内享有对该专利技术的独家使用权，许可方不得再向第三方发放同样的许可证，但许可方仍保留在上述范围内实施其专利的权利。这种合同的主要特点就是被许可方排除了除许可方以外的其他任何人的竞争，可以独占专利产品市场。排他实施许可合同的订立，也不得影响国家按照专利法的规定实施指定许可。

3. 普通实施许可合同。这类合同又称为一般实施许可合同、一般许可证或非独占许可证。根据这种合同，被许可人在约定的条件和范围内可以实施专利并取得利益，专利权人自己仍有使用其专利的权利，并且可就相同的条件和范围向第三方发放这种许可证，将专利的使用权转移给其他人。这是一种最常见的许可合同。在这种合同中，许可方保留较多的权利，但获得的使用费较低。

4. 从属实施许可合同。这类合同又称为分实施许可合同、从属许可证、分许可证。它是与基本实施许可合同相对而言的。如果实施许可合同中允许被许可方再与第三方签订许可合同，那么被许可方与第三方签订的实施许可合同就是从属实施许可合同。实际上，它就是独占许可证或独家许可证的被许可人再向其他人发放的许可证。一般来说，从属实施许可合同的订立要以原实施许可合同的授权条款为前提。从属实施许可合同本身只能是普通实施许可合同。如果许可人允许被许可人签订这种合同，那么许可人有权获得分实施许可合同的部分使用费。转售分许可证的目的一般是许可人为了充分有效地使用专利许可项目。

5. 交叉实施许可合同。这类合同又称为交叉许可证、相互许可证。一般是指当事人之间以专利技术作为合同标的进行对等交换的协议。如就改进发明和原发明，从属发明与基本发明有必要相互许可对方利用自己的专利，签订交叉实施许可合同。还有一种情况是就互不关联的两项专利技术也可以实施交叉许可。如企业之间订立的技术协议规定，各方的发明创造取得专利权后，相互之间都可以自由使用。西方一些大企业为合作垄断技术市场，就常常利用这种形式达到对专利实施的垄断。①

---

① 从这个意义上看，交叉许可实际上已成为国外企业实施专利的一种战略措施。参见冯晓青：《企业知识产权战略》，知识产权出版社 2008 年版，第 114 页。

（四）专利实施许可合同的内容

专利实施许可合同一般应包括以下条款：合同序言；有关术语的定义；合同范围；技术情报和资料、保密事项；技术服务和人员培训；验收标准和方式；合同担保；违约金及损害赔偿额的计算方法；技术的改进和发展；争议解决办法和适用的法律；合同生效、有效期等。其中，明确专利实施许可合同中双方当事人的义务是其主要内容。

1. 许可方的主要义务。这些义务包括：（1）许可受让方在约定的范围内实施专利；（2）维持专利有效性的义务，许可方应在合同有效期内维持专利的有效性；（3）向被许可方支付实施专利有关的技术资料、提供必要的技术指导；（4）承担合同约定的技术性能担保；（5）担保专利权的完整性。

合同还可以明确规定在合同成立后遇到专利权被宣告无效或引起侵权诉讼时，许可方承担的义务。

2. 被许可方的主要义务。这些义务主要有：（1）按照合同的约定支付使用费；（2）在合同约定的范围内实施专利，并不得许可合同约定以外的第三人实施该专利。之所以要求被许可方实施专利，是因为许可方使用费的取得多半与专利实施状况有直接关系。

二、专利权的转让

专利权的转让是指专利权人将其专利权转让给受让人所有，受让人支付一定报酬或价款，成为新的专利权人的行为。专利权转让使专利权的主体发生了变更，它涉及专利所有权的转移。

专利转让原则上是自由的，但根据有关规定，中国单位或个人向外国人转让专利申请权或专利权的，由国务院对外经济贸易主管部门会同国务院科学技术行政部门批准。这是为了保护国家利益，不致将我国具有重大意义的发明创造转移给外国而对中国单位或个人向外国人转让专利设立的一种限制。

专利权的转让应采取书面合同的方式，并要履行一定的手续。《专利法》第10条第3款规定："转让专利申请权或者专利权的，当事人应当订立书面合同，并向国务院专利行政部门登记，由国务院专利行政部门予以公告。专利申请权或者专利权的转让自登记之日起生效。"可见，在我国专利申请权和专利权的转让属于要式行为，转让一旦生效，受让人即可依法获得专利申请权或专利权主体资格。专利转让合同的形式要求包括：审批要求、书面形式要求及登记和公告的要求。转让合同仅凭当事人签名或盖章不会发生效力，须经过专利局登记和公告后才能实现。这样可使第三人了解该专利权法律状况的变化。

专利权转让合同通常应包括以下条款：项目名称；发明创造的名称和内容；专利申请日、申请号、专利号和专利权的有效期限；专利实施和许可实施的情况；价款及支付方式；违约金或损害赔偿额的计算方法；争议解决方法。在转让合同中，转让方的主要义务是，将合同约定的专利权移交给受让方所有，保证专利权真实、有效。受让方的主要义务则是按照合同约定向转让方支付约定的价款。专利权转让合同依法成立后，就受到专利法的保护。

第十八章　专利权的保护

第一节　专利侵权行为

一、专利侵权行为的含义与构成特征

《专利法》第11条规定，“发明和实用新型专利权被授予后，除本法另有规定的以外，任何单位或者个人未经专利权人许可，都不得实施其专利，即不得为生产经营目的制造、使用、许诺销售、销售、进口其专利产品，或者使用其专利方法以及使用、许诺销售、销售、进口依照该专利方法直接获得的产品。外观设计专利权被授予后，任何单位或者个人未经专利权人许可，都不得实施其专利，即不得为生产经营目的制造、许诺销售、销售、进口其外观设计专利产品”。违反上述规定，即构成专利侵权行为。

具体地说，专利侵权行为是指在专利权保护期或有效期内，行为人未经专利权人许可，也没有取得法律的特别授权，以营利为目的实施专利的行为。或者说，是未经专利权人许可，以生产经营为目的，制造、使用、许诺销售、销售、进口其专利产品，使用其专利方法，以及使用、许诺销售、销售、进口依照专利方法直接获得的产品，制造、许诺销售、销售、进口外观设计的专利产品的行为。

从专利侵权行为的含义出发，专利侵权行为的构成特征有以下几点：

1. 它是针对一项有效的专利权。专利权的前提是专利权合法有效，包括取得与存续两个方面的合法有效。既然是专利侵权，侵害对象必须是受专利法保护的有效的专利权。对被宣告无效、已过保护期或由专利权人放弃的专利的实施行为，不能认定为侵权。

2. 有实施行为。这是指行为人有制造、使用、许诺销售、销售、进口专利产品，或者使用专利方法；使用、许诺销售、销售、进口依该方法直接获得

的产品；制造、许诺销售、销售、进口外观设计专利产品的行为。

3. 所实施的侵害行为具有违法性。侵犯专利权的违法行为可以理解为法律所禁止的侵害专利权的行为。这可以从以下三方面把握：

（1）以生产经营为目的。专利侵权行为是以营利为目的而实施专利的行为。从《专利法》第11条的规定可以看出，非生产经营目的的实施，不构成侵权。不过，有的实施行为在表面上属于不以营利为目的的行为，如某公司未经专利权人许可仿制他人专利产品，免费分发给本公司职工，并将其一部分做礼品赠送给有关单位或个人，但由于对仿制品进行了使用和扩散，损害了专利权人的利益，仍应认定为专利侵权。

（2）未经专利权人的许可。如果实施行为已经专利权人许可，自然谈不上侵权。只是由于超越授权范围而实施的行为仍构成侵权行为。"经专利权人许可"包括明示许可与暗示许可（默许）。例如，某人长期无偿地使用专利权人的一项专利技术，专利权人明知却始终未出面干预，应视为默示同意。当然，如系对方隐蔽实施而专利权人不知，就构成了专利侵权。在判定是否经专利权人许可而构成侵权时应注意以下几点：一是在共有专利权的场合，未经全体共有人同意，当被许可人实施该专利时，仍构成侵权；二是如果专利实施许可证是由普通实施许可证持有者签发的，除许可证有特殊规定外，该实施行为仍构成侵权。

（3）侵权人所实施的行为没有取得法律特别授权。换言之，实施法律许可的行为不构成专利侵权。

二、判断专利侵权行为的基本方法

（一）专利保护范围的确定

判断某一具体实施行为是否为专利侵权时，关键的问题是判断和确定专利权的保护范围，实施行为落在保护范围之内时才构成侵权。所谓专利权保护范围是指专利权的法律效力所及的发明创造的技术范围，是专利权所覆盖的发明创造的技术特征和技术幅度。作为专利权客体的发明创造是知识形态的劳动产品，不能依据发明创造本身来确定专利保护范围。同时，专利产品与申请保护的范围也不一致，不能依专利产品来确定专利保护范围。

1. 发明和实用新型的专利保护范围。发明和实用新型受专利保护的技术范围以权利要求的内容为准。权利要求决定了专利保护范围，集中地体现了专利权的实质内容。权利要求中各个技术特征的总和构成了一个不可分割的整体，相应地限定了一个明确的保护范围。

在确定专利权的保护范围时，对权利要求的理解，主要有以下三种不同的解释原则：

第一，周边限定论。专利保护范围完全由权利要求来确定，严格地按照权利要求书中的文字进行解释，权利要求书中所记载的范围是专利保护的最大限度。采用这一原则的国家有美国等。

第二，中心限定论。它是以权利要求书的内容为核心，向外作一定幅度的扩展来确定专利保护范围。按照这一原则，权利要求书说明专利保护范围，但在解释权利要求书时可以超出权利要求的直观字面上的解释，全面考虑发明创造的目的、性质以及说明书和附图。以德国为代表的大陆法系国家采用这一原则。

第三，主题内容限定论。它是上述两个原则的折中。按照这一原则，专利保护范围应当根据权利要求的内容来确定，说明书和附图可以用来解释权利要求，对权利要求中有含糊不清之处可以引用说明书和附图来解释权利要求列举的权项。《欧洲专利公约》及参加该公约的各国都采用这一原则。我国也是如此。《专利法》第 59 条规定，“发明或者实用新型专利权的保护范围以其权利要求的内容为准，说明书及附图可以用于解释权利要求的内容”。①

专利保护范围因发明类型不同而异。发明可分为产品发明、方法发明。实用新型只能是产品，可以归入产品发明。

产品专利的保护范围一般应包括具有同样特征、同样结构和同样性能的产品，而不论产品的制造方法。但是，依附于方法发明专利的产品，若该产品也取得了专利，那么该产品专利的保护范围就要受到制造方法的限制。亦即这种产品只有用非专利方法制造时，才不构成侵权。

方法专利的保护范围一般应包括所有具有相同特征、相同参数和相同效果的方法。方法专利的保护范围不受实施过程中所使用的设备、工具、仪器、装置等的限制。此外，方法专利权的保护范围及于用该方法直接获得的产品。

2. 外观设计的专利保护范围。2000 年《专利法》第 56 条第 2 款规定：“外观设计专利权保护范围以表示在图片或照片中的该外观设计专利产品为准。”2008 年《专利法》第 59 条第 2 款除保留上述规定外，还增补了以下规定：“简要说明可以用于解释图片或者照片所表示的该产品的外观设计。”这一规定与该法在第 27 条增补的申请人提交的外观设计专利申请应包括该外观

① 这一变化旨在更加明确说明书和附图的目的，是对权利要求内容的解释，而不仅仅是解释权利要求而已。

设计的简要说明一脉相承。这一增补更是对实践需要的回应：在外观设计专利实践中，图片或照片往往反映了外观设计的诸多细节，如果要求被控侵权产品再现外观设计专利产品所有细节时才构成外观设计专利侵权，则不利于充分保护外观设计专利权人的合法权益。但如果允许忽略其中的一些细节，则需要对允许忽略哪些细节建立必要的规则，以避免审查中的主观随意性，确保公众对外观设计专利保护范围的可预见性。正是基于这些考虑，2008 年《专利法》作出了上述修改。

（二）判断专利侵权行为的基本方法

判断专利权是否受到侵犯的基本方法是比较方法，即如果被控侵权的技术全面覆盖专利保护的发明创造的全部必要技术特征，就构成专利侵权。但是，在侵权诉讼中，被告所实施的技术往往是经过改头换面的，侵权人常常采用偷梁换柱的方法对专利技术进行修改，实现专利技术能够达到的优点、目的。这种“修改”与技术解决方案无关，其结构变化、形状变化不会影响专利技术的必要技术特征。于是在专利侵权理论上产生了“等同原则”或“等同论”，它现已被各国所普遍采用。

所谓等同，是指侵权人以实质上相同的方式或手段，替换属于专利保护的部分或全部必要技术特征，产生实质上相同的效果。按照等同论，当某一可能侵权物以一个或一个以上的等效手段替代独立权利要求中的相应技术特征，起到了实质上相同的作用，获得了实质上相同的效果时，它仍会落在专利权保护范围之内，构成专利侵权。这里的等效手段是指，所属技术领域的普通专业人员在研究说明书、附图和现有技术后，不经创造性构思就能联想到的功能和效果相同的不同技术手段。等同论的实质是将记载在专利文件里、但符合专利技术特征的实施扩展到本技术领域普通专业人员不经创造性劳动就可以设想到的范围。

等同原则的适用有利于保护专利权人对其发明创造的合法独占权、防止专利欺诈。①同时，等同原则不仅能充分保护专利权人，而且有利于平衡专利权人和社会公众的利益，实现专利法的追求公平和正义的目的。②

在专利侵权判断中，还应注意禁止反悔原则的适用。禁止反悔原则是指在

---

① 参见孙爱民：《等同原则在专利侵权诉讼中的新发展》，载陈永顺主编：《专利侵权判定实务》，法律出版社 2002 年版，第 73 ~ 74 页。

② 参见冯晓青：《知识产权法利益平衡理论》，中国政法大学出版社 2006 年版，第 427 页。

专利的获得、宣告无效的程序中，专利人通过署名的声明或对文件的修改，对专利权利要求的保护范围作了限制或放弃部分权利。在获得专利权后，在专利侵权诉讼中适用等同原则界定专利的保护范围时，专利权人不能将已经被排除或限制的内容再重新纳入专利权的保护范围。

三、专利侵权的处理机关

《专利法》第 57 条规定，对未经专利权人许可，实施其专利的侵权行为，专利权人或利害关系人可以请求管理专利工作的部门处理，也可以向人民法院起诉。由此可见，我国负责解决专利侵权纠纷的机关是管理专利工作的部门和人民法院。

（一）管理专利工作的部门

我国管理专利工作的部门是国务院有关主管部门和各省、自治区、直辖市、开放城市和经济特区人民政府设立的管理专利工作的部门。前者可称为部委管理专利工作的部门，后者可称为地方管理专利工作的部门。

管理专利工作的部门是主管专利事务的行政机关，具有执法和管理的双重职能。处理本地区、本部门的专利纠纷是专利管理机构的基本职责之一。凡属于某部门或某地区范围内的专利侵权案件，当事人可以向该地区或者各部门的管理专利工作的部门请求处理。凡属于跨地区或跨部门的侵权案件，当事人可以向发生侵权行为地的管理专利工作的部门或侵权单位的上级主管部门的管理专利工作的部门请求处理。对管理专利工作的部门的处理决定不服的，可以向人民法院起诉。根据最高人民法院关于专利案件的管辖规定，如果作出处理决定的管理专利工作部门所在地的中级人民法院对专利案件有管辖权，当事人不服处理决定的，可以向该中级人民法院起诉；如果无管辖权，当事人不服处理决定的，可以向管理专利工作部门所属省、自治区、直辖市人民政府所在地的中级人民法院起诉。如果在规定时间内不起诉又不履行管理专利工作部门决定的，管理专利工作的部门可以请求法院强制执行。

关于专利侵权纠纷调处的管辖，专利侵权纠纷由侵权行为发生地的管理专利工作的部门调处；专利申请权纠纷案件由被请求人所在地的管理专利工作的部门调处；临时保护纠纷案件由实施行为发生地的管理专利工作的部门调处；对两个以上的管理专利工作的部门都享有管辖权的专利纠纷案件，由最先接到调处请求的管理专利工作的部门调处。管理专利工作的部门对管辖权发生争议的，由其共同的上级人民政府管理专利工作的部门指定管辖；无共同上级人民政府管理专利工作的部门的，由国务院专利行政部门指定管辖。

（二）人民法院

《专利法》规定，管理专利工作的部门处理专利纠纷案件不是人民法院审理专利案件的必经程序，专利权人或利害关系人对于专利侵权行为可以直接向人民法院起诉。专利侵权案件具有很强的技术性，为保证审判质量，最高人民法院规定，专利侵权案件分别由各省、自治区、直辖市人民政府所在地的中级人民法院和各经济特区的中级人民法院作为第一审法院，各省、自治区、直辖市人民政府所在地的高级人民法院作为第二审法院。各省、自治区、直辖市的高级人民法院根据实际工作需要，经最高人民法院同意，可以指定本省、自治区内的开放城市或设有管理专利工作的部门的较大城市的中级人民法院作为审理其辖区内的专利侵权纠纷的第一审法院。

第二节 专利侵权的法律责任

一、专利侵权的民事责任

专利法对专利侵权主要追究侵权人的民事责任。管理专利工作的部门或人民法院处理侵权时，主要采用责令侵权人停止侵权和赔偿损失等措施。

（一）停止侵权

停止侵权一般是在认定侵权行为以后采取的，但也可以作为一种预防措施采用，即为了防止侵权活动给专利权人或利害关系人造成更大的损失，管理专利工作的部门或人民法院可以应其要求和客观需要责令停止侵权活动。但因作出停止侵权的决定对被告人的利益关系重大，一旦侵权不成立，就会损害被告人的利益。所以，对此应采取谨慎的态度。而且，专利权人或利害关系人申请法院作出查封、扣押、冻结或其他停止侵权措施的决定时，应提供担保。

（二）赔偿损失

这是指由侵权人赔偿专利权人及其利害关系人因其侵权行为所遭受的损失。

2000年《专利法》第60条规定，侵犯专利权的赔偿数额，按照权利人因被侵权所受到的损失或侵权人因侵权所获得的利益确定；被侵权人的损失或侵权人获得的利益难以确定的，参照该专利许可使用费的倍数合理确定。

但是，该规定存在以下两个问题：一是没有明确对权利人因被侵权所受到的损失或侵权人因侵权所获得的利益，应选择哪一个作为优先的计算方式；二是没有考虑在其规定的三种方式均难以计算的情况下，如何确定专利侵权损害赔偿额。为克服这两个问题，2008 年《专利法》将第 60 条改为第 65 条，分两款："侵犯专利权的赔偿数额按照权利人因被侵权所受到的实际损失确定；实际损失难以确定的，可以按照侵权人因侵权所获得的利益确定。权利人的损失或者侵权人获得的利益难以确定的，参照该专利许可使用费的倍数合理确定。赔偿数额还应当包括权利人为制止侵权行为所支付的合理开支。权利人的损失、侵权人获得的利益和专利许可使用费均难以确定的，人民法院可以根据专利权的类型、侵权行为的性质和情节等因素，确定给予一万元以上一百万元以下的赔偿。"

2008 年《专利法》的上述规定有以下两个特点：一是明确在界定损害赔偿额时，先考虑权利人因被侵权所受到的实际损失，只有在该损失难以确定时，才考虑按照侵权人因侵权所获得的利益确定。应当说，这一修改更符合民法上损害赔偿的本意。二是参照 2001 年修改的《著作权法》、《商标法》、最高人民法院有关司法解释的规定以及国际上的通例，明确建立了专利侵权损害的法定赔偿制度。2008 年《专利法》引进的法定赔偿制度，一方面与增加了法定赔偿额的《著作权法》、《商标法》的规定相一致；另一方面便于保障专利权人能够获得必要的、起码的赔偿。这一规定有利于维护专利权人的合法利益，有效制止专利侵权行为。

（三）消除影响

专利侵权不仅会给专利权人带来经济上的损失，往往也会给专利权人的业务信誉带来损害。因此，专利权人在请求赔偿损失时，要求消除因侵权造成的不良影响是有必要的。原则上说，侵权人在何种范围内造成的损害，就应在何种范围内消除影响。

除上述承担民事责任的形式外，还可以采取赔礼道歉等民事责任方式。

二、专利侵权及其他违法行为的刑事责任

不少国家的专利法对包括假冒他人专利行为在内的许多严重侵犯专利权的行为规定了刑事制裁措施。Trips 协议在"刑事程序"一节也规定了包括侵犯专利权在内的知识产权案件可适用刑事处罚。我国《专利法》在 2000 年修订后，进一步完善了刑事制裁的范围，据此，需要承担刑事责任的情形包括假冒他人专利、泄露国家机密、徇私舞弊等类型。另外，2004 年 12 月 22 日实施的《知识产权刑事案件具体应用法律若干问题的解释》也对假冒他人专利犯罪作了具体规定。以下将以《专利法》、《刑法》及该司法解释的规定为基础，对假冒他人专利犯罪等问题加以介绍。

（一）假冒他人专利

假冒他人专利，是指行为人以欺骗消费者为目的，违背专利权人的意志，通过在产品或者产品的包装、广告或其他宣传材料、合同等载体上附上专利权人的专利标记或专利号等形式，冒充为他人的专利，使社会公众相信该他人的专利属于自己所有，或者伪造、变造有关专利文件的违法行为。假冒他人专利以一项有效的专利权的存在为基础。

假冒他人专利行为的构成特征是：

1. 行为人实施的行为具有欺骗性。假冒他人专利的行为，表现为在自己的产品上标明是他人的专利产品，或直接标明他人专利的专利号、专利标记或者在广告宣传中或合同中宣称自己的产品是他人的专利产品。

《知识产权刑事案件具体应用法律若干问题的解释》规定，实施下列行为之一的，属于《刑法》第216条规定的“假冒他人专利”的行为：

（1）未经许可，在其制造或销售的产品、产品包装上标注他人专利号；

（2）未经许可，在广告或其他宣传材料中使用他人的专利号，使人将所涉及的技术误认为是他人专利技术；

（3）未经许可，在合同中使用他人的专利号，使人将合同涉及的技术误认为是他人的专利技术；

（4）伪造或变造他人的专利证书、专利文件或专利申请文件的。

2. 行为人有主观上的故意。

3. 行为人侵犯专利权的情节严重。《刑法》第216条规定，假冒他人专利构成犯罪，须达到“情节严重”的程度。又根据《知识产权刑事案件具体应用法律若干问题的解释》的规定，假冒他人专利，具有下列情形之一的，属于上述“情节严重”：

（1）非法经营数额在20万元以上或违法所得数额在10万元以上的；

（2）给专利权人造成直接经济损失50万元以上的；

（3）假冒两项以上他人专利，非法经营数额在10万元以上或违法所得数额在5万元以上的；

（4）其他情节严重的情形。

上述“非法经营数额”，根据《知识产权刑事案件具体应用法律若干问题的解释》的规定，是指行为人在实施侵犯专利权行为过程中，制造、储存、运输、销售侵权产品的价值。已销售的侵权产品的价值，按照实际销售的价格计算。制造、储存、运输和未销售的侵权产品的价值，按照标价或已经查清的侵权产品的实际销售平均价格计算。侵权产品没有标价或无法查清其实际销售价格的，按照被侵权产品的市场中间价格计算。多次实施侵犯专利权行为，未经行政处理或刑事处罚的，非法经营数额、违法所得数额或销售金额累计计算。

在实践中，应注意仿制他人专利产品不是这里讨论的假冒他人专利的犯罪行为，而是一般专利侵权行为。

《刑法》第214条规定，假冒他人专利，情节严重的，处3年以下有期徒刑或拘役，并处或单处罚款。单位犯本罪的，对单位判处罚金。此外，受害人还可依《刑事诉讼法》的规定提起附带民事诉讼，请求赔偿，也可以另行起诉。另外，依《知识产权刑事案件具体应用法律若干问题的解释》规定，明知他人实施侵犯专利权犯罪，而为其提供贷款、资金、账号、发票、证明、许可证件，或者提供生产、经营场所或者运输、储存、代理进出口等便利条件、帮助的，以侵犯专利权罪的共犯论处。

（二）泄露国家机密

各国对申请专利的发明创造，凡属于涉及国家安全或重大利益需要保密的，将其视为国家机密而不予公开。我国《专利法》也不例外。该法第4条规定："申请专利的发明创造涉及国家安全或者重大利益需要保密的，按照国家有关规定办理。"第20条第4款规定："任何单位或者个人将在中国完成的发明或者实用新型向外国申请专利的，应当事先报经国务院专利行政部门进行保密审查。保密审查的程序、期限等按照国务院的规定执行。"第20条第4款规定："对违反本条第一款规定向外国申请专利的发明或者实用新型，在中国申请专利的，不授予专利权。"第21条第3款规定："在专利申请公布或者公告前，国务院专利行政部门的工作人员及有关人员对其内容负有保密责任。"第71条进一步规定："违反本法第20条规定向外国申请专利，泄露国家秘密的，由所在单位或者上级主管机关给予行政处分；构成犯罪的，依法追究刑事责任。"

（三）徇私舞弊

徇私舞弊是指在受理、审批专利申请中或在接受申请人委托办理专利事务的工作中，或者在处理专利纠纷中，明知不具有授予专利权条件的而授予专利权，或明知符合专利权条件的而驳回申请，或者剽窃申请人的技术申请专利的行为。《专利法》第74条规定："从事专利管理工作的国家机关工作人员以及其他有关国家机关工作人员玩忽职守、滥用职权、徇私舞弊，构成犯罪的，依法追究刑事责任；尚不构成犯罪的，依法给予行政处分。"

三、专利侵权及其他违法行为的行政责任

专利权还可以通过行政法律程序进行保护。在我国，作为国家行政机关一部分的管理专利工作的部门有权处理专利侵权纠纷和其他纠纷。①管理专利工作的部门在处理侵权纠纷时，有权责令侵权人停止某些侵权行为。②专利法对违反专利法的某些行为规定了行政责任。如，《专利法》第 72 条规定："侵夺发明人或者设计人的非职务发明创造专利申请权和本法规定的其他权益的，由所在单位或者上级主管机关给予行政处分。"《专利法》第 73 条规定："管理专利工作的部门不得参与向社会推荐专利产品等经营活动。管理专利工作的部门违反前款规定的，由其上级机关或者监察机关责令改正，消除影响，有违法收入的予以没收；情节严重的，对直接负责的主管人员和其他直接责任人员依法给予行政处分。"

由于专利行政执法在中国专利权保护中一直占有重要地位，2008 年第三次修改《专利法》时不但保留了这一模式，而且提高了行政处罚标准，并参照其他知识产权专门法的规定，强化了专利行政执法权限。具体地说，体现在以下两方面：

一是整合了对假冒他人专利和冒充专利的处罚，并提高了行政处罚标准。2008 年《专利法》将 2000 年《专利法》第 58 条、第 59 条合并为第 63 条，修改为："假冒专利的，除依法承担民事责任外，由管理专利工作的部门责令改正并予公告，没收违法所得，可以并处违法所得 4 倍以下的罚款；没有违法所得的，可以处 20 万元以下的罚款；构成犯罪的，依法追究刑事责任。"

2008 年《专利法》鉴于假冒他人专利和冒充专利都是作假并欺骗公众的

---

① 《专利法》第 3 条规定，国务院专利行政部门负责管理全国的专利工作；统一受理和审查专利申请，依法授予专利权。省、自治区、直辖市人民政府管理专利工作的部门负责本行政区域内的专利管理工作。

② 《专利法》第 60 条规定："未经专利权人许可，实施其专利，即侵犯其专利权，引起纠纷的，由当事人协商解决；不愿协商或者协商不成的，专利权人或者利害关系人可以向人民法院起诉，也可以请求管理专利工作的部门处理。管理专利工作的部门处理时，认定侵权行为成立的，可以责令侵权人立即停止侵权行为，当事人不服的，可以自收到处理通知之日起 15 日内依照《中华人民共和国行政诉讼法》向人民法院起诉；侵权人期满不起诉又不停止侵权行为的，管理专利工作的部门可以申请人民法院强制执行。进行处理的管理专利工作的部门应当事人的请求，可以就侵犯专利权的赔偿数额进行调解；调解不成的，当事人可以依照《中华人民共和国民事诉讼法》向人民法院起诉。"

违法行为，因此没有像 2000 年《专利法》一样在行政处罚力度上予以区分，因而将原有的不同规定统一为一个处罚标准，并且在措辞上也统一改为“假冒专利”。同时，基于假冒专利行为后果的严重性，该法提高了原来规定的处罚标准，即罚款的标准由 3 倍以下提高到 4 倍以下，由 5 万元以下提高到 20 万元以下，提高的幅度是相当大的。无疑，通过加强对假冒专利行为的行政打击力度，有利于维护专利权人的合法权益，净化专利市场。

二是赋予管理专利工作的部门查处假冒专利行为的行政职权。2008 年《专利法》增加一条，作为第 64 条：“管理专利工作的部门根据已经取得的证据，对涉嫌假冒专利行为进行查处时，可以询问有关当事人，调查与涉嫌违法行为有关的情况；对当事人涉嫌违法行为的场所实施现场检查；查阅、复制与涉嫌违法行为有关的合同、发票、账簿以及其他有关资料；检查与涉嫌违法行为有关的产品，对有证据证明是假冒专利的产品，可以查封或者扣押。管理专利工作的部门依法行使前款规定的职权时，当事人应当予以协助、配合，不得拒绝、阻挠。”这一条旨在通过赋予管理专利工作的部门查处假冒专利行为的行政职权，强化专利行政执法力度，进一步加强对专利权的保护。

第十九章　专利代理与诉讼

第一节　专利代理

一、专利代理的概念和特征

专利代理是指专利代理机构以委托人的名义，在代理权限范围内，办理专利代理申请或其他专利事务的法律行为。

一般地说，专利代理具有以下特征：

1. 专利代理人以委托人的名义从事专利代理事务。

2. 专利代理行为必须在被代理人授权的范围之内。超出授权范围或代理权被终止后的代理行为应由专利代理人自己承担后果，但被代理人进行追认的除外。

3. 专利代理人在授权范围内独立地进行意思表示，专利代理人在代理活动中，可以根据实际情况和自己的经验判断，自行决定如何向专利代理机关或第三人为意思表示或接受意思表示。

4. 专利代理行为必须能够引起民事法律后果。即专利代理人的代理行为必须在委托人和专利局或其他第三人之间设立、变更或终止某种专利法意义上的权利义务关系。

5. 专利代理人代理行为所产生的法律后果直接由被代理人承担。

6. 专利代理人必须具有专利代理资格。

二、专利代理机构与专利代理人

专利代理机构是指接受被代理人的委托，在委托权限范围内办理专利申请或其他专利事务的服务机构。其性质属于带法律性的科技服务机构。我国的专利代理机构包括三种：办理涉外专利事务的专门代理机构、办理国内专利事务的代理机构和办理国内专利事务的律师事务所。

专利代理人是指具有专利代理资格，可以接受委托从事专利代理活动的人。《专利代理条理》规定，专利代理人必须获得专利代理人资格证，并持有专利代理人工作证件，才可从事专利代理活动。

专利代理人依法从事专利代理业务，受国家法律保护，不受任何单位和个人的干涉。同时专利代理人应遵守下列规定：

1. 必须承办所在专利代理机构委派的专利代理业务，不得自行接受委托。

2. 不得同时在两个以上的专利代理机构从事专利代理业务。

3. 如调离所在地专利代理机构，必须在调离前妥善处理尚未办结的专利代理案件。

4. 获得《专利代理人资格证书》后 5 年内未从事专利代理业务或专利行政管理工作，其《专利代理人资格证书》自动失效。

5. 专利代理人在从事专利代理业务期间和脱离专利代理业务后 1 年内，不得申请专利。

6. 国家机关工作人员不得在专利代理机构兼职，从事专利代理工作。

第二节　专利诉讼

专利诉讼是人民法院在双方当事人及其他诉讼参与人的参加下审理和解决专利纠纷的活动，是与专利案件有关的诉讼。专利诉讼可以分为专利行政诉讼、专利民事诉讼以及专利刑事诉讼。

一、专利行政诉讼

（一）专利行政诉讼的特点

专利行政诉讼是发明创造人、专利申请人、专利权人或其他利害关系人认为专利局、专利复审委员会或管理专利工作的部门的具体行政行为侵犯了其合法权益而引起争议，由人民法院进行裁决的活动。专利行政诉讼既是行政诉讼的一类，又是专利诉讼的一类。

从“专利”诉讼的角度看，专利行政诉讼与其他专利诉讼一样，要解决技术和法律两方面的问题。这就决定了它与其他行政诉讼的不同特点：

1. 专利行政诉讼的被告具有特定性。专利行政诉讼的被告一般是专利局、专利复审委员会或其他管理专利工作的部门。

2. 专利行政诉讼管辖具有指定性。最高人民法院《关于开展专利审判工作的几个问题的通知》规定，专利行政案件实行指定管辖。对不服管理专利工作的部门处理决定而提起的行政诉讼，则由有管辖权的中级人民法院管辖。

3. 专利行政诉讼的期间比较长。《专利法》对两类专利行政诉讼规定的诉讼期间均为3个月。诉讼期间比较长，是因为专利案件的专业性较强。

4. 专利行政诉讼与专利侵权诉讼往往具有交叉性。专利权人或宣告专利权无效的请求人对专利复审委员会宣告专利权无效或维持专利权的决定不服而向人民法院提起行政诉讼的案件，大多是由于专利侵权人在专利侵权诉讼中提出专利权无效而形成的，这部分专利行政案件与专利侵权诉讼交叉进行。这在其他行政诉讼中是见不到的。

（二）专利行政诉讼的受案范围

专利行政诉讼的受案范围可以按照被告的种类划分：

1. 以专利局为被告的专利行政案件。这类案件主要有：

（1）专利申请人对专利局不予受理其申请不服的，对确定的申请日有争议的，对不予确认其优先权不服的，对决定将其专利申请按保密专利申请处理或不按保密专利申请处理不服的，对其申请被视为撤回不服的纠纷。

（2）专利权人对因耽误法定期限，造成其专利权被视为放弃或被终止，要求恢复权利而专利局不予恢复的纠纷。

（3）专利权人对专利局作出的关于实施强制许可的决定不服的纠纷。

（4）专利权人或取得实施强制许可的单位或个人对关于实施强制许可使用费的裁决不服的纠纷。

（5）专利代理人对专利局作出的吊销其专利代理人资格证书的处罚决定不服的纠纷。

（6）专利代理机构对专利局作出的撤销其机构的处罚不服的纠纷等。

2. 以专利复审委员会为被告的专利行政案件。这类案件有：

（1）专利申请人对在形式审查阶段驳回发明申请的复审决定不服的纠纷。

（2）发明专利权人或宣告专利权无效请求人对专利复审委员会宣告专利权无效或维持专利权的复审决定不服的纠纷。

3. 以管理专利工作的部门为被告的专利行政案件。当事人不服管理专利工作的部门的处理时，也可以管理专利工作的部门为被告提起行政诉讼。

（三）专利行政诉讼第三人主体资格的确立

实践中，当事人对专利复审委员会宣告专利权无效或维持专利权的决定不服提起的诉讼属于行政诉讼，专利复审委员会是被告。《行政诉讼法》规定，同提起行政诉讼的具体行政行为有利害关系的其他公民、法人或其他组织可以作为第三人参加诉讼。行政诉讼的第三人具有不同于民事诉讼第三人的特点，它与被告的具体行政行为有行政法上的权利义务关系，与原告不存在行政法律关系。在专利无效宣告请求引起的专利行政诉讼中，由于专利复审委员会作出的关于专利权无效或有效的决定，无论对于专利权人还是无效宣告请求人来说都具有利害关系，专利权人面临的是专利权被维持还是专利权被宣告无效的问题，无效宣告请求人面临的是是否构成侵权的问题。无效宣告的另一方当事人应有权参加诉讼。

二、专利民事诉讼

专利民事诉讼是人民法院在专利申请人、专利权人等当事人和其他诉讼参与人的参加下，审理和解决专利纠纷案件的全部活动。

专利民事诉讼具有其他民事诉讼的一般特征，应适用《民事诉讼法》和《专利法》关于程序方面的规定。这种诉讼是因为专利申请权或专利权的享有而引起的。

（一）专利民事诉讼的受案范围

1. 临时保护纠纷案件。这是关于发明专利申请公布后至授予专利之前实施发明的费用的纠纷案件。《专利法》规定，发明专利申请公布至授予专利权之前给予专利权人以“临时保护”，即自该专利申请公布之日起，专利申请人有权要求实施其专利的单位或个人支付适当的使用费。如果实施者拒绝支付，就会产生临时保护纠纷。在实践中，临时保护纠纷案件常与专利权纠纷案件合案审理，因为临时保护的权利只有在专利权被授予后才能由实体上的权利上升为诉讼上的权利。

2. 专利权属纠纷案件。这又可以分为专利申请权纠纷案件和专利权归属纠纷案件。

专利申请权的纠纷主要有：关于是职务发明创造还是非职务发明创造的纠纷；关于谁是发明创造的发明人或设计人的纠纷；关于协作（合作）完成或接受委托完成的发明创造，谁有权申请专利的纠纷；发明人或设计人与其所在单位对职务发明创造是否申请专利的纠纷。

专利权归属纠纷是指在专利权被授予之后，当事人之间就谁有权取得专利权而引起的专利纠纷案件。专利权归属纠纷主要有以下几类：职务发明创造与非职务发明创造界定的专利权归属纠纷；共有专利权人之间的纠纷；委托研究的专利权的归属纠纷。

在专利权归属纠纷案件中，还可能会涉及有独立请求权的第三人的问题，即原告、被告争议的专利权，实际上应属于第三人所有。如果第三人主张权利，并提出了相应的证据，受诉人民法院可以合并审理。如果第三人得知后，并不主张权利而非实际权利人的另一个人主张权利，在这种情况下，不能因为真正的权利人不主张权利就将该专利权判为另一个人所有，而应维持专利权的现状，待真正有权取得专利权的人提出请求后再予以解决。

3. 专利侵权纠纷案件。专利侵权纠纷案件是指未经权利人许可，也没有经法律特别授权，以生产经营为目的实施其专利所引起的纠纷案件。

这类案件是专利民事纠纷案件中最普遍、最典型的一类纠纷案件，通常具有以下特点：专业技术性强，绝大多数涉及技术问题；取证较为困难，因为侵权人常用隐蔽、伪装的手段实施侵权；侵权被告往往在诉讼程序中请求宣告专利权无效。

4. 专利合同纠纷案件。专利合同纠纷案件是指当事人因履行专利合同规定的义务或合同条款的解释而引起的纠纷案件。这类纠纷有以下几类：专利申请权转让合同纠纷和专利权转让合同纠纷；专利实施许可合同纠纷；专利技术中介合同纠纷。

（二）专利民事诉讼当事人资格的确定

1. 原告资格。《专利法》第 57 条规定，在专利侵权诉讼中享有原告资格的有专利权人和利害关系人两类。但《专利法》对什么是利害关系人未作规定，参照多数国家的做法和我国的司法解释，利害关系人是指独占实施许可合同和独家实施许可合同的被许可人。

2. 被告资格。被告是原告声称侵害了其民事权益的人。专利侵权诉讼中的被告是对一项专利实施了制造、使用、许诺销售、销售、进口等侵权行为的人。如前所述，在间接侵权中，应将直接侵权人和间接侵权人列为共同被告。

（三）专利民事诉讼的管辖

1. 专利权属纠纷案件的管辖。根据有关规定，这类案件由各省、自治区、直辖市人民政府所在地中级人民法院，经济特区的中级人民法院和经最高人民法院同意的开放城市的中级人民法院作为第一审法院，各省、自治区、直辖市高级人民法院作为第二审法院。

2. 专利侵权纠纷案件的管辖。专利侵权纠纷案件的管辖法院也是上述法院。为加强司法实践的可操作性，最高人民法院根据《民事诉讼法》的原则对此作了补充规定。主要内容有：

（1）侵犯产品专利的，由该产品制造地人民法院管辖，制造地不明的，由该产品使用地或销售地人民法院管辖。

（2）侵犯方法专利的，由该专利方法使用者所在地人民法院管辖。

（3）合法被许可人擅自实行分许可的，由该合法被许可人所在地人民法院管辖，如果被许可方实施了专利，从而双方构成了共同侵权，则由被许可方所在地人民法院管辖。

（4）专利权共有人擅自转让专利权或许可他人实施，侵犯其他专利权共有人权益的，由该共有人所在地人民法院管辖，如果受让人明知对方越权转让仍接受的，双方构成共同侵权，应由受让方所在地人民法院管辖。

（5）假冒他人专利尚未构成犯罪的，由假冒行为发生地或损害结果地人民法院管辖。

3. 专利合同纠纷案件的管辖。专利合同诉讼属于我国《民事诉讼法》规定的一般合同诉讼，因而应按照《民事诉讼法》的规定，一般由被告住所地或合同履行地人民法院管辖。根据最高人民法院《关于开展专利审判工作的几个问题的通知》的规定，转让专利申请权或专利权的合同纠纷案件，由有管辖权的中级人民法院管辖。其他专利合同纠纷案件则适用一般级别管辖的规定。

（四）专利民事诉讼的举证责任

专利民事诉讼中举证责任比较复杂的是专利侵权诉讼。这里主要探讨这类诉讼中举证责任的问题。

专利侵权属于民事诉讼的范畴。一般来说，专利侵权诉讼的举证责任规则适用《民事诉讼法》的规定。不过，专利侵权诉讼的举证也有其独到特点。由于专利侵权证据蕴含着一定的技术性，加之侵权不易发现，发现了也不容易确定侵权范围，审判实践中经常会出现专利权人无法搜集到足以证明侵权事实存在的有关证据的情况。所以不能绝对强调原告的举证责任。在专利侵权诉讼中，应坚持当事人举证和人民法院全面查证的原则。对当事人因客观原因不能自行收集的证据，或人民法院认为审理该案需要的证据，人民法院应依法调查、收集。涉及专业技术性问题的，应聘请有关专家或有关部门作出鉴定报告，经法院审核后作为证据运用。

在专利侵权诉讼中，原告的举证范围主要有：权利有效的证明，如专利证书、许可使用合同等证明被告侵权的事实根据，包括仿冒产品说明书和有关图示、账目清单、侵权产品实物、证据的来源、拒付使用费的凭证等；请求赔偿损失的证据，如提出专利权被侵害后造成经济损失的证据。被告的举证范围有：不构成侵权的理由和依据；证明没有仿冒侵权的故意；没有给对方造成损失或没有获利的证据和理由。

当专利侵权纠纷涉及的是方法专利时，举证责任由被告承担。

值得注意的是《专利法》第三次修改所涉及的现有技术抗辩问题。《专利法》第62条规定："在专利侵权纠纷中，被控侵权人有证据证明其实施的技术或者设计属于现有技术或者现有设计的，不构成侵犯专利权。"现有技术抗辩是指法院在专利权人诉讼过程中，如果证据能够证明实施的技术和设计是现有技术或是现有设计、公众可以自由使用的范围，人民法院可以直接认定不构成侵权。一旦证明某技术属于现有技术，就可以终止诉讼或者结案。

实际上，上述规定可以由专利法的公有领域理论①作出透彻的理解。这就是，专利权作为一种垄断权，不能将已经公知、公用的技术（在外观设计中是设计，下同）划入其权利要求保护的范围。他人如果有证据证明其实施的技术或设计属于现有技术或现有设计的，理所当然地不能按侵权对待。原则上说，作为专有权、垄断权意义上的知识产权，其中所包含的公有领域资源，应当永远留存于公有领域，而不能被权利人垄断。

（五）诉前临时措施

1. 诉前责令停止有关行为的措施。在专利权司法实践中，有时会出现正在实施或即将实施侵犯专利权人的专利权的行为如不及时制止将会使其合法权益受到难以弥补的损害的情况。为了充分保护专利权人的合法权益，很多国家专利立法规定了诉前的"临时措施"，即在诉前向法院申请责令停止有关行为。我国《专利法》第66条规定，专利权人或利害关系人有证据证明他人正在实施或即将实施侵犯专利权的行为，如不及时制止将会使其合法权益受到难以弥补的损害的，可以在起诉前向人民法院申请采取责令停止有关行为的措施。申请人提出申请时，应当提供担保；不提供担保的，驳回申请。人民法院应当自接受申请之时起48小时内作出裁定；有特殊情况需要延长的，可以延长48小时。裁定责令停止有关行为的，应当立即执行。当事人对裁定不服的，可以申请复议一次；复议期间不停止裁定的执行。申请人自人民法院采取责令停止有关行为的措施之日起15日内不起诉的，人民法院应当解除该措施。申请有错误的，申请人应当赔偿被申请人因停止有关行为所遭受的损失。

该条规定没有再规定诉前的财产保全措施，应当说专利权人或利害关系人仍然有权按照《民事诉讼法》关于财产保全的规定申请诉前财产保全。

---

① 参见冯晓青：《知识产权法利益平衡理论》，中国政法大学出版社2006年版，第682页。

2. 诉前证据保全。《专利法》第 67 条分四款规定了诉前证据保全。该条规定：“为了制止专利侵权行为，在证据可能灭失或者以后难以取得的情况下，专利权人或者利害关系人可以在起诉前向人民法院申请保全证据。人民法院采取保全措施，可以责令申请人提供担保；申请人不提供担保的，驳回申请。人民法院应当自接受申请之时起 48 小时内作出裁定；裁定采取保全措施的，应当立即执行。申请人自人民法院采取保全措施之日起 15 日内不起诉的，人民法院应当解除该措施。”这些规定，是完全新增的内容。这一增加是为了在专利司法实践中充分地保障专利权人的利益：在专利诉讼中，专利权人为了实现自己的诉讼主张，有必要提供充分的证据。但在很多情况下，存在证据可能灭失或以后难以取得的危险。为此，需要通过诉前证据保全作为手段，使权利人能够及时、充分地收集必要的证据，以便支持自己的诉讼请求。

（六）诉讼时效

《专利法》第 68 条规定：“侵犯专利权的诉讼时效为 2 年，自专利权人或者利害关系人得知或者应当得知侵权行为之日起计算。发明专利申请公布后至专利权授予前使用该发明未支付适当使用费的，专利权人要求支付使用费的诉讼时效为 2 年，自专利权人得知或者应当得知他人使用其发明之日起计算，但是，专利权人于专利权授予之日前即已得知或者应当得知的，自专利权授予之日起计算。”

值得注意的是，在实践中存在一个难以解决的问题：有时专利权人或利害关系人得知或应当得知他人使用其发明之日起超过 2 年，是否可以不受诉讼时效的限制，对起诉之日起 2 年前的侵权行为承担损害赔偿责任。为解决这一问题，最高人民法院《关于审理专利纠纷案件适用法律问题的若干规定》规定：权利人超过 2 年起诉的，如果侵权行为在起诉时仍在继续，在该项专利权有效期内，人民法院应当判决被告停止侵权行为，侵权损害赔偿额应当自权利人向人民法院起诉之日向前推算 2 年计算。

三、专利刑事诉讼

专利刑事诉讼是指司法机关在当事人和其他诉讼参与人的参加下，查实被告人是否实施了犯罪行为，是否应承担刑事责任，以及应当承受何种刑事处罚的全部活动。专利刑事诉讼是我国刑事诉讼的一种类型，应适用《刑事诉讼法》的有关规定。

专利刑事诉讼的受案范围包括假冒他人专利的犯罪行为、擅自向国外申请专利泄露国家重要机密的犯罪行为和专利局工作人员和有关国家工作人员徇私舞弊的犯罪行为。这三类行为的性质和特点在前面已作阐述。

第四编

商 标 法

第二十章　商标制度概述

第一节　商标的概念与功能

一、商标的概念和特征

（一）商标的含义

“商标”一词为外来词，英文表述为“trademark”或“brand”。在中国，人们俗称其为“牌子”。商标是世界通用的法律用语，但各国对商标的表述不同。

Trips 协议第 15 条第 1 款对商标的定义为：“商标是指任何能够将一个企业的商品或服务区别于另一个企业的商品或服务的符号或符号的组合。”我国《商标法》第 8 条规定：“任何能够将自然人、法人或者其他组织的商品与他人的商品区别开的可视性标志，包括文字、图形、字母、数字、三维标志和颜色组合，以及上述要素的组合，均可以作为商标申请注册。”

通过综合考察中外关于商标立法的规定，笔者认为，商标是指商品的生产经营者在其商品或服务上使用的，由文字、图形、颜色、三维标志或其组合构成的，具有显著特征、便于识别商品或服务来源的标记。

（二）商标的特征

以上定义从不同方面对商标进行了描述，其中有许多共性，由此可总结出商标的以下特征：

1. 商标是区别商品或服务来源的标记。这是商标最主要的功能。生活中使用的其他标记，如学校、社会团体的标章、徽记等虽然也具有识别作用，但它们不能作为商标。另外，用在商品或服务上的标记并不一定都是商标，只有用以表明此一商品或服务区别于他人同类商品或服务的标记才是商标。正是商标这种独特的个性，才决定了它在标明商品或服务来源的同时，具有区别提供同类商品或服务的其他生产者或经营者的特征。

2. 商标是用于商品或服务上的标记。商标具有依附于商品或服务的从属性，它与所标志的商品或服务有紧密的联系，即有商品或服务存在，才有商标存在。商标在商品或服务上使用的方式包括直接将商标粘贴在商品上以及依附于商品的包装上或容器上。没有用于商品或服务上的标记，不能称为商标，如交通标志等。

3. 商标的构成要素具有显著性。商标的显著性是商标的本质属性，是商标能够获得注册的基本条件。商标的构成要素可以是词或词组、字母、数字、图案、名称、产品的形状或其外观、颜色的组合以及上述要素或标志的组合。由此构成的商标应具有显著性，能给人以强烈的印象，易认易记，使一般消费者能够通过商标来识别商品和选择购买商品。

二、商标的功能

商标的功能，是指商标在商品生产、交换或提供服务的过程中所具有的价值和发挥的作用。故此，商标的功能又称为商标的作用。商标是商品经济发展的产物，在现代社会，商标已成为生产者创立信誉和开拓市场的重要工具，是生产者和消费者相互沟通的重要媒介，因此“被广泛视为降低信息和交易成本的工具”。① 商标的功能主要有：

1. 表示商品或服务的来源。商标的基本作用是识别不同的商品生产者和服务者，标明商品的出处。在现代社会里，商标的这一功能尤为重要。因为市场上有许多相同的商品和服务，这些商品或服务来自不同的厂商和经营者，各厂家的生产条件、制作工艺、产品和服务质量及管理方法和水平参差不齐，价格也会有所不同。企业要想在激烈的市场竞争中吸引消费者的目光，就必须在其商品上附有一个醒目的商标，让消费者容易识别。

2. 区别商品或服务的质量。由于商标代表着不同的商品生产者和服务的提供者，即使同一种商品、同一项服务因生产者和服务者不同，其质量也会不同，因此，商标也表明了商品质量的好坏，而商品质量是决定商品信誉和商标信誉的关键。消费者通过商标对那些质量稳定、可靠的商品进行选择。

3. 便于广告宣传。在市场竞争中，利用商标进行广告宣传，可迅速为企业打开商品的销路。由于生活节奏的加快，人们的消费活动逐步以广告和商标为依据，通过商标了解商品或服务的来源和质量。因此，商标被称为商品的无

---

① Robert P. Merges，Peter S. Menel，Mark A. Lemley，*Intellectual Property in the New Technological Age*，2nd ed.，Aspen Publishers，2000，p. 557.

声推销员。借助商标进行宣传，也是商品生产者或服务的提供者提高其产品或服务知名度的较好途径。通过广告宣传，使商标成为家喻户晓的标志，消费者可以记住商标，并通过商标记住商品，同时让消费者熟悉该产品并了解市场信息，对于引导和刺激消费都能起到很好的效果。

第二节 商标的类型

商标按不同的标准，可作不同的分类。根据各分类标准划分出来的商标种类并不是一成不变的，随着市场经济的发展和完善还会出现新的商标种类。另外，一个商标可从不同的角度同时扮演着不同角色。如“绿色食品”标志，它既是文字和图形组合的平面视觉商标，又可以作为商品商标和服务商标；它既是一种证明商标，又是我国的著名商标。

一、视觉商标、听觉商标和味觉商标

视觉商标、听觉商标和味觉商标是根据商标的结构或者外观状态来划分的，这是许多国家的商标法中常用的一种划分方法。我国《商标法》目前尚未对听觉商标和味觉商标提供保护。

（一）视觉商标

视觉商标是指商标的构成要素为可视性的文字、图形、颜色、三维标志及其组合的标记。视觉商标包括平面商标和立体商标两种。

1. 平面商标。平面商标是指商品的标记均呈现在一个水平面上的商标。根据 Trips 协议的规定，平面商标包括文字商标、图形商标、数字商标、字母商标、颜色组合商标以及上述标记的任意组合商标等。

文字商标是指商标的构成要素为纯文字，不含其他图形成分的商标。除商品的通用名称和法律明文规定不得使用的文字外，申请人可以自由选择文字作为商标。我国的文字商标以汉字为主，出口商品多为外国文字。文字商标的字体不限，文字的组合可以是杜撰的、无任何意义的字和词。文字商标的优点是简洁明快，上口易记。

图形商标是指由纯图形要素构成的商标。图形商标包括抽象的图形，也包括具体的图形。图形商标的使用在我国要早于文字商标和组合商标。图形商标的优点是外观形象、生动，易于识别和记忆，而且不受语言的限制。

数字商标是指由表示数目的文字或符号所构成的商标。使用数字商标形象直观，便于识别和记忆。但是由于数字商标缺乏识别性，有些国家对此不

予注册。

字母商标是指由外文字母或中文拼音字母等书写单位构成的商标。如“Nike”体育用品、“Microsoft”电脑软件等。目前使用字母商标申请注册的比例呈上升的趋势，但使用字母商标一定要有创意，才便于消费者识别。

颜色商标是指由不同颜色为要素组成的商标。我国《商标法》2001 年修改后，增加了颜色商标，但要求必须为两种以上颜色的组合才能申请商标注册。

组合商标是指由上述文字、图形、字母、数字、颜色组合而成的商标。这类组合商标，图文并茂，自然融合，又具有一定的鉴赏性，在实际生活中，被广泛地采用，使用率高于其他商标。

2. 立体商标。立体商标是指以产品的外形或产品的长、宽、高三维标志为构成要素的商标。在实际生活中，像酒瓶、饮料瓶、香水瓶和容器及产品的独特的外包装等具有立体标志的物品，可以申请立体商标。我国《商标法》2001 年修改后，增加了对立体商标的保护。

（二）听觉商标

听觉商标又称音响商标，是指以音符编成的一组音乐或以某种特殊声音作为商品或服务的标记。它可以是自然界中真实的声音，也可以是人工合成的声音。听觉商标是不能凭视觉辨认的，只有通过听觉才能感知，因此听觉商标又称非形状商标。听觉商标更能形象生动地宣传产品。听觉商标目前只在美国、法国、西班牙等少数国家得到承认。我国 2013 年 8 月 30 日修正通过的《商标法》第 8 条，取消了对商标构成要素的“可视性”要求，增加了“声音”可以作为申请注册的构成要素，换言之，我国对听觉商标允许申请注册。

（三）味觉商标

味觉商标又称气味商标，是指以某种特殊气味作为区别不同商品和不同服务项目的商标。因其不能通过视觉感知，又称非形状商标。例如，国外一面包房的主人，将本店烤制的面包的独特香味作为味觉商标申请注册。目前，味觉商标只在个别国家被承认。美国在 20 世纪 90 年代初将一种用在缝纫线上的特殊香味作为味觉商标予以保护。① 澳大利亚 1995 年的《商标法》也明确规定气味商标可以获得保护。我国《商标法》没有对味觉商标作出规定。

二、商品商标和服务商标

按商标的使用对象来划分，可将商标划分为商品商标和服务商标。

① 参见刘春茂主编：《知识产权原理》，知识产权出版社 2002 年版，第 585 页。

（一）商品商标

商品商标是指商品的生产者或经营者，为了使自己生产或经营的商品与他人生产或经营的商品相区分而使用的标志。这种商标是人们生活中最常见的一种商标。如使用在汽车上的“奔驰”、“宝马”等标记，均为商品商标。商品商标也是使用最广泛的商标。

（二）服务商标

服务商标是指提供服务的经营者，为将自己提供的服务与他人提供的服务相区别而使用的标志。服务商标由文字、图形或者其组合构成。如用于宾馆业的“香格里拉”标记、金融业的“交通银行”标记等均为服务商标。

服务商标是第三产业迅速发展的产物。早在1883年缔结的《巴黎公约》中就写进了保护服务标记的内容，但当时并没有把它放在与商品商标等同的位置，未要求成员国必须给服务标记以注册保护。1958年，里斯本会议上对《保护工业产权巴黎公约》作了修改，要求各成员国应保护服务商标。此后，不少国家修订了本国的商标法作出了对服务商标保护的规定。世界上现有100多个国家办理服务标记注册。在1891年缔结的《商标国际注册马德里协定》（以下简称《马德里协定》）和Trips协议中都确认了服务商标的法律地位。我国于1985年、1989年分别参加了《巴黎公约》和《马德里协定》后，开始办理外国来华注册的服务商标。随着我国第三产业的迅速发展，为适应市场经济发展的需要，1993年修改后的《商标法》增加了对服务商标保护的规定。其中，《商标法》第4条第2款和第3款规定：“企业、事业单位和个体工商业者，对其提供的服务项目，需要取得商标专用权的，应当向商标局申请服务商标注册。本法有关商品商标的规定，适用于服务商标。”我国已于1993年7月1日开始办理国内服务商标的核准注册。服务商标的适用范围主要包括航空、铁路、旅店、餐饮、银行、广告、旅游等公共服务部门。

三、联合商标和防御商标

根据商标的使用目的划分，将商标可分为联合商标和防御商标。

我国现行《商标法》未对联合商标和防御商标作出规定。但在商标实务中，已经有企业申请注册了这两种商标。注册这两种商标是为了保护其主商标，防止他人影射和搭便车。

（一）联合商标

联合商标，是指同一个商标所有人在同一种商品或类似商品上注册使用的若干个近似商标。在这些近似商标中，首先注册的或者主要使用的商标为主商标，其他的商标为该主商标的联合商标。例如，杭州娃哈哈集团公司拥有中国驰名商标“娃哈哈”，为防止他人侵权，该公司又注册了“哇哈哈”、“哈娃哈”、“哈哈娃”、“娃娃哈”、“Wahaha”等商标。其中，“娃哈哈”为主商标，其他的商标为“娃哈哈”的联合商标。注册联合商标的目的，不是为了使用每一个商标，而是在于保护主商标，防止他人注册或使用与主商标近似的商标。除此之外，也是为了适应企业发展和新产品开发的需要。

联合商标特点：第一，联合商标不得分开转让。由于联合商标是相近似的若干商标的群体，它们只能属于一个商标所有人。因此，联合商标不得分开转让或分开许可使用，必须整体处分。第二，联合商标不受3年不使用规定之限。在要求商标必须注册和使用的国家里，通常都规定，只要使用了联合商标中的某一个商标，就可视为整个联合商标都符合使用的要求。这样，就不至于发生商标停止使用3年被撤销的问题。第三，联合商标的注册可起到积极的防卫作用。通过申请注册联合商标，可以阻止他人注册和使用与联合商标中的主商标相近似的商标，使商标侵权者无机可乘。第四，联合商标可起到商标储备作用。联合商标具有储备功能，一旦市场需要，可调整商标策略，将备用商标调出来使用。

（二）防御商标

防御商标，是指驰名商标所有人在不同类别的商品或者服务上注册若干个相同的商标。原来的商标为主商标，注册在其他类别的商品或服务上的同一个商标为防御商标。例如青岛海尔集团不仅在冰箱、空调等产品上注册了“海尔”商标，在《商品和服务分类表》中的其他商品类别和服务类别上都申请注册了“海尔”商标。注册防御商标的目的，是为了保护其主商标。

防御商标的特点是：第一，防御商标的注册人一般为驰名商标的所有人。一般而言，只有驰名商标所有人才有权申请注册防御商标。非驰名商标要想超出其经营范围申请注册防御商标则要受到种种限制。第二，防御商标的构成要素应特别显著。一般的花、鸟等图形和名称的商标在各个类别的商品上和服务项目上都已注满，只有特别新颖显著的商标才能插足。第三，防御商标的注册较困难。按照国际惯例，此种商标一般难以注册。但一经注册，则不因其闲置不用而被国家商标主管机关撤销。只要主商标在使用，防御商标也视为在使用。

目前，世界上只有部分国家对防御商标给予保护。防御商标注册制度是日本商标制度的特色之一。我国现行《商标法》未对防御商标加以规定，但对防御商标的注册和保护在商标行政管理实践中早已开始，实际生活中，很多企业为保护驰名商标这一无形资产，纷纷申请和注册防御商标。

第三节　中国商标制度

一、我国商标法的基本原则

我国商标法的基本原则是指在商标立法、执法、司法以及商标管理和使用中应遵循的基本准则。具体而言，商标法的基本原则主要有以下几点：

1. 保护商标专用权与维护消费者权益相结合的原则。保护商标专用权，是商标法的核心内容和重要环节，也是商标法的立法宗旨之一。在保护商标权的同时，法律要求商标权人必须保证商品质量，维护商标信誉，以保障消费者的利益，促进社会主义市场经济的发展。

2. 注册取得商标专用权的原则。综观各国商标法，对商标专用权的确认，主要采用两种不同的制度：注册原则和使用原则。注册原则是指不论申请人是否使用过商标，只有经过商标主管机关的注册登记，申请人才能取得商标专用权。使用原则是指商标专用权归首先使用该商标的人，未经使用的商标不得注册。这是一种和注册原则相对应的商标确权原则。但是在实践中，判断一个商标谁先使用不太容易，所以，目前越来越多的国家采用注册原则来确立商标专用权。我国商标法采用注册原则。《商标法》第3条规定：经商标局核准注册的商标为注册商标，商标注册人享有商标专用权，受法律保护。

3. 商标的申请在先原则。世界各国判定商标专用权归属的原则有两种：申请在先原则和使用在先原则。申请在先原则是指按照商标申请时间的先后，来决定商标权授予谁。使用在先原则是指按照商标被使用的先后顺序，来决定商标权授予谁。两种原则相比，使用在先原则实行起来较为困难，因为谁先使用不易举证。而只遵循申请在先的原则，容易造成抢注他人商标行为的发生。我国商标法采用申请在先为主、使用在先为辅的原则。《商标法》第31条规定：两个或两个以上的商标注册申请人，在同一种商品或类似商品上，以相同或近似的商标申请注册的，初步审定并公告申请在先的商标；同一天申请的，初步审定并公告使用在先的商标，驳回其他人的申请，不予公告。

4. 商标注册的审查原则。商标的注册申请能否给予核准注册，世界各国对此采用的原则有两种：审查原则和不审查原则。审查原则是指商标主管机关在授权之前，按照法律的规定，对申请注册的商标，进行形式审查和实质审查，符合条件的，给予注册并公告。不审查原则是指商标主管机关对申请注册的商标，不进行实质审查，只对申请的文件、手续进行审查，符合条件的给予注册。采用这种原则的国家主要有瑞士、意大利、德国等。我国采用审查原则。

5. 商标使用的自愿注册原则。对使用的商标是否注册，应由商标的使用人自己决定。在实行注册原则的国家里，商标只有注册才能取得专用权。未注册的商标，可以使用，但使用人不能够得到商标的专用权，不能禁止他人使用。与自愿注册原则相对应的是强制注册原则，要求凡是在商品上使用的商标都要进行注册。我国商标法采用自愿注册与强制注册相结合的原则，对国家规定必须使用注册商标的商品，必须申请商标注册，未经核准注册的，不得在市场上销售。

6. 统一注册分级管理原则。统一注册是指国家授权某一部门专门负责对商标的注册工作。《商标法》第 2 条规定，国务院工商行政管理部门商标局主管全国商标注册和管理的工作，其他任何机构无权办理商标注册。统一注册有助于国家对商标工作的统一管理，防止地区或部门的条块分割，能更有效地保护商标。分级管理是指由地方各级工商行政管理机关对本地区的商标使用、商标印制和商标侵权等依法进行管理和监督。

二、我国《商标法》的修改和完善

我国的《商标法》自 1983 年生效后，期间经过了三次修改，修改的主要内容如下：

(一) 1993 年《商标法》的修改

随着社会主义市场经济的逐步建立，《商标法》的修改也提上了议事日程。1993 年 2 月 22 日，第七届全国人民代表大会常务委员会第三十次会议通过了《关于修订〈中华人民共和国商标法〉的决定》。1993 年 2 月，全国人大常委会又作出了《关于惩治假冒注册商标犯罪的补充规定》，加大了惩治假冒注册商标犯罪和处罚商标侵权行为的力度。1993 年 7 月 15 日，国务院批准第二次修订了《商标法实施细则》。这次《商标法》修改的主要内容有：

1. 不得将特定地名作为商标使用。1993 年《商标法》规定："县级以上行政区划的地名或者公众知晓的外国地名，不得作为商标。但是，地名具有其他含义的除外；已经注册的使用地名的商标继续有效。"修改后的《商标法》吸纳了国际上的通常做法，禁止将属于公共财产的地名作为商标使用。但鉴于有些地名已具备商标的显著性，具有"其他含义"，商标法采用不溯及既往的原则，承认已注册的商标和具有其他含义的地名商标继续有效。

2. 将商标的保护范围扩大到服务商标。1993 年《商标法》规定："自然人、法人或者其他组织对其提供的服务项目，需要取得商标专用权的，应当向商标局申请服务商标注册。本法有关商品商标的规定，适用于服务商标。"修改后的《商标法》适应了我国第三产业迅速发展的要求，允许申请和注册服务商标，并给予服务商标和商品商标相同的法律地位。这种规定改变了我国商标法不保护服务商标只保护商品商标的历史。

3. 增加了商标注册审查的补正程序。1993 年《商标法》规定："已经注册的商标，违反本法第八条规定的，或者是以欺骗手段或者其他不正当手段取得注册的，由商标局撤销该注册商标；其他单位或者个人可以请求商标评审委员会裁定撤销该注册商标。"修改的《商标法》规定了商标注册无效的原因，即违反了《商标法》第 8 条的规定，或者是以欺骗手段或者其他不正当手段取得注册的商标。同时明确了商标注册无效的裁定机关为商标局或商标评审委员会。

4. 重新界定了商标侵权行为的范围。1993 年的《商标法》在所列举的商标侵权行为中，增加了一项，即"销售明知是假冒注册商标的商品的"行为也属商标侵权行为。立法旨在遏制商品流通领域中的商标侵权行为，加重商品经营者的责任心。1993 年，《商标法》还修改了一项，即"伪造、擅自制造他人注册商标标识或者销售伪造、擅自制造的注册商标标识的"行为也是商标侵权行为，从而强调了对注册商标标识的保护。

5. 加大了对商标侵权行为惩治的力度。《商标法》对侵犯商标权的刑事责任作了相应的规定，如未经商标注册人许可，在同一种商品上使用与其注册商标相同的商标，构成犯罪的，除赔偿被侵权人的损失外，依法追究刑事责任。伪造、擅自制造他人注册商标标识或者销售伪造、擅自制造的注册商标标识，构成犯罪的，除赔偿被侵权人的损失外，依法追究刑事责任。销售明知是假冒注册商标的商品，构成犯罪的，除赔偿被侵权人的损失外，依法追究刑事责任。

（二）2001 年《商标法》的修改

为了加入世界贸易组织，和 Trips 协议相衔接，2001 年 10 月 27 日，第九届全国人民代表大会常务委员会第二十四次会议通过了《关于修改〈中华人民共和国商标法〉的决定》，修改后的《商标法》自 2001 年 12 月 1 日起施行。为配合修改后的《商标法》的实施，2002 年 8 月 11 日，国务院发布了第三次修订的《商标法实施条例》，该条例自 2002 年 9 月 15 日起施行。这次《商标法》修改的主要内容有：

1. 扩大了商标的构成要素。2001年《商标法》规定："任何能够将自然人、法人或者其他组织的商品与他人的商品区别开的可视性标志，包括文字、图形、字母、数字、三维标志和颜色组合，以及上述要素的组合，均可以作为商标申请注册。"原来的《商标法》只保护平面商标，而且构成要素比较简单。修改后的《商标法》将商标的构成要素扩大到了三维标志和颜色组合的可视性标志，增加了立体商标和颜色的组合商标，但未保护音响商标和气味商标。

2. 明确了商标的注册条件。2001年《商标法》规定："申请注册的商标，应当有显著特征，便于识别，并不得与他人在先取得的合法权利相冲突。"由此可见，在我国申请商标注册，不仅要求该商标具有显著特征，而且要求申请注册的商标不得和他人已经取得的权利如商号权、姓名权等相冲突。

3. 对集体商标、证明商标和地理标志进行保护。2001年《商标法》规定："经商标局核准注册的商标为注册商标，包括商品商标、服务商标和集体商标、证明商标；商标注册人享有商标专用权，受法律保护。"1993年《商标法》未对集体商标、证明商标和地理标志作出规定。在1993年7月修订《商标法实施细则》中才明确了对集体商标和证明商标的保护。2001年的《商标法》结合我国的实际情况，借鉴了国外商标法对集体商标、证明商标和地理标志的规定，增加了对这三种新的商标的界定和保护。

4. 将商标注册的申请人扩大到了自然人。2001年《商标法》规定："自然人、法人或者其他组织对其生产、制造、加工、拣选或者经销的商品，需要取得商标专用权的，应当向商标局申请商品商标注册。"

《商标法》在2001年修改前限制自然人作为商标的主体，如只允许领有营业执照的个体工商户、个人合伙申请商标注册，这种规定带来诸多弊端：第一，如果这些自然人不再从事经营活动，就可能会丧失其商标权的主体资格；第二，因为有经营范围的限制，一般的自然人不能继承商标，剥夺了自然人对商标这种财产的继承权；第三，这种限制只适用于国内自然人，对于外国自然人并未限制。这显然是一种超国民待遇的表现；另外，随着我国市场经济的迅速发展，农村出现了很多的种植户、养殖户和经营承包户，城市中也有大量的自由职业者在从事一定的经营服务活动。从世界范围来看，很多国家的商标法和有关国际公约都允许自然人作为商标权的权利主体。毋庸置疑，商标权是一种民事权利，商标作为一种财产，应成为任何民事主体都有权拥有并可以自由流转的对象，而不论他们是否从事生产经营活动。为适应社会发展的需要，2001年《商标法》取消了对自然人注册商标必须有经营资格的限制，从而使得任何自然人在我国均可申请注册商标。

5. 禁止以官方标志、检验印记作为商标注册。2001 年《商标法》规定：与表明实施控制、予以保证的官方标志、检验印记相同或者近似的标志不得作为商标使用，但经授权的除外。禁止以官方标志、检验印记作为商标注册，在《巴黎公约》中早有规定。新修改的《商标法》将这种规定在立法中加以明确。

6. 增加了对驰名商标的保护。2001 年《商标法》规定："就相同或者类似商品申请注册的商标是复制、摹仿或者翻译他人未在中国注册的驰名商标，容易导致混淆的，不予注册并禁止使用。就不相同或者不相类似商品申请注册的商标是复制、摹仿或者翻译他人已经在中国注册的驰名商标，误导公众，致使该驰名商标注册人的利益可能受到损害的，不予注册并禁止使用。"同时，规定了认定驰名商标应当考虑的因素。原来的《商标法》对驰名商标的保护几乎为空白。我国在 1985 年就加入了《巴黎公约》，尽管我国在商标事务中早已对驰名商标进行保护，但未对驰名商标在《商标法》中予以确认。此次《商标法》的修改，不仅扩大了对驰名商标的保护，而且对驰名商标的认定标准也作了明确的规定。

7. 禁止代理人或者代表人恶意注册商标。2001 年《商标法》规定："未经授权，代理人或者代表人以自己的名义将被代理人或者被代表人的商标进行注册，被代理人或者被代表人提出异议的，不予注册并禁止使用。"

8. 完善了商标优先权的规定。2001 年《商标法》规定："商标注册申请人自其商标在外国第一次提出商标注册申请之日起 6 个月内，又在中国就相同商品以同一商标提出商标注册申请的，依照该外国同中国签订的协议或者共同参加的国际条约，或者按照相互承认优先权的原则，可以享有优先权。要求优先权的，应当在提出商标注册申请的时候提出书面声明，并且在 3 个月内提交第一次提出的商标注册申请文件的副本；未提出书面声明或者逾期未提交商标注册申请文件副本的，视为未要求优先权。"优先权原则是《巴黎公约》的一项基本原则。在我国的专利法中已有规定。此次修改的《商标法》也把优先权原则吸纳进来。

9. 增加了司法审查的规定。根据 Trips 协议的规定，当事人应有机会要求司法机关对终局的行政决定进行复审。为和国际公约相衔接，2001 年《商标法》取消了商标评审委员会的终局决定，增加了对其决定的司法审查。如《商标法》第 32 条规定："对驳回申请、不予公告的商标，商标局应当书面通知商标注册申请人。商标注册申请人不服的，可以自收到通知之日起 15 日内向商标评审委员会申请复审，由商标评审委员会作出决定，并书面通知申请人。当事人对商标评审委员会的决定不服的，可以自收到通知之日起30日内向人民法院起诉。”

10. 加强了商标的行政管理。1993年《商标法》规定的工商行政管理部门查处商标侵权行为的职权，只有责令停止侵权和罚款。为加大对商标侵权行为的打击力度，修改后的《商标法》增加了工商行政管理部门没收、销毁商标侵权商品等职权。

11. 修改和增加了商标侵权行为的规定。2001年《商标法》规定：“销售侵犯注册商标专用权的商品，属侵犯注册商标专用权的行为；并且规定：“销售不知道是侵犯注册商标专用权的商品，能证明该商品是自己合法取得的并说明提供者的，不承担赔偿责任。”修改后的《商标法》排除了以“明知”作为认定商标侵权的条件，按照“无过错责任原则”来认定侵权，即不管行为人主观上是否存在过错，只要有侵权行为的事实存在，即可认定为侵权。但在确定赔偿责任时，以“过错责任原则”来认定。

同时，2001年的《商标法》增加了“未经商标注册人同意，更换其注册商标并将该更换商标的商品又投入市场的”行为属侵犯商标专用权行为的规定。这种侵权行为属于商标的反向假冒，在国外的商标法中也有规定。

12. 规定了商标侵权的赔偿数额。2001年《商标法》规定：“侵犯商标专用权的赔偿数额，为侵权人在侵权期间因侵权所获得的利益，或者被侵权人在被侵权期间因被侵权所受到的损失，包括被侵权人为制止侵权行为所支付的合理开支。侵权人因侵权所得利益，或者被侵权人因被侵权所受损失难以确定的，由人民法院根据侵权行为的情节判决给予50万元以下的赔偿。”新《商标法》根据《与贸易有关的知识产权协议》的要求，不仅明确了侵权人要承担其侵权的赔偿数额，而且要支付被侵权人为制止侵权行为所支付的合理开支，其中，包括适当的律师费用、合理的调查取证费用等。

13. 增加了即发侵权的内容。2001年《商标法》规定：“商标注册人或者利害关系人有证据证明他人正在实施或者即将实施侵犯其注册商标专用权的行为，如不及时制止，将会使其合法权益受到难以弥补的损害的，可以在起诉前向人民法院申请采取责令停止有关行为和财产保全的措施。”这种即将发生的侵权行为，简称“即发侵权”，有关当事人可以向人民法院申请，由法院采取“临时措施”，制止侵权行为的进一步发生。这条规定加大了对商标权人的保护力度。

此次《商标法》的修改，进一步完善了我国的商标法律制度，扩大了对商标权人的保护，达到了国际公约的要求。修改后的《商标法》，将成为我国商标保护发展史上的一个重要的里程碑。

（三）2013 年《商标法》的修改

随着市场经济的发展，商标在经济生活中的作用越来越大，但商标法的有些内容已难以适应实践需要，主要表现为：商标注册程序比较繁琐，导致商标确权时间过长；恶意注册商标现象比较常见，商标领域的不正当竞争现象比较严重；商标侵权尚未得到有效遏制，注册商标专用权保护有待加强。为了实施国家知识产权战略，充分发挥商标制度对经济发展的作用，十二届全国人大常委会第四次会议 2013 年 8 月 30 日表决通过了《关于修改〈中华人民共和国商标法〉的决定》，自 2014 年 5 月 1 日起施行。这次对商标法的修改内容主要包括以下几方面：

1. 商标注册异议制度的改革和完善。商标注册异议制度的完善主要表现在：

第一，限定提出异议的主体和理由。2013 年《商标法》将可以提出异议的主体，由“任何人”改为认为这一商标注册申请侵犯了其已存在权利的“在先权利人或者利害关系人”；同时将据以提出异议的理由，限定为商标法规定的可能损害这一商标注册申请前已经存在的在先权利。其他人可以依照本法规定在商标获得注册后申请宣告该注册商标无效。这样，既减少了商标异议的数量，又保障了对商标不当授权的监督。

第二，简化异议程序。2001 年《商标法》第 33 条规定：对初审公告的商标提出异议的，商标局在听取异议人和被异议人的事实和理由并经调查核实后，作出裁定。如果当事人不服的，则可以向商标评审委员会申请复审，如对商标评审委员会的裁定还不服的，可向法院起诉。2013 年，第三次修改后的《商标法》，此部分变化较大，主要表现为以下三点：（1）删除了商标局对商标异议进行审查作出裁定的环节，规定商标局对商标注册异议进行审查后，可直接作出是否准予注册的决定，并书面通知异议人和被异议人。和 2001 年立法相比，一是规定商标局可直接决定该商标能否注册，二是在通知的形式上更加严谨，需要用书面告知双方当事人。（2）商标局认为异议不成立，作出准予注册决定的，发给被异议人商标注册证，并予以公告。异议人不服的，可以依照《商标法》第 44 条的规定向商标评审委员会请求宣告该注册商标无效。该规定体现出商标申请注册的效率原则，为尽快确权，2013 年立法规定，商标局可以先授权，尽快使大部分无异议的商标得到商标权，如果异议人不服的，可再向商标评审委员会申请宣告无效。（3）商标局认为异议成立，作出不予注册决定的，被异议人可向商标评审委员会提出不予注册的复审申请。对商标评审委员会的复审决定或者无效宣告的决定不服的，还可依法提起诉讼。2013 年修改后的《商标法》对驳回被异议人商标注册决定的，规定了相应的救济程序。

2. 商标使用制度的规范和完善。纵观 2013 年商标法的修改，对商标的使用制度进行了规范和完善，表现为以下几方面：

第一，商标使用概念的明确。《商标法》第 48 条对商标定义作了明确的规定："本法所称商标的使用，是指将商标用于商品、商品包装或者容器以及商品交易文书上，或者将商标用于广告宣传、展览以及其他商业活动中，用于识别商品来源的行为。" 2013 年修改后的《商标法》强调了商标使用是"用于识别商品来源的行为"，这对于处理司法实践中的纠纷，具有指导意义。①

第二，明晰了注册商标连续 3 年不使用的法律后果。针对商标权人不规范使用其注册商标，包括《商标法》第 44 条对注册商标使用者自行改变注册商标、注册人名义、地址或者其他注册事项，自行转让注册商标，或者连续 3 年不使用其注册商标的情形，规定了"由商标局责令限期改正或者撤销其注册商标"的处理措施。第三次修改后的《商标法》则对上述不同情形进行了区分，针对"商标注册人在使用注册商标的过程中，自行改变注册商标、注册人名义、地址或者其他注册事项"的行为，规定"由商标局责令限期改正；期满不改正的，由商标局撤销其注册商标"；而对"注册商标成为其核定使用的商品的通用名称（新增内容）或者没有正当理由连续 3 年不使用"的行为，则规定"任何单位或者个人可以向商标局申请撤销该注册商标"。由此可见，立法的内容在分类表述上更加科学和严谨，同时，吸纳了外国商标立法及司法的成功经验，对成为通用名称的注册商标因丧失其显著性的，不能继续享有商标专有权；对超过 3 年期限怠于行使商标权的注册商标，不能再继续占用商标资源，任何单位和个人均可向商标局申请撤销该注册商标。

第三，明确注册商标连续 3 年不使用不得请求赔偿救济。注册商标长期不使用，不仅其识别功能无从发挥，满一定期限后还会导致被撤销的命运。值得肯定的是，在 2013 年修改后的《商标法》中，吸纳了注册商标连续 3 年不使用不得请求赔偿救济的理念和规则，明确规定：注册商标专用权人请求赔偿，被控侵权人以注册商标专用权人未使用注册商标提出抗辩的，人民法院可以要

---

① 参见冯晓青：《商标法修正案（草案）评述及修改建议》，载《知识产权》2013 年第 2 期。

求注册商标专用权人提供此前 3 年内实际使用该注册商标的证据。注册商标专用权人不能证明此前 3 年内曾经实际使用过该注册商标，也不能证明因侵权行为受到其他损失的，被控侵权人不承担赔偿责任。

3. 驰名商标保护制度的完善。驰名商标是法律术语而非商标的一种类型，更非荣誉称号。驰名商标制度的本意是在发生商标争议时，对为相关公众所熟知的商标提供特殊保护，无论是否已经注册，驰名商标所有人均可以依法在一定范围内禁止他人注册、使用与该驰名商标相同或者近似的商标。因此，驰名商标认定仅仅是对该商标知名度事实的确认，应仅对争议的案件有效。实践中，一些驰名商标所有人将其商标被认定为驰名商标宣传为其商品或者服务的质量得到国家承认，这既是对广大公众的误导，也是一种不正当竞争行为。① 为此，2013 年《商标法》规定："驰名商标应当根据当事人的请求，作为处理涉及商标案件需要认定的事实进行认定。" 该规定明确了驰名商标实行个案认定、被动保护的原则，对于遏制驰名商标异化现象会产生一定的积极作用。

4. 商标权限制制度的完善。国外商标权限制理论的研究逐渐成熟，其类别和内容包括：商标合理使用、商标连带使用、商标先用权、商标权的用尽、非商业性使用等。从目前我国知识产权的其他单行立法来看，如《专利法》和《著作权法》中均有对专利权和著作权的限制规定。在商标法领域，经过三次立法的修改，在 2013 年《商标法》第 59 条作出了规定：注册商标中含有的本商品的通用名称、图形、型号，或者直接表示商品的质量、主要原料、功能、用途、重量、数量及其他特点，或者含有的地名，注册商标专用权人无权禁止他人正当使用。三维标志注册商标中含有的商品自身的性质产生的形状、为获得技术效果而需有的商品形状或者使商品具有实质性价值的形状，注册商标专用权人无权禁止他人正当使用。商标注册人申请商标注册前，他人已经在同一种商品或者类似商品上先于商标注册人使用与注册商标相同或者近似并有一定影响的商标的，注册商标专用权人无权禁止该使用人在原使用范围内继续使用该商标，但可以要求其附加适当区别标识。立法确立了合理使用、功能性使用及在先使用的规则，对商标权人行使权利进行了限制。具体内容可参考本书对应章节。

5. 确立诚实信用原则以保障公平的竞争秩序。诚实信用原则是民商事行为活动的基本原则。为规范商标的申请和使用，2013 年《商标法》在总则中

---

① 参见赵迎春：《浅谈我国驰名商标保护制度及其在实践中的弊端和完善建议》，载《经营管理者》2010 年第 14 期。

引入了该原则，其中，第7条第1款规定："申请注册和使用商标，应当遵循诚实信用原则。"这一原则的确立，在现实中意义重大，有利于规范和保障商标领域市场秩序的公平竞争，该原则在商标法的以下条款中也得到体现。

第一，禁止抢注因业务往来等关系明知他人已经在先使用的商标。尽管我国商标制度采用注册确权原则，但在现实中存在着大量未注册的已经使用的商标，如果这类商标被他人抢注而不加以禁止，显然违背了诚实信用原则。为有效保护在先使用的未注册商标人的利益，第三次修改的《商标法》在第15条中增加一款：就同一种商品或者类似商品申请注册的商标与他人在先使用的未注册商标相同或者近似，申请人与该他人具有前款规定以外的合同、业务往来关系或者其他关系而明知该他人商标存在，该他人提出异议的，不予注册。该条款明确了禁止抢注因业务往来等关系明知他人已经在先使用的商标，该规定主要针对不具有知名度的在先使用的未注册商标被抢注而获得的保护，与2013年《商标法》第13条第2款（未注册驰名商标）、第32条（对在先使用具有一定知名度的商标）规定相衔接，体现了商标法修改中对未注册商标保护的体系化考虑。

第二，禁止将他人商标用做企业字号。为有效解决实践中将他人商标用做企业字号，引起消费者误认的现象，2013年《商标法》第58条明确规定：将他人注册商标、未注册的驰名商标作为企业名称中的字号使用，误导公众，构成不正当竞争行为的，依照《中华人民共和国反不正当竞争法》处理。一方面，该规定明示了此类行为的违法性，属于不正当竞争行为；另一方面，与《反不正当竞争法》相衔接，便于司法部门对此类行为及时予以规制。①

6. 提高对商标权的保护水平。在商标侵权诉讼中，权利人因为举证困难，

① 2002年最高人民法院在《关于审理商标民事纠纷案件的司法解释》第1条第1项规定：将与他人注册商标相同或者相近似的文字作为企业的字号在相同或者类似商品上突出使用，容易使相关公众产生误认的行为，属于给他人注册商标专用权造成其他损害的行为。为进一步规范注册商标和商号纠纷的审理，2008年2月19日，最高人民法院公布了《关于审理注册商标、企业名称与在先权利冲突的民事纠纷案件若干问题的规定》（以下简称《规定》）。《规定》第2条明确规定："原告以他人企业名称与其在先的企业名称相同或者近似，足以使相关公众对其商品的来源产生混淆，违反反不正当竞争法第五条第（三）项的规定为由提起诉讼，符合民事诉讼法第一百零八条规定的，人民法院应当受理。"该条中引用《反不正当竞争法》第5条第（3）项的规定，目的是对当事人的起诉予以指引和规范，也为案件的审判提供法律依据。2013年《商标法》第58条将上述司法解释的规定进行了提升。

维权成本高、往往得不偿失。而法院对受损一方采用的损失填平原则，也常常会导致判赔的数额偏低。为加大对商标权人的保护力度，2013 年《商标法》通过以下几个方面的规定，提高了商标权的保护水平。

第一，明确了商标侵权的认定标准。2013 年《商标法》明确了判断商标侵权的标准，即混淆可能性。第三次修改后的商标法将理论和司法实践中长久争论的认定商标侵权的标准问题画上了句号，具体体现在第 57 条第 2 项：未经商标注册人的许可，在同一种商品上使用与其注册商标近似的商标，或者在类似商品上使用与其注册商标相同或者近似的商标，容易导致混淆的，构成商标侵权。

第二，扩张侵犯注册商标专用权行为的种类。为加大对商标侵权行为的打击力度，保护商标权人利益，根据实践需要，《商标法》在第 57 条中增加一项：故意为侵犯他人商标专用权行为提供便利条件，帮助他人实施侵犯商标专用权行为的行为。该项规定是对《商标法实施条例》第 50 条第 2 款内容的提升，作为一项独立的侵权行为加以规定。

第三，增加惩罚性赔偿的规定。针对实践中出现多次故意侵权的现象，为体现法律的权威性，《商标法》引入了惩罚性赔偿制度，对恶意侵犯商标专用权、情节严重的，可以在权利人因侵权受到的损失、侵权人因侵权获得的利益或者注册商标使用许可费的 1～3 倍的范围内确定赔偿数额。该规定对强化商标权的保护，遏制恶意侵权有一定的现实意义。

第四，提高侵权的法定赔偿额。在权利人因被侵权所受到的实际损失、侵权人因侵权所获得的利益难以计算的情形下，为及时保护商标权人利益，人民法院根据侵权行为的情节判定侵权人承担法定赔偿。2001 年《商标法》规定法定赔偿的幅度为 1 万元至 50 万元之间。随着经济发展和物价上涨等因素，有必要提高法定赔偿额的标准。2013 年《商标法》规定："权利人因被侵权所受到的实际损失、侵权人因侵权所获得的利益、注册商标许可使用费难以确定的，由人民法院根据侵权行为的情节判决给予 300 万元以下的赔偿。"

第五，减轻权利人举证负担。权利人举证难是个普遍存在的现象，导致的直接结果是损害赔偿数额偏低，难以有效保护商标权人利益。为减轻权利人的举证负担，2013 年《商标法》第 63 条增加一款：人民法院为确定赔偿数额，在权利人已经尽力举证，而与侵权行为相关的账簿、资料主要由侵权人掌握的情况下，可以责令侵权人提供与侵权行为相关的账簿、资料；侵权人不提供或者提供虚假的账簿、资料的，人民法院可以参考权利人的主张和提供的证据判定侵权赔偿数额。

第六，增加对商标侵权行为从重处罚的情节。为震慑和打击多次实施商标侵权者，《商标法》对5年内实施两次以上商标侵权行为或者有其他严重情节的，规定应当从重处罚。

7. 注册商标无效制度的确立。注册商标无效制度是法律对商标注册行为欠缺法定条件而作出的否定性评价。① 在商标法中，注册商标的无效和撤销是两种不同的法律行为，均可导致商标权终止，但两者的法定事由和终止的效力均不同，大部分国家的商标法对此都明确加以区分。反观我国商标法的规定，并没有廓清撤销和无效的概念，甚至将两者混为一谈，比如，2001年《商标法》第41条规定的“撤销”属于商标权的无效，而第44条和第45条的规定则是“撤销”的范畴。② 2013年《商标法》对无效和撤销作出了区分，在立法体例上将第五章“注册商标争议的裁定”修改为“注册商标的无效宣告”，在我国立法中正式确立了注册商标无效制度，并在内容上作了进一步完善。

8. 规范和完善我国商标代理制度。随着商标申请注册量的增加，通过商标代理组织办理的业务日益增长，但由于商标代理组织水平和服务质量参差不齐，加之原《商标法》对商标代理活动和业务的规范不明确，因此，规范和完善我国商标代理制度也是第三次商标法修改要考虑的问题。

第一，商标代理组织要取得国家的认可。《商标法》在第18条新增一款：申请商标注册或者办理其他商标事宜，可以自行办理，也可以委托依法设立的商标代理机构办理。从此规定可以看出，要取得商标代理资格的组织应当经过国际相关部门的认可，才可以从事商标代理业务。

第二，商标代理组织要遵守法律和法规的规定。从事商标代理业务应当遵循诚实信用原则，遵守法律、行政法规的规定。工商行政管理部门应当加强对商标代理活动的监督管理。商标代理行业组织应当依据章程规定，严格执行吸纳会员的条件，对违反行业自律规范的会员实行惩戒。商标代理行业组织对其吸纳的会员和对会员的惩戒情况，应当及时向社会公布。

第三，增加商标代理组织法律责任的规定。《商标法》第68条规定：商标代理机构有下列行为之一的，由工商行政管理部门责令限期改正，给予警告，处1万元以上10万元以下的罚款；对直接负责的主管人员和其他直接责任人员给予警告，处5000元以上5万元以下的罚款；构成犯罪的，依法追究

① 参见周泰山：《商标注册无效制度》，载《中华商标》2006年第7期。

② 参见汪泽：《商标权撤销和无效制度之区分及其意义》，载《中华商标》2007年第10期。

刑事责任：（1）办理商标事宜过程中，伪造、变造或者使用伪造、变造的法律文件、印章、签名的；（2）以诋毁其他商标代理机构等手段招徕商标代理业务或者以其他不正当手段扰乱商标代理市场秩序的；（3）违反本法第 19 条第 3 款、第 4 款规定的。商标代理机构有前款规定行为的，由工商行政管理部门记入信用档案；情节严重的，商标局、商标评审委员会并可以决定停止受理其办理商标代理业务，予以公告。商标代理机构违反诚实信用原则，侵害委托人合法利益的，应当依法承担民事责任，并由商标代理行业组织按照章程规定予以惩戒。

9. 为方便申请人商标注册进行的修改。结合我国的实际需要，根据国际商标领域的发展趋势，在方便申请人商标注册方面进行了以下修改：

第一，明确了电子申请方式。《商标法》第 22 条新增一款：商标注册申请等有关文件，可以以书面方式或者数据电文方式提出。这一规定，符合现代社会信息发展的要求，可有效节约时间和相应的纸质成本。

第二，“一标一类”改为“一标多类”。我国在国内注册方面实行分类申请制度，即：在一份申请书上一个商标只能就一个类别提出申请，而不能申请一标多类。这种规定对生产多类商品的企业来说，不仅手续繁琐，而且增加了成本。第三次修改后的《商标法》明确了“一标多类”的申请方式，规定申请人可以通过一份申请就多个类别的商品申请注册同一商标。一标多类的申请注册手续比较简便，有利于企业实施商标战略，也和我国加入的《商标国际注册马德里协定》相衔接。

第三，增加审查意见书制度。在审查过程中，商标局认为商标注册申请内容需要说明或者修正的，可以向申请人发送《审查意见书》，要求其自收到《审查意见书》之日起 30 日内作出说明或者修正。申请人逾期未作出说明或者修正的，不影响商标局作出审查决定。该制度的设计尽量考虑到申请人的利益，对有瑕疵的申请书按照审查员意见进行修改，而不是直接予以驳回。

第二十一章　商标权的取得

第一节　商标权的取得制度

一、商标权的原始取得

原始取得又称直接取得，是指商标所有人对其商标所享有的商标权是首次产生的，即取得的商标权是最初的，是不以他人既存的权利和意志为依据而取得的权利。

商标权的原始取得主要有三种原则：注册原则、使用原则和混合原则。我国商标权的取得采用注册原则。

1. 注册原则。注册原则是指商标权必须通过注册方式才能获得。目前世界上多数国家的商标法都规定，商标必须经过注册才能取得商标权。采用注册原则的国家在实际中又分为两种情形：自愿注册和强制注册。大多数国家实行自愿注册，即商标的注册与否，由申请人自己决定；少数国家，采取强制注册原则，即规定所有的商标必须依法注册，不注册的商标不许使用。实行注册原则，不仅有助于敦促商标所有人及时申请注册，防止他人抢注，而且一旦发生权利纠纷，也有利于确定权利的归属，保护商标权人的合法利益。因此，注册原则为大多数国家所采用。我国商标法也实行商标注册原则。

2. 使用原则。使用原则是指商标权的取得必须通过商标的使用而获得。即在确定商标权的归属时，是以商标使用的先后顺序来认定的。最早使用商标的人可以获得商标权，受法律保护，并可请求撤销在后使用人已经注册的相同或近似的商标。按照使用原则，商标只要是在商品或广告上使用过一段时间，即使不经注册，也可以获得商标专用权。采用使用原则，有利于保护商标的首先使用人，但是一旦发生争议，不易查明谁是最早的使用人，而且容易使注册商标长期处于不稳定状态。因此，目前采用这一原则的国家较少。在实行使用原则的同时，这些国家也受理商标注册的申请。使用人也可以申请商标注册，但只是为了强化商标权的效力，起不到确定商标权的功能，即仍然以商标是否实际使用作为获得商标权的基础和前提。

3. 混合原则。混合原则是指注册原则和使用原则并行，两种途径都可以获得商标权。按照混合原则，商标注册后受法律保护，获得商标权，但在一定期限内，先使用人可以主张权利，申请撤销与自己商标相同或近似的注册商标。换言之，注册商标只有经过一定时间后，没有先用人主张权利，该注册商标的专用权才会稳定。总之，法律在确认注册人获得商标权的同时，也允许先使用人在没有办理注册登记时继续使用该商标。实践中，一般对商标的先用权人的权利有所限制，如只能在原有范围内使用该商标、不能单独转让该商标等。

二、商标权的继受取得

继受取得又称传来取得，是指商标所有人在原来商标权的基础上取得商标权，而不是最初的直接获得。继受取得有以下两种方式：

1. 受让人根据商标权转让合同而取得。商标所有人作为出让人和受让人依法签订注册商标转让合同，受让人从出让人处获得商标权。这种转让可以是有偿的，也可以是无偿的。

2. 继承人根据继承法的规定而取得。商标权是一种无形财产权，属于继承的范围。根据继承法的要求，按照继承程序，由合法继承人继承被继承人的商标权。根据商标法的规定，商标权的原始取得，应当按照商标的申请注册程序办理；商标权的继受取得，也应当按照注册商标转让程序办理，才能取得商标专用权。

第二节　商标注册的条件

商标注册是指商标申请人为了取得商标专用权，将其使用和准备使用的商标，依照法定的条件、原则和程序，向商标局提出注册申请，经商标局审查核准，予以注册的法律制度。

在我国只有经过注册的商标，才受法律保护。换言之，商标注册是确定商标专用权的法律依据。申请商标注册，只有具备一定的条件才能获得核准，取得商标专用权。《商标法》对商标注册申请人和申请注册的商标，规定了应具备的条件。

一、商标注册申请人

根据《商标法》及其实施条例的规定，商标注册的申请人包括以下几类：

1. 自然人。《商标法》规定，任何自然人在我国均可申请注册商标，而不必具有从事生产经营的资格。《商标法实施条例》第 14 条规定，申请商标注册的，申请人应当提交能够证明其身份的有效证件的复印件。商标注册申请人的名义应当与所提交的证件相一致。

2. 法人。申请注册商标的法人组织在我国主要包括：（1）企业法人；（2）机关法人；（3）事业单位法人；（4）社会团体法人；（5）联营法人。

3. 其他组织。其他组织是指不具备法人资格，但合法成立、具有一定组织机构和财产的组织。具体包括：（1）私营独资企业、合伙组织；（2）合伙型联营企业；（3）中外合作经营企业；（4）社会团体；（5）依法设立并领取营业执照的法人的分支机构等。

4. 共同申请人。《商标法》第 5 条规定：两个以上的自然人、法人或者其他组织可以共同向商标局申请注册同一商标，共同享有和行使该商标专有权。

5. 外国人或者外国企业。外国人或者外国企业在中国申请商标注册的，根据《商标法》第 17 条和第 18 条的规定，应当按照其所属国和中华人民共和国签订的协议或者共同参加的国际条约办理，或者按照对等原则办理；在中国申请商标注册和办理其他商标事宜的，应当委托国家认可的具有商标代理资格的组织代理。

二、申请注册的商标应具备的条件

根据《商标法》的规定，申请注册的商标必须具备以下条件，才能获得核准。

1. 符合法定的构成要素。《商标法》第 8 条对商标的构成要素作了明确的规定："任何能够将自然人、法人或者其他组织的商品与他人的商品区别开的可视性标志，包括文字、图形、字母、数字、三维标志、颜色组合和声音等，以及上述要素的组合，均可以作为商标申请注册。"根据该规定，我国商标的法定构成要素主要是视觉商标和听觉商标，其中，视觉商标包括平面商标和立体商标以及颜色组合商标。可见《商标法》排除味觉作为商标的构成要素。其中，立体商标和颜色组合商标是根据我国参加的 Trips 协议的要求，2001 年《商标法》修改时新增加的商标种类，听觉商标是 2013 年《商标法》修改时新增加的商标种类。

2. 具有显著性。显著性，是指商标应具有可识别性和独特性，要求商标的构成要素立意新颖，独具风格。因为商标是区别商品的标志，如果它本身不具有显著性，就无法将本企业生产的商品或提供的服务与其他企业的商品或服务相区别。

3. 不得和他人的在先权相冲突。这是2001年《商标法》修改后新增加的内容。申请注册的商标，“不得与他人在先取得的合法权利相冲突”。所谓在先权，是指他人在先已经合法取得的权利，包括商号权、外观设计权、版权、地理标志权、姓名权和肖像权等。实践中，法院在处理相关纠纷时，已经开始注意保护在先权。

4. 不得使用法律禁止使用的标志。《商标法》第10条规定，下列标志不得作为商标使用：（1）同中华人民共和国的国家名称、国旗、国徽、国歌、军旗、军徽、军歌、勋章相同或者近似的，以及同中央国家机关的名称、标志、所在地特定地点的名称或者标志性建筑物的名称、图形相同的；（2）同外国的国家名称、国旗、国徽、军旗相同或者近似的，但经该国政府同意的除外；（3）同政府间国际组织的名称、旗帜、徽记相同或者近似的，但经该组织同意或者不易误导公众的除外；（4）与表明实施控制、予以保证的官方标志、检验印记相同或者近似的，但经授权的除外；（5）同“红十字”、“红新月”的名称、标志相同或者近似的；（6）带有民族歧视性的；（7）带有欺骗性，容易使公众对商品的质量等特点或者产地产生误认的；（8）有害于社会主义道德风尚或者有其他不良影响的。

县级以上行政区划的地名或者公众知晓的外国地名，不得作为商标。但是，地名具有其他含义或者作为集体商标、证明商标组成部分的除外；已经注册的使用地名的商标继续有效。

《商标法》第11条规定，下列标志不得作为商标注册：（1）仅有本商品的通用名称、图形、型号的；（2）仅直接表示商品的质量、主要原料、功能、用途、重量、数量及其他特点的；（3）具他缺乏显著特征的。但如果对上述所列的标志经过使用取得显著特征并便于识别的，则可以作为商标注册。

《商标法》第12条规定，以三维标志申请注册商标的，仅由商品自身的性质产生的形状、为获得技术效果而需有的商品形状或者使商品具有实质性价值的形状，不得注册。

5. 不得与他人的注册商标相同或者近似。申请注册的商标，与他人在同一种商品或者类似商品上已经注册的或者初步审定的商标相同或者近似的，由商标局驳回申请，不予公告。所谓相同商标，是指用于相同或类似商品上的商标，其文字、图形和读音相一致。所谓近似商标，是指在同一种或类似商品上，作为商标的文字、图形和读音等构成要素有相似的商标。实践中，如何判断两个商标是否相同或者近似，关键是看它们是否用于同一种商品或类似商品上。如果两个商标相同或者近似，但它们不是用在同一种商品或者类似商品上，那么也不影响该商标的注册申请，但驰名商标例外。

第三节　商标注册的原则

在我国申请商标注册，应遵循商标法规定的注册原则。商标注册原则主要体现为以下几个方面：

一、注册原则

注册原则是指商标专用权通过注册取得。申请的商标符合法律规定的，经过商标局核准，申请人便取得该商标的专用权，受法律保护。未注册的商标，虽然可以使用，但使用者对其不享有专用权。

二、自愿注册和强制注册相结合的原则

自愿注册原则是指商标使用人根据需要，自行决定是否申请商标注册。愿意注册的就申请注册，注册后的商标受法律保护，商标权人享有商标专用权。未注册的商标不得与他人的注册商标相冲突。《商标法》规定，在实行商标自愿注册的同时，对少数商品上使用的商标实行强制注册，如烟草制品的商标必须申请注册，未经核准注册的，不得在市场上销售。可见，我国《商标法》实行的是自愿注册和强制注册相结合的原则。这种规定，一方面，尊重了商标使用人的意愿；另一方面，又有利于促使生产企业保证商品质量，便于商标管理机关进行监管。

三、申请在先和使用在先相结合的原则

申请在先原则是指以申请日期为依据，受理在先申请人的商标注册申请，驳回在后申请人的申请。这种原则，在实践中容易操作，因此，实行注册制度的国家都采用申请在先的原则。《商标法》第 31 条规定："两个或者两个以上的商标注册申请人，在同一种商品或者类似商品上，以相同或者近似的商标申请注册的，初步审定并公告申请在先的商标；同一天申请的，初步审定并公告使用在先的商标，驳回其他人的申请，不予公告。"由此可知，我国商标申请

采用的是以在先申请原则为主，同时以使用在先原则为补充。

第四节 商标注册的申请

商标的注册申请，是取得商标专用权的前提。我国《商标法》对申请商标注册的要求和程序作了明确的规定。

一、申请商标注册的要求

申请注册的商标，要符合下列规定，才能取得注册：

1. 按照《商品分类表》填报。申请商标注册，应当按《商品分类表》填报使用商标的商品类别和商品名称。也即指，申请人在填写申请书时，应当指定在哪一类别的哪些商品上和服务项目上使用该注册商标；填报的依据是《商品分类表》。商品分类表是划分商品和服务类别，确定商品名称的主要依据。国家工商管理局在1963年制定了《商品分类表》，该分类表是以原材料为标准进行的分类，由于经济的发展，新的商品没有相适应的类别，造成商标注册和管理的困难；另外，为适应我国企业到国外申请注册，1988年11月，我国正式采用《商品注册用商品和服务国际分类》，该文件是1975年6月15日在法国尼斯签订的，故又称《尼斯协定》。

2. 同一申请人在不同类别的商品上使用同一商标的，应当按《商品分类表》提出注册申请。《商标法》的这一规定要求，申请人在填报一份申请书时，只能申请注册一件商标，即所谓“一件商标一份申请”，1993年修改后的《商标法》，取消了分类申请的限制，允许申请注册的同一商标用于不同类别的商品上。

3. 注册商标需要在同一类的其他商品上使用的，应当另行提出注册申请。因为注册商标的专用权，仅限于经商标局核准的商品上使用，商标权人要扩大使用范围，如扩大到同类的其他商品或服务上，就应当重新提出注册申请，才能得到商标的专用权。

4. 注册商标需要改变其标志的，应当重新提出注册申请。商标一旦被注册，非经申请，在使用时不允许变更其构成要素；否则，不仅有可能丧失其商标权，而且有可能侵犯他人的商标专用权。

5. 注册商标需要变更注册人的名义、地址或者其他注册事项的，应当提出变更申请。这一规定有助于对注册商标进行管理和保护。商标注册人名义的变更，会影响到商标专用权的归属，如果不办理变更手续，则商标权还归原来的商标所有人；如果地址变更了不及时办理变更手续，则商标管理机关就会失去和商标权人的联系。

6. 商标申报的事项和提供的材料应当真实、准确和完整。申请人应当如实填报各种事项，提供的材料应当准确和完整，不得弄虚作假。对药品商标的申请注册，应当附送卫生行政部门发给的《药品生产企业许可证》或《药品经营企业许可证》；申请卷烟、雪茄烟和有包装的烟丝的商标注册，应当附送国家烟草主管机关批准生产的证明文件。

二、商标申请的优先权

优先权是指《巴黎公约》成员国的国民，向一个缔约国首先提出申请后，可以在一定期限（发明和实用新型为 12 个月，外观设计和商标为 6 个月）内，向所有其他缔约国申请保护，并以第一次申请的日期作为其在后提出申请的日期。申请人第一次提出申请的日期为优先权日。优先权是《巴黎公约》的一项重要原则，它主要体现在对工业产权保护的申请程序上有特别的规定。中国在 1985 年加入了《巴黎公约》。2001 年修改后的《商标法》增加了商标申请优先权的内容。根据《商标法》的规定，商标优先权应当具备实质要件和形式要件。

要求商标优先权的实质要件是：（1）要在规定的优先权期限内提出，即在外国第一次提出商标注册申请之日起 6 个月内，超过 6 个月，就有可能丧失优先权。（2）必须是同一商标使用在相同商品上。如果申请时是同一商标，但用于不同的商品上，或者是不同的商标使用在相同的商品上，都不能申请优先权。（3）申请国应当是巴黎公约成员国或者同中国签订有双边协议或按照互惠原则，才能申请优先权。

要求商标优先权的形式要件为：（1）向中国提出商标注册申请的时候要提出书面声明。（2）在 3 个月内提交第一次提出的商标注册申请文件的副本；未提出书面声明或者逾期未提交商标注册申请文件副本的，视为未要求优先权。要求优先权的，申请人提交的第一次提出商标注册申请文件的副本应经受理该申请的商标主管机关证明，并注明申请日期和申请号。

三、关于国际展览会的商标优先权

2001 年修改后的《商标法》新增了一项内容，即第 26 条的规定：“商标在中国政府主办的或者承认的国际展览会展出的商品上首次使用的，自该商品展出之日起 6 个月内，该商标的注册申请人可以享有优先权。依照前款要求优先权的，应当在提出商标注册申请的时候提出书面声明，并且在3个月内提交展出其商品的展览会名称、在展出商品上使用该商标的证据、展出日期等证明文件；未提出书面声明或者逾期未提交证明文件的，视为未要求优先权。”《商标法实施条例》第20条规定，依照《商标法》第25条规定要求优先权的，申请人提交的证明文件应当经国务院工商行政管理部门规定的机构认证；展出其商品的国际展览会是在中国境内举办的除外。

四、申请商标注册应提交的文件及费用

申请商标注册，应当向国家工商局商标局交送《商标注册申请书》、商标图样、黑白墨稿，附送有关证明文件并交纳费用。

1.《商标注册申请书》。申请商标注册要填写申请书，具体要求有：（1）一份申请一件商标。在一份申请书上只能填写一件商标，商标名称要与商标图样一致。一份申请书上可以包括若干个类别。对难以确定类别的商品和服务，应附加说明。（2）商品的名称应当按照《商品分类表》中的商品名称来填写。如果是新商品，则应当附加说明。（3）申请人的名称，应当与营业执照上的名称一致。（4）填写的地址，应当是申请人的实际的详细地址。（5）委托商标代理机构办理的，应当提交1份《商标代理委托书》。

2. 商标图样。申请人应提交商标图样的具体要求为：（1）申请人应提交商标图样5份，图样的长和宽不大于10厘米，不小于5厘米。（2）商标图样应当清晰，便于粘贴，用光洁耐用的纸张印制或者用照片代替。（3）指定保护颜色的商标，应当交送着色图样5份，并附送黑白墨稿1份。（4）以三维标志申请注册商标的，应当在申请书中予以声明，并提交能够确定三维形状的图样。以颜色组合申请注册商标的，应当在申请书中予以声明，并提交文字说明。商标为外文或者包含外文的，应当说明含义。

3. 证明文件。在申请商标注册时，应提交的证明文件主要有：（1）商标法规定必须使用注册商标的商品以及一些特殊行业的商品所需要的证明文件。如人用药品、烟草制品应附送相关部门批准的证明文件。（2）国内的报刊、杂志申请商标注册的，应当提交新闻出版部门发给的全国统一刊号的报刊登记证。内部发行的报纸、杂志名称，不作为商标申请注册专用。（3）申请办理证明商标和集体商标的，还应提交证明商标和集体商标的申请人主体资格证明和商标使用管理规则。（4）申请的商标为人物肖像的，应当提供人物肖像人的授权并经公证机关公证。

第五节　商标注册的审查和核准

对符合《商标法》规定的商标申请，商标局应予以受理并开始对其进行审查。对商标申请进行审查，是商标能否核准注册的关键。核准注册是申请人获得商标专用权的法律依据。世界各国对商标的审查主要采取两种方式：一种为不审查制，又称形式审查制；另一种为审查制，即不仅要进行形式审查，而且还要进行实质审查。目前大多数国家采用审查制，我国《商标法》也采用审查制。商标注册的审查和核准的具体程序如下。

一、商标注册的形式审查

形式审查是指对商标注册的申请进行审查，看是否具备法定条件和手续，从而确定是否受理该申请。形式审查主要审查以下几个方面的内容：

1. 申请人的资格和申请程序。如果申请人不具备主体资格或超越了法人行为能力范围，则不能办理商标注册申请。

2. 申请文件。审查申请人提交的文件是否齐全，所填写的内容是否符合要求，是否已交纳了有关费用。

3. 申请是否符合商标申请的有关原则。审查申请人填写申请书时是否按照“一份申请一件商标”等原则进行申请。

4. 商标的申请日期，编写申请号。商标注册的申请日期，以商标局收到申请文件的日期为准。申请手续齐备并按照规定填写申请文件的，编写申请号，发给《受理通知书》；申请手续不齐备或者未按照规定填写申请文件的，予以退回，申请日期不予保留。申请手续基本齐备或者申请文件基本符合规定，但是需要补正的，商标局通知申请人予以补正，限其自收到通知之日起30日内，按照指定内容补正并交回商标局。在规定期限内补正并交回商标局的，保留申请日期；期满未补正的，视为放弃申请，商标局应当书面通知申请人。

两个或者两个以上的申请人，在同一种商品或者类似商品上，分别以相同或者近似的商标在同一天申请注册的，各申请人应当自收到商标局通知之日起30日内提交其申请注册前在先使用该商标的证据。同日使用或者均未使用的，各申请人可以自收到商标局通知之日起30日内自行协商，并将书面协议报送商标局；不愿协商或者协商不成的，商标局通知各申请人以抽签的方式确定一个申请人，驳回其他人的注册申请。商标局已经通知但申请人未参加抽签的，视为放弃申请，商标局应当书面通知未参加抽签的申请人。商标的使用，包括将商标用于商品、商品包装或者容器以及商品交易文书上，或者将商标用于广告宣传、展览以及其他商业活动中。

二、商标注册的实质审查

实质审查是指对申请注册的商标的构成要素是否符合法定条件，以及商标是否混同等进行的审查。实质审查是商标申请能否取得授权的关键环节。实质审查的内容主要有：

1. 商标的种类和显著特征是否符合《商标法》规定，否则驳回申请，不予注册。

2. 商标的构成要素是否违背《商标法》规定的禁用条款，违者予以驳回。

3. 商标是否与他人在同一种或类似商品上注册的商标相同或相似。

三、初步审定并公告

经商标局审查，凡是符合上述条件的商标，予以初步审定并公告。初步审定是指商标局对申请注册的商标经过认真审查，符合《商标法》的有关规定，作出可以初步核准的审定。初步审定的商标尚不具有商标专用权，要先在《商标公告》上公布，广泛征求社会公众的意见。

如果申请注册的商标不符合以上条件的，商标局发给《驳回通知书》；如果商标局认为商标申请书可以修正，则发给《审查意见书》，限其在收到通知之日起15日内予以修正；未作修正、超过期限修正或修正后仍不符合《商标法》有关规定的，驳回申请，发给申请人《驳回通知书》。对驳回申请、不予公告的商标，商标局应当书面通知商标注册申请人。商标注册申请人不服的，可以自收到通知之日起15日内向商标评审委员会申请复审，由商标评审委员会作出决定，并书面通知申请人。当事人对商标评审委员的决定不服的，可以自收到通知之日起30日内向人民法院起诉。

四、异议及异议的复审

1. 申请商标的异议程序。所谓异议，是指任何人对某一经过初步审定并公告的商标，在法定期限内，向商标局提出该商标不予注册的反对意见，即要求商标局在规定的3个月异议期满后不要核准该商标注册。设定异议程序的目的在于提高商标审查工作的准确性，有助于发现问题，纠正初步审定可能发生的错误。

对申请异议的主体，第三次修改前的《商标法》规定：任何人均可申请。第三次修改后的《商标法》对申请异议的主体和理由作了限定和区分。《商标法》第33条规定，对违反禁止注册的绝对理由，如第10条、第11条、第12条规定的初步审定公告的商标，自公告之日起3个月内，任何人均可以向商标局提出异议；而对违反禁止注册的相对理由，如第13条第2款和第3款、第15条、第16条第1款、第30条、第31条、第32条规定的，只有在先权利人和利害关系人才可以向商标局提出异议。公告期满无异议的，予以核准注册，发给商标注册证，并予公告。

《商标法》第35条规定，对初步审定公告的商标提出异议的，商标局应当听取异议人和被异议人陈述事实和理由，经调查核实后，自公告期满之日起12个月内作出是否准予注册的决定，并书面通知异议人和被异议人。有特殊情况需要延长的，经国务院工商行政管理部门批准，可以延长6个月。本条关于时间的规定也是第三次《商标法》修改后增加的内容，目的在于敦促商标确权机关及时进行审查，同时也便于申请人了解相关信息配合其生产经营活动。

2. 异议的复审。对驳回申请、不予公告的商标，商标局应当书面通知商标注册申请人。商标注册申请人不服的，可以自收到通知之日起15日内向商标评审委员会申请复审。商标评审委员会应当自收到申请之日起9个月内作出决定，并书面通知申请人。该条规定是第三次修改后的《商标法》新增的内容，对商标评审委员会决定的时限作出了9个月的要求，但对有特殊情况需要延长的，经国务院工商行政管理部门批准，可以延长3个月。当事人对商标评审委员会的决定不服的，可以自收到通知之日起30日内向人民法院起诉。

第三次《商标法》修改后，在程序方面的一个重大变化是：商标申请初审公告后，针对异议人提出异议的，商标局经过核实后可直接作出准予注册决定，发给商标注册证，并予公告。在程序上取消了商标局的裁定和商标评审委员会的复审裁定环节。修改后的规定可以大大缩短商标申请的审批时间，减少核准的程序和环节，有利于申请人尽快取得商标注册。如果异议人不服的，则可以依照《商标法》第44条、第45条的规定向商标评审委员会请求宣告该注册商标无效。

针对商标局作出不予注册的决定，被异议人不服的，可以自收到通知之日起15日内向商标评审委员会申请复审。商标评审委员会应当自收到申请之日起12个月内作出复审决定，并书面通知异议人和被异议人。有特殊情况需要延长的，经国务院工商行政管理部门批准，可以延长6个月。被异议人对商标评审委员会的决定不服的，可以自收到通知之日起30日内向人民法院起诉。人民法院应当通知异议人作为第三人参加诉讼。

商标评审委员会在依照前款规定进行复审的过程中，所涉及的在先权利的确定必须以人民法院正在审理或者行政机关正在处理的另一案件的结果为依据的，可以中止审查。中止原因消除后，应当恢复审查程序。

五、商标的核准注册

《商标法》第36条规定，对初步审定并公告的商标，法定期限届满后，当事人对商标局作出的驳回申请决定、不予注册决定不申请复审或者对商标评审委员会作出的复审决定不向人民法院起诉的，驳回申请决定、不予注册决定或者复审决定生效。

经审查异议不成立而准予注册的商标，商标注册申请人取得商标专用权的时间自初步审定公告3个月期满之日起计算。核准注册是申请人取得商标专用权的决定性环节。商标获准注册后，由商标局将核准的商标和核定使用的商品登记在《商标注册簿》上，并刊登在商标注册公告上；同时颁发商标注册证，自始注册商标受法律保护，注册人享有商标专用权。

在商标公告期满之日起至准予注册决定作出前，针对他人在同一种或者类似商品上使用与该商标相同或者近似的标志的行为，是否构成侵权？《商标法》第36条第2款新增规定，这类行为不具有追溯力，因为商标权利还未产生，不具有排他效力；但是，因该使用人的恶意给商标注册人造成的损失，应当给予赔偿。

第六节　商标国际注册

为了方便中国的企业和个人到国外申请商标国际注册，进一步拓展对外贸易，保护商标权人的利益，我国于1989年7月4日加入《商标国际注册马德里协定》（以下简称《协定》），该《协定》于同年10月4日在我国生效。1995年9月1日中国又加入了《商标国际注册马德里协定有关议定书》（以下简称《议定书》），中国是第4个加入该《议定书》的国家，该《议定书》于同年12月1日在我国生效。为配合上述两个公约在中国的实施，国家工商行政管理局于1996年5月24日发布了《马德里商标国际注册实施办法》。该办法实行7年后，国家又发布了新的《马德里商标国际注册实施办法》，并于2003年6月1日生效，1996年的”办法“同时废止。

一、商标国际注册及其意义

商标国际注册，是指根据《协定》或《议定书》的规定，由其成员国的法人或自然人，通过本国商标主管部门向设在瑞士日内瓦的世界知识产权组织国际局提交的，可以同时在除申请人所在国之外的其他成员国要求取得领土延伸保护的商标注册申请。经过《协定》或《议定书》规定的审查程序，由国际局在《国际注册簿》上予以登记，在国际局编发《国际商标公告》上进行公告，并发给注册人《商标国际注册证》。这一系列行为的过程称为商标国际注册。

商标国际注册的意义主要体现为费用低廉、手续简便、时间快捷。从国际注册日起，如果被指定国在规定的期限内（依照《协定》为 12 个月，依照《议定书》为 18 个月）没有向国际局发出驳回通知，该商标将在该指定国自动得到保护。

二、申请商标国际注册的资格和条件

1. 以中国为原属国申请商标国际注册的，应当在中国设有真实有效的工商营业场所，或者在中国有住所，或者拥有中国国籍。

2. 申请人的商标已经在国务院工商行政管理部门商标局获得注册的，可以根据《协定》或《议定书》申请该商标的国际注册。如果已经向商标局提出商标注册申请的，可以根据《议定书》申请该商标的国际注册。

三、商标国际注册的程序

办理商标国际注册的程序主要分为以下几个步骤：

第一，申请人应向国家商标局提出马德里国际商标注册申请，并将有关各项文件递交商标局。

第二，国家商标局在收到申请文件后，认为手续齐备并符合规定填写要求的，编定申请号，并以此日期作为商标国际注册的申请日期；认为手续基本齐备或者申请书件基本符合规定的，但仍需要补正的，商标局通知申请人或者其代理人在收到通知之日起的 15 日内予以补正，未补正的或逾期的，该申请视为放弃，商标局书面通知申请人。商标局以邮寄形式向当事人送达补正通知的日期，以当事人收到补正通知的邮戳日为准。邮戳日不清晰或者没有邮戳的，或者没有被邮局退回的，自通知发出之日起满 15 日，视为送达当事人。认为手续不齐备或者申请书件不符合规定的，商标局退回申请

书，申请日不予保留。

第三，国家商标局在收到手续资料齐备的申请文件后，即登记申请日期，编申请号，按当月第一天的银行外汇汇率折算，计算申请人所需缴纳的人民币费用，向申请人发送《收费通知单》。

第四，国内申请手续齐备后，国家商标局在30日内将申请文件翻译整理成法文或英文文件以及相应的注册申请规费递交世界知识产权组织国际局。

第五，世界知识产权组织国际局在收到我国国家商标局递交的商标国际注册申请和申请费用后，仅对该国际注册申请进行形式审查，包括依照尼斯分类划分商品和服务的类别，如果认为手续齐备，申请书件符合有关规定，一切妥当之后，即编号，将带有国际注册号码和国际注册日期的商标登记在《国际注册簿》里。

第六，申请国际注册的商标，一经在国际局的《国际注册簿》上登记后，即由国际局负责将该商标刊登在世界知识产权组织《国际商标公告》上并给申请人颁发国际注册证书，至此过程，一般需3至4个月的时间。公告期为3个月，任何人均可以对该公告刊登的指定国家的领土延伸申请向该所属国商标主管局提出异议。

第七，国际商标注册在《国际注册簿》上登记后，国际局就此国际商标注册申请发通知给被申请人要求指定保护此商标的国家。

《协定》缔约方被指定国的商标主管局有1年时限，《议定书》缔约方被指定国的商标主管局有18个月时限（因异议而时限可能更长），根据其国内法律来对该国际商标注册申请在本国进行实质审查，决定是否予以保护。若根据其国内法律存在驳回的理由，则该国商标主管局可以拒绝对该国际注册申请的商标在本国给予领土延伸的保护。在这种情况时，被指定国的商标主管局应比照其国内直接申请时所适用的法律而让该国际商标注册申请人享有与本国人相同的国内审查程序，以及相同的驳回、异议、复审和上诉程序。

当所申请的商标国际注册被该指定国的权力机关终局驳回后，该指定国家的商标主管局会及时将该终局驳回通知国际局。国际局则将该驳回通知转交该国际商标注册申请人所属国的国家商标主管局和该国际商标注册申请人。

如果在上述规定的期限内，被指定国没有向国际局发出对该商标的驳回通知，或是发出驳回通知后又随之撤销此驳回通知，那么这一商标的国际注册在被指定国就享有与在该国国家注册簿上所注册的商标同等的保护。

四、商标国际注册保护期

根据《协定》，申请商标国际注册的有效期限为20年，可以一次性缴费，也可以分前10年和后10年两次缴费，20年期满可以续展注册。根据《议定书》，申请商标国际注册的有效期限为10年，10年期满可以续展注册。

第二十二章　商标权的内容

第一节　商标权人的权利

一、商标权的概念和特征

（一）商标权的概念

商标权是指商标所有人依法对其注册商标所享有的专有权。《商标法》第3条规定，经商标局核准注册的商标为注册商标，商标注册人享有商标专用权，受法律保护。由此可见，我国商标权的取得是根据注册原则确定的，商标权实际上就是指注册商标专用权。

注册商标与未注册商标的法律地位不同。未注册商标是指没有经过国家商标局核准注册而自行使用的商标。我们国家允许使用未注册商标，但它不享有商标专有权。在实际生活中，一方面，未注册商标使用人不得对抗其他人的使用；另一方面，如果未注册商标使用人不申请注册，那么他人就有可能抢先申请注册并取得商标的专用权。

（二）商标权的特征

1. 国家授予性。商标权的取得，要经过申请人的申请、国家主管机关的审批、核准公告之后才能获得。商标权是国家授予的，不是自动取得的。

2. 权利内容的单一性。商标权尽管是一种民事权利，但其权利内容比较单一，不包含人身权，只有财产权。关于商标的设计而产生的人身权利，属于著作权法调整的范畴。

3. 时间的相对永久性。商标权是一种知识产权，其保护期也有时间的限制。但这种限制不同于专利权和著作权。按照《商标法》的要求，商标权人只能在注册商标的有效期内享有商标专用权。商标有效期届满，应当进行续展注册；否则，该商标就不再受法律保护。对商标权人而言，只要每次有效期届满前及时申请商标续展，该注册商标就可能永远被保护。但专利权和著作权的保护期一旦届满，其智力成果就进入公有领域，权利人丧失专用权。与专利权和著作权相比，商标权在时间上可称为一种相对永久权。

二、商标权的具体内容

商标权的内容是指商标权人对其注册商标依法所享有的一系列权利。主要包括以下内容：

1. 使用权，是指商标权人自己对其注册商标的使用权利，如在商品或其外包装上使用，在商业文件、发票、说明书上使用等。

2. 转让权，是指商标权人依照法定程序，将其所有的注册商标转让给他人的权利。

3. 许可权，是指商标权人通过签订使用许可合同，许可他人使用其注册商标的权利。

4. 续展权，是指注册商标期满时可继续申请商标法给予保护，从而延长其保护期限的权利。

5. 禁止权，是指商标权人禁止他人使用其注册商标的权利。

6. 出质权，是指商标权人将其注册商标向金融机构出质，实施贷款融资的权利。

第二节　商标权的续展与限制

一、商标权的续展

各国商标法对注册商标的有效期都有规定，但时间的长短不同，如在英国及沿袭英国制度的一些国家，商标权的保护期为 7 年，从注册之日起计算；美国则为 20 年。

我国注册商标的有效期为 10 年，自核准注册之日起计算。在规定商标权保护期限的同时，《商标法》又对注册商标的续展作了规定。

（一）商标权续展的含义

商标权的续展，是指注册商标所有人为了在注册商标有效期满后，继续享有注册商标专用权，按规定申请并经批准延续其注册商标有效期的一种制度。商标权的续展制度有利于商标所有人根据自己的经营情况来进行选择，或者延长注册商标有效期，或者通过不续展的方式放弃一些商标权。

（二）商标权续展的程序

注册商标有效期满，需要继续使用的，应当在期满前12个月内申请续展注册；在此期间未能提出申请的，可以给予6个月的宽展期。宽展期满仍未提出申请的，注销其注册商标。每次续展注册的有效期为10年，自该商标上一届有效期满次日起计算。续展的次数不受限制。申请注册商标续展的条件和程序应当按照《商标法》及其实施条例的规定办理。

二、商标权的限制

商标权的限制是指因商标权人和他人的权利及社会公众利益发生冲突，为了平衡各方的利益，在某些情形下，法律对商标权人权利的行使和保护作出限制的规定。① 商标权同其他知识产权一样，不仅有地域性、时间性、专有性等限制，还应当从权利内容方面加以限制。本书商标权的限制主要包括商标合理使用、商标连带使用、商标先用权等。

（一）商标合理使用

1. 商标合理使用的含义。商标合理使用（fair use）是指在一定条件下，使用他人的注册商标，不视为侵犯商标权的一种行为。同专利权和著作权的合理使用制度一样，商标合理使用是一种重要的侵权抗辩事由。商标合理使用在许多国家的商标法中均有规定。我国《商标法》在2001年修改前未规定商标权的合理使用问题。国家工商行政管理局根据多年的实践经验，于1999年12月29日发布了《关于商标行政执法中若干问题的意见》，其中第9条就规定了商标合理使用的内容，明确指出下列行为不属于商标侵权：（1）善意地使用自己的名称或者地址；（2）善意地说明商品或者服务的特征或者属性，尤其是说明商品或者服务的质量、用途、地理来源、种类、价值及提供日期。考虑到修改后的商标法允许商品的通用名称和叙述性词语，经过使用获得显著特征可以作为商标注册的规定，《商标法实施条例》第49条专门规定："注册商标中含有的本商品的通用名称、图形、型号，或者直接表示商品的质量、主要原料、功能、用途、重量、数量及其他特点，或者含有地名，注册商标专用权人无权禁止他人正当使用。"2013年第三次修改后的《商标法》将《商标法实施条例》第49条的规定作了提升，在该法第59条第1款规定了合理使用条款。

2. 商标合理使用的条件。根据上述商标法的规定，商标合理使用必须符

① 参见吴汉东主编：《知识产权法学》，法律出版社2004年版，第220页。

合以下条件：

（1）使用者主观上出于善意。他人在商业活动中善意使用自己的名称或者地址，主观上没有搭便车或侵权的动机。

（2）使用者未将其作为商标使用。使用者以善意的、正常的方式说明或表示自己的商品或服务的名称、种类、质量、产地等特点，不可避免地使用注册商标所含的文字、词语等，没有将其作为商标使用。

（3）使用者有自己的商标。在善意的使用他人的注册商标时，使用者同时也标注了自己的商标。

（4）使用目的不会造成混淆。使用者善意地使用他人的注册商标，不是出于不正当竞争的目的。除标有自己的商标外，不会造成和商标权人存在某种关系的联想，或者造成相关公众的混淆和误认。

（二）商标连带使用

1. 商标连带使用及其表现形式。商标连带使用是指在商业活动中，使用者为了说明有关的真实信息，在产品或服务上使用他人商标的行为。在一定条件下，商标的连带使用如未引起消费者的混淆，则该行为是合法的，不构成商标侵权。

在实际生活中，商标连带使用的方式很多，如汽车生产商保留其采购的发动机的原有商标；比较广告中用他人的商标来说明被比较的产品；网络链接的标识通常也是商品或服务的商标等。例如DELL公司生产的电脑内置Intel的CPU，并在电脑机身上标注“Intel Inside”。这种使用就是对Intel商标的连带使用，目的在于说明该电脑使用了Intel的CPU，消费者并不会误认为该电脑是由Intel公司生产的。戴尔公司的这种行为也不会侵犯英特尔公司的商标权。

2. 我国关于商标连带使用的立法及实践。在我国汽车零部件销售行业和一些汽车维修站点，常见一些零售商店和维修点未经商标权人许可，擅自在其门面招牌上使用某些中外汽车的注册商标，如“××专卖”、“××专营”、“××专修”等字样，使消费者误认为他们和某汽车制造商有某种关联。这种行为就超出了商标连带使用的范围。同时，这种行为，给商标注册人的商标专用权造成了一定损害。为了解决这个问题，国家工商局在1996年6月10日下发《关于禁止擅自将他人注册商标用作专卖店（专修店）企业名称及营业招牌的通知》，通知指出：未经商标注册人允许，他人不得将其注册商标作为专卖店、专营店、专修店的企业名称或营业招牌使用；商品销售网点和提供某种服务的站点，在需说明本店经营商品及提供服务的业务范围时，可使用“本店修理××产品”、“本店销售×× 西服”等叙述性文字，且其字体应一致，不得突出其中商标部分。

从上述规定可以看到，汽车零部件销售店和汽车维修商为了说明自己提供对哪些车型的汽车部件销售和维修，可以在店外使用他人的注册商标，这种行为属于商标的连带使用，不构成侵权。但如果使用“特约维修点”、“指定专营店”等字眼，就超出了商标连带适用的范围，因为使用的结果容易使消费者对商品或服务来源产生误认。

（三）商标先用权

1. 商标先用权的概念。商标先用权，是指那些在他人获得商标权之前已经使用该商标的所有人，享有在原有范围内继续使用该商标的权利。该权利的设置，主要是为保护那些已在市场上建立一定声誉但未注册的商标所有人的利益。商标先用权制度的存在有其一定的合理性。从商标法的历史发展来看，经历了由使用产生权利到注册产生权利的变迁。各国商标法在赋予商标注册权的同时，在一定程度上保留了商标在先使用人的权利。商标先用权制度主要存在于只认可商标权注册产生的国家和地区。商标先用权制度是为克服登记注册制度的缺陷而设计的一种补救措施。

为平衡注册商标权人与商标在先使用人之间的利益，一些国家的商标法中规定了商标先用权制度。2013 年，我国第三次修改通过的《商标法》确立了商标先用权规则，该法第 59 条第 3 款规定：“商标注册人申请商标注册前，他人已经在同一种商品或者类似商品上先于商标注册人使用与注册商标相同或者近似并有一定影响的商标的，注册商标专用权人无权禁止该使用人在原使用范围内继续使用该商标，但可以要求其附加适当区别标识。”该规定是本次商标法修改后新增的内容，具有非常重要的意义和价值，宣示了商标先用权规则首次在我国《商标法》中得到确立，在一定意义上确认了在先使用的未注册商标的法律地位及其相应的权益，对学界和司法界一直争议不断的对未注册商标的保护给予了肯定的回答，承认了我国现阶段未注册商标在市场经济条件下的存在有其客观必然性，较好地平衡了商标注册权人和在先使用的未注册商标人之间的利益。该条款的规定，吸纳和借鉴了其他国家的立法内容，不仅完善了我国的商标权限制制度，防止权利滥用，也为司法审判提供了依据。

2. 商标先用权的构成要件。由于我国实行的是注册确权，对未注册商标的在先使用人主张保护时，根据新法第 59 条第 3 款的规定要满足以下构成要件：

（1）具有在先使用的客观事实。在他人申请商标注册以前，在先使用人已经连续使用了该商标，这是构成商标先用权的首要条件，如果没有时间上的先用事实，就不会产生相关的权利。另外，在先使用人对该商标的使用应是连续性的，如果无正当理由而中断使用的，在他人注册后则不得继续使用，否则会破坏商标的注册原则，不利于对注册权利人的保护。当然，这里的在先使用的“使用”应是强调商标在商品或服务上的实际使用和投放市场，是连续一定时期的使用并产生了商标的识别功能，而不是象征性地使用。如果连续3年停止使用的，则原使用人不得再继续使用。

（2）在先使用的商标相同或近似且使用的商品相同或类似。注册商标专用权的保护范围是以核准注册的商标和核定使用的商品为限。如果在先使用的商标与注册商标不构成相同或者近似，或者使用的商品不是同类或类似商品，那么商标先使用人当然有权继续使用，甚至可以申请注册取得商标权。换言之，只有当在先使用人与他人注册商标相同或近似，并且使用在同类或类似商品或服务上的情况下，才会产生争议和纠纷，从而产生了商标先用权制度。

（3）在先使用的商标应有一定影响。2013年《商标法》对在先使用商标附加了“有一定影响”的要求，即具有一定的市场知名度和美誉，但并没有要求必须达到驰名的程度，因为《商标法》第13条第2款已经规定了对未在中国注册的驰名商标给予相应的保护。从我国注册确权的原则出发，对只有具有一定知名度的未注册商标才给予特别的关照和保护。

第二十三章　商标权的终止

商标权终止，是指由于法定原因导致商标权灭失，不再受法律的保护。商标权终止的原因主要有注销、撤销和无效三种情形。

第一节　商标权的注销

一、商标权注销的含义及类型

商标权的注销，是指商标权所有人自愿放弃注册商标而被商标局终止其商标权的一种形式。商标权作为一种私权，法律允许商标注册人自由处分自己的权利。

根据我国法律的规定，导致商标权注销的类型有：

1. 注册商标所有人自愿放弃其商标权。商标法尊重个人自愿注销商标权的愿望。

2. 商标注册人消亡，在法律规定的期限内无人要求继承注册商标的，商标局注销其注册商标。主体消亡并不能当然导致商标权的消失，有关的自然人和法人在履行相应的法律手续后可以继受该商标。

3. 注册商标的有效期届满，且宽展期已过，注册人未提出续展申请，或续展申请未被批准的，该注册商标权自有效期届满之日起丧失。

二、商标权注销的程序

商标注册人申请注销其注册商标或者注销其商标在部分指定商品上的注册的，应当向商标局提交商标注销申请书，并交回原《商标注册证》。该注册商标专用权或者该注册商标专用权在该部分指定商品上的效力自商标局收到其注销申请之日起终止。

在实践中为避免无主商标占用注册簿，《商标法实施条例》第 47 条规定，商标注册人死亡或者终止，自死亡或者终止之日起 1 年期满，该注册商标没有办理移转手续的，任何人可以向商标局申请注销该注册商标。提出注销申请的，应当提交有关该商标注册人死亡或者终止的证据。

第二节　商标权的撤销

一、商标权撤销的含义及其类形

商标权撤销是指商标主管机关对违反商标法有关规定的行为给予处罚，终止其原注册商标权的一种行政制裁手段。

根据2013年《商标法》第49条第1款的规定，商标注册人有下列行为之一的，由商标局责令限期改正，期满不改正的，撤销其注册商标：

1. 自行改变注册商标的。大多数商标是由文字、图形或其组合构成的，在一般情况下，不允许申请人在使用过程中自行改变其注册商标。

对于注册的文字商标是否允许部分改动？国家商标局在1994年对印刷体注册商标的使用问题作出了规定：第一，印刷体注册商标使用非印刷体，可不作为《商标法》第44条第（1）项所属的行为，法律不予禁止。第二，由于汉字的行草隶篆等字体很多，特别是有人利用不规范的字体，故意模仿他人注册商标字体与字形，应予禁止。如果在同一种或类似商品上与他人注册商标产生相同或近似的，应按照商标侵权严肃查处。第三，在商标管理环节中，判定他人商标与其注册商标相同或近似，仍以其核准注册的印刷体商标为准。第四，为了加强商标管理，应告诫企业使用中最好不要改变其注册商标的原样。如需要使用其他字体的，最好申请注册，以免发生不必要的纠纷。

2. 自行改变注册商标的注册人名义、地址或者其他注册事项的，由地方工商行政管理部门责令限期改正；期满不改正的，由商标局撤销其注册商标。

3. 注册商标成为其核定使用的商品的通用名称。注册商标应具有显著性，如果某个商标已成为该类商品或者服务的通用名称，则会丧失显著性，为了社会公众利益，法律则不会提供其专用权的保护，任何人都可使用。

4. 没有正当理由连续3年不使用的。商标的价值在于使用，如果某个注册商标连续3年不使用，不仅无法实现其识别功能，占用有限的商标资源，而且也会导致其商标权被撤销。但如果商标权人能够证明其有正当理由的除外。

2013年《商标法》第49条第2款规定，商标注册人有上列第三种或第四种行为的，任何单位或者个人可以向商标局申请撤销该注册商标。

为敦促权利人商标注册后及时使用，多数国家的商标法均规定了对超过3

年或5年以上不使用的注册商标予以撤销的制度。但为了保障商标权人的利益，《与贸易有关的知识产权协议》及部分国家又规定：如果能够举证证明不使用有正当理由，可免于被撤销①。因为注册商标在法定期限内未使用的缘由是多方面的，有注册人自身的原因，如企业破产、转产等，也有一些因注册人所不能控制的原因导致商标不能及时投入使用，如政府的进口管制、行政审批手续要求，以及严重自然灾害等不可抗力因素。撤销因注册人自身原因而长期闲置不用的注册商标是合理的，但如果是因为权利人不能控制的原因或商标不能实际使用有正当理由，撤销其商标注册则有失公平。可见，正当理由是注册商标所有人在一定期限内不使用注册商标的正当性根据，也是对抗被撤销的有效手段。

我国现行《商标法》对注册商标不使用的正当理由未有明确规定。为便于行政执法，国家工商行政管理总局在2005年12月31日公布的《商标审查及审理标准》中，对注册商标未使用的正当理由作了规定，具体包括：（1）不可抗力；（2）因政府政策性限制停止使用的；（3）因破产清算停止使用的；（4）其他不可归责于商标注册人的正当事由。在近年来的司法实践中，最高人民法院也对注册商标不使用的正当理由作了补充解释，除了上述不可抗力、政策性限制、破产清算等客观事由之外，对于有真实使用商标的意图，并且有实际使用的必要准备的，均可认定为有正当理由。② 但本书作者认为：不应将“因破产清算停止使用”作为注册商标未使用的正当理由之一，因为，《商标法》规定注册商标不使用撤销制度的本意在于促使商标权人利用注册商标从事生产经营活动，发挥商标的识别机能。若商标权人经营困难，甚至到了破产清算的状态，就说明积聚在商标上的信誉已经消失，无法再促进产业的进步，没有再维持其排他性使用权的足够理由。因此，本书认为，不应将破产清算作为注册商标不使用而被撤销的正当埋由。

---

① 《与贸易有关的知识产权协议》第19条之一规定：如果要将使用作为维持注册的前提，则只有至少3年连续不使用，商标所有人又未出示妨碍使用的有效理由，方可撤销其注册。如果因不依赖商标所有人意愿的情况而构成使用商标的障碍，诸如进口限制或政府对该商标所标示的商品或服务的其他要求，则应承认其为“不使用”的有效理由。

② 最高人民法院《关于审理商标授权确权行政案件若干问题的意见》第20第3款规定：如果商标权人因不可抗力、政策性限制、破产清算等客观事由，未能实际使用注册商标或者停止使用，或者商标权人有真实使用商标的意图，并且有实际使用的必要准备，但因其他客观事由尚未实际使用注册商标的，均可认定有正当理由。

二、商标权撤销的程序及救济

根据《商标法实施条例》及《商标法》第49条第2款的规定，任何单位或者个人可以向商标局申请撤销该注册商标，并说明有关情况。商标局应当自收到申请之日起9个月内作出决定。有特殊情况需要延长的，经国务院工商行政管理部门批准，可以延长3个月。商标局应当通知商标注册人，限其自收到通知之日起2个月内提交该商标在撤销申请提出前使用的证据材料或者说明不使用的正当理由；期满不提供使用的证据材料或者证据材料无效并没有正当理由的，由商标局撤销其注册商标。所使用的证据材料，包括商标注册人使用注册商标的证据材料和商标注册人许可他人使用注册商标的证据材料。

对商标局撤销或者不予撤销注册商标的决定，当事人不服的，可以自收到通知之日起15日内向商标评审委员会申请复审。商标评审委员会应当自收到申请之日起9个月内作出决定，并书面通知当事人。有特殊情况需要延长的，经国务院工商行政管理部门批准，可以延长3个月。当事人对商标评审委员会的决定不服的，可以自收到通知之日起30日内向人民法院起诉。

法定期限届满，当事人对商标局作出的撤销注册商标的决定不申请复审或者对商标评审委员会作出的复审决定不向人民法院起诉的，撤销注册商标的决定、复审决定生效。

被撤销的注册商标，由商标局予以公告，该注册商标专用权自公告之日起终止。

第三节 商标权无效

一、商标权无效的含义

商标权无效，是指已经注册的商标，发生了导致商标权无效的事由，商标局根据职权宣告该注册商标无效，或者由商标评审委员会根据其他单位或者个人的请求宣告该注册商标无效的制度。

我国1982年的《商标法》中没有设置这项制度。1993年《商标法》修订时增加了商标注册无效的裁定程序。2001年《商标法》保留了此项制度，在第五章“注册商标争议的裁定”中对注册不当商标和已注册的不应注册的商标的撤销以及注册商标争议的裁定作了具体规定。2013年8月《商标法》对该章作了较大的修改，将其第五章改为“注册商标的无效宣告”，对无效宣告的实体和程序内容做了相应的修改和规定，同时，较为明确地对撤销和无效行为作了区分。无效宣告程序与商标异议程序相结合，不仅能够极大地提高注册商标的质量，减少注册商标权利的冲突，而且有利于维护在先商标权人和受让人的合法权益。

二、商标权无效的类型

（一）违反禁止注册绝对理由的无效宣告

《商标法》第 44 条规定，已经注册的商标，有下列情形之一的，由商标局宣告该注册商标无效；其他单位或者个人可以请求商标评审委员会宣告该注册商标无效。

1. 不得作为商标使用的标志。《商标法》第 10 条规定，下列标志不得作为商标使用：（1）同中华人民共和国的国家名称、国旗、国徽、国歌、军旗、军徽、军歌、勋章等相同或者近似的，以及同中央国家机关的名称、标志、所在地特定地点的名称或者标志性建筑物的名称、图形相同的；（2）同外国的国家名称、国旗、国徽、军旗等相同或者近似的，但经该国政府同意的除外；（3）同政府间国际组织的名称、旗帜、徽记等相同或者近似的，但经该组织同意或者不易误导公众的除外；（4）与表明实施控制、予以保证的官方标志、检验印记相同或者近似的，但经授权的除外；（5）同“红十字”、“红新月”的名称、标志相同或者近似的；（6）带有民族歧视性的；（7）带有欺骗性，容易使公众对商品的质量等特点或者产地产生误认的；（8）有害于社会主义道德风尚或者有其他不良影响的。县级以上行政区划的地名或者公众知晓的外国地名，不得作为商标。但是，地名具有其他含义或者作为集体商标、证明商标组成部分的除外；已经注册的使用地名的商标继续有效。

2. 不得作为商标注册的标志。《商标法》第 11 条规定，下列标志不得作为商标注册：（1）仅有本商品的通用名称、图形、型号的；（2）仅直接表示商品的质量、主要原料、功能、用途、重量、数量及其他特点的；（3）其他缺乏显著特征的。

3. 不得作为立体商标申请注册的标志。《商标法》第 12 条规定，以三维标志申请注册商标的，仅由商品自身的性质产生的形状、为获得技术效果而需有的商品形状或者使商品具有实质性价值的形状，不得注册。

4. 以欺骗手段或者其他不正当手段取得注册的。如虚构、隐瞒事实真相或者伪造申请书件及有关文件，以欺骗手段进行注册的。

上述情形，属于禁止注册的绝对理由，任何人都可以请求商标评审委员会宣告该注册商标无效，申请的主体和时间没有限制。

商标局作出宣告注册商标无效的决定，应当书面通知当事人。当事人对商标局的决定不服的，可以自收到通知之日起 15 日内向商标评审委员会申请复审。商标评审委员会应当自收到申请之日起 9 个月内作出决定，并书面通知当事人。有特殊情况需要延长的，经国务院工商行政管理部门批准，可以延长 3 个月。当事人对商标评审委员会的决定不服的，可以自收到通知之日起 30 日内向人民法院起诉。

其他单位或者个人请求商标评审委员会宣告注册商标无效的，商标评审委员会收到申请后，应当书面通知有关当事人，并限期提出答辩。商标评审委员会应当自收到申请之日起 9 个月内作出维持注册商标或者宣告注册商标无效的裁定，并书面通知当事人。有特殊情况需要延长的，经国务院工商行政管理部门批准，可以延长 3 个月。当事人对商标评审委员会的裁定不服的，可以自收到通知之日起 30 日内向人民法院起诉。人民法院应当通知商标裁定程序的对方当事人作为第三人参加诉讼。

（二）违反禁止注册相对理由的无效宣告

《商标法》第 45 条规定，已经注册的商标，违反《商标法》第 13 条第 2 款和第 3 款、第 15 条、第 16 条第 1 款、第 30 条、第 31 条、第 32 条规定的，自商标注册之日起 5 年内，在先权利人或者利害关系人可以请求商标评审委员会宣告该注册商标无效。对恶意注册的，驰名商标所有人不受 5 年的时间限制。

1. 复制、模仿或者翻译他人的驰名商标。为了保护驰名商标所有人的合法权益，履行我国参加的国际公约的义务，2001 年和 2013 年《商标法》修改后，根据《巴黎公约》的要求，不仅在该法第 13 条第 2 款和第 3 款增加了对驰名商标保护的条款，而且还在第 45 条规定了对复制、模仿或者翻译他人驰名商标的无效宣告规定。就相同或者类似商品已注册的商标是复制、模仿或者翻译他人未在中国注册的驰名商标，容易导致混淆的；以及就不相同或者不相类似商品已注册的商标是复制、模仿或者翻译他人已经在中国注册的驰名商标，误导公众，致使该驰名商标注册人的利益可能受到损害的，自该商标注册之日起 5 年内，在先权利人或者利害关系人可以请求商标评审委员会宣告该注册商标无效；对恶意注册的，驰名商标所有人不受 5 年的时间限制。这种规定，符合国际公约的要求，加大了对驰名商标保护的力度。

2. 以自己名义将被代理人或者被代表人的商标进行注册。为了保护被代理人或者被代表人的利益，制裁恶意注册他人商标的行为，《商标法》规定，未经授权，代理人或者代表人以自己名义将被代理人或者被代表人的商标进行注册的，自该商标注册之日起5年内，在先权利或者利害关系人可以请求商标评审委员会宣告该注册商标无效。

3. 使用了误导公众的地理标志。已注册的商标中有商品或服务的地理标志，而该商品或服务并非来源于该标志所标识的地区，误导公众的，自该商标注册之日起5年内，在先权利人或者利害关系人可以请求商标评审委员会宣告该注册商标无效。

4. 损害了他人现有的在先权利。现有的在先权包括商品的外观设计专利权、著作权、厂商名称权、原产地名称权等。《商标法》规定：已注册的商标损害了他人现有的在先权利，自该商标注册之日起5年内，在先权利人或者利害关系人可以请求商标评审委员会宣告该注册商标无效。

5. 以不正当手段抢先注册他人已经使用并有一定影响的商标。这种行为应具备三个要件：（1）已注册商标是以不正当手段抢注的；（2）被抢注商标是他人已经使用的商标；（3）被抢注的商标是有一定知名度的商标。对满足上述三个要件的已注册的商标，在先权利人或者利害关系人可以自该商标注册之日起5年内，请求商标评审委员会宣告该注册商标无效。

上述情形，属于违反商标禁止注册的相对理由，和《商标法》第44条禁止注册的绝对理由不同，本条规定对宣告无效有以下几方面限制：第一，申请主体的限制。本规定只有在先权利人或者利害关系人可以提出；第二，时间限制。本规定有5年的时限，在这个时限内，申请人可以主张权利，一旦申请人怠于行使权利，过了期限，就无权再申请已经注册的商标无效。一方面，该规定敦促申请人及时行使权利；另一方面，有利于保护已注册商标权人利益，稳定市场竞争秩序。通过5年的时间节点，实现各自的利益平衡。第三，时间限制例外。为加大对驰名商标保护，如果能证明已注册商标人主观上恶意，则驰名商标人不受5年时间的限制，依然可以请求商标评审委员会宣告该注册商标无效。

商标评审委员会收到宣告注册商标无效的申请后，应当书面通知有关当事人，并限期提出答辩。商标评审委员会应当自收到申请之日起12个月内作出维持注册商标或者宣告注册商标无效的裁定，并书面通知当事人。有特殊情况需要延长的，经国务院工商行政管理部门批准，可以延长6个月。当事人对商标评审委员会的裁定不服的，可以自收到通知之日起30日内向人民法院起诉。人民法院应当通知商标裁定程序的对方当事人作为第三人参加诉讼。

商标评审委员会在依照前款规定对无效宣告请求进行审查的过程中，所涉及的在先权利的确定必须以人民法院正在审理或者行政机关正在处理的另一案件的结果为依据的，可以中止审查。中止原因消除后，应当恢复审查程序。法定期限届满，当事人对商标局宣告注册商标无效的决定不申请复审或者对商标评审委员会的复审决定、维持注册商标或者宣告注册商标无效的裁定不向人民法院起诉的，商标局的决定或者商标评审委员会的复审决定、裁定生效。

三、商标权无效的法律后果

宣告无效的注册商标，由商标局予以公告，该注册商标专用权视为自始即不存在。宣告注册商标无效的决定或者裁定，对宣告无效前人民法院作出并已执行的商标侵权案件的判决、裁定、调解书和工商行政管理部门作出并已执行的商标侵权案件的处理决定以及已经履行的商标转让或者使用许可合同不具有追溯力。但是，因商标注册人的恶意给他人造成的损失，应当给予赔偿。依照前款规定不返还商标侵权赔偿金、商标转让费、商标使用费，明显违反公平原则的，应当全部或者部分返还。

1. 被宣告无效的注册商标的专用权视为自始即不存在。根据权利无效的原则，宣告注册商标专用权无效的决定或裁定具有溯及既往的效力，“其商标专用权视为自始即不存在”，原来商标权人所获得的利益应当返还或恢复原状。该规定不同于被撤销的注册商标，其注册商标专用权自公告之日起终止，公告日期前的商标权依然有效。

2. 特殊情况下被撤销的注册商标的决定或裁定不具有追溯力。在实际生活中，商标被核准注册后，商标权人会依据当时合法享有的商标权，利用自己的商标，如与他人签订商标使用许可合同或商标转让合同；如果发生侵权，商标权人会向人民法院或地方工商行政管理部门请求保护，人民法院或工商行政管理部门会依法作出判决或处理决定并且已经执行。那么，对已经履行的商标使用许可合同或商标转让合同，已经作出并已执行了的判决或决定有无追溯力？《商标法实施条例》根据我国的国情，从当事人财产的稳定、社会交易的安全、行政执法部门和司法部门的威信以及法律的尊严等方面考虑，作出了明确规定：撤销注册商标的决定或者裁定，对在撤销前人民法院作出并已执行的商标侵权案件的判决、裁定，工商行政管理部门作出并已执行的商标侵权案件的处理决定，以及已经履行的商标转让或者使用许可合同，不具有追溯力。2013 年《商标法》在该法第 47 条对此作了明确规定。

3. 因商标注册人的恶意给他人造成损失的应当予以赔偿。针对上述内容，2013 年《商标法》还作了但书的规定，因商标注册人的恶意给他人造成损失的，应当予以赔偿。例如，明知自己的商标权有可能被宣告无效，还有偿转让给他人的行为。另外，在商标侵权赔偿金、商标使用许可合同和商标转让合同中，如明显违反公平原则的，相关的费用、合同的使用费和转让费可以酌情退还部分或者全部。

第二十四章　商标权的利用

第一节　商标权的转让

一、商标权转让的含义及其种类

商标权的转让，是指商标权人依照法定程序，将其所有的注册商标转让给他人的行为。在转让关系中，商标权人为转让人，接受商标权的另一方为受让人。

商标权转让的实质，是商标权主体的变更，这是一种双方的法律行为，在自愿原则的前提下，转让人和受让人签订书面转让合同，并在依法办理商标权转让的手续后，商标权的转让才发生法律效力。注册商标的转让权是商标权的一项重要内容，它是商标所有人行使处分权的具体体现。

二、商标权转让的程序

根据《商标法》及其实施条例的有关规定，商标权的转让程序主要有：

1. 签订注册商标转让协议。转让注册商标，应由商标权人和受让人就转让事项达成协议，签订注册商标转让协议；同时，双方应当共同向商标局交送《转让注册商标申请书》一份，附送原《注册商标证》，并交纳申请费和注册费。如果转让使用于人用药品、烟草制品等国家规定必须使用注册商标的商品上的商标，受让人还应当提供卫生行政部门、烟草主管部门等颁发的相关证明文件；受让人还必须具备《商标法》规定的主体资格。

2. 商标局对转让注册商标的申请进行审查。商标局审查的内容有：申请手续是否完备；转让的商标与使用的商品是否和原核准注册的商标以及核定的商品一致；双方使用的商品质量是否一致；是否交纳了相关费用等。通过审查后，商标局认为符合《商标法》规定的，予以核准，发给受让人相应证明，并予以公告，受让人自公告之日起享有商标专用权；对不符合规定的予以驳回。

3. 申请人对商标局驳回其注册商标转让申请的复审。申请人对商标局驳回其注册商标转让申请不服的，可在收到驳回通知之日起 15 天内，向商标评审委员会申请复审，同时附送原《转让注册商标申请书》，由商标评审委员会作出裁定。

三、商标权转让的限制规定

注册商标所有人虽然可以按照自由原则转让商标，行使其处分权，但由于商标权的转让涉及多方利益主体，因此《商标法》对商标权的转让也作了限制规定，主要表现在以下几个方面：

1. 在同一种或类似商品上注册的相同或近似的商标不得分开转让。实践中，如果对同一种或类似商品上注册的相同或近似的商标分开转让，就会形成两个以上的主体在相同或类似商品上使用同一商标的情况，从而导致消费者误认，造成市场上商品来源的混淆。针对这种情形，《商标法实施条例》规定，转让注册商标的，商标注册人对其在同一种或类似商品上注册的相同或近似的商标，应当一并转让。

2. 已经许可他人使用的注册商标不得随意转让。转让已许可给他人使用的注册商标的行为，会影响甚至损害到被许可人的利益。在商标所有人行使转让权时，必须征得被许可人同意，如果被许可人不同意，则可以协商先行解除使用许可合同，再办理注册转让申请手续。受让人在取得被转让的注册商标后，也可以与原被许可人签订注册商标的使用许可合同。总之，商标权人在转让已经许可他人使用的注册商标时，不得损害被许可人的合法利益。

3. 集体商标不得转让。集体商标是指由某一集体组织所有，其成员共同使用的商标。世界上许多国家的商标法都对集体商标进行保护。我国《商标法》第 3 条规定，经商标局核准注册的集体商标，注册人享有商标专用权，受法律保护。由于集体商标是一种特殊的商标，其商标权由几个所有人共有，具有不可分割性。如果转让，则会影响到使用该商标的其他集体成员的利益，因此，《商标法》规定，禁止集体商标转让。

4. 受让人必须保证使用该注册商标的商品或者服务的质量。由于注册商标具有标志商品或者服务质量的功能，对消费者的消费行为具有重要的指导作用，因此，注册商标的受让人应当和转让人一样，重视并保证该注册商标或者服务的质量，这也是我国《商标法》规定的受让人应承担的义务之一。

5. 商标权转让前商标使用许可合同的效力问题。在实践中，商标权经转让后，一些新的商标权人不承认原商标注册人曾与他人订立的商标使用许可合同，向人民法院主张原来的商标使用许可合同无效。这样做的结果，显然会损害到被许可人的利益。因此，最高人民法院《关于审理商标民事纠纷案件适用法律若干问题的解释》（以下简称《解释》）第20条规定，注册商标的转让不影响转让前已经生效的商标使用许可合同的效力，但商标使用许可合同另有约定的除外。这样规定，一方面，肯定了原商标使用许可合同的效力；另一方面，也体现了当事人约定优先的原则。如原来的商标使用许可合同约定，因商标转让终结本商标使用合同的，应当按照约定办理。

第二节　商标权的使用许可

一、商标权使用许可的含义及意义

商标权的许可，是指商标权人通过签订使用许可合同，许可他人使用其注册商标的行为。在使用许可关系中，商标权人为许可人，获得注册商标使用权的人为被许可人。许可他人使用其注册商标，被许可人只取得了注册商标的使用权，注册商标的所有权仍归属于商标权人。

许可他人使用注册商标是商标权人的一项重要权利，也是国际通用的一项法律制度。同时，商标权的许可，是现代商标法所规定的重要内容之一。通过签订商标使用许可合同，商标权人可以获得商标使用许可费，被许可人可以获得注册商标的使用权，利用该注册商标打开自己产品的销路，占领市场获取利益。因此，商标权的使用许可制，适应了市场经济发展的需要，我国《商标法》第40条也对此作了规定。

二、商标权使用许可的种类

2002年10月12日，最高人民法院《关于审理商标民事纠纷案件适用法律若干问题的解释》第3条规定：商标权使用许可的形式有以下三种：独占使用许可、排他使用许可和普通使用许可。

1. 独占使用许可。独占使用许可是指商标注册人在约定的期间、地域和以约定的方式，将该注册商标仅许可一个被许可人使用，商标注册人依约定不得使用该注册商标。

独占使用许可具有排他性；同时被许可人还可以行使禁止权，他人如果实施了侵犯商标权的行为，则被许可人可以要求停止侵权并赔偿损失。

2. 排他使用许可。排他使用许可是指商标注册人在约定的期间、地域和以约定的方式，将该注册商标仅许可一个被许可人使用，商标注册人依约定可以使用该注册商标但不得另行许可他人使用该注册商标。

3. 普通使用许可。普通使用许可是指商标注册人在约定的期间、地域和以约定的方式，许可他人使用其注册商标，并可自行使用该注册商标和许可他人使用其注册商标。

以上三种许可的情况在实践中大量存在。因三种许可的方式所涉及的权利和义务内容有所差别，当事人在订立商标使用许可合同时，应当对许可的种类、期限、地域和方式等作出具体的约定，避免日后合同履行过程中出现纠纷。

三、商标权使用许可人的诉讼地位

《解释》第4条规定：《商标法》第53条规定的利害关系人，包括注册商标使用许可合同的被许可人、注册商标财产权利的合法继承人等。注册商标专用权被侵害时，独占使用许可合同的被许可人可以向人民法院提起诉讼；排他使用许可合同的被许可人可以和商标注册人共同起诉，也可以在商标注册人不起诉的情况下，自行提起诉讼；普通使用许可合同的被许可人经商标注册人明确授权，可以提起诉讼。

由于上述三种商标使用许可方式中合同双方的权利义务不同，被许可人在商标侵权诉讼中的诉讼地位也会有所不同。《解释》明确规定了商标侵权诉讼中的利害关系人的范围和被许可人的起诉条件，对统一司法和执法标准具有指导意义。在独占使用许可合同中，被许可人因独家使用注册商标，他人的侵权行为直接侵害了其利益，因此，独占使用许可的被许可人依法可以作为原告向人民法院提起诉讼。在排他使用许可合同中，商标注册人与被许可人都可以使用该注册商标，如果侵权行为发生，则他们可以作为共同原告提起诉讼；如果商标注册人因某种原因不提起诉讼，则应当允许排他使用许可人自行提起诉讼。普通使用许可合同的被许可人经商标注册人明确授权，可以提起诉讼。但如果出现多个被许可人在不同时间起诉，在诉讼中怎样合理追究侵权人的民事责任？对不同权利人如何保护？这些问题有待进一步研究。

四、商标权使用许可合同的内容

商标权人许可他人使用其注册商标，应当签订书面合同。合同内容应包括：(1) 双方当事人的名称、地址和法定代表人的姓名。被许可人的主体资格要符合商标法的规定，即必须是依法成立的企业、事业单位、社会团体、个体工商户、个人合伙以及符合商标法规定的外国人或者外国企业。(2) 许可使用的注册商标的名称、注册证号码、使用商品的种类和名称、使用的期限，被许可使用的商标，必须与核准注册的商标一致；被许可使用的商品，必须是核定使用的商品；许可使用商标的期限，不能超过注册商标的专用权期限。(3) 许可使用商品的质量标准。(4) 许可人监督商品质量的措施。《商标法》第40条规定，许可人应当监督被许可人使用其注册商标的商品质量。在合同中应当约定许可人监督商品质量的具体措施。(5) 被许可人保证商品质量的措施。被许可人应当保证使用该注册商标的商品质量。在合同中应当约定被许可人保证商品质量的具体措施；并在其商品或包装上标明被许可人的名称和商品产地。(6) 商品销售的价格、销售区域。(7) 商标许可使用费的计算方法和付费方式。(8) 违约责任。(9) 合同发生纠纷后的解决方法。发生纠纷后的解决方法，包括协商、调解、仲裁、诉讼等方式，双方当事人在合同中可进行选择。(10) 许可使用的商标被侵权后的处理方式。因商标使用许可的方式不同，被许可人的禁止权的范围也不同。许可人应维护被许可人的使用权，当有侵权行为发生时，许可人应当及时采取有效措施予以制止；被许可人应当协助许可人进行调查等。(11) 其他事项。通过签订商标使用许可合同，可以明确使用双方的权利和义务：对许可人来讲，在合同的有效期内，不得放弃续展，不得申请注销其注册商标，不得向第三人转让，以保持注册商标的有效性。如果因上述行为给被许可人造成损失的，则许可人应承担相应的责任。对被许可人来讲，未经许可人的书面授权，不得将商标使用权转让给第三人，同时要按照合同的约定交纳商标使用许可费。

五、商标权使用许可合同的备案

《商标法》第43条规定，商标使用许可合同应当报商标局备案。

实施备案制度的目的在于方便国家商标局对全国商标使用许可情况进行管理，规范商标使用市场，并且有利于及时发现问题，更好地维护双方当事人的合法权益。关于商标使用许可合同的备案情况，商标局要通过公告向社会公布，使其他企业了解该商标使用的情况，同时也便于消费者选购各类商品。

《解释》第19条第1款规定："商标使用许可合同未经备案的，不影响该许可合同的效力，但当事人另有约定的除外。"由此可见，人民法院在办理这类案件时，不因商标许可合同未办理备案手续而确认该合同无效，但当事人在合同中有约定的，应当按照约定来处理。

商标使用许可合同备案的具体程序是：自使用许可合同签订之日起 3 个月内，将许可合同副本交送其所在地县级工商管理部门存查，由许可人报送商标局备案，并由商标局予以公告。商标局对上报合同进行审查，符合规定的，予以备案，并刊登在《商标公告》上。如果违反上述规定的，由许可人或者被许可人所在地的工商行政管理机关责令限期改正；拒不改正的，处以 1 万元以下的罚款，直至报请商标局撤销该注册商标。

第三节　商标权资本化

随着知识经济时代的到来，商标权等无形资产作为投资手段日益引起社会的广泛重视。本节主要论述商标权的投资和质押问题。

一、商标权的投资

（一）商标权属于非货币类出资

我国《公司法》第 27 条规定：股东可以用货币出资，也可以用实物、知识产权、土地使用权等可以用货币估价并可以依法转让的非货币财产作价出资；但是，法律、行政法规规定不得作为出资的财产除外。对作为出资的非货币财产应当评估作价，核实财产，不得高估或者低估作价。法律、行政法规对评估作价有规定的，从其规定。据此，在我国，公司股东出资的形式可分为货币出资①和非货币出资两大类。

非货币出资，也称现物出资，是指股东或发起人用货币以外的、法律允许的其他财产出资。非货币出资的财产同货币出资一样，是公司资本的组成部分。法律允许股东以非货币形式出资，主要是因为公司的经营活动不能只有货币一种财产形式就可以顺利进行。公司生产经营所需要的设备、场地、技术、工业产权等，都应当可以用做出资。如果不允许股东以这些财产直接投资，那么公司就只能以货币购买或以其他成本投入取得。这不仅不利于提高公司设立的效率和降低设立成本，而且也对投资者增加了不必要的限制性条件。非货币出资的范围，根据修改后的《公司法》的规定，包括实物、知识产权和非专利技术、土地使用权等。其中，知识产权和非专利技术是无形财产，在现代社

① 依据 2005 年修改后的《公司法》第 27 条，全体股东的货币出资金额不得低于有限责任公司注册资本的 30%。

会中，已成为股东投资的重要财产形式之一，其中就包括商标权的作价投资。①

（二）商标权投资的具体要求

根据1995年12月22日国家工商行政管理局发布的《企业商标管理若干规定》（1998年12月3日国家工商行政管理局令第86号修订），对企业以商标权投资的，有以下具体的要求：

1. 企业以商标权投资，必须在有关投资文件中明确商标投资方式、商标作价数额、使用商标的商品品种、数量、时限及区域，商标收益分配，企业终止后商标的归属等内容。

2. 企业以商标权投资，被投资的企业在登记注册时，应当向工商行政管理机关提交商标主管部门的审查文件；未提交审查文件的，不予核准登记注册。

3. 企业以商标权投资，报商标主管部门审查，应当提交商标评估报告及有关商标投资文件。商标主管部门应当自收到材料之日起30日内，作出审查决定。对符合条件的，予以批准；对不符合条件的，予以驳回并说明理由。

4. 商标主管部门对企业以商标权投资的审查，实行分级管辖原则。在国家工商行政管理局登记注册的，由商标局审查；在地方各级工商行政管理机关登记注册的，由省级商标主管部门审查。

二、商标权的质押

质押是一种物的担保方式。《担保法》第75条第3款规定，可以转让的商标专用权可以用于质押。商标是一种无形资产，具有经济价值，特别是一些驰名商标的经济价值远远超过企业有形资产的价值。商标权人可以将注册商标用来质押，以获得更多的资金，更大地发挥商标及交换价值功能。我国担保法依质押的标的不同，将质权分为动产质权和权利质权，较为全面地规定了质押担保制度。

商标权质押，属于权利质权的范畴，在本书中主要是指商标权人将其注册商标向金融机构出质，用来贷款融资的一种法律行为。将注册商标质押也是商标权利用的一种方式。注册权人通过将其注册商标质押，可以向金融机构申请贷款，盘活资金，加大对商品生产的投入，提高产品质量，改善经营管理，加大对产品和商标的广告宣传力度，以提升其注册商标的知名度，更好地为企业

① 参见沈贵明主编：《公司法教程》，法律出版社2006年版，第116页。

创造经济效益和社会效益。

（一）商标权质押的法律规定

商标权人在将其注册商标质押时，应了解并遵守国家法律法规的规定。

目前和商标权质押相关的法律规定有：《担保法》、《企业动产抵押物登记管理办法》和《商标专用权质押登记程序》等。

根据《担保法》第75条和第79条，以依法可以转让的商标专用权质押的，出质人和质权人应当签订书面合同，并向其管理部门办理出质登记，质押合同自登记之日起生效。为此，国家工商行政管理局制定了《企业动产抵押物登记管理办法》，商标局制定了《商标专用权质押登记程序》，对商标专用权质押的有关问题作了明确规定。

商标专用权质押登记机关是国家工商行政管理局。国家工商行政管理局商标局具体办理商标专用权质押登记。

（二）商标权质押合同的内容

出质人与质权人应当订立商标专用权质押书面合同，向国家工商行政管理局商标局申请登记。商标专用权质押登记的申请人应当是商标专用权质押合同的出质人与质权人。商标专用权质押合同应当包括以下主要内容：

1. 出质人与质权人的名称（姓名）、地址。

2. 质押的原因和目的。

3. 出质的商标及质押的期限。

4. 出质商标专用权的价值及国家工商行政管理局指定的商标评估机构的评估报告。

5. 当事人约定的与该质押商标有关的其他事项。

商标专用权质押合同自登记之日起生效。

（三）申请商标权质押登记应当提交的文件

申请商标专用权质押登记时，应当提交下列文件：

1. 按规定填写《商标专用权质押登记申请书》。商标专用权质押登记申请书应当包括下述基本内容：申请出质登记当事人的基本情况，如质权人名称、法定代表人、住所、联系方式等；申请质押原因；质押商标图样、注册号及商标有效期；质押商标权属状况；质押价值；质押期限等。

2. 出质人及质权人企业营业执照复印件（须经发证机关确认盖章）。

3. 质押合同副本（外文本应当附中文译本1份，以中文译本为准）。

4. 质押商标《商标注册证》复印件。

5. 委托代理人办理登记的，应当提交被代理人的委托书。

6. 其他应当提交的材料。上述证明文件如有不实，由申请人承担法律责任。申请人提交的书件不齐备的，登记机关应当要求申请人补正，不补正或补正不符合要求的，不予受理。对符合申请要求的，登记机关予以受理，受理日期即为申请日期。

第二十五章　商标管理

商标管理是指商标主管机关依法对商标的注册、使用、转让、印制等行为所进行的监督、检查等活动的总称。商标管理机关，是指在一个国家主管商标工作的政府职能部门，它代表国家管理全国的商标工作。由于世界各国的国情不同，各个国家的商标管理机关也不一样。如日本的商标管理机构为特许厅，归属于通商产业省。美国由专利商标局管理商标。英国由专利、设计和商标总局局长掌管商标注册簿。巴西的工业产权局负责商标的注册管理工作。

第一节　商标使用管理

商标的使用管理包括两个方面的内容：注册商标的使用管理和未注册商标的使用管理。

一、注册商标的使用管理

注册商标的使用管理，是指商标管理机关对注册商标使用人是否依法在核定使用的商品上正确使用其核准注册的商标进行监督，同时对注册商标的商品质量进行监督的行政管理行为。

根据《商标法》及其实施条例的有关规定，商标管理机关对注册商标的使用管理主要包括以下几个方面：

1. 注册商标所有人是否正确使用和标注注册商标。使用注册商标，可以在商品、商品包装、说明书或者其他附着物上标明“注册商标”或者注册标记。注册标记包括（注外加○）和（R 外加○）。使用注册标记，应当标注在商标的右上角或者右下角。

2. 注册商标所有人使用商标的行为是否合法。使用注册商标，有下列行为之一的，由商标局责令限期改正，期满不改正的，撤销其注册商标：

（1）自行改变注册商标。注册商标的内容，经过审查和核准后，不得自行改变其注册商标的文字、图形或者两者的组合。如果注册商标确实需要改变文字、图形的，按照《商标法》的规定，应当重新提出注册申请。

（2）自行改变注册商标的注册人名义、地址或者其他注册事项。商标注册人的名义和地址是商标注册的重要内容之一。如果商标注册人发现商标侵权行为，以变更后的名义主张权利的，则可能会因不具有权利主体资格而得不到保护。所以，商标注册人的名义、地址发生变更的，必须到商标局及时办理变更手续。

注册商标成为其核定使用的商品的通用名称或者没有正当理由连续3年不使用的，任何单位或者个人可以向商标局申请撤销该注册商标。商标局应当自收到申请之日起9个月内作出决定。有特殊情况需要延长的，经国务院工商行政管理部门批准，可以延长3个月。

3. 对商标注册证的管理。《商标注册证》是商标所有人的法律凭证。对遗失《商标注册证》或者《商标注册证》破损的，必须申请补发。伪造或者变造《商标注册证》的，可依照刑法有关规定追究刑事责任。

二、未注册商标的使用管理

未注册商标，是指未经国家商标局核准注册而直接投放市场使用的商标。

未注册商标没有商标专用权。《商标法》采取自愿注册的原则，允许使用人根据自己的需要来决定是否申请商标注册。目前在市场上未注册商标的使用量比较大，为维护商标注册人的合法权益，维护市场经济的健康发展，商标管理部门根据《商标法》第52条，对未注册商标的使用进行管理，主要包括以下几个方面：

1. 未注册商标不得冒充注册商标。冒充注册商标，是指将未经注册的商标当做注册商标加以使用的行为，以及商标注册人将自己的注册商标使用在未核定使用的商品上，并标明注册标志或字样的行为。《商标法》规定，未注册商标冒充注册商标的，由地方工商行政管理部门予以制止，限期改正，并可以予以通报或者处以罚款。

2. 未注册商标的构成不得违反《商标法》禁止性条款的规定。未注册商标可以使用，但其文字、图形或者组合不得违反《商标法》第10条的规定，有些标志不得作为商标使用。对违反上述规定的，工商行政管理部门予以制止，限期改正，并可以予以通报或者处以罚款。

3. 使用未注册商标的企业应保证其商品或服务的质量。《商标法》规定，使用未注册商标不得粗制滥造，以次充好，欺骗消费者。如有违反者，由地方工商行政管理部门予以制止，限期改正，并可予以通报或者处以罚款。对上述行为，根据《商标法实施条例》第 42 条，处以罚款的数额为非法经营额 20% 以下或者非法获利 2 倍以下。

4. 使用未注册商标必须标明企业名称和地址。为便于对商品质量进行监督，保护消费者利益，国家工商局在 1985 年 7 月 15 日发出通知，指出未注册商标应当在商品和包装上标明企业名称和地址。商品上不便标明的，必须在包装上标明。违反者要从严查处，没收其违法所得。

对工商管理部门根据《商标法》第 48 条作出的罚款决定，当事人不服的，可以自收到通知之日起 15 日内，向人民法院起诉；期满不起诉又不履行的，由有关工商行政管理部门申请人民法院强制执行。

第二节　商标印制管理

一、商标印制管理及其意义

商标印制管理，是指商标管理机关依法对商标印制活动进行监督检查以及对商标印制的违法行为进行查处等活动的总称。只有加强商标的印制管理活动，才能规范商标印制行为，保护商标专用权人的合法利益。国家工商行政管理总局于 2004 年 8 月 19 日颁布了新的《商标印制管理办法》，本办法自 2004 年 9 月 1 日起施行。国家工商行政管理局 1996 年 9 月 5 日发布的《商标印制管理办法》同时废止。该办法的出台对维护商标权人的利益及公平的市场竞争秩序有着十分重要的意义。

二、商标印制管理的内容

以印刷、印染、制版、刻字、织字、晒蚀、印铁、铸模、冲压、烫印、贴花等方式制作商标标识的，均应当遵守《商标印制管理办法》。商标印制管理的内容主要包括：对商标印制主体的要求、商标印制单位的商标印制管理制度以及对违反商标印制管理法律规定应承担的法律责任。

（一）商标印制主体的要求

商标印制委托人委托商标印制单位印制商标的，应当出示营业执照副本或者合法的营业证明或者身份证明。商标印制委托人委托印制注册商标的，应当出示《商标注册证》或者由注册人所在地县级工商行政管理局签章的《商标注册证》复印件，并另行提供一份复印件。

签订商标使用许可合同使用他人注册商标，被许可人需印制商标的，还应当出示商标使用许可合同文本并提供一份复印件；商标注册人单独授权被许可人印制商标的，除出示由注册人所在地县级工商行政管理局签章的《商标注册证》复印件外，还应当出示授权书并提供一份复印件。

委托印制注册商标的，商标印制委托人提供的有关证明文件及商标图样应当符合下列要求：（1）所印制的商标样稿应当与《商标注册证》上的商标图样相同；（2）被许可人印制商标标识的，应有明确的授权书，或其所提供的《商标使用许可合同》含有许可人允许其印制商标标识的内容；（3）被许可人的商标标识样稿应当标明被许可人的企业名称和地址，其注册标记的使用符合《商标法实施条例》的有关规定。

如果委托印制未注册商标的，商标印制委托人提供的商标图样应当符合下列要求：（1）所印制的商标不得违反《商标法》第10条的规定；（2）所印制的商标不得标注"注册商标"字样或者使用注册标记。

商标印制单位应当对商标印制委托人提供的证明文件和商标图样进行核查。根据办法的规定，商标印制委托人未提供本办法所规定的证明文件，或者其要求印制的商标标识不符合本办法相关规定的，商标印制单位不得承接印制。

（二）商标印制的管理制度

根据《商标印制管理办法》的规定，商标印制单位应建立相应的管理制度，规范商标的印制行为，其主要内容包括：

1. 商标印制的审核制度。在承印商标印制业务时，印制单位的商标印刷业务管理人员应当严格审查委托人提供的有关证明文件及商标图样，手续齐全符合法定条件的，可予以承印，否则应予以拒印。

2. 商标登记制度和档案制度。商标印制单位应将商标印制委托人委托印制商标的情况填写《商标印制业务登记表》，上面要写明商标印制委托人所提供的证明文件的主要内容，如营业执照副本或者合法的身份证明、《商标注册证》或者由注册人所在地的县级工商行政管理局签章的《商标注册证》复印件，其中的商标图样应由商标印制业务管理人员加盖骑缝章。商标标识印制完毕，商标印制单位应当在15日内提取标识样品，连同《商标印制业务登记表》、《商标注册证》复印件、商标使用许可合同复印件、商标印制授权书复印件等一并造册存档。

3. 商标标识出入库制度。在商标标识出入库时，商标印制单位应当清点数量和登记台账，保证印制的商标出入正确，杜绝违法印制的商标投放市场。

4. 废次商标标识销毁制度。废次商标销毁制度是指对印刷中产生的废次商标标识进行登记造册，由印制单位统一销毁的制度。建立这一制度有利于杜绝废次商标流失的现象，保护注册商标使用人的合法利益。

（三）违反商标印制管理规定的法律责任

根据《商标法》、《商标法实施条例》以及《商标印制管理办法》的规定，违反商标印制管理规定的行为主要有以下几种：（1）不按规定审查印制委托人提供的材料而承印了法律规定不能印制的商标；（2）未取得《商标印制单位证书》，而承接商标印刷业务；（3）擅自承印违反《商标印制管理办法》第13条规定的承印条件的商标，如印制未注册商标，违反《商标法》禁用条款的规定或者标有“注册商标”字样或注册标记等行为；（4）非法印制和买卖商标标识。

对上述违法行为，由所在地工商行政管理局责令其限期改正，并视其情节予以警告，处以非法所得额3倍以下的罚款，但最高不超过3万元，没有违法所得的，可以处以1万元以下的罚款。销售自己注册商标标识的，商标局还可以撤销其注册商标；属于侵犯商标专用权的，依照《商标法实施条例》的规定，可以采取如下措施：责令停止销售；收缴并销毁侵权商标标识；消除现存商品上的侵权商标；收缴直接专门用于商标侵权的模具、印版和其他作案工具；采取前四项措施不足以制止侵权行为的，或者侵权商标与商品难以分离的，责令并监督销毁侵权物品。如果商标印制单位的违法行为构成犯罪的，则根据办法的规定，所在地或者行为地工商行政管理局应及时将案件移送司法机关追究刑事责任。

第二十六章 商标权的保护

第一节 商标权的保护范围

商标权的保护，是指国家运用法律手段制止、制裁商标侵权行为和商标犯罪行为，以保护注册人对其注册商标所享有的专用权，维护国家商标管理秩序的制度。

商标权的保护要分清两个概念：商标权的权利范围和商标权的保护范围。

一、商标权的权利范围

商标权的权利范围，是指注册人的权利范围仅以核准注册的商标和核定使用的商品为限。《商标法》第51条从以下两个方面为核准注册的商标的权利范围作了界定：

第一，注册商标专用权，以核准注册的商标为限。注册人使用的商标应当与核准注册的商标在文字、图形、组合或其他构成要素上相一致，不得自行改变其注册商标。如果使用的商标与核准注册的商标不一致，则会导致两个法律后果：一是不受商标法保护；二是有可能侵犯他人的商标权。

第二，注册商标专用权，以核定使用的商品为限。商标权人使用注册商标的商品应当和国家商标局核定使用的商品相一致。

二、商标权的保护范围

商标权的保护范围，是指商标权人有权禁止他人在与其核定使用的相同商品或者类似的商品上使用与其核准注册商标相同或者相近似的商标。简而言之，商标权的保护范围就是商标权人行使禁止权的范围，它不同于商标权人的权利范围。为有效地保护商标权，各国商标法通常都规定，注册商标的保护范围要大于注册商标的权利范围。商标权的保护范围不仅包括核定注册的商标和核定使用的商品，而且还包括与注册商标相近似的商标和与核定使用的商品相类似的商品。这样规定，有利于全方位保护商标权人的商标专有权。

第二节 商标侵权行为的认定及其表现形式

一、商标侵权行为及其认定标准

商标侵权行为，是指他人违反商标法的规定，在相同或类似的商品或服务上未经商标权人同意，擅自使用与注册商标相同或近似的标识，造成消费者对商品来源发生混淆，损害商标权人合法利益的行为。

《商标法》自1982年颁布后，在1993年和2001年的修改中，没有明确将混淆可能性作为认定商标侵权的构成要件，导致司法实践中对此认识不一致，判决不一。2013年8月30日，第三次修改后的《商标法》确立了判断商标侵权的标准，即“容易导致混淆”,①引入了国际社会通用的“混淆可能性”，将我国争论多年的认定侵权的标准问题画上了句号。该规定对解决商标纠纷的司法判决和行政保护具有重要的现实意义。

混淆可能性是一个不确定的概念，在认定时需要考虑相关因素。美国法院在审理商标侵权案件过程中总结并发展了判定消费者混淆的可能性标准因素，其中最为著名的标准之一，就是第二巡回上诉法院在宝利来公司诉宝利来电子公司一案中（*Polaroid Corp. v. Polarad Elects. Corp.*）创造的“宝利来因素”，具体包括8个方面：原告商标的强度；原告和被告商标之间相似程度；商品或者服务近似程度；原告进入该领域的可能性；混淆的具体证据；被告采用冲突商标是否具有善意；被告商品或者服务的质量；消费者的精细辨认程度。②虽然这些判断因素不是穷尽式的列举，在不同的案件中法院会根据需要综合考虑，但“宝利来因素”法仍然具有权威性的指导作用。欧盟法院也在长期的判例过程中形成了判断商标混淆可能性的标准，主要包括：原告商标的显著性、原告商标的使用情况和程度、商品或服务的类似性、原被告商标在音、形、义上的相似性、商标的主要部分等。

我国《商标法》第三次修改前未明确规定混淆可能性及具体的考虑因素，为指导司法实践，2002年10月12日最高人民法院通过了《关于审理商标民事纠纷案件适用法律若干问题的解释》（以下简称《解释》），将“造成混淆

---

① 参见《商标法》第57条第2项。

② See 287F. 2d 492，495（2nd Cir）.

的可能性”引入了对商标近似和商品服务类似的判断要素之中。对“认定商标相同或者近似”原则，《解释》第 10 条规定了以下三个方面需考虑的因素：第一，以相关公众的一般注意力为标准；第二，既要进行对商标的整体比对，又要进行对商标主要部分的比对，比对应当在比对对象隔离的状态下分别进行；第三，判断商标是否近似，应当考虑请求保护注册商标的显著性和知名度。经过 10 多年的司法实践，逐渐形成了我国法院认定混淆可能性的判断因素：商标近似程度、商品类似程度、在先商标的显著性、在先商标的知名度、消费者智力水平和注意程度、原被告商品的销售渠道、被告意图、消费者实际混淆（权利人无须证明，但其实际混淆的证据有利于侵权诉讼中胜诉）等。

二、商标侵权行为的主要表现形式

根据《商标法》第 57 条、《商标法实施条例》以及最高人民法院《关于审理商标民事纠纷案件适用法律若干问题的解释》第 1 条的规定，商标侵权行为主要表现为以下几种形式。

1. 同种商品上使用与其注册商标相同的商标①。使用他人的注册商标，必须经商标权人同意签订注册商标使用许可合同并在商标局备案。未经许可实施这种行为，不论主观上是出于故意还是过失，都构成对他人注册商标专用权的侵犯。这种行为会使商品的来源发生混淆，不仅损害了商标权人的利益，也损害了消费者的利益。

商标相同，是指被控侵权的商标与原告的注册商标相比较，二者在视觉上基本无差别。从一般消费者的角度看，凭视觉判断所对比的商标大体上差别不大，就构成商标相同。

2. 同种或类似商品上使用与注册商标相同或近似的商标。实践中，这种侵权行为主要表现为以下三种情形：第一，在同一种商品上使用与他人注册商标近似的商标；第二，在类似商品上使用与他人注册商标相同的商标；第三，在类似商品上使用与他人注册商标近似的商标。这些侵权行为具备三个特点：一是侵权人的商标所指定的商品与被侵权人的商品为类似种类；二是侵权人所使用的商标与被侵权人的注册商标近似；三是侵权人使用商标的行为容易导致混淆。如果不同时具备这三个特点，使用人的行为就不会构成商标侵权，而是正常的商标使用行为。

---

① 2013 年第三次修改后的《商标法》将 2001 年《商标法》第 52 条第 1 项的规定拆分为现行《商标法》第 57 条的第 1 项和第 2 项。

如何界定商标相同或者近似、商品或服务相同或者类似？最高人民法院在2002年实施的《解释》中对这些概念进行了定义。商标近似，是指被控侵权的商标与原告的注册商标相比较，其文字的字形、读音、含义或者图形的构图及颜色，或者其各要素组合后的整体结构相似，或者其立体形状、颜色组合近似，易使相关公众对商品的来源产生误认或者认为其来源与原告注册商标的商品有特定的联系。因商标近似而构成侵权的情况在生活中较为普遍，《解释》第一次明确了商标近似的概念，统一了对商标近似的理解和适用，对指导审判实践具有重要的现实意义。

类似商品，是指在功能、用途、生产部门、销售渠道、消费对象等方面相同，或者相关公众一般认为其存在特定联系、容易造成混淆的商品。类似服务，是指在服务的目的、内容、方式、对象等方面相同，或者相关公众一般认为存在特定联系、容易造成混淆的服务。商品与服务类似，是指商品和服务之间存在特定联系，容易使相关公众混淆。由此可见，判断类似商品的要素包括商品的功能、用途、生产部门、销售渠道、消费对象等；判断类似服务的要素包括服务目的、内容、方式、对象等。同时相关公众一般认为这两者与相关对象存在特定联系，容易造成混淆的，也构成类似商品或者类似服务。

人民法院依据《商标法》的规定，认定商品或者服务是否类似，应当以相关公众对商品或者服务的一般认识综合判断；《商标注册用商品和服务国际分类表》、《类似商品和服务区分表》可以作为判断类似商品或者服务的参考。这里所谓的相关公众的一般认识，是指相关市场的一般消费者对商品的通常认知和一般交易观念，不受限于商品本身的自然特性。所谓综合判断，是指将相关公众在个案中的一般认识，与商品交易中的具体情形，以及司法解释规定的判断商品类似的各要素结合在一起从整体上进行考察分析，同时可以参照商品分类表的分类。

《类似商品和服务区分表》，是国家商标局根据世界知识产权组织提供的《商标注册用商品和服务国际分类表》和中国的实践，根据我国国情对商品和服务的类似群组及其名称进行翻译、调整、增补和删减制定而成的。全表共45个类别，前34类为商品类，后11类为服务类。近年来，人民法院在审理案件的判决中逐渐肯定了《类似商品和服务区分表》（以下简称“《区分表》”）在商标确权程序中的重要参考作用。

3. 销售侵犯商标专用权的商品。针对流通领域中出现的越来越多的侵犯注册商标专用权的行为，我国《商标法》1993年修改时又增加了一种侵权行为，即“销售明知是假冒注册商标的商品的行为”，情节严重的，要依法追究刑事责任。这条规定对制裁流通领域中的商标侵权行为，起到了重要的作用。国际社会认定商标侵权的行为是看有无侵权的行为事实，不管侵权人主观上明知与否，都是侵权行为。但是，按照我国《商标法》的要求，这类侵权人必须主观上出于故意，即“明知”，才能按商标侵权行为进行处理。换言之，如果销售者主观上不明知或应知其销售的商品是假冒注册商标的商品，则不能认定其为商标侵权。这样就把很多侵权行为排除在外了。同时，在商标执法和司法实践中，很难判定行为人的主观动机。

我国《商标法》2001 年修改时，删除了“明知”作为不构成侵权的要件，换言之，只要客观上销售了侵犯注册商标专用权的商品，不管主观上是否明知或应知，并不影响其行为的定性，都构成侵权，要受到法律的制裁。《商标法》在认定侵权行为时，采用了“无过错责任原则”，即无论行为人主观上是否有过错，只要有侵害权利人的事实存在，在定性时均认定构成侵权。

4. 伪造和擅自制造及销售他人注册商标标识。伪造他人注册商标标识，是指仿造他人的商标图案和物质载体而制造出的商标标识。商标标识是指由商标图案组成的、附着于商品之上的物质载体，如商标标牌、商标瓶贴、商标织带等。擅自制造他人注册商标标识，是指未经商标权人的同意而制造其注册商标标识，在自己生产的相同或类似商品上使用。销售伪造、擅自制造的注册商标标识，是指未经商标权人同意，以其注册商标标识作为买卖的对象。上述行为，不仅损害了商标权人的合法利益，也为侵犯商标专用权的行为提供了便利条件。因此，《商标法》以及《商标印制管理办法》都将此类行为视为侵权行为。

5. 更换注册商标并将该商品又投入市场。商标的反向假冒（Inverse Passing Off），① 指假冒者将他人带有注册商标的商品买来后，撤换掉原来的注册商标，重新换上假冒者自己的商标，再把商品投向市场的行为。这是我国《商标法》2001 年修改后新增加的一项侵犯商标专用权的行为。

目前，世界上许多国家都在其商标法中将反向假冒认定为商标侵权行为。法国《知识产权法典》第 731-2 条规定，注册商标权人享有正反两方面的权利，有权禁止他人未经许可使用与自己相同的或近似的商标，也有权禁止他人未经许可撤换自己依法贴附在商品上的商标标记。澳大利亚 1995《商标法》第 148 条明文规定，未经许可撤换他人商品上的注册商标或出售这种经撤换商

① See Hazel Carty, *Inverse Passing Off*, *European Intellectual Property Review* (EIPR) No. 10, 1993, p. 370.

标后的商品，均构成刑事犯罪。

我国《商标法》第57条第5项规定：未经商标注册人同意，更换其注册商标并将该更换商标的商品又投入市场的行为，构成侵犯注册商标专用权。这一规定，体现了商标专用权的“行”与“禁”两个方面，从而对侵权者起到警示作用。商标反向假冒的构成要件为：（1）未经过商标权人的同意，擅自将原来的注册商标替换为侵权人自己的注册商标；（2）侵权人将替换商标后的商品再一次投向流通领域。假冒者的目的，是想利用他人价廉质高的产品，为自己开拓市场，赚取高额利润。

6. 故意为侵犯他人商标专用权行为提供便利条件。和上述直接侵权行为相比，这是一种帮助侵权行为。这种行为，虽然没有直接侵权，但从本质上对侵权行为起到了帮助作用。这种侵权行为原先是在《商标法实施条例》中作了规定，鉴于该行为的危害性，2013年8月30日修改后的《商标法》将其作为一种独立的侵权行为加以规定。本条所指“提供便利条件”，不仅包括传统的邮寄、运输、仓储等活动，也包括提供经营场地、网络销售平台等行为。应当注意的是，行为人只有在故意为侵犯商标权人提供上述条件的情况下，才构成侵权。

7. 造成其他损害的行为。现实社会生活纷繁复杂，商标法在列举商标侵权时不可能一一规定。根据《商标法实施条例》以及最高人民法院2002年实施的《解释》规定，“给他人的注册商标专用权造成其他损害的行为”，表现为以下几种情形：

第一，在同一种商品或者类似商品上，将与他人注册商标相同或近似的标志作为商品名称或者商品装潢使用，误导公众的。这种行为会造成两个方面的后果：一是商标的显著特征容易被冲淡，从而转化为商品的通用名称；二是容易使消费者产生误解，认为不正当使用者的商品与注册商标权人的商品为同一人的商品。

第二，将与他人注册商标相同或者相近似的文字作为企业的字号在相同或者类似商品上突出使用，容易使相关公众产生误认的。任何交易主体在市场的生产经营活动中都要使用自己的名称和字号，名称和字号具有标识的功能，对区分不同的交易者、生产者以及他们各自提供的商品或服务来源起着一种重要的作用。由于企业名称和字号由各地工商行政管理部门登记注册，因此各地区可能存在着相同或近似的名称字号。另外，现实生活中很多企业是把自己的名称字号注册为商标的。我国的商标注册机构为国家商标局，显然，对名称、字号的登记和商标注册分属于两个管理部门，在实践中易造成企业名称和字号与注册商标发生冲突的情况。也有一些企业和个人故意在相同或近似的商品上使用他人注册商标的文字，这种搭便车的行为，造成了相关公众对商品的来源产生误认，侵害了他人的利益，也破坏了诚实信用的市场交易规则。由于对这种行为缺乏明确的规定，造成了对驰名商标权利人保护的不利。

在认定这种侵权行为时，构成的要件包括：(1) 侵权人使用了和他人注册商标相同或相似的文字；(2) 侵权人将使用的文字作为企业的名称或字号；(3) 将名称或字号在与注册商标所标识的相同或类似商品上突出醒目地使用；(4) 造成了易使公众产生误认的结果。

第三，复制、摹仿、翻译他人注册的驰名商标或其主要部分在不相同或者不相类似商品上作为商标使用，误导公众，致使该驰名商标注册人的利益可能受到损害的。《商标法》第13条第3款规定："就不相同或者不相类似商品申请注册的商标是复制、摹仿或者翻译他人已经在中国注册的驰名商标，误导公众，致使该驰名商标注册人的利益可能受到损害的，不予注册并禁止使用。"但是，在实践中，一些行为人已经违法取得了注册，而且长期使用，对驰名商标权人的利益已经造成了损害。《解释》根据行政执法部门、人民法院的执法和司法实践及学者们的意见，将此种行为明确界定为商标侵权行为，以保护驰名商标权利人的利益。在行文时，根据《巴黎公约》第6条"在商标的主要部分构成对上述驰名商标的复制或者模仿，易于产生混淆"的规定，也应当适用前述的法律责任。《解释》也使用了"驰名商标或其主要部分"的表述。在认定这种行为时，要注意和未注册商标保护的规定相区别。这种行为的构成要件为：(1) 违法行为具有阶段性。行为人首先通过复制、模仿和翻译他人的注册商标等，而后开始使用。(2) 复制、摹仿、翻译的对象是他人注册的驰名商标或驰名商标的主要部分。(3) 行为人在不相同或不类似的商品上使用。(4) 造成相关公众误认，并且使驰名商标所有人的利益可能受损的。

第四，将与他人注册商标相同或者相近似的文字注册为域名，并且通过该域名进行相关商品交易的电子商务，容易使相关公众产生误认的。为对商标权进行全方位保护，《解释》适应计算机技术和网络技术的发展，将商标权的保护延伸到网络世界。认定这种侵权行为的构成要件有：(1) 有将与他人注册商标相同或者相近似的文字注册为域名的行为；(2) 通过该域名进行了相关商品交易的电子商务。这里的相关商品交易，是指在同一种商品或类似商品上的交易。(3) 利用该域名进行电子商务易使相关公众产生误认。

第五，其他侵权形式。随着经济和科学技术的发展，还会出现新的商标侵权形式，通过兜底条款的规定，可以为权利人的保护预留空间。

第三节　商标侵权的法律责任

对侵犯注册商标专用权引起纠纷的，由当事人协商解决；不愿协商或者协商不成的，商标注册人或者利害关系人可以向人民法院起诉，也可以请求工商行政管理部门处理。这里的利害关系人在最高人民法院《解释》第4条第1款中作了规定："商标法第五十三条规定的利害关系人，包括注册商标使用许可合同的被许可人、注册商标财产权利的合法继承人等。我国处理侵权案件的机关为工商行政管理部门和人民法院。在注册商标专用权受到侵犯时，被侵权人或者任何人都可以向工商行政管理部门投诉或者举报；被侵权人也可以直接向人民法院起诉，要求追究侵权人的法律责任。

对于侵犯注册商标专用权的人，必须依法承担其相应的法律责任。根据我国《商标法》的规定，侵权人应承担的法律责任有民事责任、行政责任，侵权情节严重，构成犯罪的，要追究其刑事责任。

一、商标侵权的民事责任

（一）商标侵权的民事责任及其方式

商标侵权的民事责任，是指人民法院依照商标法和有关的民事法规对侵权人的商标侵权行为所作出的、由侵权人承担的强制性处罚措施。根据《民法通则》、《商标法》及其实施条例的有关规定，商标侵权行为承担民事责任的方式主要有以下三种。

1. 停止侵害。停止侵害是指权利人要求人民法院对正在进行的侵害行为立即给予制止，以避免自身的权益遭受更大的损失。

2. 消除影响。商标侵权行为，不仅损害了商标权人的合法利益，而且使商标权人的商标声誉受到损害。因此，商标权人还可以要求侵权人承担因自己的侵权行为给其注册商标造成的不良影响的法律责任。实际生活中，一般是由人民法院责令侵权人通过新闻传媒方式，公开表示道歉，以消除其侵权行为的不良影响。

3. 赔偿损失。这是商标侵权人承担民事责任的主要方式。因商标侵权行为，给注册商标权人的利益造成损失的，权利人有权要求侵权人赔偿损失。关于赔偿损失的数额，2013年《商标法》第63条规定：侵犯商标专用权的赔偿数额，按照权利人因被侵权所受到的实际损失确定；实际损失难以确定的，可以按照侵权人因侵权所获得的利益确定；权利人的损失或者侵权人获得的利益难以确定的，参照该商标许可使用费的倍数合理确定。对恶意侵犯商标专用权，情节严重的，可以在按照上述方法确定数额的1倍以上3倍以下确定赔偿数额。赔偿数额应当包括权利人为制止侵权行为所支付的合理开支。

人民法院为确定赔偿数额，在权利人已经尽力举证，而与侵权行为相关的账簿、资料主要由侵权人掌握的情况下，可以责令侵权人提供与侵权行为相关的账簿、资料；侵权人不提供或者提供虚假的账簿、资料的，人民法院可以参考权利人的主张和提供的证据判定赔偿数额。

为加大违法者侵权成本，保护商标权人利益，2013年《商标法》提高了法定赔偿的上限，明确规定：权利人因被侵权所受到的实际损失、侵权人因侵权所获得的利益、注册商标许可使用费难以确定的，由人民法院根据侵权行为的情节判决给予300万元以下的赔偿。

为鼓励商标的使用，2013年《商标法》第64条规定：注册商标专用权人请求赔偿，被控侵权人以注册商标专用权人未使用注册商标提出抗辩的，人民法院可以要求注册商标专用权人提供此前3年内实际使用该注册商标的证据。注册商标专用权人不能证明此前3年内实际使用过该注册商标，也不能证明因侵权行为受到其他损失的，被控侵权人不承担赔偿责任。

销售不知道是侵犯注册商标专用权的商品，能证明该商品是自己合法取得并说明提供者的，不承担赔偿责任。

（二）商标侵权民事责任的适用

前述几种民事责任的承担方式，在具体应用中，可以单独适用，也可以合并适用。

最高人民法院《解释》第21条规定：人民法院在审理侵犯注册商标专用权纠纷案件中，依据《民法通则》第134条、《商标法》第53条的规定和案件具体情况，可以判决侵权人承担停止侵害、排除妨碍、消除危险、赔偿损失、消除影响等民事责任，还可以作出罚款，收缴侵权商品、伪造的商标标识和专门用于生产侵权商品的材料、工具、设备等财物的民事制裁决定。罚款数额可以参照《商标法实施条例》的有关规定确定。如该条例第52条规定，“对侵犯注册商标专用权的行为，罚款数额为非法经营额3倍以下；非法经营额无法计算的，罚款数额为10万元以下”。工商行政管理部门对同一侵犯注册商标专用权行为已经给予行政处罚的，人民法院不再予以民事制裁。

（三）人民法院的临时禁令和其他规定

为保证上述措施得以实现，《商标法》修改时，根据Trips协议的要求，又增加了一些新的规定。如人民法院的临时禁令、商标权人的“即发侵权”

的制止权以及证据保全和担保的规定等。

人民法院的临时禁令，是指商标注册人或者利害关系人有证据证明他人正在实施或者即将实施其注册商标专用权的行为，如不及时制止，将会使其合法权益受到难以弥补的损害的，可以在起诉前向人民法院申请采取责令停止有关行为和财产保全的措施。为配合临时禁令的实施，修改后的《商标法》还增加了证据保全制度和担保的规定。《商标法》第 58 条规定，为制止侵权行为，在证据可能灭失或者以后难以取得的情况下，商标注册人或者利害关系人可以在起诉前向人民法院申请保全证据。人民法院接受申请后，必须在 48 小时内作出裁定；裁定采取保全措施的，应当立即开始执行。人民法院可以责令申请人提供担保，申请人不提供担保的，驳回申请。申请人在人民法院采取保全措施后 15 天内不起诉的，人民法院应当解除保全措施。

二、商标侵权的行政责任

（一）商标侵权的行政责任及其方式

商标侵权的行政责任，是指工商行政管理机关依照《商标法》和有关的行政法规对侵权人的商标侵权行为所作出的、由侵权人承担的强制性处罚措施。通过行政程序制裁侵权人，这是目前商标权人为维护其注册商标权经常采用的措施。

商标侵权的行政责任主要有以下几种方式：

1. 责令立即停止侵权。

2. 收缴并销毁侵权商标标识。

3. 消除现存商品上的侵权商标。

4. 没收、销毁侵权商品和专门用于制造侵权商品、伪造注册商标标识的工具。

5. 违法经营额 5 万元以上的，可以处违法经营额 5 倍以下的罚款，没有违法经营额或者违法经营额不足 5 万元的，可以处 25 万元以下的罚款。对 5 年内实施 2 次以上商标侵权行为或者有其他严重情节的，应当从重处罚。销售不知道是侵犯注册商标专用权的商品，能证明该商品是自己合法取得并说明提供者的，由工商行政管理部门责令停止销售。

上述方式，可视具体情节，单处或者并处。

（二）当事人对行政处理决定的司法救济

当事人对处理决定不服的，可以自收到处理通知之日起 15 日内依照《行政诉讼法》的规定向人民法院起诉；侵权人期满不起诉又不履行的，工商行政管理部门可以申请人民法院强制执行。进行处理的工商行政部门根据当事人的请求，可以就侵犯商标专用权的赔偿数额进行调解；调解不成的，当事人可以依照《民事诉讼法》向人民法院起诉。

（三）各级工商行政管理部门的职权

县级以上工商行政管理部门根据已经取得的违法嫌疑证据或者举报，对涉嫌侵犯他人注册商标专用权的行为进行查处时，可以行使下列职权：（1）询问有关当事人，调查与侵犯他人注册商标专用权有关的情况；（2）查阅、复制当事人与侵权活动有关的合同、发票、账簿以及其他有关资料；（3）对当事人涉嫌从事侵犯他人注册商标专用权活动的场所实施现场检查；（4）检查与侵权活动有关的物品，对有证据证明是侵犯他人注册商标专用权的物品，可以查封或者扣押。工商行政管理部门依法行使上述职权时，当事人应当予以协助、配合，不得拒绝和阻挠。

三、商标侵权的刑事责任

对于严重侵犯他人注册商标专用权的行为，侵权者应承担刑事责任。根据我国《商标法》第59条和《刑法》第213条、第214条和第215条的规定，侵犯注册商标专用权构成犯罪的主要有三种罪名，分别是：假冒注册商标罪、销售假冒注册商标商品罪和非法制造、销售非法制造的注册商标标识罪。

（一）侵犯注册商标罪的构成要件

上述三种犯罪都和注册商标专用权有关，一般把它们统称为侵犯注册商标罪。侵犯注册商标罪的构成要件包括以下四个方面：

1. 犯罪主体。侵犯注册商标罪的犯罪主体可以是自然人，也可以是单位。对单位犯罪的要处以罚金，并对直接负责的主管人员和直接责任人员依法追究刑事责任。

2. 犯罪主观方面。侵犯注册商标罪的行为人主观上是出于故意，即明知自己的行为会产生危害社会的后果，以追求非法利益为目的而故意实施法律所规定的犯罪行为。如果行为人主观上出于过失而非故意，则不能按照假冒注册商标罪追究刑事责任，而应让侵权人承担民事责任或者行政责任。

3. 犯罪客体。侵犯注册商标罪的犯罪客体是国家对商标的管理活动和注册商标权人的商标权。

4. 犯罪客观方面。本罪的客观方面具体表现为行为人违反商标管理法规，未经商标权人许可，在同一种商品上使用与其注册商标相同的商标，情节严重的行为。

（二）侵犯注册商标罪的具体罪名

1. 假冒注册商标罪。假冒注册商标罪，是指行为人未经注册商标权人的许可，在同一种商品上使用与其注册商标相同的商标，情节严重的行为。如果行为人假冒他人注册商标，违法所得数额较小，没有给商标权人造成很大损失，没有给消费者带来严重的人身和财产方面的损害，那么行为人的行为只能按照一般的商标侵权行为来处理，而不能追究其刑事责任。对构成假冒注册商标罪的行为人，处 3 年以下有期徒刑或者拘役，并处或者单处罚金；情节特别严重的，处 3 年以上 7 年以下有期徒刑，并处罚金。

2. 销售假冒注册商标商品罪。销售假冒注册商标商品罪，是指行为人明知是假冒注册商标的商品而非法销售，销售数额较大的行为。“销售数额较大”是认定本罪的必要条件。对犯罪行为人，处 3 年以下有期徒刑或者拘役，并处或者单处罚金。销售金额巨大的，处 3 年以上 7 年以下有期徒刑，并处罚金。

3. 非法制造、销售非法制造的注册商标标识罪。非法制造、销售非法制造的注册商标标识罪，是指行为人违反商标管理法规，伪造、擅自制造他人注册商标标识或者销售伪造、擅自制造的注册商标标识，情节严重的行为。犯本罪的，对行为人处 3 年以下有期徒刑、拘役或者管制，并处或者单处罚金；情节严重的，处 3 年以上 7 年以下有期徒刑，并处罚金。

如果单位犯以上罪行，对单位判处罚金，对其直接负责的主管人员和其他直接责任人员，依照上述规定进行定罪量刑。

第二十七章　驰名商标、集体商标、证明商标的保护

第一节　驰名商标的认定与特殊保护

一、驰名商标的概念和特征

（一）驰名商标的概念

驰名商标（well-known trademark），是指经过长期使用，在市场上享有较高声誉，并为公众所熟知的商标。它是一个国际通用的法律术语。最早提出这一概念的是《巴黎公约》1925年海牙文本第6条之二款。

我国1982年颁布的《商标法》中没有关于驰名商标的规定。自1985年加入《巴黎公约》以后，在我国的商标管理实务工作中，商标主管机关对《巴黎公约》成员国驰名商标给予了应有的保护。从1989年起，国家工商行政管理局开始对国内的驰名商标进行认定。1995年2月，国务院知识产权办公会议制定了《有效保护及实施知识产权的行动计划》，正式对驰名商标的保护作出了明确的规定。

2001年修改后的《商标法》及其实施条例增加了对驰名商标认定和保护的规定。2003年4月17日国家工商行政管理总局又发布了《驰名商标认定和保护规定》，该规定于2003年6月1日施行。为了依法加强保护符合法定条件的驰名商标，最高人民法院2009年4月23日公布《关于审理涉及驰名商标保护的民事纠纷案件应用法律若干问题的解释》（以下简称《驰名商标司法解释》），国家工商行政管理总局也于2009年4月21日公布了《驰名商标认定工作细则》。2013年8月30日第三次修改后的《商标法》对驰名商标的认定和保护作了进一步的修订和完善。

（二）驰名商标的特征

驰名商标与一般商标相比，其特征主要有：

1. 驰名商标为公众所熟知。由于驰名商标的所有者经营的商品或提供的服务信誉卓著，其产品或服务质量优异，具有较高的知名度，深得消费者信赖。人们会逐渐了解、熟知该商品的商标，吸引并逐渐形成一个相对稳定的消费群体。

2. 驰名商标在市场上享有较高信誉。驰名商标的商品一般是质量稳定和可靠的、消费者认知程度很高的商品。商品的质量高，附着在商品上的商标自然为人们所称颂。

3. 驰名商标使用的时间比较长。驰名商标不管注册与否，其使用一般都有较长的历史，如“可口可乐”商标的使用已有百年时间。

4. 驰名商标的构成要素更具有显著性。驰名商标的设计一般比较突出、醒目，消费者易认易记，有很强的识别性。

5. 驰名商标的保护有其特殊性。各国立法都对驰名商标实行特殊保护，不论驰名商标是否注册，商标所有人都有禁止他人使用和注册的权利。对已注册的驰名商标实行跨类保护。

二、驰名商标的认定

（一）驰名商标的认定机构

对驰名商标的认定机构，《巴黎公约》作了原则性规定：驰名商标的认定必须由国家法律规定的机关进行。我国目前对驰名商标的认定机构有两个：一是国家工商行政管理局商标局及其商标评审委员会；二是人民法院。

1. 国家工商行政管理局商标局及其商标评审委员会。《商标法实施条例》第5条规定，在商标注册、商标评审过程中产生争议时，有关当事人认为其商标构成驰名商标的，可以相应向商标局或者商标评审委员会请求认定驰名商标。有关当事人提出申请时，应当提交其商标构成驰名商标的证据材料。商标局、商标评审委员会根据当事人的请求，在查明事实的基础上，依照《商标法》第14条的规定，认定其商标是否构成驰名商标。

由此可见，在我国驰名商标的认定机关是国家工商行政管理局商标局及其商标评审委员会，其他任何组织和个人不得认定或采取其他变相方式认定驰名商标。

2. 人民法院。实行驰名商标的司法确认权，是我国加入世界贸易组织后的一项义务。为此，最高人民法院2002年10月12日公布的《关于审理商标民事纠纷案件适用法律若干问题的解释》第22条规定：人民法院在审理商标纠纷案件中，根据当事人的请求和案件的具体情况，可以对涉及的注册商标是否驰名依法作出认定。2013 年《商标法》进一步明确：我国的司法认定机构主要是指最高人民法院指定的人民法院。认定驰名商标，应当依照《商标法》第 14 条的规定进行。当事人对曾经被行政主管机关或者人民法院认定的驰名商标请求保护的，对方当事人对涉及的商标驰名不持异议，人民法院不再审查。提出异议的，人民法院依照《商标法》第 14 条的规定审查。

(二) 驰名商标的认定标准

结合国际社会对驰名商标的认定标准及我国多年保护驰名商标的实践，2001 年《商标法》修改后，其中的第 14 条规定了认定驰名商标应当考虑的因素：

1. 相关公众对该商标的知晓程度。这是构成驰名商标最基本的条件。根据《驰名商标认定和保护规定》的规定：第一，这里的相关公众，包括与使用商标所标示的某类商品或者服务有关的消费者，生产前述商品或者提供服务的其他经营者以及经销渠道中所涉及的销售者和相关人员等。第二，这里的驰名商标是指在中国为相关公众广为知晓并享有较高声誉的商标。在外国驰名的商标如果不为中国的相关公众知晓，不能认定为驰名商标。第三，驰名商标应享有较高声誉。一个商标的知名度越高，其信誉越高，该商标会对消费者产生强大的吸引力，市场占有率也就越高。

2. 该商标使用的持续时间。商标使用的时间越长，证明该商标所标示的商品或服务质量优异，为广大消费者所认可。世界驰名商标的持续使用历史均较长。如“可口可乐”、“万宝路”等，已使用几十年甚至上百年。在其他国家的案例中，也将商标使用的时间作为认定驰名商标的条件之一。例如，巴黎上诉法院在 1984 年的判例中，认定“Liberty”商标为驰名商标。主要根据之一，就是该商标自 1893 年就成功地获得了注册，并且从未中断过续展，从 1962 年起就在法国有名的商标事典上被记载。①

3. 该商标的任何宣传工作的持续时间、程度和地理范围。对商标进行宣传，是广大消费者知晓该商标及商品或服务的有效手段。宣传的力度越大，范围越宽，消费者熟知的程度越高，商品的销售和覆盖面就越广泛，商标的信誉和知名度也就越高。世界上一些国家也将商标的广告宣传和宣传的地域范围作为认定驰名商标的条件之一。

4. 该商标作为驰名商标受保护的记录。这也是认定驰名商标的条件之一。如果一个商标曾被国家工商局认定为驰名商标，或者在诉讼中被人民法院认定

---

① 参见郑成思：《知识产权法》，法律出版社 2003 年版，第 185 页。

为驰名商标而受到保护的，可以作为认定驰名商标的因素之一来考虑。

5. 该商标驰名的其他因素。这里的其他因素包括如产品质量、销售量和区域等。

我国商标局、商标评审委员会以及人民法院在认定驰名商标时，根据《驰名商标认定和保护规定》第 10 条的精神，应当综合考虑上述各项因素，但不以该商标必须满足该上述规定的全部因素为前提。换言之，只要具备上述条件中的任一个因素，即可认定为驰名商标，并不要求驰名商标的认定必须符合上述所有条件。

（三）驰名商标的认定环节

在商标注册审查、工商行政管理部门查处商标违法案件过程中，当事人依照《商标法》第 13 条规定主张权利的，商标局根据审查、处理案件的需要，可以对商标驰名情况作出认定。

在商标争议处理过程中，当事人依照《商标法》第 13 条规定主张权利的，商标评审委员会根据处理案件的需要，可以对商标驰名情况作出认定。

在商标民事、行政案件审理过程中，当事人依照《商标法》第 13 条规定主张权利的，最高人民法院指定的人民法院根据审理案件的需要，可以对商标驰名情况作出认定。

（四）驰名商标不得做广告

驰名商标的认定本质上是对某种商标知名度的事实认定，以提供特殊保护为目的，并不体现商品质量和品牌美誉度，不是荣誉称号。但在现实中，一些企业将获得驰名商标作为提高产品知名度和竞争力的捷径，甚至利用广告宣传误导消费者。

2013 年第三次修改的《商标法》作了一项特别规定：生产、经营者不得将“驰名商标”字样用于商品、商品包装或者容器上，或者用于广告宣传、展览以及其他商业活动中。这将意味着 2014 年 5 月 1 日新修订的《商标法》生效后，将禁止以“驰名商标”的名义进行广告宣传，避免误导消费者。如违反上述规定，由地方工商行政管理部门责令改正，处 10 万元罚款。该规定有利于遏制驰名商标异化现象，促进市场竞争有序发展，使驰名商标的认定和保护回归到应有的轨道上来，起到正本清源的作用，有利于防止个别企业利用驰名商标进行不公平竞争，保护消费者合法权益。

2013 年《商标法》进一步明确了驰名商标的内涵，即“为相关公众所熟知的商标”；同时，按照“个案认定、被动保护”的原则，明确规定：持有人认为其权利受到侵害时，可以依照《商标法》请求驰名商标保护；驰名商标应当作为处理涉及商标案件需要认定的事实进行认定。

三、驰名商标的保护

鉴于驰名商标的巨大经济价值，为保护驰名商标权人的合法利益，防止不正当竞争行为，国际公约和各国立法纷纷对驰名商标给予特殊保护。所谓特殊保护是指，尽管商标未在成员国注册，但只要其在该国驰名，就应有权禁止他人的注册和使用。

（一）《巴黎公约》对驰名商标的保护

最早在国际公约中对驰名商标进行保护的是1883年缔结的《巴黎公约》。公约要求：任何成员国，在本国法律允许的条件下，对于其他成员国主管机关认为该国一项商标已成为驰名商标，有义务给予保护。《巴黎公约》第6条之二专门规定了对驰名商标保护的三项内容：

第一，未注册的驰名商标的使用人享有禁止他人使用的权利。即未注册的驰名商标的使用人有权禁止他人在相同或类似的商品上使用与该驰名商标相同或近似的商标。

第二，商标主管机关对抢注的商标可以拒绝或撤销注册。凡是被成员国认定为驰名商标的，该商标的使用人未注册而他人在先申请注册的，商标注册国或使用国的商标主管机关可以依职权或者利害关系人的请求，拒绝对该商标给与注册；如果已经注册的，应宣告撤销该商标的注册。

第三，提出撤销注册商标的最低期限。驰名商标所有人对他人已注册的，自注册之日起至少5年内可以提出撤销该注册商标；如果该注册商标是恶意的，则请求撤销的时间不受限制。

（二）Trips协议对驰名商标的规定

1994年生效的Trips协议也规定了对驰名商标的保护。

第一，将驰名商标的保护范围扩大到驰名的服务商标。Trips协议第16条第2款规定：《巴黎公约》第6条之二应比照适用于服务。

第二，拓展了驰名商标权利人的权利范围。Trips协议将驰名商标所有人禁止权的范围扩大到不类似的商品或服务上。Trips协议第16条第3款规定：《巴黎公约》第6条之二应比照适用于与注册商标的商品或服务不相类似的商品或服务。

第三，对认定驰名商标的标准作了原则规定。Trips协议第16条第2款规定：在确定一项商标是否驰名时，各成员应考虑有关部门公众对该商标的知晓程度，包括该商标因宣传而在有关成员为公众知晓的程度。

可见，Trips 协议认定驰名商标的原则标准为：相关公众对该商标的知晓程度、商标的宣传程度等。

（三）我国对驰名商标的保护

我国 2001 年修订的《商标法》，参照《巴黎公约》和 Trips 协议的规定，增加了对驰名商标的规定，其保护范围基本上和国际公约一致。从《商标法》第 13 条规定的精神来分析，我国立法对驰名商标的保护主要包括以下内容：

1. 对未在中国注册的驰名商标给予保护。我国对驰名商标的保护已经不局限于注册商标，根据修改后的《商标法》的规定，在相同或者类似商品上申请注册的商标，是通过复制、模仿或者翻译他人未在中国注册的驰名商标，而且容易造成混淆的，商标局将不给予注册并禁止其使用。根据最高人民法院《关于审理商标民事纠纷案件适用法律若干问题的解释》，复制、摹仿、翻译他人未在中国注册的驰名商标或其主要部分，在相同或者类似商品上作为商标使用，容易导致混淆的，应当承担停止侵害的民事法律责任，但并不承担其他民事责任。

2. 扩大了对注册的驰名商标的保护范围。为了体现出对注册的驰名商标的特殊保护，修改后的《商标法》规定：对注册的驰名商标的保护范围扩大到"不相同或者不相类似商品上"，只要是复制、模仿或者翻译他人已在中国注册的驰名商标，误导公众，使该驰名商标注册人的利益可能受到损害的，不予注册并禁止使用。根据最高人民法院《关于审理商标民事纠纷案件适用法律若干问题的解释》第 1 条第 2 款的规定，复制、摹仿、翻译他人注册的驰名商标或其主要部分在不相同或者不相类似商品上作为商标使用，误导公众，致使该驰名商标注册人的利益可能受到损害的行为属于《商标法》第 52 条第 5 项规定的给他人注册商标专用权造成其他损害的行为。对这种侵权行为，侵权人应承担包括赔偿在内的各种民事责任。显然，对已在中国注册的驰名商标的保护力度要大于未注册的驰名商标。这种以是否注册来区分不同责任的规定，不仅符合《巴黎公约》和 Trips 协议对驰名商标保护的基本要求和国际上通行的做法，而且也符合中国国情。

3. 驰名商标所有人享有特殊期限的排他权。《商标法》第 41 条第 2 款规定：已经注册的商标，与驰名商标发生冲突的，自商标注册之日起 5 年内，驰名商标所有人或者利害关系人可以请求商标评审委员会裁定撤销该注册商标，对恶意注册的，驰名商标所有人不受 5 年的时间限制。

4. 禁止将他人的驰名商标作为企业名称使用。《驰名商标认定和保护规定》第 13 条规定：当事人认为他人将其驰名商标作为企业名称登记，可能欺骗公众或者对公众造成误解的，可以向企业名称登记主管机关申请撤销该企业名称登记，企业名称登记主管机关应当依照《企业名称登记管理规定》来处理。

5. 运用反淡化规则对驰名商标进行保护。驰名商标的反淡化保护在工业发达国家已经成熟，我国修订后的《商标法》中对此未加明确，但在司法实践中，随着2009年4月最高人民法院《关于审理涉及驰名商标保护的民事纠纷案件应用法律若干问题的解释》（以下简称《驰名商标司法解释》）的公布，反淡化规则在驰名商标民事案件的判决中得到确认。该解释第9条第2款规定：足以使相关公众认为被诉商标与驰名商标具有相当程度的联系，而减弱驰名商标的显著性、贬损驰名商标的市场声誉，或者不正当利用驰名商标的市场声誉的，属于《商标法》第13条第2款规定的情形。这一司法解释体现了比较完整的反淡化含义，虽然该司法解释针对的是民事案件，但鉴于商标民事侵权案件中与商标确权案件中对于驰名商标的保护应适用相同的原则，因此，该原则亦应同样适用于商标确权案件。上述规定也进一步明确了《商标法》第13条第3款的规定，以加强对驰名注册商标的保护。在近几年的司法审判中，已有一些生效的判决书中写入了关于商标淡化的问题。①《解释》的颁布，不仅借鉴和吸纳了国际社会对驰名商标保护的反淡化规则，又结合我国现实情况作出了规定，以便指导下级法院正确理解和适用反淡化规则。

第二节　集体商标的法律保护

集体商标和证明商标由于其特殊功能，被人们誉为商标群中的“另类”商标。我国2001年《商标法》修订后增加了这两种商标。

一、集体商标的概念和特点

集体商标（Collective Mark）又称“团体商标”，是指以团体、协会或者其他组织名义注册，供该组织成员在商事活动中使用，以表明使用者在该组织中的成员资格的标志。

集体商标是以各成员组成的集体的名义申请注册和所有，由各成员共同使用的一项集体性权利，具有“共有性”或“公用性”。

① 参见李友根：《“淡化理论”在商标案件裁判中的影响分析——对100份驰名商标案件判决书的整理与研究》，载《法商研究》2008年第3期。

集体商标与普通商标相比，具有如下特点：第一，集体商标的申请注册人为某一组织体。集体商标的申请人一般为工商业团体、协会或者其他组织，个人不能申请注册集体商标。第二，集体商标的使用范围有明确规定。集体商标由该商标注册人的组织成员在商事活动中使用，不是该商标注册人的组织成员不能使用。第三，集体商标的功能不同于一般商标。集体商标与普通商标均表明商品或服务的经营者，但集体商标表明商品或服务来自某组织。第四，集体商标的申请要提交使用管理规则。申请集体商标注册的，必须提交使用管理规则，产品或服务要按一定质量标准加以“统一”。另外，集体商标准许其组织成员使用时不必签订许可合同；集体商标失效后 2 年内，商标局不得核准与之相同或近似的商标注册，普通商标只需 1 年，失效后商标局就可以核准与之相同或近似的商标注册。使用集体商标的意义在于不仅表明某种商品或服务具有共同的特征，来自于同一个组织成员所生产或提供的，有利于取得规模经济效益，扩大市场份额和影响力；同时，有利于发挥集团优势，维护团体信誉，保护团体及成员的利益。

我国首次对集体商标进行保护的规定，是 1993 年 7 月 15 日修订的《商标法实施细则》。为了加强对集体商标和证明商标的注册管理，国家工商行政管理局于 1994 年 12 月 30 日发布了《集体商标、证明商标注册和管理办法》，对这两种商标的申请、注册、使用和管理作了具体规定。该办法于 1998 年 12 月 3 日作了修订。2001 年我国《商标法》修订后，增加了对集体商标保护的规定。第 3 条规定：经商标局核准注册的商标为注册商标，包括商品商标、服务商标和集体商标、证明商标；商标注册人享有商标专用权，受法律保护。本法所称集体商标，是指以团体、协会或者其他组织名义注册，供该组织成员在商事活动中使用，以表明使用者在该组织中的成员资格的标志。集体商标注册和管理的特殊事项，由国务院工商行政管理部门规定。为配合《商标法》的实施，国家工商行政管理总局于 2003 年 4 月 17 日再一次修改并发布了《集体商标、证明商标注册和管理办法》，该办法自 2003 年 6 月 1 日起施行。

二、集体商标注册人及使用人的权利和义务

根据《集体商标、证明商标注册和管理办法》的规定，集体商标注册人及使用人的权利和义务主要有：

1. 申请人应提交相关的文件。申请集体商标注册的，应当附送主体资格证明文件，并应当详细说明该集体组织成员的名称和地址。

2. 初审公告中应包含集体商标的使用管理规则。集体商标的初步审定公

告的内容，应当包括该商标的使用管理规则的全文或者摘要。集体商标注册人对使用管理规则的任何修改，应报经商标局审查核准，并自公告之日起生效。集体商标的使用管理规则应当包括：使用集体商标的宗旨；使用该集体商标的商品的品质；使用该集体商标的手续；使用该集体商标的权利、义务；成员违反其使用管理规则应当承担的责任；注册人对使用该集体商标商品的检验监督制度。

3. 集体商标的使用应当符合商标法和管理规则的规定。集体商标注册人的成员，在履行该集体商标使用管理规则规定的手续后，可以使用该集体商标。集体商标不得许可非集体成员使用。使用集体商标的，注册人应发给使用人《集体商标使用证》。集体商标注册人的成员发生变化的，注册人应当向商标局申请变更注册事项，由商标局公告。申请转让集体商标，受让人应当具备相应的主体资格，并符合《商标法》、《商标法实施条例》和《集体商标、证明商标注册和管理办法》的规定。

三、集体商标的保护

集体商标注册人没有对该商标的使用进行有效管理或者控制，致使该商标使用的商品达不到其使用管理规则的要求，对消费者造成损害的，由工商行政管理部门责令限期改正；拒不改正的，处以违法所得3倍以下的罚款，但最高不超过3万元；没有违法所得的，处以1万元以下的罚款。

集体商标专用权被侵权的，注册人可以根据《商标法》及《商标法实施条例》的有关规定，请示工商行政管理机关处理，或者直接向人民法院起诉。经公告的使用人可以作为利害关系人参与上述请求。

第三节　证明商标的法律保护

一、证明商标的概念和特点

证明商标（Certificate Mark）又称“保证商标”，是指由对某种商品或者服务具有监督能力的组织所控制，而由该组织以外的单位或者个人使用于其商品或者服务，用于证明该商品或者服务的原产地、原料、制作方法、质量或者其他特定品质的标志。例如，“纯羊毛”标志、“绿色食品”标志、“中国认证标志”等。使用证明商标的目的在于向消费者提供质量证明，有利于企业拓展商品的销路，增强竞争能力。同时，使用证明商标有利于保护我国的名优特产品。

证明商标和普通商标相比，具有以下特点：第一，申请人必须具有法人资格。证明商标的注册人必须是依法成立，具有法人资格，且具有对商品和服务的特定品质具有检测和监督能力的组织，申请人一般为商会、机关或者有关团体。第二，证明该商品或服务的特定品质。证明商标表明商品或服务具有某种特定品质、原产地、原料、制作工艺和质量。第三，注册人不能自己使用该证明商标。证明商标的注册人不能在自己经营的商品或服务上使用该证明商标。证明商标准许他人使用必须履行相应手续，发给《证明商标准用证》。第四，受让人有特殊要求。证明商标与普通商标都可以转让，但证明商标的受让人必须是依法成立、具有法人资格且具有检测和监督能力的组织。另外，证明商标申请注册时必须提交证明商标的管理规则，普通商标则无须提交；证明商标失效后 2 年内商标局不得核准与之相同或近似的商标注册，普通商标失效后，只需 1 年商标局就可以核准与之相同或近似的商标注册。

二、证明商标的法律保护

对证明商标的保护始于 20 世纪中叶。美国 1946 年《商标法》第 4 条规定：证明商标，可按一般商标注册规定，与普通商标一样申请注册并具有同等效力。此种商标由对其适用实行管理的某些人、国家、州、市等具名申请注册。注册后与普通商标一样，同样受到保护。但商标所有人或使用人虚假使用商标与其产品或商品或服务上者除外。专利局长可专为证明商标设立注册步骤，申请手续和程序与一般商标注册大体相同。① 目前，世界上许多国家和地区的商标法中都对证明商标提供注册和保护。

我国 1982 年颁布的《商标法》中没有对证明商标的规定，在 1993 年修订的《商标法实施细则》第 6 条对证明商标的保护作了原则规定。为了加强对证明商标和集体商标的注册管理，国家工商行政管理局于 1994 年 12 月 30 日发布了《集体商标、证明商标注册和管理办法》（以下简称《办法》），对这两种商标的申请、注册、使用和管理作了具体规定。该《办法》于 1998 年 12 月 3 日作了修订。我国于 1995 年 3 月 1 日开始办理证明商标的核准注册。

2001 年在修订后的《商标法》中增加了对证明商标保护的规定。为配合《商标法》的实施，国家工商行政管理总局于 2003 年 4 月 17 日再一次修改并

① 工商行政管理总局商标局、中国社会科学院法学研究所编：《外国商标法》，中国社会科学出版社 1984 年版，第 428 页。

发布了《集体商标、证明商标注册和管理办法》（以下简称《办法》），该《办法》自2003年6月1日起施行。

三、证明商标注册人及使用人的权利和义务

根据《办法》的规定，证明商标注册人及使用人的权利和义务如下：

1. 申请人应提交相关的证明文件。申请证明商标注册的，应当附送主体资格证明文件并应当详细说明其所具有的或者其委托的机构具有的专业技术人员、专业检测设备等情况，以表明其具有监督该证明商标所证明的特定商品品质的能力。

2. 初审公告应包括该商标的使用管理规则。证明商标的初步审定公告的内容，应当包括该商标的使用管理规则的全文或者摘要。证明商标的使用管理规则应当包括：使用证明商标的宗旨；该证明商标证明的商品的特定品质；使用该证明商标的条件；使用该证明商标的手续；使用该证明商标的权利、义务；使用人违反该使用管理规则应当承担的责任；注册人对使用该证明商标商品的检验监督制度。证明商标注册人对使用管理规则的任何修改，应报经商标局审查核准，并自公告之日起生效。

3. 注册人不得拒绝符合其条件者使用其商标。《办法》规定的目的在于防止注册人利用权利人的地位对市场进行垄断。保护证明商标的前提是其证明的商标或服务具有特定的品质，能够满足消费者的需求，而保护的目的则在于能够鼓励经营者为社会提供越来越多的高品质的商品。如果注册人对证明商标进行垄断性使用，即只允许一小部分厂家使用，而对于其他符合条件者不准许使用，则显然是不公平的，不利于市场经济的发展。所以《办法》中规定：注册人不得拒绝符合条件者使用其证明商标，当然，使用人也必须履行必要的手续。

4. 注册人应当及时将使用人的情况报商标局备案。要求商标使用许可合同备案是商标行政管理的一项重要措施，证明商标的准许使用虽不同于一般商标的使用许可，但对使用人的情况进行备案同样有利于工商行政管理部门掌握该商标的使用情况，有利于及时发现、查处商标侵权、假冒注册商标的行为。而且由于证明商标的注册人不使用该商标，证明商标使用人的备案也就更有意义。基于此，《办法》规定备案应在完成使用手续后1个月内向商标局提出，这显然比《商标法实施条例》第43条中对普通商标使用许可的备案规定要严

格一些。①

具体而言，证明商标的注册人准许他人使用其商标时发给《证明商标准用证》，将使用人的名称、地址、使用商品或服务等内容报商标局备案，由商标局予以公告。《证明商标准用证》应按规定的书式详细记载各项内容，由注册人签章，并可收取一定的管理费，但不得以营利为目的，应专用于该证明商标的管理。

5. 注册人不得使用该商标。证明商标的使用实际上是对商品特定品质的一种认定，即只有达到注册人所定标准的商品才准许使用该商标。如果注册人自己使用该商标，一方面自己证明自己产品品质毫无意义，另一方面也会造成注册人与其他使用人之间的不平等，不利于企业间的公平竞争。

6. 注册人应当履行控制职责。证明商标的注册人必须履行控制职责，如果证明商标使用人的商品或者服务达不到证明商标使用管理规定要求，对消费者造成损害的，由注册人承担赔偿责任。

四、证明商标注册人的罚则及保护

证明商标的注册人如果因对商品的质量疏于管理，给消费者造成损害的，注册人不仅要承担赔偿责任，同时，工商行政管理部门可责令限期改正；拒不改正的，处以违法所得 3 倍以下的罚款，但最高不超过 3 万元；没有违法所得的，处以 1 万元以下的罚款。

集体商标、证明商标的保护与普通商标完全相同，即一经注册即产生专用权，任何人未经注册人同意而擅自使用即构成商标侵权行为。对于商标侵权行为，注册人可以向人民法院起诉，也可以向工商行政管理机关请求处理。

---

① 《商标法实施条例》第 43 条规定："许可他人使用其注册商标的，许可人应当自商标使用许可合同签订之日起 3 个月内将合同副本报送商标局备案。"

第五编

其他知识产权

第二十八章 集成电路布图设计权

第一节 集成电路布图设计概述

一、集成电路布图设计的概念与特征

集成电路中的布图设计，并非集成电路本身。布图设计可以掩模图形的方式存在于掩模板上，也可以编码的方式存在于计算机中或磁盘、磁带上，或者已经制造完毕的集成电路芯片产品中。布图设计是以图形的方式存在于芯片表面和表面下不同深度处。这些掩模板、磁盘、磁带、芯片，都是布图设计的载体。布图设计是在这些载体上所反映出来的电子元件和连接这些元件的连线的布局设计，它是无形的，不能与其载体混为一谈。

《关于集成电路的知识产权条约》（《华盛顿条约》）对集成电路布图设计所下的定义是："布图设计是指集成电路中多个元件，其中至少有一个是有源元件和其部分或全部集成电路互连的三维配置，或者是指为集成电路的制造而准备的三维配置。"我国《集成电路布图设计保护条例》第 2 条规定："集成电路布图设计（以下简称布图设计），是指集成电路中至少有一个是有源元件的两个以上元件和部分或者全部互连线路的三维配置，或者为制造集成电路而准备的上述三维配置。"以上定义基本一致。

布图设计有如下特征：

1. 布图设计是智力成果。同发明和作品一样，它是设计人智慧的结晶。

2. 布图设计是无形的、非物质的，但却是客观存在的，能够被人所感知和利用，可以通过一定的有形物体来表现。

3. 布图设计能够在工业中应用。布图设计是集成电路的核心，目的是实现集成电路的功能。如果不能实现这一功能，再完美的设计也不能称为布图设计。在实用性这一点上，布图设计与发明有相似之处。

二、布图设计的保护方式

《华盛顿条约》第4条对集成电路的法律保护形式所作的规定是："每一缔约方可自由通过布图设计（拓扑图）的专门法律或者通过其关于著作权、专利、实用新型、工业品外观设计、不正当竞争的法律，或者通过任何其他法律或者任何上述法律的结合来履行其按照本条约应负的义务。"该规定向各缔约方提出了以下几种可选择的单独或并用的保护形式：（1）专门法保护形式，即制定单行法对集成电路布图设计进行保护；（2）将布图设计作为一种作品给予著作权保护；（3）将布图设计作为一种发明给予专利权保护；（4）将布图设计作为一种实用新型进行保护；（5）将布图设计作为一种工业品外观设计给予保护；（6）对布图设计给予制止不正当竞争保护；（7）除上述六种保护形式之外的其他保护方式；（8）将上述七种保护形式中两种或两种以上的形式结合对布图设计给予保护。

（一）专利法的保护

20世纪70年代以后，集成电路进入工业标准化制造阶段，布图设计与集成电路产品的制造分离。布图技术设计方案也可以获得专利法的保护。但是，专利法也难以对布图设计直接提供有效的保护。其原因主要有：

1. 大部分集成电路布图设计缺乏专利保护所必需的创造性。现在的集成电路，其布图设计的中心思想都是实现集成电路的功能。设计者主要在提高集成度、节约材料、降低能耗上下工夫。一般同类集成电路产品，其布图的设计方案不会有什么大改变，绝大多数的基本设计思想是相同的，很少能具备专利法上的创造性的要求。

2. 集成电路工艺技术，虽然可作为方法专利获得保护，但极不充分。现实中已有不少集成电路制造工艺技术作为方法申请了专利。因为在同样的工艺下，改变布图设计便可生产出不同的集成电路芯片或产品；反过来，相同品种的集成电路也可用不同的工艺方法来制造。

3. 即使布图设计达到专利法要求的创造性，但由于布图设计过于复杂，设计人很难按照法律的要求提交文字简洁的权利要求书。而且，对于特大或超大型布图设计的专利性审查也不是一件容易的事情。即便布图设计获得专利权，若一旦被侵权，法院也很难认定。

4. 申请专利需要履行法定程序，且耗费时日，也很难适应集成电路技术日新月异的变化。

总的来讲，专利法虽然在原则上适用于集成电路的保护，但采用专利法保护集成电路布图设计并不理想。

（二）著作权法的保护

之所以提出用著作权法来保护集成电路布图设计，是因为集成电路布图设计具有著作权保护对象所必须具备的可复制性这一特征。正是这种可复制性直接导致了著作权法的某些保护原则和手段可以适用于集成电路布图设计。不过，布图设计毕竟不同于普通作品，将这种具有实用性的布图设计单纯地依靠著作权法所能提供的方式来保护，其结果也不尽如人意。其原因主要有：

1. 布图设计不同于其设计图纸，它不属于著作权法所指的作品。集成电路布图设计主要执行某种电子功能，不表现作者的思想情感。设计者一般只关注布图设计的不同图形产生的不同技术效果，著作权法对于这种技术效果是无能为力的。著作权法也不保护其工业产权上的实用功能。

2. 布图设计的目的是制造集成电路，被认为是一种纯功利主义的实用物，不符合著作权法保护对象的要求。若将这种毫无艺术性的布图设计归入雕塑等造型艺术类作品中加以保护，则违背了著作权法实用与非实用的两分法原则。

3. 集成电路布图设计有一定的厚度、是立体的。有些国家的著作权不禁止对“立体物”的非接触复制，因而无法对非法复制他人的布图设计的现象加以限制。①

4. 集成电路布图设计的“复制”与著作权法中“复制”的含义不同。集成电路布图设计的复制通常包含“仿制”产品的情形，即复制者在自己的硅片上仿照他人的布图设计进行电子元件及连线的三维配置。著作权法只能制止非法复制他人的设计图样及文字说明的行为，而无法制止利用布图设计制成芯片的这种仿制。

5. 按照著作权法的独创性原则的要求，作品只要是作者独立创作完成的，不论其水平高低，也不论是否与别人的作品雷同，一律受著作权法的保护。而集成电路布图设计具有技术要求，其价值的高低取决于该布图设计在技术上的创新。法律保护的是那些在技术上有所创新的布图设计。

6. 著作权过长的保护期对集成电路布图设计很不适宜。

7. 依照著作权法，集成电路实施的反向工程行为将构成侵权，这对集成电路产业的发展十分不利。

---

① 参见刘春茂主编：《中国民法学・知识产权》，中国人民公安大学出版社 1997 年版，第 795 页。

(三) 其他知识产权法的保护

在现有的知识产权法中的商标法、反不正当竞争法、商号或企业名称保护法、原产地名称保护法等都不能给集成电路提供可行的保护。另外，技术秘密也难以为集成电路提供可靠的保护，因为集成电路产品一旦出售，其布图设计就公开了，任何人都可以通过实施布图设计反向工程获知该集成电路的布图设计。

(四) 专门法的产生

1984 年 11 月 8 日，美国颁布了《半导体芯片保护法》，该法虽然列在美国法典第 17 编的第九章，但并不属于第 17 编的著作权法，而是一部独立的法律，它是世界上第一部专门的集成电路保护法。继美国颁布《半导体芯片保护法》之后，日本、西欧各国相继效仿，都以专门立法的形式颁布了各自的集成电路保护法。

我国从 1991 年开始着手起草《集成电路布图设计保护条例》，经过 10 年的努力，完成了立法任务。2001 年 3 月 28 日通过了《集成电路布图设计保护条例》，同年 10 月 1 日起施行。

世界知识产权组织于 1987 年提出缔结关于保护集成电路知识产权国际条约的建议，1989 年 5 月 26 日，世界知识产权组织在华盛顿召开关于集成电路知识产权外交会议，会上通过了《关于集成电路的知识产权条约》，我国是首批在条约上签字的国家。该条约对保护的客体、保护的法律形式、保护的范围、权利的限制、权利的获得及期限等问题都作了明确规定，至今该条约尚未生效。但是，Trips 协议吸收了该条约的主要条款，条约的主要内容也随着协议一起生效。Trips 协议专门规定了集成电路的保护，而且在保护水平上比《关于集成电路的知识产权条约》更进一步，这主要体现在布图设计权的效力可以延及包含有集成电路产品的物品。

第二节 集成电路布图设计专有权的内容

《集成电路布图设计保护条例》第 7 条规定布图设计权利人享有复制权和商业利用权。

一、复制权

复制权是指权利人有权通过光学的、电子学的方式或其他方式来复制其受保护的布图设计。①布图设计只有应用于半导体产品中才有价值，这个过程就是将布图设计复制于半导体产品中。布图设计权人通过行使复制权，对布图设计进行进一步的利用，才能获取经济效益。各国都在立法中明确保护布图设计复制权。我国《集成电路布图设计保护条例》第30条规定，除该条例另有规定以外，未经布图设计权利人许可，复制受保护的布图设计的全部或其中任何具有独创性的部分，即构成侵权行为，应承担相应的责任。

二、商业利用权

商业利用权指布图设计权人享有的将受保护布图设计及含有该受保护的布图设计的集成电路或含有此种集成电路的产品进行商业利用的权利。他人未经权利人同意，不得将布图设计投入商业利用。《集成电路布图设计保护条例》第2条第5项规定，商业利用，是指为商业目的进口、销售或以其他方式提供受保护的布图设计、含有该布图设计的集成电路或含有该集成电路物品的行为。

Trips协议与《华盛顿条约》有关商业利用权的内容和要求略有不同。Trips协议第36条中对商业利用权的规定为："为工商业目的而进口、销售、推销受保护的布图设计，或由这种受保护的布图设计所构成的集成电路，或由这种集成电路构成的物品。"《华盛顿条约》第6条中对商业利用权的规定为："为商业目的进口、销售或者以其他方式供销受保护的布图设计或者其中含有受保护的布图设计（拓扑图）的集成电路。"《华盛顿条约》中规定的商业利用权的范围比Trips协议的规定略窄，不包含对含有专有权的布图设计的集成电路构成物品的商业利用。

布图设计权人除了享有上述复制权和商业利用权外，还有权许可他人使用其布图设计，或转让布图设计专有权，行使其布图设计的处分权。

第三节　布图设计权的取得及保护期限

一、布图设计权的取得

取得布图设计权，必须符合一定的条件：一是主体合格，二是布图设计符

① 参见林刚主编：《知识产权法学》，中国法制出版社1999年版，第435页。

合受保护的条件，三是通过一定的方式，履行必要的手续方能取得布图设计权。

（一）主体资格

《集成电路布图设计保护条例》第3条规定，中国自然人、法人或其他组织创作的布图设计，依照本条例享有布图设计专有权；外国人创作的布图设计首先在中国境内投入商业利用的，依照本条例享有布图设计专有权；外国人创作的布图设计，其创作者所属国同中国签订有布图设计保护协议或与中国共同参加有关布图设计保护国际公约的，也能依照本条例享有布图设计专有权。

（二）客体条件

布图设计专有权的客体应当是具有独创性的布图设计。《集成电路布图设计保护条例》第4条规定："受保护的布图设计应当具有独创性，即该布图设计是创作者自己的智力劳动成果，并且在创作时该布图设计在布图设计创作者和集成电路制造者中不是公认的常规设计。受保护的由常规设计组成的布图设计，其组合作为整体应当符合前款规定的条件。"

（三）布图设计权的取得方式与程序

《华盛顿条约》规定，布图设计获得保护既可以商业利用为条件，也可以登记为条件，由各国自行决定。除英国、瑞典采用自然取得方式以外，就目前而言，登记与有限使用取得方式和登记取得方式都有一些国家采用。

关于登记取得程序，《集成电路布图设计保护条例》规定，国务院知识产权行政部门负责布图设计登记工作，受理布图设计登记申请。布图设计自其在世界任何地方首次商业利用之日起2年内，未向国务院知识产权行政部门提出登记申请的，国务院知识产权行政部门不再予以登记。布图设计登记申请经初步审查，未发现驳回理由的，由国务院知识产权行政部门予以登记，发给登记证明文件，并予以公告。布图设计登记申请人对国务院知识产权行政部门驳回其登记申请的决定不服的，可以自收到通知之日起3个月内，向国务院知识产权行政部门请求复审。国务院知识产权行政部门复审后作出决定，并通知布图设计登记申请人。布图设计登记申请人对国务院知识产权行政部门的复审决定仍不服的，可以自收到通知之日起3个月内向人民法院起诉。

（四）布图设计权的归属

根据《集成电路布图设计保护条例》的规定，布图设计权归属的法律原则为：

1. 布图设计专有权属于布图设计创作者，条例另有规定的除外。由法人或其他组织主持，依据法人或其他组织的意志而创作，并由法人或其他组织承担责任的布图设计，该法人或其他组织是创作者。由自然人创作的布图设计，该自然人是创作者。

2. 两个以上自然人、法人或其他组织合作创作的布图设计，其专有权的归属由合作者约定；未作约定或约定不明的，其专有权由合作者共同享有。

3. 受委托创作的布图设计，其专有权的归属由委托人和受托人双方约定；未作约定或约定不明的，其专有权由受托人享有。

4. 布图设计专有权属于自然人的，该自然人死亡后，其专有权在条例规定的保护期内依照继承法的规定转移。

5. 布图设计专有权属于法人或其他组织，法人或其他组织变更、终止后，其专有权在条例规定的保护期内由承继其权利、义务的法人或其他组织享有；没有承继其权利、义务的法人或其他组织的，该布图设计进入公有领域。

二、布图设计权的保护期限

关于布图设计权的有效期，《华盛顿条约》要求至少为 8 年，Trips 协议规定为 10 年，并允许其成员国规定自布图设计作出之日起 15 年以后保护终止。目前，世界上大多数国家都将布图设计权的保护期限规定为 10 年。

不过，各国对保护期起算时间的规定有所不同。《集成电路布图设计保护条例》第 12 条规定，布图设计专有权的保护期为 10 年，自布图设计登记申请之日或在世界任何地方首次投入商业利用之日起计算，以较前日期为准。但是，无论是否登记或投入商业利用，布图设计自创作完成之日起 15 年后，不再受该条例保护。

第四节 布图设计权的限制

任何一项权利都不是绝对的，法律对布图设计专有权的保护规定了法定限制。对布图设计权的限制主要表现为在特定情形下，即使他人未经权利人许可而复制或对其布图设计进行商业性利用，也不视为侵权。

一、合理使用

合理使用，属于非商业目的的利用，是指他人为了私人目的或单纯为了评价、分析、研究或教学的目的而复制受保护的布图设计的全部或其任何部分的行为。

《集成电路布图设计保护条例》第 23 条规定："下列行为可以不经布图设

计权利人许可，不向其支付报酬：（一）为个人目的或者单纯为评价、分析、研究、教学等目的而复制受保护的布图设计的；（二）在依据前项评价、分析受保护的布图设计的基础上，创作出具有独创性的布图设计的；（三）对自己独立创作的与他人相同的布图设计进行复制或者将其投入商业利用的。"

一般判断是否属于合理使用有两个标准：（1）行为人的目的。如果出于个人使用或教学科研使用的目的，不构成侵权；如果以营利为目的，则是侵权行为。（2）合理使用的限度。合理使用是有限度的，不能影响权利人的利益。

二、反向工程

反向工程（还原工程），指对他人的布图设计进行评价、分析，并在此基础上创作出新的布图设计，不受权利人专有权的限制。反向工程是一种对他人享有布图设计权的布图设计进行复制的行为。法律之所以允许反向工程存在是出于以下考虑：人们通过反向工程可以分析、研究集成电路产品的结构、功能、设计思想，可以在此基础上开发更新更好的产品。通过反向工程开发新产品，比较经济。若不允许反向工程，则可能引起技术开发者在某些领域的垄断，不利于工业的发展。在集成电路工业领域，反向工程已经成为一种普遍采用的、在分析原设计的基础上进行技术创新的重要方式。

三、不知情侵权

不知情侵权，也称为善意侵权、善意买主，是指怀有善意而不知情购买了含有非法复制布图设计的集成电路芯片产品的情形。若一个人不知其购买的集成电路产品中含有非法复制的布图设计，而将该集成电路产品进口、销售和进行其他商业利用的，不视为侵权。

四、权利穷竭

权利穷竭，也称权利用尽。集成电路布图设计权的权利穷竭是指布图设计权人或经其授权的人，将受保护的布图设计、含有布图设计的半导体集成电路或该集成电路产品投放市场以后，对于该布图设计半导体集成电路及其产品有关的任何商业利用行为，不再享有权利。其他人不经权利人许可而进行的进口、销售或以其他方式供销其布图设计产品的行为，是合法的行为，权利人无权干涉。

《集成电路布图设计保护条例》第 24 条规定，受保护的布图设计、含有该布图设计的集成电路或含有该集成电路的物品，由布图设计权利人或经其许可投放市场后，他人再次商业利用的，可以不经布图设计权利人许可，并不向其支付报酬。

权利穷竭原则能够限制权利人对布图设计产品的控制，防止权利人滥用权利而妨碍布图设计产品的正常流转，避免法律的过度保护而损害公共利益。

五、强制许可

强制许可又称非自愿许可，是对布图设计权利的一种必要的限制。在特殊情况下，国家行政或司法机关可以不经权利人同意而授予第三者进行复制或商业利用的权利，第三者必须向权利人支付公平的补偿费。美国等一些工业发达国家反对强制许可，而中国、丹麦、西班牙、法国等赞成对布图设计权的强制许可制度。

《集成电路布图设计保护条例》第 25 条规定，在国家出现紧急状态或非常情况时，或者为了公共利益的目的，或者经人民法院、不正当竞争行为监督检查部门依法认定布图设计权利人有不正当竞争行为而需要给予补救时，国务院知识产权行政部门可以给予使用其布图设计的非自愿许可。

《集成电路布图设计保护条例》规定，除该条例另有规定的外，未经布图设计权利人许可，有下列行为之一的，行为人必须立即停止侵权行为，并承担赔偿责任：（1）复制受保护的布图设计的全部或其中任何具有独创性的部分；（2）为商业目的进口、销售或以其他方式提供受保护的布图设计、含有该布图设计的集成电路或含有该集成电路的物品。侵犯布图设计专有权的赔偿数额，为侵权人所获得的利益或被侵权人受到的损失，包括被侵权人为制止侵权行为所支付的合理开支。

布图设计权利人或利害关系人有证据证明他人正在实施或即将实施侵犯其专有权的行为，如不及时制止将会使其合法权益受到难以弥补的损害的，可以在起诉前依法向人民法院申请采取责令停止有关行为和财产保全的措施。

国务院知识产权行政部门的工作人员在布图设计管理工作中玩忽职守、滥用职权、徇私舞弊，构成犯罪的，依法追究刑事责任；尚不构成犯罪的，依法给予行政处分。

第二十九章　植物新品种权

第一节　植物新品种保护概述

一、植物新品种保护的意义

植物新品种，是指经过人工培育的或对发现的野生植物加以开发，具备新颖性、特异性、一致性和稳定性并有适当命名的植物品种。法律授予育种者对其授权品种享有排他的独占权，借此鼓励育种者研究开发、投资新品种的积极性，以促进农业、园艺和林业的发展。育种者的这项权利也叫“育种者权”，属于知识产权的范畴。

当代世界各国极为重视对植物新品种的保护，而在植物新品种保护的背后是各国为控制生物技术产生的激烈竞争。生物技术对一国经济产生越来越重要的影响，已关系到国家未来的经济发展和经济安全。保护育种者的品种权，推动现代生物技术发展进步和成果转化，实现本国经济竞争优势地位，是保护植物新品种的重要使命。

从国际经济关系来看，植物新品种保护还有利于我国在农业生物技术领域的国际交流与贸易活动的开展。1961 年国际植物新品种保护联盟（UPOV）成立，该联盟的成员国为保护本国利益，不再向中国出售其新培育的品种，因而影响我国引进国外的新品种，我国的新品种向这些国家出口也同样遇到许多障碍。因此，建立符合国际通行体系的植物品种知识产权保护制度，是加强与国际经济交往合作的客观需要。

二、植物新品种保护法律制度的沿革

植物新品种保护法律制度自 20 世纪以来，经历了一个产生与发展的过程，已构成了一个完整的保护体系，在国际上形成了三种不同的保护模式：一是专

利保护模式；二是专门立法保护模式；三是双轨制保护模式，即实行植物专利和植物品种专门法保护双轨制。传统的专利制度一直将植物新品种排除在保护范围外，大多数国家采用专门立法模式。

1961 年国际社会缔结了《保护植物新品种国际公约》，并且缔约国根据这一公约组成了植物新品种保护联盟。《保护植物新品种国际公约》旨在确认和保护植物新品种育种者的权利。该公约的制定，奠定了当代国际植物新品种法律保护体系的基础。1998 年我国加入了《国际植物新品种保护公约》（1978 年文本），成为这一重要公约的成员国。

我国 1985 年《专利法》开始保护生物技术方法发明。1995 年，我国加入了《国际承认用于专利程序的微生物保存布达佩斯条约》，开始采纳接受国际生物技术知识产权制度的通行做法。1997 年国务院颁布了《植物新品种保护条例》，并于 1997 年 10 月 1 日实施。2000 年，最高人民法院发布了《关于审理植物新品种纠纷案件若干问题的解释》（下称《植物新品种解释》），明确了人民法院受理植物新品种案件的种类、管辖范围等。2007 年，最高人民法院又公布了《关于审理侵犯植物新品种权纠纷案件适用法律若干问题的解释》。

第二节　植物新品种权的获得

一、授予植物新品种权的条件

（一）属于国家植物品种保护范围

申请品种权的植物新品种应当属于国家植物品种保护名录中列举的植物的属或种。植物品种保护名录由审批机关确定和公布。

（二）新颖性

授予品种权的植物新品种应当具备新颖性。新颖性，是指申请品种权的植物新品种在申请日前该品种繁殖材料未被销售，或者经育种者许可，在中国境内销售该品种繁殖材料未超过 1 年；在中国境外销售藤本植物、林木、果树和观赏树木品种繁殖材料未超过 6 年，销售其他植物品种繁殖材料未超过 4 年。

（三）特异性

授予品种权的植物应当具备特异性。特异性是指申请品种权的植物新品种应当明显区别于在递交申请以前已知的植物品种。特异性要求申请品种权的植物新品种具有一个或数个显著的特征，而且这些特征能够辨认和说明。

（四）一致性

授予品种权的植物新品种应当具备一致性。一致性，是指申请品种权的植物新品种经过繁殖，除可以预见的变异外，其相关的特征或特性一致。

（五）稳定性

授予品种权的植物新品种应当具备稳定性。稳定性，是指申请品种权的植物新品种经过反复繁殖在特定繁殖周期结束时，其相关的特征或特性保持不变。

（六）适当的名称

授予品种权的植物新品种应当命名，并与相同或相近的植物属或种中已知品种的名称相区别。该名称经注册登记后即为该植物新品种的通用名称。下列名称不得用于品种命名：（1）仅以数字组成的；（2）违反社会公德的；（3）对植物新品种的特征、特性或育种者的身份等容易引起误解的。

以上条件缺一不可，只有具备以上条件时，育种者才能被授予植物新品种权。

二、植物新品种权的取得程序

（一）申请

授权单位，由国务院农业、林业行政部门按照职责分工负责植物新品种权申请的受理、审查与授权。中国的单位和个人申请品种权的，可以直接或委托代理机构向审批机关提出申请。外国人、外国企业或外国其他组织在中国申请品种权的，应当按其所属国和我国签订的协议或共同参加的国际条约办理，或者根据互惠原则，依照《植物新品种保护条例》办理。申请人自在外国第一次提出品种权申请之日起12个月内，又在中国就该植物新品种提出品种权申请的，依照该外国同中国签订的协议或共同参加的国际条约，或者根据相互承认优先权的原则，可以享有优先权。申请品种权的单位或个人，应当向审批机关提交符合规定格式要求的请求书、说明书和该品种的照片。对符合《植物新品种保护条例》有关规定的品种权申请，审批机关应当予以受理，明确申请日、给予申请号，并自收到申请之日起1个月内通知申请人缴纳有关申请费。对不符合或经修改仍不符合条例有关规定的品种权申请，审批机关不予受理，并通知申请人。申请人可以在品种权授予前修改或撤回品种权申请。

（二）品种权的审查与批准

一个植物新品种只能授予一项品种权。两个以上的申请人分别就同一个植物新品种申请品种权的，品种权授予最先申请的人；同时申请的，品种权授予最先完成该植物新品种育种的人。

申请人缴纳申请费后，审批机关对品种权申请内容进行初步审查。审批机关应当自受理品种权申请之日起 6 个月完成初步审查。对经初步审查合格的品种权申请，审批机关予以公告，并通知申请人在 3 个月内缴纳审查费。对经初步审查不合格的品种权申请，审批机关应当通知申请人在 3 个月内陈述意见或予以修正；逾期未答复或修正后仍然不合格的，驳回申请。

申请人按照规定缴纳审查费后，审批机关对品种权申请的特异性、一致性和稳定性进行实质审查。对经实质审查符合条例规定的申请，审批机关应作出授予品种权的决定，颁发品种权证书，并予以登记和公告。否则，审批机关予以驳回，并通知申请人。

审批机关设立植物新品种复审委员会，对审批机关驳回品种权申请的决定不服的请求复审。申请人对植物新品种复审委员会决定不服的，可以向人民法院提起诉讼。

第三节　植物新品种权的内容、期限及法律保护

植物新品种权，简称“品种权”，是指育种者依法对植物新品种所享有的专有权利。《植物新品种保护条例》第 6 条规定，“完成育种的单位或者个人对其授权品种，享有排他的独占权”。因此，品种权人的专有权即对其授权品种所享有的排他的独占权。

一、品种权的内容

品种权人享有排他的独占权，任何人未经权利人许可，不得以商业目的利用权利人的授权品种，否则构成侵权。《植物新品种保护条例》第 6 条规定：任何单位或个人未经品种权人许可，不得为商业目的生产或销售该授权品种的繁殖材料，不得为商业目的将该授权品种的繁殖材料重复使用于生产另一品种的繁殖材料；但是条例另有规定的除外。品种权人享有对其授权品种的繁殖材料生产、销售、使用、许可、转让的权利，以及禁止他人未经其许可的商业利用权。

（一）品种权的归属

1. 职务育种。这是指执行本单位的任务或主要是利用本单位的物质条件所完成的植物新品种。职务育种的申请权属于该单位。申请被批准后，品种权属于申请人。

2. 非职务育种。非职务育种的申请权属于完成育种的个人。申请被批准后，品种权属于申请人。

3. 委托育种。这是指受托人按照委托人的委托而培育的植物新品种。委托育种的品种的归属由当事人在合同中约定，没有合同约定的，品种权属于受委托完成育种的单位或个人。

4. 合作育种。这是指两个以上的单位或个人共同提供物质、技术条件进行培养的植物新品种。合作育种的品种权的归属由当事人在合同中约定，没有合同约定的，品种权属于共同完成育种的单位或个人。

（二）品种权的限制

1. 强制许可。为了国家利益或公共利益，审批机关可以作出实施植物新品种强制许可的决定，并予以登记和公告。取得实施强制许可的单位或个人应当付给品种权人合理的使用费，其数额由双方商定；双方不能达成协议的，由审批机关裁决。品种权人对强制许可决定或强制许可使用费的裁决不服的，可以自收到通知之日起 3 个月内向人民法院提起诉讼。

2. 合理使用。《植物新品种保护条例》第 10 条规定：在下列情况下使用授权品种的，可以不经品种权人许可，不向其支付使用费，但不得侵犯品种权人依照条例享有的其他权利。（1）“特殊育种权”，即利用授权品种进行育种及其他科研活动。（2）“农户育种权”，即农户自繁自用授权品种的繁殖材料。

二、品种权的保护期、终止与无效

品种权的保护期，自授权之日起，藤本植物、林木、果树和观赏树木为 20 年，其他植物为 15 年。

（一）品种权的终止

品种权人应当自被授予品种权的当年开始缴纳年费，并且按照审批机关的要求提供用于检测的该授权品种的繁殖材料。有下列情形之一的，品种权在其保护期限届满前终止：（1）品种权人以书面申明放弃品种权的；（2）品种权人未按照规定缴纳年费的；（3）品种权人未按照审批机关的要求提供检测所需的该授权品种的繁殖材料的；（4）经检测该授权品种不再符合被授予品种权时的特征和特性的。品种权的终止，由审批机关登记和公告。

（二）品种权的无效

自审批机关公告授予品种权之日起，植物新品种复审委员会可以依据职权或者依据任何单位或个人的书面请求，对不具备新颖性、特异性、一致性、稳定性的植物新品种，宣告品种权无效；对不具备适当名称的植物新品种，予以更名。宣告品种权无效或更名的决定，由审批机关登记和公告，并通知当事人。对植物新品种复审委员会的决定不服的，可以自收到通知之日起3个月内向人民法院提起诉讼。

被宣告无效的品种权视为自始不存在。宣告品种权无效的决定，对在宣告前人民法院作出并已执行的植物新品种侵权的判决、裁定，省级以上人民政府农业、林业行政部门作出并已执行的植物新品种侵权处理决定，以及已经履行的植物新品种实施许可合同和植物新品种权转让合同，不具有追溯力。但是，因品种权人的恶意给他人造成损失的，应当给予合理赔偿。品种权人或品种权转让人不向被许可实施人或受让人返还使用费或转让费，明显违反公平原则的，品种权人或品种权转让人应当向被许可实施人或受让人返还全部或部分使用费或转让费。

三、品种权的法律保护

（一）植物新品种权的侵权及其救济方式

未经品种权人许可，以商业目的生产或销售授权品种的繁殖材料，属于侵权行为。权利受到侵害，品种权人或利害关系人可以请求省级以上人民政府农业、林业行政部门依据各自的职权进行处理，也可直接向人民法院提起诉讼。省级以上人民政府农业、林业行政部门依据各自的职权，根据当事人自愿的原则，对侵权所造成的损害赔偿可以进行调解。调解达成协议的，当事人应当履行；调解未达成协议的，品种权人或利害关系人可以依照民事诉讼程序向人民法院提起诉讼。

（二）不视为侵权的例外

法律允许非权利人可以不经品种权人许可，利用其授权品种进行育种及其他科研活动，也允许农民可以不经品种权人许可，自繁自用授权品种的繁殖材料，而不视为侵权。

（三）违反植物新品种保护法律规定的责任

1. 侵权行为及其法律责任。省级以上人民政府农业、林业行政部门依据各自的职权处理品种侵权案件时，为维护社会公共利益，可以责令侵权人停止侵权行为，没收非法所得，可以并处违法所得5倍以下的罚款。

2. 假冒授权品种的法律责任。假冒授权品种的，由县级以上人民政府农业、林业行政部门依据各自的职权责令停止假冒行为，没收违法所得和植物品种繁殖材料，并处违法所得1倍以上5倍以下的罚款；情节严重，构成犯罪的，依法追究刑事责任。

3. 违反品种名称使用管理的法律责任。销售授权品种未使用注册登记的名称的，由县级以上人民政府农业、林业行政部门依据各自的职权责令限期改正，可以处1000元以下的罚款。

4. 有关部门工作人员的法律责任。县级以上人民政府农业、林业行政部门以及有关部门的工作人员滥用职权、玩忽职守、徇私舞弊、索贿受贿，构成犯罪的，依法追究刑事责任；尚不构成犯罪的，依法给予行政处分。

第三十章　商业秘密权

第一节　商业秘密保护概述

一、商业秘密的含义

商业秘密是指不为公众所知悉，能为权利人带来经济利益，具有实用性并经权利人采取保密措施的技术信息和经营信息。

商业秘密是一个很广泛的概念，几乎包括能使市场竞争者获得某种竞争优势而对其具有价值的任何秘密信息，它包括经营秘密和技术秘密两个方面。经营秘密一般指没有公开的经营信息，包括保密资料、情报、计划、方案、经营决策等，具体表现为产品的销售计划、顾客名单、货源情报、价格、供求状况，竞争中的标底、标书内容，以及经营活动中的管理诀窍等信息。技术秘密一般指未公开的技术信息，包括产品生产和制造过程中的所有技术诀窍和技术秘密，一般表现为技术图纸、技术资料、技术规范形式所反映的产品的设计、产品配方、工艺流程、制作方法、质量控制等方面的技术信息。

我国在20世纪60年代开始在技术合同中使用“know-how”一词。“know-how”的中文翻译为“技术秘密”、“技术诀窍”、“专有技术”、“非专利技术”等。保护工业产权国际联盟1969年指出：所谓专有技术，是有一定价值，可以利用，为有限范围专家知道，并未在任何地方公开其完整形式和未作为工业产权取得任何形式保护的技术知识、经验、数据、方法或其组合。从词义来讲，“非专利技术”一词是指除专利技术以外的一切实用技术，因此它包括秘密技术（专有技术）和公知技术。“专有技术”被定义为一种秘密技术，一般认为它属于产业范围的秘密技术知识，而商务领域的知识，如经销、管理就不能称为专有技术。我国20世纪立法中的非专利技术与专有技术基本同义。从我国保护商业秘密的发展历程来看，对专有技术的承认和保护是我国保护商业秘密的早期阶段。

二、商业秘密的构成条件

市场竞争中，不是所有的商业信息都受法律保护。只有符合特定条件的技术信息和经营信息，才能作为商业秘密受到法律保护。这些特定的条件就是商业秘密的构成条件。

（一）秘密性

秘密性是指权利人所有的信息不为公众所知悉。2007 年最高人民法院《关于审理不正当竞争民事案件应用法律若干问题的解释》规定：有关信息不为其所属领域的相关人员普遍知悉和容易获得，应当认定为“不为公众所知悉”。具有下列情形之一的，可以认定有关信息不构成不为公众所知悉：（1）该信息为其所属技术或经济领域的人的一般常识或行业惯例；（2）该信息仅涉及产品的尺寸、结构、材料、部件的简单组合等内容，进入市场后相关公众通过观察产品即可直接获得；（3）该信息已经在公开出版物或其他媒体上公开披露；（4）该信息已通过公开的报告会、展览等方式公开；（5）该信息从其他公开渠道可以获得；（6）该信息无须付出一定的代价而容易获得。

（二）实用性

实用性是指商业秘密必须是能够实际操作的信息，具有可用性，即能够在工业或商业活动中使用，并能够实现经济上的价值。实用性要求商业秘密必须是能够实际操作的信息，如果是抽象的概念、原理和原则，则不具有实用性。实用性还要求商业秘密的所有人能够确定商业秘密的具体内容。例如，能够说明商业秘密由哪些信息组成，如何将该信息付诸实施。①商业秘密一般表现为一种独立的、具体的、可操作的方案或阶段性的技术成果。它可以是特定完整的技术内容所构成的技术方案，也可以是其中的部分技术要素。

（三）价值性

价值性，是指商业秘密通过现在的或将来的使用，能够给权利人带来经济利益。价值性反映了商业秘密的实质——权利人因掌握商业秘密而保持某种竞争优势并因此而获益。

（四）保密性

保密性是指商业秘密的权利人采取了合理的保密措施，努力保持商业秘密的秘密状态。保密性表现为商业秘密的权利人主观上有保密意识，并在客观上

① 参见孔祥俊：《商业秘密保护法原理》，中国法制出版社 1999 年版，第 49 页。

采取了合理的保密措施，该商业秘密才能受到法律保护。最高人民法院《关于审理不正当竞争民事案件应用法律若干问题的解释》对此作了明确的规定：权利人为防止信息泄露所采取的与其商业价值等具体情况相适应的合理保护措施，应当认定为反不正当竞争法所规定的“保密措施”。人民法院应当根据所涉信息载体的特性、权利人保密的意愿、保密措施的可识别程度、他人通过正当方式获得的难易程度等因素，认定权利人是否采取了保密措施。

第二节　商业秘密权

一、商业秘密权的属性

本书认为，商业秘密权是一种财产权。就权利内容看，商业秘密的权利人与有形财产的所有权人一样，依法享有占有、使用、收益和处分的权利，即享有对商业秘密进行控制与管理，并防止他人非法获取和使用的权利。

二、商业秘密权的特征

（一）权利客体的特殊性

商业秘密不同于一般的知识产品，经营信息既不具有标志性，也无明显的创造性，本身就是权利人获得的一种有市场价值的商业信息。

（二）相对独占性和排他性

商业秘密权只具有有限的占有性和排他性。商业秘密被数个主体拥有时，商业秘密权是一种相对的占有权，权利人不能阻止他人合法占有该商业秘密，只是有权阻止他人以不正当手段占有、泄露或使用该商业秘密的侵权行为。

（三）获取权利的特殊性

商业秘密权的获得无须申请，无须政府的审查和授权。与著作权的“自动保护”原则非常相似。所不同的是，技术信息或经营信息产生后并不必然产生商业秘密权，而要看该技术信息是否有别于现有的公知技术，以及权利人是否“采取保密措施”，以防止该技术或经营信息被无保密义务的人员获悉。

（四）保护期限的不确定性

法律没有对商业秘密权的保护期限作出限制规定。维持商业秘密权的有效性，除了技术进步之外，在相当大的程度上依赖于权利人自己的保密努力和其他人的不公开行为。从这一角度看，商业秘密权利保护不但被动，而且很有限。

三、商业秘密权的终止

能够导致商业秘密权终止的原因包括：（1）合法拥有同样商业秘密权的第三人公开了该商业秘密；（2）第三人恶意公开了权利人的商业秘密；（3）权利人不再采取保密措施而主动放弃了商业秘密权；（4）权利人因不慎疏忽而丧失商业秘密权；（5）与其他在先权利如专利权发生冲突；（6）丧失了实用性；（7）因技术进步使商业秘密被淘汰，失去有用性而终止。由此可见，商业秘密权利的有效性，不是由法律保障的，也不是权利人自身能够完全控制的，而是很大程度上依赖于自己和其他所有人的不公开行为。

第三节　侵犯商业秘密权的行为及其法律责任

一、侵犯商业秘密权行为的含义

侵犯商业秘密权的行为是指未经权利人的许可，他人不正当地获取、披露或使用商业秘密的行为。这里的不正当行为包括：直接侵权，如直接从权利人那里窃取，非法泄露、使用商业秘密；间接侵权，如第三人非法泄露该商业秘密。

二、侵犯商业秘密权行为的界定

（一）侵犯商业秘密权行为的类型

根据《反不正当竞争法》第10条和国家工商行政管理总局《关于禁止侵犯商业秘密行为的若干规定》，商业秘密侵权的表现形式如下：

1. 以不正当手段获取权利人的商业秘密。它是行为人为竞争目的或其他目的，采取盗窃、利诱、胁迫或其他不正当手段获取权利人的商业秘密。盗窃即以秘密方式获取他人的商业秘密。利诱，是指行为人通过对知悉秘密者施以钱财、地位、高薪聘请等物质利益来换取商业秘密。胁迫，是指以威胁、恐吓等手段迫使商业秘密的知悉人屈服就范，从而取得商业秘密。《反不正当竞争法》对不正当手段的规定没有穷尽，凡是不符合商业道德、采取超出正当合理的方法而获取他人商业秘密的行为，都属于不正当手段。

2. 以不正当手段使用商业秘密。这是指明知或应知商业秘密是不合法获取的，而使用或允许他人使用的行为。它可以是以非法手段获取商业秘密的人使用，也可以是第三人明知或应知商业秘密是他人未经授权或违法获取，而使用商业秘密或者又许可他人使用的行为，还可以是负有保密义务的本单位职工或合同的当事人，违反合同义务或者违反权利人有关保守商业秘密的要求，自己非法使用商业秘密或允许第三人使用的行为。

3. 以不正当手段披露商业秘密。这一行为一般有三种形式：一是以非法手段获取商业秘密的人披露（甚至公布）商业秘密的行为；二是负有保密义务的本单位职工违反约定，或者负有保密义务的其他当事人违反诚信原则或违反权利人有关保守商业秘密的要求而披露（甚至公布）；三是第三人明知或应知前述所列违法行为，而泄露（甚至公布）所掌握的商业秘密。

（二）侵犯商业秘密权行为的构成要件

1. 侵犯商业秘密权行为的主体范围。侵犯商业秘密权的行为人既可以是自然人，也可以是法人或非法人组织；既可以是单位内部职工，也可以是外部人员。

2. 侵犯商业秘密权行为的客体是商业秘密。这主要是指与生产经营销售有关的保密资料、商业情报、计划方案、方法等，以及未公开的产品的开发、生产和制造过程中的秘密技术。

3. 行为人主观上有过错。商业秘密的侵权在大多数情况下均出自侵权行为人的故意，只有少数情况属于过失行为。过失行为也应承担民事责任，如公司或企业的工作人员因过失泄露本公司、企业的商业秘密。恶意取得商业秘密的第三人因其主观上有故意，即“明知或应知”他人有违法行为，而获取、使用、披露他人的商业秘密，构成侵权行为；若善意第三人根本不可能知道该信息属于商业秘密，或根本不可能知道该信息的披露是未经权利人允许的，那么，善意第三人即使使用了该商业秘密，也不应承担侵权的民事责任。

4. 行为人客观上采取不正当手段实施了侵犯商业秘密的行为。

三、商业秘密侵权的法律救济方式与法律责任

当权利人认为其商业秘密受到侵害时，权利人可以向有关行政主管部门请求查处侵权行为，或者向人民法院起诉。同时注意提供有关证据，这对认定是否存在侵害商业秘密的行为非常重要。

根据我国《反不正当竞争法》、《合同法》、《刑法》等有关法律法规的规定，侵犯商业秘密的行为人应承担民事责任、行政责任和刑事责任。

（一）民事责任

《反不正当竞争法》第20条、第25条规定，侵犯权利人的商业秘密应负停止侵害、赔偿损失等民事责任。

1. 停止侵害。大陆法系国家判定商业秘密“停止侵害”问题适用的是类似物上请求权的理论，英美法系国家的禁令制度比大陆法系国家的规定更成熟，美国司法中常采用禁令的措施。商业秘密往往因被披露的侵权行为而遭受致命的打击，采用禁令能够将损失降到最低。我国商业秘密的民事保护有必要引入禁令制度。

2. 赔偿损失。赔偿损失适用于具有侵权性质的不正当获取秘密的行为。《反不正当竞争法》第20条规定的赔偿范围有：权利人的损失和侵权人的利润。

3. 违约责任。违反合同或违反保密义务致使商业秘密权利人受损害的，适用违约责任。《反不正当竞争法》没有直接规定违约责任，但《合同法》、《劳动法》以及有关部门规章规定了违反保密义务的合同责任。

（二）行政责任

《反不正当竞争法》第25条规定：“违反本法第十条规定侵犯商业秘密的，监督检查部门应当责令停止违法行为，可以根据情节处以1万元以上20万元以下的罚款。”本条规定了责令停止违法行为和罚款两种行政处罚方式。《关于禁止侵犯商业秘密行为的若干规定》第7条规定的两项措施，属于责令停止侵权的措施：（1）责令并监督侵权人将载有商业秘密的图纸、软件及其他有关资料返还权利人。（2）监督侵权人销毁使用权利人商业秘密生产的、流入市场将会造成商业秘密公开的产品。权利人同意收购、销售等其他处理方式的除外。

（三）刑事责任

1997年《刑法》第219条针对侵犯商业秘密，给权利人造成重大损失的行为，规定了侵犯商业秘密罪。该罪将被处以3年以下有期徒刑或拘役，并处罚金。造成特别严重后果的，处3年以上7年以下有期徒刑，并处罚金。

第三十一章　地理标志权

第一节　地理标志概述

一、地理标志的含义及相关概念的区分

地理标志又称“原产地名称”，也是一种无形财产，是工业产权所保护的对象之一。Trips 协议第 22 条规定，“本协议的地理标志是指标示出某商品来源于某一成员的领土或该领土的一个地区或一个地方的标志，而该商品的特定的质量、声誉或其他特征在实质上可归属于其地理来源”。《巴黎公约》第 1 条规定的工业产权保护范围包括货源标记或原产地名称。Trips 协议中所称的“地理标志”就是《巴黎公约》中所说的“原产地名称”。我国《商标法》第 16 条规定：地理标志“是指标示某商品来源于某地区，该商品的特定质量、信誉或者其他特征，主要由该地区的自然因素或者人为因素所决定的标志”。

地理标志主要包含两种含义：一是表明某产品的真正产地；二是表明某产品的特有质量、声誉或其他特征主要与其地理来源相关，即某种地理环境、某种特定的自然和人为的因素，使该产地产品的质量与众不同。

（一）地理标志与货源标记、原产地名称

《巴黎公约》中的货源标记和原产地名称都是用来表明商品来源的地理标记，都使用在商品的容器或包装上，而且都具有识别商品来源的功能，二者含义相近。但二者也存在明显不同。货源标记，也称为“产地标志”，是用来表示商品来源的标志。它通常以名称、用语或符号构成，用以表示该商品来自哪个国家或地区，如“Made in China”、“上海制造”都属于商品的货源标记。货源标记只是产源识别标记。原产地名称除了表示商品来自某个国家或地区以外，还将产品的地理来源与产品的特色和质量联系起来，实际上成为一种质量证明标志。只有产地赋予其出产产品突出的质量与信誉，该地理名称才能成为

原产地名称。此外，二者的区别还表现在，货源标记可以泛指一个国家或地方行政区域，而原产地名称既可以指一个国家或地方行政区域，也可以指一个更小的地方，如某个村落或某座山；货源标记可以标示任何产品，原产地名称则一般标示与地理因素有关的地方土特名优产品。

（二）地理标志与商标

地理标志可以注册为集体商标、证明商标，起着指明原产地的作用。因此二者关系十分密切。但是，地理标志又与商标不同：（1）地理标志不具有专有性。地理标志属于该特产所在的国家、地区或地方，符合某种生产标准并生产同类产品的企业或个人共同享有。商标的主体是特定的，注册商标由注册商标所有人专用，非经许可，他人不得做相同或者相似使用。（2）地理标志具有永久性。商标有时间的制约，若权利人到期不续展则失去专有权。（3）地理标志不具有转让性。地理标志只能属于该国、该地区、该地方的企业或个人使用，将地理标志转让给非真正产地的经营者使用，会造成商品地域来源的混淆和消费者的误认和误购。而商标可以转让，并可以许可他人使用。（4）地理标志一般不能用做普通商标注册，主要是防止可能对产品来源造成的误导。

二、地理标志保护的意义

地理标志成为受保护的知识产权，主要基于对农业、以农产品为生产原料和具有传统生产工艺的工业者所创造的无形财产价值的保护。通过地理标志对名优特产品进行开发、保护，对我国具有十分重要的经济意义和法律意义。

首先，保护地理标志具有重要的经济意义。地理标志与商品声誉和商品质量有着密切联系，若产品使用地理标志，则可以提升市场对生产经营者商品的评价，地理标志能够制约生产经营者提高产品的品质。我国从事农业和农村传统经济项目的从业人数众多，利用地理标志的影响有利于带动特色农产品和传统土特产品开拓市场，并以此形成自己的优势支柱产业，使农业形成规模化和产业化生产，增加产品的附加值，不仅可以使农民增收，还可以发展地方农业农村经济。

其次，保护地理标志具有重要的法律意义。Trips 协议第 22 条、第 23 条对地理标志的保护也作了规定，保护地理标志是我国的国际义务。我们可以利用地理标志知识产权，突破各经济强国的技术标准、专利技术、环保指标、反倾销等措施构筑的贸易壁垒，使中国产品在国际市场畅销不衰。

第二节　地理标志的法律保护及例外

地理标志是一种无形财产权，《巴黎公约》将其划入工业产权的范畴。1992年，国际保护工业产权协会东京大会将知识产权分为“创造性成果权”、“识别性标记权”两大类，地理标志属于识别性标记权。

一、地理标志的立法状况

（一）地理标志的国际公约

《巴黎公约》是最早保护原产地名称（地理标志）的国际性公约。该公约要求各成员国对直接或间接（暗示）使用虚假的原产地名称或货源标记的行为，采取相应的制裁措施，禁止进口或扣押这些使用虚假产地名称的商品。我国于1985年参加该公约。1891年在马德里缔结了《关于制止产品虚假或欺骗性产地名称马德里协定》。该协定第1～4条规定了对地理标志的保护措施，禁止以虚假产地从事不正当竞争行为。1958年，《巴黎公约》部分成员国在里斯本缔结了《保护原产地名称及其国际注册的里斯本协定》。该协定规定，原产地名称可以由有关缔约国的主管部门向世界知识产权组织国际局申请注册。只要该成员国就原产地名称获得国际注册，在各成员国就应当予以保护。Trips协议第三节对地理标志的保护也作出了专门规定。

（二）地理标志的国内立法

《商标法》第10条规定，地名可以作为集体商标、证明商标的组成部分。第16条规定，商标中有商品的地理标志，而该商品并非来源于该标志所标示的地区，误导公众的，不予注册并禁止使用。但是，已经注册的继续有效。

《反不正当竞争法》第5条禁止经营者伪造产地。第9条规定，经营者不得利用广告或其他方法，对商品的质量、产地等作引人误解的虚假宣传。非该地区的特产而使用该知名特产的地理标志，是反不正当竞争法禁止的行为。

2005年7月15日质量监督检验检疫总局发布施行的《地理标志产品保护规定》，将《原产地域产品保护规定》和《原产地标记管理规定》的地理标志管理工作合二为一。《原产地域产品保护规定》同时废止。《地理标志产品保护规定》适用于对地理标志产品的申请受理、审核批准、地理标志专用标志的注册登记和监督管理工作。

二、地理标志的法律保护

（一）权利的获得

《商标法》将地理标志纳入了商标的保护范围。政府机构或者其授权机构、行业协会等都有地理标志的使用管理能力，可以作为申请人注册证明商标或集体商标，取得商标权。县级以上人民政府指定的地理标志产品保护申请机构或人民政府认定的协会和企业，可以按照《地理标志产品保护规定》向国家主管部门提出保护申请，经审查批准可获得该地理标志产品保护。地理标志产品产地范围内的生产者使用地理标志产品专用标志，向质检部门提出申请，经审查合格注册登记后，生产者即可在其产品上使用地理标志产品专用标志，获得地理标志使用权。

（二）法律救济途径与法律责任

当使用地理标志证明商标发生争议时，一般可以协商，也可以诉至法院，还可以向有关保护地理标志证明商标的国家机关申诉，通过行政程序解决。《商标法》第53条、第56条、第59条分别规定了商标侵权的行政、民事、刑事责任。

《反不正当竞争法》第20条、第21条规定经营者伪造产地将承担民事赔偿和行政处罚的责任。按照《地理标志产品保护规定》第21条，任何单位和个人不得擅自使用或伪造地理标志名称及专用标志，不符合地理标志产品标准和管理规范要求而使用该地理标志产品的名称的；或者使用与专用标志相近、易产生误解的名称或标识及可能误导消费者的文字或图案标志，使消费者将该产品误认为地理标志保护产品的行为，质量技术监督部门和出入境检验检疫部门将依法进行查处。社会团体、企业和个人可监督、举报。《地理标志产品保护规定》第24条规定，违反本规定的，由质量技术监督行政部门和出入境检验检疫部门依据《产品质量法》、《标准化法》、《进出口商品检验法》等有关法律予以行政处罚。

三、地理标志保护的例外

（一）善意或在先使用的例外

Trips协议第24条之四规定，“在先使用”是指1993年12月15日之前，已使用了某个其他成员的地理标志，且至少使用10年以上。此处所说的“善意使用”是指在1993年12月15日（部长级会议结束乌拉圭回合谈判之日）之前非恶意的使用。善意使用或在先使用只要具备其中的任何一个，就可以享有这种例外。

（二）善意注册的例外

Trips 协议第 24 条之五规定，在协议第六部分规定的三种不同类型的成员（发达、发展中、最不发达）适用此协议的过渡期之前，或某个地理标志的来源地开始保护该标志之前，已善意地获得某个商标的注册，而该商标与上述地理标志相同或近似。对此，协议不妨碍权利人行使其商标权。

（三）通常用语的例外

Trips 协议第 4 条之六规定，如果通常用语只因与某个受保护的地理标志相同，就禁止一般人使用它，会显得不合理。例如小写的 china，在许多英语国家是称呼“瓷器”的通用语，不能因其又是“中国”的意思，就不允许一般人在瓷器商品上使用了。

（四）名称权例外

这种例外是指人们有权在贸易活动中使用自己的姓名、自己企业或公司的名称。在这种情况下，即使它们与某个受保护的地理标志冲突，仍可继续使用。此项例外以不导致公众的误认为限。但如果地理标志受保护在前，命名或更名在后，则不适用这一例外。

（五）来源国不保护或已停用的例外

如果某个国家对在其国内的地理名称从来就不给予保护，则说明其自始处于公有领域；如果某个成员国原有的地理标志，后来本国都不用了，就不能要求他人不使用这些名称，仍将其作为地理标志去保护。

第三十二章　商　号　权

第一节　商号及其相关概念

一、商号的含义

商号，又称“字号”、“厂商名称”，一般是指企业进行商业活动所用的名称，即企业在经营活动中用于表明自己身份以及与其他企业的营业相区别的标志。《巴黎公约》第1条在工业产权保护范围中明确列举了厂商名称（商号）。

商号究竟是企业名称，还是企业名称中的特定部分，存在认识分歧。笔者认为，“商号”有两层含义，狭义上的“商号”就是企业名称或厂商名称中的特定部分，即字号；广义上的“商号”指的是企业名称。本章所指的“商号”是广义的。

二、商号与商标

商号与商标有着密切联系，狭义的“商号”（即字号）与商标可以完全一致，同为一个企业所有，既是商号，又是商标。实践中有许多企业将商号注册为商标，在宣传上起到事半功倍的效果，而且一旦被侵权，就同时受到两种权利的保护。

商号与商标的区别是：第一，商号只能用文字来表示，商标的构成可以是文字、图形、字母、数字、颜色组合、三维标志等；第二，商号是商品生产经营者或服务者用于表明自己身份以及与他人的营业相区别的标志，商标则是用于区别不同商品或服务来源的标志；第三，企业商号只有一个，但一个企业可以拥有多个商标；第四，企业的商号经依法登记，即取得一定地域范围内的商号权，商标一经注册，就取得商标权，两种权利性质不同，法律保护的依据不同。

第二节　商号权的法律保护

一、商号权

（一）商号权的含义

商号权是企业名称权的简称，是指企业对其商业名称所享有的专用权。商号经依法登记后，其经营主体就取得了对商号的专用权，即商号权。商号是一种无形资产，它可以被权利人占有、使用和流转。经营者有权使用自己的商号，许可他人使用商号，或者转让和继承商号，并因此获得利益。

有关商号权的属性，学界有不同主张，有人格说、财产说、折中说。折中说认为商号权具有人格权和财产权的双重性质。笔者赞成折中说。首先商号是经营者独立人格的体现，与经营者及其营业共存，商号权作为人格权，意味着商号权人可以排除其他经营主体对其商号作相同或近似的使用。商号权作为财产权，可以和经营主体的其他财产一样进行转让、继承，具有交换价值。

（二）商号权的内容

商号权是指商号（厂商名称）所有人对其商号所应享有的人身方面和财产方面的权利。

1. 使用权。使用权是指商号权人利用其商号从事各种活动的权利。首先，企业有权在其生产或经销的商品上标记商号，标明自己是该产品的生产者或经销者。其次，企业有权在商业或非商业活动中使用其商号。如在广告宣传、社会公益性活动中使用其商号。

2. 许可使用权。许可使用权是指企业享有将其商号许可他人以商业目的使用的权利。商号的使用许可是企业对其商号权的一种处分，许可人和被许可人可以协商许可使用的具体形式。

3. 转让权。转让权是指企业享有将其商号转让给他人的权利。由于企业的商号与该企业密不可分，因此，商号的转让一般伴随着企业的转让、兼并、收购、重组等行为而发生。另外，商号也可以通过继承转让。

4. 人格不受侵犯权。人格不受侵犯权是指企业享有维护其商号名誉以及专用的权利。任何人都不得违反企业的意愿对其商号进行歪曲、丑化和作实质性变更。

企业还享有排除他人以不正当竞争目的，而使用与其相同商号或类似商号的权利。

（三）商号权的取得

《巴黎公约》第8条要求成员国为商号提供保护，而无论商号是否申请或注册。承认和保护未注册商号是国际通行做法。第8条规定，主要是因为各成员国为商号提供保护的情况不同，有的采取使用取得模式，有的采用登记取得模式，还有的采用登记对抗第三人的模式。

1. 使用取得模式。使用取得是指商号权凭使用取得，无须登记。法国、美国、荷兰等采用这一模式。《巴黎公约》也采用此规定。该公约第8条规定，商号应在本联盟一切国家内受到保护，没有申请或注册的义务，也不论其是否为商标的一部分。

2. 登记取得模式。登记取得是为了保障交易安全和交易秩序的需要，要求商号必须经过登记、公示才能取得商号权。德国、瑞士、中国采用这一模式。我国法律规定，经核准登记的企业名称才能使用。我国《企业名称登记管理规定》第3条规定，一个企业只允许使用一个名称，经核准登记的企业名称，受法律保护；未经核准登记的企业名称，不得使用。该规定第26条规定，如果使用未经核准登记注册的企业名称从事生产经营活动的，责令停止经营活动，没收非法所得或处以罚款。

3. 登记对抗第三人的模式（折中模式）。商号使用无须经过登记，但是，不经过注册登记的商号不能对抗第三人。日本、韩国采取这种模式。日本、韩国实行任意登记主义原则，不论是已登记的商号，还是未登记的商号均受法律保护，但是，《日本商法》第24条又规定对不进行注册登记的营业者不赋予对抗善意第三人的效力。

二、商号权的立法保护

许多国家都确立了保护商号的法律制度。商号的立法保护有三种方式。

1. 民商法保护。即将商号权视为民事权利而加以保护。我国《民法通则》规定，法人、个体户、个人合伙享有名称权，企业法人、个体户、个人合伙有权使用、依法转让自己的名称。商号权具有人格权和财产权的性质，法律对这两种权利都给予保护。

2. 制定专门的法律法规保护。即通过法律规定商号的申请、注册登记、变更、终止、转让、许可使用、管理和纠纷解决等，对商号的规范化管理，有利于防止纠纷，保护商号权，维护市场秩序。我国《企业名称登记管理规定》即是。

3. 通过反不正当竞争法保护。我国《反不正当竞争法》禁止经营者擅自使用他人的企业名称或姓名，而造成他人对商品来源的误认。

三、商号权侵权的表现形式

实践中，侵犯商号权的行为主要有四种：（1）假冒他人的商号，即擅自使用与他人商号文字相同的名称的行为。我国《民法通则》第99条第2款规定：法人、个体工商户、个人合伙享有名称权。最高人民法院《关于贯彻执行〈中华人民共和国民法通则〉若干问题的意见（试行)》第141条规定：盗用、假冒他人姓名、名称造成损害的，应当认定为侵犯姓名权、名称权的行为。《反不正当竞争法》第5条第3款规定，擅自使用他人的企业名称或者姓名，引人误认为是他人商品或服务的行为，是一种不正当竞争行为。（2）仿冒他人商号，即使用与其他商号相类似的名称的行为。所谓商号类似，是指两个同行业企业，其企业名称中的字号在字音、字形及字义方面非常接近，或字号相同，但组织形式略有差别，容易使公众产生误认或混淆。（3）不正当地将他人企业名称中的特定字号用做商标，引起人误解的行为。（4）将他人的企业名称在商品广告中作引人误解的使用。

四、商号侵权的法律救济方式与法律责任

《反不正当竞争法》第21条和《产品质量法》第54条规定，经营者伪造或假冒他人的厂名、厂址的，应当责令其改正、没收违法产品和所得，可以并处罚款，情节严重的，吊销营业执照。

《反不正当竞争法》第20条规定，若经营者伪造或假冒他人的厂名、厂址，给被侵害的经营者造成损害的，应当承担损害赔偿责任，被侵害的经营者的损失难以计算的，赔偿额为侵权人在侵权期间因侵权所获得的利润，并应当承担被侵害的经营者因其侵权行为所支付的合理费用。被侵害的经营者的合法权益受到不正当竞争行为损害的，可以向人民法院提起诉讼，通过审判程序保护自己的合法权益。

第三十三章 域 名 权

第一节 域名的概念与特征

一、域名的概念

域名（domain name）类似于互联网上的门牌号码，是用于识别和定位互联网上计算机的层次结构式字符标识，与该计算机的互联网协议（IP）地址相对应。我国原信息产业部2004年颁行的《中国互联网络域名管理办法》第3条第1项规定："域名是互联网络上识别和定位计算机的层次结构式的字符标识，与该计算机的互联网协议（IP）地址相对应。"1999年WIPO《保护驰名商标联合建议》对域名的解释为：域名是指国际互联网数字地址的字母数字串。

网络中的地址方案分为两套：IP地址系统和域名地址系统。这两套地址系统其实是一一对应的关系。IP地址用二进制数来表示，例如255. 198. 1. 10表示一个IP地址。由于IP地址使用时难以记忆和书写，因此在IP地址的基础上发展出一种符号化的地址方案，来代替数字型的IP地址。相对于IP地址而言，域名地址更便于使用者理解和记忆。这个与网络上的数字型地址相对应的字符型地址，被称为域名。域名通常由三部分组成，例如"www. microsoft. com"是微软公司的域名。"www"表示万维网；"microsoft"是微软公司用以区别其他商业组织或机构的标志，是二级域名；". com"表示商业公司，是顶级域名。顶级域名是用以识别域名所属类别、应用范围、注册国等公用信息的代码。例如". com"、". cn"等。二级域名是指域名使用者自己设计的，能够体现其特殊性，并据以同他人的域名相区别的字符串。各国还可以设计三级域名、四级域名等，如www. sina. com. cn在这个域名中，". cn "是顶级域名，" . com"是二级域名，". sina"是三级域名。其中，只有三级域名". sina"才是受保护的对象。一个完整的域名应当包括上述各级域名。1997

年5月国务院信息化工作领导小组发布的《中国互联网络域名注册暂行管理办法》(下称《域名注册管理办法》)对域名体系结构作了具体规定。信息产业部2006年2月发布了《关于中国互联网络域名体系的公告》。

二、域名的特征

域名的法律特征主要体现在以下几个方面:

(一) 标识性

域名属于类似于商标的一种识别性标识。与商标标识性的显著要求不同,域名的标识性是为了计算机识别,一般只需存在细微差别即可。

(二) 唯一性

由域名的管理制度决定,每个域名对应于网络环境下唯一的网络名称,因特网不同的用户以各自的域名标识自身和相互区别。域名的唯一性是绝对的、全球性的,这是由网络覆盖的全球性和网络IP地址分配技术性特征决定的。

(三) 独占性

域名的独占性是其唯一性的延伸与保证。在任一个注册机构注册的域名均具有全球的通用效力,同时,先申请先注册的域名注册原则保证了一个域名只能被成功注册一次,这使得域名必然产生全球范围内的排他性。网络用户一旦在因特网上获得域名注册,其他人根本不可能以同一域名再获注册。

(四) 无形性

域名这种识别性标识同样具有无形性。这种无形性与传统物权法的客体为有形物的特点有本质区别。在电子商务领域,域名是有限的网络资源,域名的标识作用给权利人带来无限的商机。因此,对企业来说,域名同企业名称、商标一样,是企业重要的无形财产。

三、域名权

域名权,是指域名权利人对其注册的域名依法享有的专有使用权。网络用户进入电子商务网站,从事电子商务活动,属于域名的使用。如果域名权利人做广告宣传使用域名的,不属于真正意义上的域名使用。《域名注册管理办法》第24条规定,注册域名可以变更或注销,不许转让或买卖。

第二节　域名注册

一、域名注册申请人资格

中国互联网络信息中心2002年制定的《中国互联网络信息中心域名注册实施细则》（下称《网络域名细则》）第4条规定：域名注册申请者应当是依法登记并且能够独立承担民事责任的组织。个人不能申请域名注册。

二、域名注册管理与服务机构

我国信息产业部（MII）是我国顶级域名.cn的管理机构，MII负责制定互联网络域名管理的政策、制定我国的域名体系、管理我国顶级域名.cn和中文域名的域名注册管理机构等。对于具体的域名注册管理与服务事宜，则是通过认证和授权的方式，交给其他的机构负责。在国际上，负责管理类别顶级域名（如.com等）的机构是国际互联网络名字与编号分配公司（ICANN）。

域名注册管理机构的主要职责是：负责运行和管理相应的域名系统，维护域名数据库，授权域名注册服务机构提供域名注册服务等。在国际域名体系中，顶级域名中的地理顶级域名，通常由相应国家或地区的互联网信息中心（NIC）负责。顶级域名体系中的类别顶级域名（如.com、.net），是由ICANN授权给一家特定机构来负责其注册管理。域名注册管理机构并不负责受理具体的域名注册申请。

域名注册服务机构是由域名注册管理机构选择和授权、负责受理审核用户的域名注册申请，并完成域名注册的机构。域名注册管理机构可以同时授权多家域名注册服务机构，以便在域名注册领域引入竞争体制，提高注册服务品质，降低注册费用。每个域名注册服务机构也可以根据实际情况，发展自己的代理。

三、域名注册原则

域名注册实行“先申请先注册”原则。这一项原则是国际上关于域名注册的普遍原则。判断域名注册申请先后，以有关注册单位第一次收到域名注册申请之日为准。申请日早的，为在先申请。

四、域名注册申请

（一）域名注册申请文件

《网络域名细则》第5条规定，申请者申请注册域名时，可以通过联机注册、电子邮件等方式向域名注册服务机构递交域名注册申请表，提出域名注册申请，并且与域名注册服务机构签订域名注册协议。

在二级域名gov下申请注册三级域名时，申请者应当提交下列书面资料：（1）盖有申请单位公章的域名注册申请表；（2）证明申请单位为政府机构的相关资料。①

（二）域名注册申请方式

申请人可以用联机注册、电子邮件等方式提出注册申请。

（三）域名注册申请人的义务

1. 申请人必须遵守我国对互联网络的有关法律和相关规定；②

2. 域名注册申请人应当提交真实、准确、完整的域名注册信息，并与域名注册服务机构签订用户注册协议；

3. 申请人应保证其选定的域名注册不侮辱或诽谤他人，不侵害他人合法权益。因持有或使用域名而侵害他人合法权益的责任，由域名持有者承担；

4. 在注册申请被批准后，申请人就成为该注册域名的管理单位，必须遵守有关规定对该域名进行管理和运行。

五、域名注册的审批

域名注册管理机构收到第一次有效注册申请的日期为申请日。域名注册服务机构应当将申请日告知域名申请者。域名注册服务机构负责受理域名注册申请，并根据《域名注册管理办法》对域名进行审核。

六、注册域名的变更与注销

（一）注册域名的变更

与注册域名有关的注册信息发生变更的，域名持有者应及时向域名注册服务机构申请变更注册信息。申请变更注册信息时，申请者应当按照申请注册域名时所选择的变更确认方式提交域名变更申请资料。经域名注册服务机构核准

---

① 参见《网络域名细则》第11条。

② 参见《网络域名细则》第7条。

后，予以变更运行。申请转让已注册的域名，出让人应当向域名注册服务机构提交盖有申请单位公章或经公证的域名转让申请表。经域名注册服务机构核准后，该域名由域名注册服务机构予以变更运行。

（二）注册域名的注销

申请注销已注册的域名，申请者应向域名注册服务机构提交盖有申请单位公章或经公证的域名注销申请表。经域名注册服务机构核准后，该域名由域名注册服务机构予以注销。域名持有者可以选择和变更域名注册服务机构。

七、注册域名的管理

已注册的域名出现下列情形之一时，原域名注册服务机构应当予以注销，并以书面形式通知域名持有者：（1）域名持有者或其代理人申请注销域名的；（2）域名持有者提交的域名注册信息不真实、不准确、不完整的；（3）域名持有者未按规定缴纳相应费用的；（4）依据人民法院、仲裁机构或域名争议解决机构作出的裁判，应当注销的；（5）违反相关法律、行政法规及《域名注册管理办法》规定的。

域名注册管理机构和域名注册服务机构有义务配合国家主管部门开展网站检查工作，必要时按要求暂停或停止相关的域名解析服务。

第三节 域名纠纷的处理

容易引发的域名纠纷案件有：域名与商标、商号、知名商品的特有名称、姓名等权利之间发生的纠纷。

一、侵权或不正当竞争行为的认定

2001 年最高人民法院《关于审理涉及计算机网络域名民事纠纷案件适用法律若干问题的解释》第 4 条明确规定了行为人注册、使用域名行为构成侵权与不正当竞争的四项条件。这是人民法院认定、处理实施的网络域名注册、使用侵权或不正当竞争行为的重要法律依据。其一，原告请求保护的民事权益合法有效；其二，被告域名同原告要求保护的权利客体之间具有相似性；其三，被告无注册、使用该域名的正当理由；其四，被告具有恶意。

“相似性”从客观方面对认定侵权的条件进行规定，相似性是指被告域名与原告商标、域名等客观上具有足以导致混淆的相似性。“恶意”条件从主观方面对认定侵权的条件进行规定，要求只有在被告主观上具有恶意的情况下，被告注册、使用域名等行为才可能被认定为对原告民事权益的侵犯。只有在被告具有侵权故意的情况下，商标、商号等权利人才可能将其专有权利延伸至域名领域。

二、对恶意的认定

所谓恶意即是行为人明知违反“诚实信用”等民事法律的基本原则而仍为之，实际上就是指主观上具有侵权故意。由于行为人实施行为时主观上的“明知”与否，往往不易证明，因此国际上为应对涉及网络域名注册使用的“恶意”，规定了若干情形。最高人民法院《关于审理涉及计算机网络域名民事纠纷案件适用法律若干问题的解释》第5条列举了四种最为常见的恶意情形：为商业目的将他人驰名商标注册为域名；为商业目的注册、使用与原告的注册商标、域名等相同或近似的域名，故意造成与原告提供的产品、服务或原告网站的混淆，误导网络用户访问其网站或在线站点；曾要约高价出售、出租或者以其他方式转让该域名获取不正当利益；注册域名自己并不使用也不准备使用，而有意阻止权利人注册该域名。此外，实践中的情况是复杂的，人民法院根据案件的具体情况，对其他违反民法诚实信用原则的突出情形，也可以认定行为人主观上具有恶意。

三、侵权的法律适用和民事责任

根据上述司法解释的规定，被告的行为同时具备该解释第4条规定的四项要件的，人民法院应作出被告侵权或不正当竞争认定。目前情况下，我国法律尚无涉及域名的规定，人民法院可以适用《民法通则》第4条、《反不正当竞争法》第2条第1款认定被告构成不正当竞争。

该司法解释对承担民事责任的方式也作了规定。当认定侵权或不正当竞争后，人民法院可以判令被告停止侵权；注销域名；或者依原告的请求判令由原告注册使用该域名；被告的行为给权利人造成实际损害的，可以判令被告赔偿损失。

四、域名纠纷案件的管辖

该司法解释第2条规定，涉及域名的侵权纠纷案件，由侵权行为地或被告住所地的中级人民法院管辖。对难以确定侵权行为地和被告住所地的，原告发现该域名的计算机终端等设备所在地可以视为侵权行为地。

涉外域名纠纷案件包括当事人一方或双方是外国人、无国籍人、外国企业或组织、国际组织，或者域名注册地在外国的域名纠纷案件。在中华人民共和国领域内发生的涉外域名纠纷案件，依照《民事诉讼法》第四编的规定确定管辖。

第六编

知识产权的国际保护

第三十四章　知识产权国际保护概述

第一节　知识产权国际保护的概念与特点

一、知识产权国际保护的概念

知识产权的国际保护，是指以多边国际条约为基本形式，以政府间国际组织为协调机构，通过对各国国内知识产权法律进行协调并形成的相对统一的国际法律制度。①知识产权的国际保护并不指用本国法去保护依外国法产生的知识产权。它首先是指参加了知识产权国际公约或缔结了知识产权双边条约的国家，如何以国家的“公”行为（如立法等）去履行自己参加或缔结的国际条约义务。②

知识产权国际保护制度兴起于19世纪80年代。从总体上讲，知识产权的国际保护可通过不同的途径实现，如互惠保护、单方保护、双边条约保护及多边公约保护等。1883年《巴黎公约》、1886年《伯尔尼公约》、1891年《马德里协定》、1967年《成立世界知识产权组织公约》以及1994年Trips协议等知识产权的国际公约的出现和修订，反映和标示着知识产权国际保护的发展进程。

这些国际公约规定了其成员国必须遵循的基本准则，赋予了其成员国相应的权利与义务，影响了其成员国的国内知识产权保护立法和司法。可以说，在目前的国际社会中，人们对知识产权国际公约的重视程度更甚于国内知识产权立法。管理这些公约的世界知识产权组织及世界贸易组织等政府间国际组织，在协调各成员国在知识产权方面的立法、鼓励和促进缔结新的知识产权国际协

① 参见吴汉东：《知识产权国际保护制度的变革和发展》，载《法学研究》2005年第3期。

② 参见郑成思：《知识产权法》，法律出版社2003年版，第76页。

定、采取必要步骤解决成员间的知识产权纠纷和相关贸易争端等主要方面，起着不可或缺的重要作用。在政府间国际组织的协调和国际公约的影响下，各成员国的知识产权制度逐步步入一个有着相近实质性标准和法律规则的一体化阶段。

二、知识产权国际保护的特点

在以 Trips 协议为主的国际公约的框架下，知识产权的国际保护呈现出以下特点。

1. 知识产权保护标准的国际化。《巴黎公约》和《伯尔尼公约》出现以前，各国知识产权法律的制定和修改基本上是各行其道，两个公约是知识产权保护国际化的首次尝试。各成员国在履行公约义务的过程中，必须按照公约标准修改国内法。Trips 协议更是通过设定最低标准为单一的知识产权制度提供法律框架，促使各成员国知识产权保护标准统一化，并且规定了不遵守协定最低标准的争端解决机制。因此，尽管各国知识产权立法内容不同，但在上述公约范围内，各国知识产权保护标准越来越趋同。

2. 知识产权保护水平的高程度化。知识产权国际保护公约是由发达国家根据其在国际社会的发展需要而发起制定的，公约所确立的当代国际知识产权保护的新标准基本上都是发达国家的强项。以 Trips 协议为例，其对知识产权保护水平的高程度化主要表现为：第一，首次将未披露的信息纳入其保护范围，这是以往知识产权方面的国际公约未曾规定的。第二，进一步延长知识产权的保护期限，例如规定专利的保护期不少于 20 年；集成电路布图设计的保护期不少于 10 年等。第三，规定了详尽的行政和司法程序的具体义务和措施，并规定了成员国的争端解决机制，允许成员国对违反义务的国家适用交叉报复手段。

3. 知识产权保护体系与贸易体系的一体化。在 Trips 协议诞生之前，知识产权国际保护与国际贸易分别由世界知识产权组织（WIPO）和关贸总协定两个不同的国际组织及其法律体系分别管理，WIPO 一直是世界范围内唯一解决知识产权保护问题的专门性国际组织，管辖着几乎所有知识产权公约，其致力于知识产权方面的国际交流与合作，通过国家间的合作，促进世界范围内的知识产权保护，在知识产权国际保护领域具有独一无二的权威性。WTO 组织及其法律体系将知识产权纳入到其范围内，则是希望减少国际贸易中的扭曲和障碍，促进对知识产权的有效和充分的保护，保证知识产权执法的措施和程序本身不致成为合法贸易障碍。Trips 协议的诞生，不仅使知识产权国际保护领域形成了“原有保护体系与贸易体系并存”的新格局，而且凭借其强有力的贸易实施机制使其在知识产权国际保护领域内居于优先地位。

4. 知识产权保护范围扩大化。当代知识产权国际保护的范围几乎涉及所有的知识产品。

第二节　知识产权国际保护的主要原则

知识产权国际保护的基本原则，贯穿于整个知识产权国际保护的基本规范中，集中体现知识产权国际保护的价值目标，具有普适性，是知识产权国际保护中各种具体保护规则的依据。

知识产权国际保护的主要原则与相关国际保护公约中的基本原则和基本规范所折射出来的内核应当有一定的对应关系，应当是各公约都包含的共同精神实质，应当具有普遍适用的意义。因此，我们认为知识产权国际保护的主要原则为：国民待遇原则、最低保护标准原则、利益平衡原则。

一、国民待遇原则

国民待遇原则是知识产权国际公约所公认和坚持的首要原则。它是指各缔约国在知识产权保护方面相互给予平等待遇，给予其他缔约国国民与本国国民同等的待遇。这里指的国民，既包括自然人，也包括法人。自然人是具有成员国国籍的人，法人则是依成员国法律设立的法人组织。同等待遇则是指各缔约国依本国法已经或今后可能给予其本国国民的待遇。

给予国民待遇与给予对等保护不同。国民待遇是公约成员国无条件地给予其他成员国国民与本国国民同等的待遇；而且，如果某个成员国保护期限比另一个成员国的要长，那么，这个成员国也无权规定后一个成员国的国民只能享有与其所属国规定的保护期限相同的期限。对等保护则需要互惠前提和条件，一个国家给予对方国民的保护要视该国国民在对方所受到的保护而定。

国民待遇原则不仅保证外国人的权利得到保护，而且还保证外国人不会受到任何形式的歧视待遇。

二、最低保护标准原则

最低保护标准原则是指各缔约国依据本国法对该条约缔约国国民的知识产权保护不能低于该条约规定的最低标准，这些标准包括权利保护对象、权利取得方式、权利内容及限制、权利保护期间等。在《伯尔尼公约》、《世界著作权公约》以及 Trips 协议中都能够看到关于最低保护标准原则的要求。

最低保护标准原则与国民待遇原则既有区别，又有统一。两者的区别在于国民待遇原则是对各条约的缔约国知识产权立法自主权的尊重，而最低保护标准原则是对这种立法自主权的限制。两者的统一表现在：接受知识产权保护的最低标准，正是各国行使知识产权立法自主权的表现。①

三、利益平衡原则

利益平衡原则是指知识产权的保护和权利行使，应注意保持权利人与社会公共利益的平衡，不得违反社会公共利益。这一原则既是一国知识产权制度的价值目标，也是知识产权国际保护的基本原则。②例如，Trips 协议及后来的相关公约往往在其总则或序言中对利益平衡原则加以阐述。如 Trips 协议第 7、8 条，均暗示了知识产权的权利持有人的利益应与社会公众利益相平衡。③

智力成果的独占性与社会性始终是知识产权领域中的一对矛盾，知识产权法始终在平衡这对个人与社会公众利益的矛盾，并由此形成了关于公共利益以及制止侵犯知识产权的原则和具体规范。④尽管在不同的历史时期、不同领域的公约中，权利人利益与社会公众利益的平衡点会因为社会经济发展的状况不同而有所不同，但是，在该两者之间寻求平衡发展，防止知识产权被滥用，以有利于社会及经济福利的方式促进技术知识的生产者和使用者互利，并促进权利与义务的平衡，则是知识产权国际保护的根本目的和宗旨。

第三节　世界知识产权组织及《成立世界知识产权组织公约》

一、世界知识产权组织的历史和组织结构

联合国组织系统中有 16 个专门机构，每个机构都有独立性，各自有自己的章程、管理机构、行政首脑和工作人员等，有一整套专门处理某个特定领域

① 参见罗文正、古祖雪：《试析国际知识产权法的基本原则》，载《湖南社会科学》2002 年第 4 期。

② 参见冯晓青：《知识产权法利益平衡理论》，中国政法大学出版社 2006 年版，第 502～544 页。

③ 参见郑成思：《知识产权法》，法律出版社 2003 年版，第 104 页。

④ 参见李颖怡主编：《知识产权法》，中山大学出版社 2005 年版，第 16 页。

问题和组织该特定领域活动的机制。世界知识产权组织就是这些专门机构中的一个，专门负责管理知识产权事务。

世界知识产权组织根据1967年7月14日在斯德哥尔摩会议上签订的《成立世界知识产权组织公约》成立，该公约于1970年4月26日正式生效。世界知识产权组织是知识产权国际保护制度发展的产物，它的起源可以追溯到1883年和1886年。1883年《巴黎公约》正式通过，其成员国组成了“巴黎联盟”；1886年《伯尔尼公约》通过后，其成员国也组成了“伯尔尼联盟”。这两个联盟都设有相应的秘书处或国际局作为执行机构，分别负责工业产权和著作权的事务。1893年，两个执行机构合并，命名为“保护知识产权联合国际局”，总部设在伯尔尼，1960年，总部迁往日内瓦。随着知识产权国际保护形势的发展，为进一步发挥联合国际局的作用，在联合国际局的提议下，51个国家签署了《成立世界知识产权组织公约》。1974年12月17日世界知识产权组织成为联合国的一个专门机构，总部设在日内瓦。截至2008年5月29日，该组织共有成员国184个。中国于1980年6月3日成为世界知识产权组织的成员国。

世界知识产权组织的机构有：大会、成员国会议、协调委员会和国际局（或秘书处）。大会是该组织的最高权力机构，由既属于巴黎联盟或伯尔尼联盟又属于该组织的国家组成。它的主要职能包括：任命总干事；审查和批准协调委员会的报告和活动以及总干事关于该组织活动的报告；通过该组织的财务规定和各联盟共同的经费预算；批准旨在促进有关知识产权保护的国际条约的行政管理措施；决定秘书处的工作语言；确定哪些非本组织的成员国和哪些政府间组织以及非政府间组织能够以观察员的身份列席参加会议。成员国会议由该组织的成员国组成。其主要职能包括：在尊重各联盟自主权的基础上，成员国就有关知识产权的问题交换意见，提出任何建议；为发展中国家制定法律和技术发展合作计划；通过发展合作计划预算；通过对建立世界知识产权组织公约的修正案；决定哪些国家和国际组织可以以观察员的身份参加会议。协调委员会既是大会和成员国会议的执行机构，也是一般的咨询机构。其主要职能是：就联盟提出的问题或世界知识产权组织本身的有关问题提供咨询意见；起草大会或成员国会议的议事日程；为会议起草计划和预算。国际局是常设办事机构，受总干事领导。其主要工作是组织会议；提供会议材料；传达会议文件和精神等。

二、世界知识产权组织的宗旨和职能

《成立世界知识产权组织公约》第3条对世界知识产权组织的宗旨作了明确规定：通过国家之间的合作，并在适当情况下与其他国际组织相互配合，促进全世界范围内的知识产权保护，保证各知识产权联盟的行政合作。

《成立世界知识产权组织公约》第4条规定了该组织的职能：协调各成员国在知识产权方面的立法，促进全世界对知识产权的有效保护；执行巴黎联盟和伯尔尼联盟以及相关联盟的行政任务；参加旨在促进知识产权保护的其他国际协定的行政事务；向申请各种知识产权的人和各知识产权人提供各种直接服务；鼓励和促进缔结新的知识产权国际协定；为发展中国家和有需要的国家提供法律和技术方面的援助和合作；收集和传播有关知识产权保护的信息和研究成果；仲裁和调解知识产权争端等。

第三十五章　著作权国际保护公约

第一节　《保护文学艺术作品伯尔尼公约》

一、《伯尔尼公约》的产生与发展

《保护文学艺术作品伯尔尼公约》（简称《伯尔尼公约》）是世界上最早的著作权国际公约。其产生源于国际著作权保护的需要。1709 年，英国颁布了《安娜法令》，这被认为是世界上第一部著作权法。其后，欧美等国也相继颁布自己的著作权法来保护国民的作品。但这些法律往往只限于对本国国民作品的保护，印刷出版业的发展使各国感到保护外国人作品从而使自己国民作品得到他国保护的必要性，为此各国签订了一些相互保护著作权的双边或多边协定。但是，这些相互承认和保护的协定没有统一的模式，各国著作权保护水平差异也很大，于是各国开始考虑在统一标准下制定多边著作权公约。1878 年，国际文学艺术联合会在巴黎成立，1883 年该会在瑞士伯尔尼通过了题为《建立文学艺术作品作者权利保护联盟公约》的草案，草案对参加联盟的程序、有关保护的内容等提出了具体的意见，成为了《伯尔尼公约》的基础。1884—1886 年，在瑞士政府的主持下，欧洲、亚洲、非洲等一些国家的代表在伯尔尼召开了三次外交会议，对草案进行修改和补充。1886 年 9 月 9 日，在第三次外交会议上，比利时、英国、德国、西班牙、意大利、法国、瑞士、突尼斯、海地和利比里亚 10 个国家签署了《伯尔尼公约》，公约于 1887 年 12 月 5 日生效。批准公约的国家组成了伯尔尼联盟。

随着科技水平的提高，作品创作和使用方式在不断地发展变化，为满足这种形势发展的需要，公约的原始文本经历了多次修订和完善。第一次修订是在 1896 年 4 月，此后，在 1908 年、1914 年、1928 年、1948 年、1967 年和 1971 年都对公约进行过重大的修订。1971 年的巴黎文本是目前绝大多数国家批准的文本。截至 2008 年 5 月 29 日，伯尔尼公约共有 164 个缔约国。

我国于1992年10月15日加入《伯尔尼公约》，适用1971年的巴黎文本。

二、《伯尔尼公约》的主要内容

《伯尔尼公约》的巴黎文本有44条，其中正文部分38条，附件6条。分实体条款和程序条款。实体条款内容包括公约的宗旨、基本原则、适用范围、作者的权利和公约对权利的限制、版权保护期限、对发展中国家的优惠条款等。程序条款内容包括公约的管理、加入公约的手续和争端的解决等。

（一）《伯尔尼公约》的基本原则

公约确立了三个基本原则：国民待遇原则、自动保护原则和独立保护原则。

1. 国民待遇原则。公约第5条对国民待遇原则作出了规定：就享有本公约保护的作品而论，作者在作品起源国以外的本同盟成员国中享有各该国法律现在给予和今后可能给予其国民的权利，以及本公约特别授予的权利。从公约的有关条文可以看到，公约对作者权利的保护规定了两种“国籍”标准。一种是“作者国籍”标准，也称为“人身标准”，即只要作者是公约成员国国民，不管其作品是否已经发表，都享有公约提供的权利和保护；另一种是“作品国籍”标准，也称为“地点标准”，即如果作品首次出版是在某成员国内，或同时在成员国和非成员国内，则不管作者是哪个国家的国民，都能享有公约提供的权利和保护。

2. 自动保护原则。公约第5条第2款规定：不论作品起源国是否存在对作品的保护，享有和行使依国民待遇原则提供的权利和公约授予的特别权利不需要履行任何手续。这就是说，国民待遇不依赖任何手续，保护是自动给予的，不需要申请、注册、提交任何文件或发出任何通知或加注版权标记。

对作品自动保护是国际著作权保护的发展趋势。Trips协议也采取了相关的原则，对著作权的取得和维持没有要求办理任何程序和手续。

3. 独立保护原则。公约第5条第2款规定：除本公约条款外，保护的程度以及为保护作者权利而向其提供的补救方法完全由被要求给予保护的国家的法律规定。

著作权的独立保护表现为：即使作品起源于某一成员国或作者是某一成员国国民，其作品在其他成员国也受到保护，只不过保护的程度和所提供的权利补救方法因各国法律规定的不同而有所不同。这项原则在维护作者权益上显得尤为重要，当起源国的保护水平比较低时，保护水平较高的国家不能以此为由降低依本国法律应给予作者的保护程度。

该原则在适用上也有例外，公约第7条第8款规定："无论如何，期限将由被要求给予保护的国家的法律加以规定；但是，除该国家的法律另有规定者外，这种期限不得超过作品起源国规定的期限。"

（二）最低限度的保护规定

《伯尔尼公约》对各成员国规定了最低保护标准，各成员国的著作权法给予著作权人的保护不能低于公约规定的这些最低限度。这种规定主要集中在受保护的作品范围、作者享有的精神权利与经济权利、著作权保护期限等方面。

1. 受保护的作品范围。公约第2条以列举说明的方式对保护的文学和艺术作品类别作出了规定。其所保护的文学和艺术作品包括文学、科学和艺术领域内一切成果，不论其表现形式或方式如何。

公约对演绎作品（如翻译作品、改编作品、音乐的改编等）以及汇编作品（如百科全书、选集等）也作出了保护规定。演绎作品获得与原作同等的保护，但演绎作品不得损害原作的著作权；汇编作品如对材料的选择和编排构成智力创作的，应得到相应的保护，但这种保护也不能损害汇编内每一作品的著作权。

公约规定对某些种类作品的保护可以由成员国选择决定。例如未以某种物质形式固定下来的作品、实用艺术品和外观设计等。

公约的保护不适用于日常新闻或纯属报刊消息性质的社会新闻。

公约对受保护的作品的这种列举方式为公约满足新技术发展需要、适时扩大著作权客体范围留下了空间。新技术带来的新的作品表现形式在无须对公约作重大修改的情况下即可纳入公约的保护范围。

2. 作者享有的精神权利。公约第6条之二规定：作者有权反对对其作品的任何有损其声誉的歪曲、割裂或其他更改，或其他损害行为，这些权利不受作者经济权利的影响，即使在经济权利转让以后仍然属于作者拥有。从该规定看，公约规定的作者享有的精神权利包括两方面：一是署名权。作者有权以任何方式在其作品上署名，也有权禁止他人在其作品上署名。二是保护作品完整权。

3. 作者享有的经济权利。

（1）翻译权。作者在对原作享有权利的整个保护期内，享有翻译和授权他人翻译其作品的专有权利。但公约规定对这种权利缔约国可以声明保留，保留期限为10年。

（2）复制权。作者享有以任何方式和采取任何形式复制作品的专有权利。所有的录音或录像均属于录制。但成员国法律应允许在某些特殊情况下对这些作品的合理使用。

（3）公演权。这是戏剧作品、音乐戏剧作品和音乐作品的作者享有的专有权利。

（4）广播权。作者有通过广播、无线传播、有线传播或转播等方式向公众传播其作品的专有权利。但行使这些权利的条件由成员国法律作出规定，而所规定的条件应以不损害作者的精神权利、不损害作者获得合理报酬的权利为前提。

（5）朗诵权。这是文学作品的作者享有的专有权利。

（6）改编权。作者享有授权对其作品进行改编、音乐改编和其他变动的专有权利。但改编作品的著作权行使不得侵犯原作著作权人的权利。根据文学或艺术作品制作的电影作品以任何其他艺术形式进行改编，在不妨碍电影作品作者授权的情况下，仍须经原作作者授权。

（7）摄制电影权。作者享有将其作品摄制成电影的专有权。但在不损害已被改编或复制的作品的著作权的情况下，电影作品应作为原作受到保护，电影作品著作权所有者享有与原作作者同等的权利。

4. 著作权保护期限。公约第 7 条规定了对著作权中经济权利的保护期限。一般来说，作品的著作权保护期限为作者有生之年及其死后 50 年。电影作品的保护期是经作者同意而公开放映之后 50 年，作品完成后 50 年内未公开放映的则自作品完成后 50 年。不具名作品和假名作品的保护期为作品合法发表之日起 50 年。摄影作品和实用艺术作品的保护期可由成员国法律规定，但不得少于该作品完成后起 25 年。合作作品为共同作者中最后去世者有生之年及其死后 50 年。

著作权中精神权利在作者死后应至少保留到作者经济权利届满为止，并且由被要求给予保护的国家国内法所授权的人或机构行使。

公约对保护期限的要求是最低要求，成员国可以规定更长的保护期限，但不得低于公约的最低要求。保护期限由要求给予保护的国家的法律加以规定，除该国的法律另有规定者外，这种期限不得超过作品起源国规定的期限。

（三）对发展中国家的优惠

《伯尔尼公约》是完全按照欧洲工业化国家所要求的标准制定的。因公约在制定之初并没有考虑这些发展中国家的特殊要求，现在要发展中国家承担发达国家所制定的义务是否适合和公平成为公约成员国必须面对的问题。基于这种情况，公约的 1971 年巴黎文本在附件中对发展中国家给予了一些特殊的优惠待遇和权利。这些优惠待遇和权利涉及翻译权和复制权两方面。

1. 翻译强制许可。作品在首次出版后满 3 年仍未在某发展中国家以该国通用文字出版译本的，该国国民都可以通过本国主管机关，得到用该国通用文字翻译该作品并以印刷形式或其他任何类似的复制形式出版该译本的许可证，而不需要征得作者的同意。如果将作品译成英文、法文和西班牙文三种文字以外的文字，则强制许可在作品首次出版后满 1 年即可。如果作者已经自己或授权他人翻译出版了其作品，但该译文的所有版本均已售完，也可向申请人发给翻译强制许可证。公约对颁发翻译强制许可证规定了较严格的条件。例如，只能为教学、学习和科学研究的目的而颁发；申请人曾向权利人要求授权但未得到权利人许可，或申请人经努力仍未能找到权利人；申请人必须保证译文准确；所支付的报酬合理并保证报酬能支付和转递。

2. 复制强制许可。申请人履行了申请强制许可的手续，取得强制许可证后，可以无须经权利人同意，复制权利人的作品。公约对颁发复制强制许可证同样规定了比较严格的条件限制。例如，复制只用于系统的培训活动之需，包括系统的大、中、小学教育或非正规教育；颁发复制强制许可的期限，一般作品为原作首次出版之日起 5 年，有关数学、自然科学和技术作品为 3 年，小说、诗歌、戏剧和音乐作品和美术作品为 7 年；如果权利人已经收回其公开发行的作品，则不能再颁发强制许可证。

翻译强制许可证和复制强制许可证都必须由主管机关根据公约规定的条件颁发，这些强制许可证不可转让。

虽然强制许可证的实行反映了发展中国家与发达国家之间在解决著作权保护和贸易问题上的协调，客观上促进了发展中国家文化和科学的发展，但事实上，由于强制许可条件严格，大多数发展中国家都未声明使用这些条款。发展中国家与发达国家在作品的翻译权和复制权问题上一般都能自愿达成协议。

第二节 《世界著作权公约》

一、《世界著作权公约》的产生与发展

《世界著作权公约》是继《伯尔尼公约》之后又一开放性的保护著作权的国际公约。缔结该公约的初衷是要将美国和泛美著作权公约中的一些国家纳入

世界性国际著作权保护范围，或在《伯尔尼公约》和泛美著作权公约之间达成某种程度的平衡。该公约是在联合国教科文组织的主持下，于1952年9月6日召开的政府间代表会议上签订的，故该公约又称《日内瓦公约》或《1952年公约》。英、美、法等5国的代表参加了大会，其中40个国家的代表在公约上签了字，公约于1955年9月16日开始生效。生效后的公约于1971年在巴黎修订过一次。目前，公约的大多数成员国采用的是1971年的巴黎文本。截至2007年4月26日该公约共有100个成员国。1992年7月，我国第七届全国人大常委会第26次会议批准我国加入该公约，成为该公约的成员国。《世界著作权公约》的总体保护水平低于《伯尔尼公约》。不过在某些问题上，如权利主体的规定方面，其保护水平要高于《伯尔尼公约》。①

二、《世界著作权公约》的主要内容

《世界著作权公约》共有21条，由7条实体条文和14条行政条文构成，另外还有1个附加声明和两个议定书。其特征是条文短，规定多为原则性的。

（一）基本原则

1. 国民待遇原则。公约第2条第1款和第2款规定了该原则的基本内容。

（1）任何缔约国国民出版的作品及在该国首先出版的作品，在其他各缔约国中，均享有其他缔约国给予其本国国民在本国首先出版之作品的同等保护，以及公约特许的保护。

（2）任何缔约国国民未出版的作品，在其他各缔约国中，享有该其他缔约国给予其国民未出版之作品的同等保护，以及公约特许的保护。

（3）为实施公约，任何缔约国可依本国法律将定居该国的任何人视为本国国民。

2. 非自动保护原则。亦称“附条件的自动保护原则”。当初美国及大多数泛美著作权公约的成员国不参加《伯尔尼公约》的原因之一，是这些国家不实行著作权自动保护制。《世界著作权公约》为在这些国家与《伯尔尼公约》成员国之间寻求平衡，采取了“两迁就”的方法。它没有要求以登记、交费或其他程序作为获得著作权的前提，也没有确立自动保护原则，而是要求作品在首次出版时，每一份复制品上都标有“著作权标记”，即标有英文C并外加一个圆圈、著作权人名称、出版年份三项内容。只要履行了这些手续，任何在

① 参见张汉林、黄玮编：《智慧财产的卫士——知识产权国际保护的比较研究》，中国经济出版社1997年版，第258页。

国内法中要求履行手续的成员国，就必须视该作者“已经履行了应有的手续”，从而对该作者的著作权提供公约所规定的保护。

3. 著作权独立性原则。享有国民待遇的作者在公约任何成员国所得到著作权保护不依赖其作品在来源国受到的保护，在符合公约最低要求的前提下，该作者的权利受到保护的水平、司法救济方式等均完全适用提供保护的那个成员国的法律。

（二）最低保护要求

1. 经济权利。《世界著作权公约》作为最低要求列出的经济权利，不像《伯尔尼公约》那么具体，它仅在第1条要求成员国提供“充分的、有效的保护”。在1971年的修订文本中才进一步较明确地指出：第1条所说的权利，包括为保证作者的经济利益所必需的基本权利。至于这些“基本权利”至少应包括哪些内容，则只采用了“列举式”说明，这给成员国国内法留下了较大的余地。不过，从公约第4条之二第1款及第5条第1款，可以推断成员国承担保护义务的经济权利中，至少应包括复制权、表演权、广播权、演绎权（翻译权、改编权等）。

《世界著作权公约》中没有将保护精神权利专门作为对成员国的最低要求提出，这主要是适应在它缔结时一些主要国家（如美国）尚不保护精神权利的实际状况。但在该公约关于对发展中国家颁发复制权、翻译权强制许可证的“优惠待遇条款”中，提到了翻译时不可曲解原作的原意、应注明原著的作者、应尊重作者的“收回权”等。这些可以被看做是公约要求成员国对作者的某些精神权利给予间接承认。

2. 经济权利的保护期。公约的保护期条款大都是针对一般作品（不分类型）的不同情况或在不同国家的计算方式而定的，同时也专门规定了特殊作品的保护期：（1）一般情况下，作品的保护期不得少于作者有生之年及其死后25年。（2）缔约国在加入公约时，如已对某类作品的保护期确定为首次出版后的某一段时间，则可保持其规定，并可扩大应用于其他作品。但此类保护期均不得少于首次出版后25年。（3）在公约生效之日仍不能根据作者有生之年确定保护期的，可以根据首次出版或登记的时间，给予不少于25年的保护。（4）如果缔约国的法律准许有两个以上的连续保护期限，则第一个期限不得少于25年。（5）缔约国国内法对摄影作品或实用美术作品作为艺术品给予保护的，其保护期不得少于10年。

第三节　《罗马公约》

一、《罗马公约》的产生与发展

《罗马公约》的全称是《保护表演者、录音制品制作者与广播组织的国际公约》，1961 年 10 月 26 日在罗马签订，于 1964 年 5 月 18 日生效，截至 2008 年 5 月 29 日，该公约已经有 86 个成员。

《罗马公约》保护的是表演者、录音制品制作者和广播组织这些特定主体的权利，是邻接权国际保护的第一个世界性公约。它是在国际广播组织的推动下，由世界知识产权组织、国际劳工组织和联合国教科文组织共同发起缔结的。罗马公约是一个封闭性的公约，只对《伯尔尼公约》和《世界著作权公约》的成员开放。公约一开始就表明，它所给予的保护不会触动而且也决不影响文学和艺术作品的著作权保护，对该公约的解释也不得损害著作权保护。

中国没有参加《罗马公约》，但是不意味着中国就不受公约相关内容和规范的影响和约束。Trips 协议第 2 条阐述了其与包括《罗马公约》在内的四个国际公约的关系，其任何规定都不得有损于成员之间依据该四个国际公约业已承担的义务。从内容上看，Trips 协议几乎完全重复了《罗马公约》所规定的邻接权内容。因此，中国作为世界贸易组织的成员，即使没有加入《罗马公约》，也同样要遵守该公约的某些相关规则。

二、《罗马公约》的主要内容

1. 国民待遇原则。《罗马公约》的国民待遇原则是针对三种不同的邻接权主体作出的。

表演者不管在成员国内有无国籍或住所，只要符合以下条件之一，都应享受国民待遇：（1）表演活动发生在公约的成员国内；（2）表演活动已经被录制在依照公约受保护的录制品上；（3）表演活动未被录制，但在公约所保护的广播节目中播放了。

对录音制品制作者而言，享受国民待遇应当符合以下条件之一：（1）该录制者是公约成员国国民；（2）录音制品首先在公约成员国内录制；（3）录音制品首次在公约成员国内出版发行。在一个非缔约国首次发行后 30 日内又在一个缔约国发行的录音制品，应当认为是在缔约国首次发行。由此可见，公约对录音制品制作者享受国民待遇使用的标准分别是国籍标准、录制标准和发行标准。

对广播组织而言，享受国民待遇的条件是以下两者之其一：（1）该组织总部设在公约成员国内；（2）有关的广播节目是从公约成员国的发射台首先播出的。

2. 邻接权主体的经济权利。《罗马公约》没有涉及任何受保护主体的精神权利，所以，权利的内容仅指经济权利。

表演者可以防止未经许可而实施的下列行为：① 广播和向公众传播其现场表演；② 对现场表演进行录制；③ 复制其表演的录制品。

录音制品制作者有权许可或禁止直接或间接复制其录音制品。

广播组织有权许可或禁止：① 转播其广播节目；② 录制其广播节目；③ 复制未经同意而制作的它们的广播节目的录制品；④ 通过在公共场所的接收装置向公众收费传播它们的电视节目。

3. 权利保护期限。公约规定成员国提供的最短保护期均不得少于20年。其中录音制品和录制在录音制品中的表演从录制年份的年底起算；未录制的表演从表演举行年份的年底起算；广播节目从广播年份的年底起算。

第四节 《录音制品公约》

一、《录音制品公约》的产生

《录音制品公约》又称为《日内瓦公约》，全称是《保护录音制品录制者防止被擅自复制公约》。公约于1971年10月在日内瓦签订，1973年7月生效。截至2008年7月28日，已经有76个成员方加入该公约。我国于1992年11月加入该公约，1993年公约在我国生效。

该公约共有13条，内容极为简短。之所以出现该公约，是因为《罗马公约》对录音制品制作者赋予的权利仅有“复制权”一项，无法对侵权行为予以阻止。

二、《录音制品公约》主要内容

《录音制品公约》中所说的“录音制品”，是指任何仅凭听觉可感知的对表演声音或其他声音的固定；“录音制品制作者”是指首次将表演声音或其他声音固定下来的自然人或法人。

公约规定了“国民待遇原则”：只有该公约成员国国民才可以享有国民

待遇。

公约要求受保护的录音制品必须加注邻接权标记（P 外加一个圆圈；首次发行年份；录制者或其许可证持有人的姓名或名称）。

公约规定录音制作者主要有下列三项权利：（1）禁止未经许可复制其录音制品；（2）禁止他人进口未经许可而复制成的录音制品；（3）禁止他人销售未经许可而复制成的录音制品。

公约要求成员国至少为录音制品提供 20 年的保护，自首次录制之年年底或首次发行之年年底起算。

第五节　著作权国际保护的其他公约

一、《世界知识产权组织著作权条约》

为解决国际互联网络环境下应用数字技术而产生的著作权保护问题，在世界知识产权组织主持下，1996 年 12 月 20 日 120 多个国家的代表们通过了当年 8 月起草的一份单行公约草案，形成了《世界知识产权组织著作权条约》（WCT）以及解释这一条约的附加声明，以作为对《伯尔尼公约》的补充。WCT 保护数字环境中创作者对著作、计算机程序、音乐、艺术以及电影等文学艺术作品的权利。WCT 第 19 条规定，该条约在 30 个国家向世界知识产权组织总干事交存了批准书或加入书 3 个月后生效。2001 年 12 月 6 日加蓬作为第 30 个成员国加入条约，因此，条约于 2002 年 3 月 6 日正式生效。截至 2008 年 5 月 29 日，该条约有 65 个缔约国。

我国于 2006 年 12 月 29 日通过加入 WCT 的决定，条约于 2007 年 6 月 9 日起在中国生效，但目前该条约暂不适用于我国香港特别行政区和澳门特别行政区。

该条约由 25 条组成，未分章节。第 1 ~ 14 条是实体条款，其后的 15 ~ 25 条是行政管理条款。此外还附有“议定声明”共 9 条，对条约中一些可能发生歧义的问题作进一步解释。

WCT 保护的客体主要包括两个方面：一是计算机程序；二是数据或数据库编程。其内容主要包括：

1. 规定“向公众传播权”。该条约的一项重要内容就是规定了作者在计算机网络上的权利，这项权利被称为“向公众传播权”。它是指作者“应享有专有权，以授权将其作品以有线或者无线方式公开传播、包括将作品向公众提供，使公众中的成员在其个人选定的地点和时间可获得这些作品”。

根据传统的理解，将作品传达给公众，有两种方式：公开传播和发行。按照该条约的精神，数据在网上传播属于向公众传播的范围。但是，条约又没有将网络传播完全等于传统的向公众传播。因为网络传播属于互动式的双向传播，这种传播离不开临时复制行为。

关于网络传播中的临时复制应否受著作权人控制的问题，学界的争论一直没有停息。该条约的草案中原来是肯定这种权利的，但条约缔约文本将该表述删除。这实际上给了条约成员国依本国情况自行以立法或司法解释回答该问题的空间。

2. 关于技术措施的规定。与向公众传播权利有关的是条约第 11 条规定的关于技术措施的义务。制定这一规定的目的主要是制止对计算机程序的加密装置、对网络信息源设置的屏障等装置进行解密的行为。至于禁止到什么范围，非法行为是否涉及制造、销售、进口以及提供服务，条约并没有明确规定。这一条款禁止规避权利人设置的技术措施，例如，擅自对权利人设置的加密措施进行解密。作这种规定是因为：网络环境下规避技术措施的行为会给他人著作权带来极大的损害，特别是计算机程序在向公众提供后，被复制的可能性极大。

3. 关于权利管理信息的规定。条约第 12 条规定了“关于权利管理信息的义务”。任何人不得未经著作权人许可去除或改变任何权利管理的电子信息；不得发行、为发行目的进口、广播、或公开传播明知已被未经许可去除或改变权利管理电子信息的产品或产品的复制品。这里所说的“权利管理信息”，指识别产品、作品的作者、作品的任何权利人的信息、或者有关产品使用的条款和条件的信息和代表此种信息的任何数字或代码。

禁止擅自去除或改变权利管理电子信息的原因，是因为在电子环境下，特别是网络环境下，人们非常容易地就能做到去除或改变权利管理电子信息，而且作品的权利管理电子信息在去除或改变后不易被人发现，甚至会出现真假难辨的情况。禁止去除或改变权利管理电子信息仅是表面现象，其实质是维护作品著作权人的人身权和财产权。

二、《世界知识产权组织表演和录音制品条约》

《世界知识产权组织表演和录音制品条约》（WPPT），是 1996 年 12 月 20 日在世界知识产权组织主持下，由 120 多个国家代表共同缔结的。目的主要是将《罗马公约》确立的传统邻接权保护原则延伸至网络数字环境下，以解决国际互联网络环境下应用数字技术而产生的著作权保护新问题。该条约于2002年5月20日正式生效。截至2008年5月29日，该条约共有63个缔约国。

我国于2006年12月29日通过加入该条约的决定，条约于2007年6月9日起在中国生效。目前，条约暂不适用于我国香港特别行政区和澳门特别行政区。

WPPT共分5章33条，涉及表演者、录音制品制作者的知识产权。

条约特别规定了与《伯尔尼公约》第6条之二相似的“表演者的精神权利”，即表演者对其现场有声表演或固定在录音制品中的表演，有权要求承认其为该表演的表演者。在发行权、出租权、限制与例外等方面的规定，也与WCT的规定一致。关于新技术方面的内容也与WCT基本一致。

条约第15条第1款规定：对于将为商业目的发行的录音制品直接或间接地用于广播或用于对公众的任何传播，表演者和录音制品制作者应享有获得一次性合理报酬的权利。但缔约方可以对该项权利进行保留。我国在批准加入该条约时对该条款作出了保留。

WCT和WPPT规定了向公众传播作品和提供已录制表演与录音制品的专有权，以及使这种权利得以实现的技术措施和权利管理信息的保护义务。因此，世界知识产权组织将之称为“互联网条约”。

第三十六章　工业产权国际保护公约

第一节　《保护工业产权巴黎公约》

一、《巴黎公约》的产生与修订

《保护工业产权巴黎公约》（简称《巴黎公约》）是最早签订的关于保护工业产权的国际公约，在世界保护工业产权方面影响最大。它的产生是国家间的技术交流不断增加，国际贸易不断增长，而工业产权的地域性限制了这种交流所导致的结果。

1873 年，奥匈帝国政府为了扩大其政治影响，在维也纳举办国际发明展览会。被邀请的很多国家和参展者因为担心其发明和新的技术在该国际展览会上得不到法律保护、导致被其他国家国民随意使用而不愿意参加。这是因为，19 世纪中期不少国家建立工业产权制度往往只是为了提高国民的发明和创新积极性，促进国家的经济发展，各国授予的专利权和商标权具有严格的地域限制。当时只有少数国家存在商标保护协议，订有专利保护协议的国家则少之又少。因此，对外国发明缺乏足够的保护成为了维也纳国际发明展览会的一个突出问题。鉴于这种尴尬情形，奥地利政府制定了一项特别法律，对所有参展的外国人的发明、商标和工业品外观设计给予临时保护。同年在维也纳召开专利改革会议，会议通过了几个决议和一些原则，并敦促各国政府尽快就专利保护达成国际谅解。

1878 年，在巴黎召开了工业产权国际会议，会议决定建立一个常设委员会，召集一次国际性的外交会议，以便建立统一立法基础。1880 年的巴黎国际会议上通过了一份由法国代表起草的公约草案，草案包含了后来的《巴黎公约》的实质内容。1883 年 3 月 6 日在巴黎召开的新的外交会议上，11 个国家通过并签署了《保护工业产权巴黎公约》。该公约于 1884 年 7 月正式生效，当时成员国为 14 个。截至 2008 年 5 月 29 日，《巴黎公约》已有 172 个成员国。

《巴黎公约》签订100多年来，通过了6个修订本。除了布鲁塞尔和华盛顿修订本已经不再生效外，所有其他的修订文本至今仍然有效。目前大多数国家所采用的是1967年的斯德哥尔摩文本。

我国于1984年决定加入《巴黎公约》，适用斯德哥尔摩文本，1985年3月19日该公约在我国正式生效。我国加入该公约时提出了对第28条第1款的保留声明，我国在对公约进行解释或适用时与其他国家发生争议、不能依谈判解决的，将不按照国际法院规约将争议提交给国际法院解决。

二、《巴黎公约》的主要内容

《巴黎公约》斯德哥尔摩文本共有30条，包括实质性条款、行政条款和最终条款3类条款。第1～12条为实质性条款，规定了成员国的国内有关法律必须遵循的共同原则，对成员国国内法提出最低要求；第13～17条为行政条款，规定了同盟大会、执行委员会、国际局等问题；第18～30条为最终条款，规定成员国加入、批准、退出和接受新成员等问题。

（一）一般规定

1. 工业产权的范围。公约规定的保护对象包括：专利、实用新型、外观设计、商标、服务标记、厂商名称、货源标记或原产地名称以及制止不正当竞争。对工业产权应作最广义的理解，工业产权不仅应适用于工业和商业本身，也适用于农业和采掘业，适用于一切制成品或天然产品，例如酒类、谷物、烟叶、矿产品、矿泉水、啤酒、花卉和谷类的粉。

公约中对专利没有给予定义，但从公约的产生背景我们可以知道，专利指的是发明专利。国际上绝大多数国家都设立了以专利保护发明的制度，不过，有少数国家在以专利保护发明的同时，也以专利保护其他的智力劳动成果。我国就是其一。实用新型在公约中只是作为保护对象被提到，并没有像外观设计、专利那样列为必须保护的对象。

2. 保护工业产权的基本原则。

（1）国民待遇原则。《巴黎公约》第2条规定：联盟任何成员国的国民，在保护工业产权方面，在联盟所有其他国家内应享有各该国法律现在授予或今后可能授予各该国国民的各种利益；一切都不应损害本公约特别规定的权利。因此，他们应和各该国国民享有同样的保护，其权利享有同样的法律上的救济，但是以他们遵守对各该国国民规定的条件和手续为限。

公约所指的国民，包括自然人和法人。成员国的国民在其他成员国享受国民待遇不以该国民在该其他成员国设有住所或营业场所为前提条件；非成员国的国民在成员国要享受国民待遇，则必须在该成员国设有住所或真实有效的工商业场所。

（2）优先权原则。公约成员国的某一申请人或其合法继受人在已经向一个成员国正式提出专利、实用新型注册、外观设计注册或商标注册申请后，在规定的期间内，又向公约的其他成员国提出相同主题申请的，以其第一次申请的日期作为在该其他成员国申请的日期。

该原则的适用有一定的条件限制：①申请人的第一次申请必须是一个正式的申请，该申请应能足以确定申请日期；②在后的申请与第一次申请必须属于同一个主题，即都属于同一项发明、实用新型、商标或外观设计；③优先权只能建立在第一次申请上；④第一次申请应是在成员国提出的；⑤在后的申请应当在优先权期限提出，其中发明专利和实用新型的优先权期限为12个月，工业品外观设计和商标的优先权期限为6个月，并且优先权期限从第一次申请的申请日起算。

（3）专利权和商标权独立原则。公约规定，成员国国民向各成员国申请的专利，与在其他国家，不管它是否成员国，就同一发明所取得的专利是互相独立的；在成员国一个国家正式注册的商标，与在其他成员国注册的商标，包括在原属国注册的商标在内，是互相独立的。

从该原则的内容，可以清楚看到工业产权地域性的影响。每个国家的立法水平和立法状况都不一样，具体的法律规定有所不同。不能要求一个国家依照另一个国家的法律标准去确定或撤销某种权利包括工业产权。在一个国家内取得的专利权或商标权并不是必然地被其他国家认可和承认；同样地，一个国家驳回、撤销或宣告无效的工业产权，其他国家并非一定要跟着驳回、撤销或宣告无效。工业产权在各成员国的保护标准和程度受各成员国法律保护水平的限制。

（二）关于专利的专门规定

公约对专利的保护作出了一些专门的规定，这些规定是成员国必须遵守的最低标准。主要包括：（1）发明人有姓名记载权；（2）不得以法律限制销售为理由拒绝授予专利或使专利无效；（3）各成员国有权采取立法措施规定授予专利的强制许可。（4）给予交纳专利权利维持费的宽限期；（5）规定临时过境的运输工具使用专利不构成侵权；（6）规定进口权；（7）给予专利在国际展览会上的临时保护。

（三）关于商标的专门规定

在商标方面，公约也规定了一些专门的规则供各成员国共同遵守。主要包括：（1）不得因商品的性质而影响商标的注册；（2）各成员国对于商标注册国或商标使用国认为成员国国民在该国已成为驰名的注册商标和未注册商标给予保护（但公约没有对驰名商标的标准作出规定）；（3）国徽、国旗或其他象征国家的标志，以及国际组织的旗帜、徽记等禁止用做商标；（4）在原属国正式注册的商标，除应受规定的保留条件的约束外，其他成员国也应和在原属国注册那样接受注册申请和给予保护；（5）将服务标记纳入保护范围（但没有要求各成员国对服务标记的注册作出规定）；（6）应受理集体商标的申请，对集体商标给予保护；（7）给予在国际展览会上展出的商品商标以临时保护。

（四）对其他工业产权的专门规定

公约除了规定对专利、商标给予保护外，对其他工业产权也作出了保护性规定。例如，规定成员国应对厂商名称、原产地标志给予保护；要求成员国对各成员国国民保证给予制止不正当竞争的有效保护，将在工商业事务中违反诚实的习惯做法的竞争行为，归入不正当竞争行为；要求成员国保证并采取措施制止侵权等。

第二节 《专利合作条约》

一、《专利合作条约》的产生与发展

《专利合作条约》（PCT）是继《巴黎公约》之后专利领域最重要的国际条约。该条约于1970年6月19日由35个国家在华盛顿签订，旨在建立统一的专利申请、检索及审查标准和程序，以避免和减少各成员国之间对发明的重复审查。条约于1978年1月生效，根据该条约成立的“国际专利合作联盟”从1978年6月1日起正式受理国际专利申请，对专利申请的提出、检索和审查提供特殊的技术服务和合作。该条约由总部设在日内瓦的世界知识产权组织管辖，曾于1979年10月2日和1984年2月3日两次修改。1970年6月19日在华盛顿签署的《专利合作条约实施细则》对《专利合作条约》作了进一步的解释和具体说明。该实施细则于1993年9月29日进行了修改，修订后的实施细则于1994年1月1日生效。

截至2008年5月27日，PCT已有139个缔约方，覆盖了实行专利制度的大部分国家。我国于1994年1月1日正式成为PCT成员国。中国专利局成为

该条约的受理局、国际检索和国际审查单位，中文成为 PCT 的工作语言。

《专利合作条约》对于希望在几个国家就同一发明得到专利保护的申请人提供了许多便利，而且，条约规定的统一检索、统一审查程序，避免了各国专利局的许多重复劳动。因此，条约的订立和不断完善大大促进了专利制度的国际化进程。

二、《专利合作条约》的主要内容

PCT 的主要程序分别规定在第 1 章和第 2 章，每章分为国际阶段和国内阶段两个阶段。第 1 章规定的国际阶段是每一个国际申请的必经程序，包括国际申请的提出、国际检索和国际公布。第 2 章规定的国际阶段主要是国际初步审查，它不是必经程序。申请人在第 1 章完成国际阶段以后可以选择进入指定国的国内阶段，也可以选择利用第 2 章，要求对其国际申请进行初步审查，然后再进入选定国的国内阶段。

（一）第 1 章的主要内容

1. 国际阶段。

（1）国际申请。缔约国的任何居民和国民均可按照条约的规定提出国际申请。国际申请由申请人选择，向其作为居民的缔约国专利局提交，或者向其作为国民的缔约国专利局提交，或者向国际局提交。受理局应按条约和实施细则的规定对国际申请进行检查和处理，对于符合规定条件的国际申请授予国际申请日。被授予国际申请日的国际申请，在每个指定国内自国际申请日起具有正规的国家申请的效力。国际申请日应认为是在每一指定国的实际申请日。

（2）国际检索。每一国际申请都应经过国际检索，以便判定申请主题是否具有新颖性、创造性和工业实用性。国际检索由国际检索单位担任，目前的国际检索单位有：欧洲专利局、美国专利与商标局及中国专利局等。

国际检索单位经过检索后，要作出不表示意见和评价的国际检索报告。报告作出后，检索单位应尽快将报告分送给申请人和世界知识产权组织国际局。申请人在看了国际检索报告以后，可以选择撤回申请或继续申请。

（3）国际公布。国际申请自优先权日起满 18 个月时，由国际局立即公布。申请人也可以要求国际局提前公布国际申请。国际公布是将申请的全文以小册子形式全文公布。

国际公布在指定国的效力，原则上应与指定国的本国法对未经审查的国内申请在国内依法公布所规定的效力相同。但如国际公布所用的文字和在指定国按本国法公布所用的文字不同，则从本国文字译本公布日起产生上述效力。

2. 国内阶段。申请人从国际检索单位得到检索报告经过 3 个月左右时间的考虑后，如果决定进入指定国的国内阶段，则应当在自优先权日起第 20 个月届满之前，向他希望得到保护的指定国提供国际申请的译文，并缴纳国家费用。

（二）第 2 章的主要内容

国际专利申请人在收到国际检索报告后，可自行决定是否要进入国际初步审查阶段。

1. 国际阶段。申请人在接到对其申请的国际检索报告后，可以选择要求对其申请进行国际初步审查，使其申请在国际公布后不立即进入指定国国内阶段。

国际初步审查，是依据申请人的请求对发明的新颖性、创造性和工业实用性进行审查的实质阶段。此阶段审查的意义在于便于申请人了解自己的申请案是否有专利性，以便对是否提出申请译文，是否坚持申请国际专利作出最后决定。条约规定，国际初步审查单位为美国以外的全部国际检索单位和英国专利局。

国际初步审查报告应在审查后的 6 ~ 8 个月内制定。该审查结果对于被指定国的专利审查无拘束力，是否授予其专利权，最终由被指定国的专利局决定。国际初步审查通过后，国际初步审查单位要将申请的原件和国际初步审查报告送交国际局，国际局再通知各被指定国告知他们已被选定，由国际局和申请人将其译文送交指定局，由指定局对合作专利依照本国专利法进行审查，最后作出是否授予专利权的决定。

2. 国内阶段。如果申请人决定进入选定国的国内阶段，他应当在自优先权日起第 30 个月届满之前向其选定的专利局提供国际申请译文，并缴纳国家费用。

第三节 《商标国际注册马德里协定》及其议定书

一、《马德里协定》的产生与发展

1891 年，法国、比利时、西班牙、瑞士、突尼斯等在当时已经实行商标注册制度的国家发起在马德里缔结了《商标国际注册协定》，后来一般称它为《马德里协定》。该协定在 1892 年 7 月生效，生效以来经过了六次修订。截至 2008 年 5 月 29 日，《马德里协定》有 56 个缔约方。

我国于1989年7月14日交存加入书，同年10月4日成为该协定的正式成员国。我国的加入书同时作了如下声明：（1）关于第3条之二，指出，“通过国际注册取得的保护，只有经商标所有人专门申请时，才能扩大到中国”；（2）关于第14条第2款第4项，指出，“本议定书仅适用于中国加入生效后之注册商标。但以前在中国已经取得与前述商标相同且仍有效的国内注册，经有关当事人请求即可承认为国际商标的，不在此列”。

该协定的目标是为商标所有人简化行政程序，使其能在最短时间内以最低成本在所需国家里获得商标保护。

二、《商标国际注册马德里协定》的主要内容

（一）商标国际注册的程序

缔约国的任何申请人，在其所属国办理了某一商标注册后，就可以向世界知识产权组织的国际局申请国际注册。国际局收到申请即予以公告，并通知申请人要求给予保护的各缔约国。被要求保护的缔约国接到国际局的通知后，有权在1年内对是否给予保护作出决定。如果在1年内不向国际局提出驳回在该国注册的声明，即视为该国核准注册。

商标国际注册的申请人，必须先在所属国注册，然后由所属国注册当局向知识产权组织的国际局提出国际注册的申请。本文所提及的所属国，是指申请人作为其国民的特别同盟国，或在其领土内置有真实有效的工商营业所或有住所的特别同盟国。

（二）国际注册的效力

申请人的商标从国际局注册生效之日开始，即在未予驳回的有关缔约国发生效力，得到其承认和保护。

（三）与原属国注册的关系

《马德里协定》第6条第2~4款规定，自国际注册之日起满5年后，该项注册同原属国对同一商标的国家注册即互相独立。换言之，在从国际注册之日起5年内，该项注册与原属国的国家注册还存在着依存关系。在此期间，如在原属国注册的商标不再受法律保护，如因撤回、放弃、驳回、撤销、宣告失效等而失效，则该商标在受国际注册保护的一切国家也丧失保护。自国际注册之日起已满5年的，国际注册即不再依存于原属国的注册，而取得了完全独立。

（四）国际注册的有效期

经国际局注册的商标其有效期为20年，期满可以请求续展，续展期也为20年。续展期的期限自上一次期限届满时起算。有效期届满前6个月，国际

局应发送非正式通知，提醒商标所有人或其代理人注意确切的届满日期。对国际注册的续展，可给予6个月的宽限期，但要按细则的规定交纳罚款。

三、《商标国际注册马德里协定有关议定书》的主要内容

《商标国际注册马德里协定有关议定书》（以下简称《议定书》）是在《马德里协定》的基础上发展而来，于1989年6月27日在世界知识产权组织的主持下，在西班牙首都马德里签订的，1996年4月1日起生效。《议定书》除保留了《马德里协定》的主要内容外，在申请条件、审查周期、工作语言、收费标准和收费方式、保护期限以及国际注册与基础注册的关系等方面都作了重要修改。其目的是为了使那些对国际注册体系感兴趣，但因国内法律等问题难以加入《马德里协定》的国家能够参与这一商标国际注册体系。

我国于1995年12月1日加入了《议定书》。

（一）申请商标国际注册的条件

申请人不但可以以其商标在原属国的注册为依据，而且可以以其向商标主管部门递交的国家注册申请为依据提出国际注册申请。这对于像我国这样进行实质审查的国家的商标申请人来说十分有利，它给商标申请人争取了申请国际注册的时间，有助于申请人的商标权益在国外市场上尽早获得保护。

（二）商标专用权的确立

如果商标在国内注册被撤销，其国际注册也将被撤销。但在该商标国际注册被撤销之日起3个月内，可以将该商标转换为有关国家的注册申请，并保留原国际注册日为该商标的申请日，如该商标原享有优先权日，则仍享有该商标的优先权日。

（三）协定的成员资格

除《巴黎公约》的成员国外，政府间组织如欧洲共同体组织也可以加入。

（四）收费标准、方式和工作语言

《议定书》对商标的附加注册费和补充注册费，允许各成员国收取“单独规费”，而不必完全按照马德里联盟大会规定的固定收费标准由国际局统一收取，从而可以缓解部分成员国在办理商标注册中与其国内收费标准不一致的矛盾。另外，除了保留法语外，还增加了英语作为工作语言，给各成员国商标主管部门和商标申请人带来了极大方便。

第三十七章　世界贸易组织及其 Trips 协议

第一节　世界贸易组织与知识产权的国际保护

一、世界贸易组织概述

关贸总协定在临时实施过程中，由于没有一个与之相应的组织负责协调和监督，存在着难以避免的局限性，多边贸易体制应发挥的作用受到阻碍和限制。1990 年，各缔约国纷纷向乌拉圭回合谈判小组提出议案。经过几年的谈判和修改，谈判各方在 1993 年原则上同意建立“多边贸易组织”，后根据美国的提议将“多边贸易组织”改名为“世界贸易组织”（WTO）。1994 年 4 月 15 日在马拉喀什的关贸总协定部长会议上，各方代表签署了《包括乌拉圭回合多边贸易谈判成果的最终决定》，“一揽子”接受谈判的各项议题，1995 年 1 月 1 日，根据“一揽子协议”之一的《建立世界贸易组织协定》的规定，WTO 正式成立。

二、世界贸易组织对知识产权的保护

世界贸易组织第一次将知识产权纳入多边贸易体系中，同时实行“一揽子”协议政策，所有成员都必须全部接受以上协定，不得有所保留。“知识产权”与“货物贸易”、“服务贸易”一起构成了世界贸易组织的三大支柱。世界贸易组织将知识产权纳入其管辖范围，主要原因如下。

1. 知识产权在国际贸易中的地位日益突出——根本原因。以前，国际贸易主要限于有形财产的货物贸易。随着科学技术的发展，人类的智力劳动成果慢慢也成为国际贸易的对象。在国际贸易中，知识产权人将自己享有知识产权的技术和产品转让给他人的情况不断增加，许多以往属于无形财产领域的问题如专利、商标、著作权侵权等问题逐渐在国际经济贸易中显露并日渐突出，保护知识产权人的权利、解决因知识产权而产生的贸易争端显得越来越重要。

2. 旧的贸易体系对现有国际贸易关系的局限——直接原因。关贸总协定乌拉圭回合之前，知识产权的国际保护往往通过多边、双边或区域的协议来进行，而各个国家的知识产权立法水平不同，这就使知识产权的保护难以达到发达国家所期望的效果。以美国为首的发达国家一直想将知识产权特别是冒牌货问题纳入多边贸易体系，以便增强其在贸易中对知识产权侵权行为的报复能力。它们认为旧有的国际公约缺乏对知识产权效力和范围的全面规定，不能有效地实现知识产权保护的目标。美国甚至提出如果不将知识产权问题作为新议题纳入，将拒绝参加第八轮谈判。如果不将知识产权问题纳入乌拉圭回合并达成共识，多数国家在对外贸易中都会受到不利影响。

3. 减少合法贸易的障碍——目的。将知识产权纳入多边体系，其目的在于希望减少国际贸易中的扭曲和障碍，促进对知识产权的有效和充分保护，保证知识产权执法的措施和程序本身不致成为合法贸易的障碍。

第二节　Trips 协议的一般规定

一、Trips 协议的性质与范围

Trips 协议是 WTO 的基本法律文件之一，任何成员必须接受协定的规定，不能对其中的条款作出任何形式的保留和例外。各成员可以但不是必须在其法律中实施比其要求更广泛的保护，只要这类保护不与其规定相抵触。①同时，该协议允许各成员有权依其本国的法律制度及惯例自由决定采取的适当方法，而不统一规定实施的具体模式。各国可选择立法，也可选择通过制定行政条例来实施。如果成员不遵守最低标准，成员可以向 WTO 的争端解决机构（DSB）起诉。协定确定了由成员适用的最低标准，是一部“最低标准法”。从总体来看，这套“最低标准”又普遍高于世界知识产权组织下各项主要公约所规定的保护标准，因而可以说，Trips 协议又是一套“高水准”的保护标准。②

关于 Trips 协议之保护范围，本书第一章已提及，不再赘述。

---

①　参见 Trips 协议第 1 条第 1 款。

②　参见王新奎、刘光溪主编：《WTO 与知识产权争端》，上海人民出版社 2001 年版，第 139 页。

二、Trips 协议的基本原则

（一）国民待遇原则

Trips 协议第 3 条规定了国民待遇原则。Trips 协议所指的“国民”有其特定的含义，在成员是一个单独关税区的政府时，国民是指在该关税区内有住所或有实际和有效的工业或商业营业所的自然人和法人；在成员是一个主权国家政府时，国民是指符合上述四个国际保护公约所规定之保护标准的自然人和法人，即上述条约成员国与 WTO 所有成员的国民。

Trips 协议第 3 条规定，国民待遇原则有适用上的限制，限制主要为：（1）《巴黎公约》1967 年文本、《伯尔尼公约》1971 年文本、《罗马公约》及《关于集成电路的知识产权条约》已有的对国民待遇的例外规定仍能适用。（2）可以利用《伯尔尼公约》第 6 条或《罗马公约》第 16 条第 1 款第 2 项的 WTO 成员，有权选择以互惠原则取代国民待遇原则，但须通知“与贸易有关的知识产权理事会”。（3）有关司法与行政程序方面的例外。但是这些例外不能对正常贸易构成变相的限制，也不能与知识产权协定的义务相抵触。

（二）最惠国待遇原则

最惠国待遇是指任何一成员就知识产权保护提供给另一成员国民的利益、优惠、特权或豁免应当立即、无条件地给予所有其他成员的国民。Trips 协议第 4 条对该原则作出了规定。最惠国待遇原是关贸总协定的基本原则，知识产权协定要求在其管辖的知识产权范畴内，在四个重要的知识产权国际公约已有的国民待遇的基础上，将最惠国待遇原则移植于知识产权保护领域之中，这是知识产权领域国际保护方面的首创。

最惠国条款包含两方面内容。一方面，在知识产权保护上，一个成员给予任何另一个成员的利益、优惠、特权、豁免之类，均须立即无条件地给予所有其他成员。另一方面，在四种特例下，可以不实行最惠国待遇原则。①这些特例为：（1）原已签订的司法协助及法律实施的双边或多边国际协议，而且并非专为保护知识产权而签订的，其所产生的优惠、利益、豁免或特权；（2）按《伯尔尼公约》（1971 年）及《罗马公约》有关双边互惠性的规定而提供的优惠待遇；（3）与知识产权协定未加规定的表演者权、录音制品制作者权及广播组织权相关的优惠待遇；（4）Trips 协议生效前已有的知识产权保护国

① 参见郑成思：《WTO 知识产权协议逐条讲解》，中国方正出版社 2001 年版，第 37 页。

际协议提供的优惠待遇。

根据 Trips 协议第 5 条，最惠国待遇原则和国民待遇原则均不适用于由世界知识产权组织主持下缔结的多边协议中有关获得及维持知识产权的程序。

（三）权利穷竭原则

Trips 协议第 6 条规定了该原则，要求成员“在根据本协议进行争端解决时，符合第 3 条和第 4 条规定的前提下，不得借助本协议的任何条款去涉及知识产权用尽问题”。

知识产权的权利穷竭问题是引起争议较多的尚需进一步探讨的问题。各国知识产权法律对此规定差异较大，对知识产权的不同方面规定不同，世界贸易组织无意在此方面统一各国的规定，因此 Trips 协议不允许成员在解决彼此间发生的知识产权争端时，用本协议中的有关条款肯定或否定权利穷竭问题。否则，成员间的知识产权冲突会更多。

（四）防止滥用权利原则

Trips 协议第 7 条规定了知识产权保护与权利行使的目的在于推动技术革新和技术的传播与转让，有助于技术开发者与使用者的互利，有助于社会及经济的发展和实施权利与义务的平衡。为了实现这个目的，协定的成员可以：(1) 采取必要的措施以保护公众健康和发展的需要，以促进对其社会经济和技术发展至关重要的领域的公共利益，只要这些措施符合协定的要求；(2) 以合适的措施防止知识产权的权利人滥用权利、凭借不正当竞争手段限制贸易等。

第三节　Trips 协议关于著作权保护的规定

一、Trips 协议与《伯尔尼公约》的关系

Trips 协议第 9 条要求各成员必须遵守《伯尔尼公约》1971 年文本第 1 ~ 21 条及附件的规定。但是，各成员根据该公约第 6 条之二取得的权利及由此引申出的权利，依照 Trips 协议没有相应的权利和义务。即除了排除《伯尔尼公约》对精神权利及其延伸权利的保护以外，它将《伯尔尼公约》的几乎所有实体条款移植进来。此外，Trips 协议第 9 条还规定：著作权保护应延伸到表达方式，但不包括思想、程序、操作方法或数学概念之类。当然，这条规定只是澄清了著作权的保护范围，而不是引进新的规则，因而不能解释为缩小了

《伯尔尼公约》的著作权范围。①

二、对计算机程序及数据库的保护

Trips 协议第 10 条第 1 款规定计算机程序必须作为《伯尔尼公约》1971 年文本中的文字作品来保护。但是，从时间上来推算，1971 年文本的《伯尔尼公约》中的“文字作品”不可能包含计算机程序。因为 1971 年在巴黎修订《伯尔尼公约》时，计算机程序还没有作为必要的产品在国际市场上出现。

Trips 协议第 10 条第 2 款规定：“数据库或者其他资料，无论是机器可读的或者其他形式的，由于对内容的选取或编制构成了智力创作，因此必须加以保护。”Trips 协议对数据库的保护标准与《伯尔尼公约》对汇编作品的保护标准基本相同，保护的理由均在于这些成果体现了制作者在选择和编排材料中付出的智力劳动，这种选择和编排并非是单纯的资料堆积。值得注意的是，对数据库的保护不应延伸至对数据或资料本身的保护，而且对整理后形成的数据库的保护不得损害数据或资料本身已有的著作权。

三、对计算机程序和电影作品的出租权的保护

出租权是著作权中“发行权”的一种具体形式，与有形财产领域中的出租权必须区别开来。鉴于各国著作权法对待出租权问题存在差异。Trips 协议要求其成员至少必须承认电影作品和计算机程序两种作品的出租权。依照 Trips 协议中的相关规定，必须注意以下几方面内容：（1）注意区别“电影作品”和“视听产品”。该出租权只是适用于电影作品。（2）可出租的计算机程序及电影作品包括作品原件及复制件。（3）拥有出租权的只能是计算机程序及电影作品的作者或作者的合法继承人，不适用于这些作品的持有人。（4）对电影作品已提供充分有效著作权保护的国家，可以不将出租权列入著作权法之中。（5）如果计算机程序本身仅属于出租的对象之一，则不适用该出租权。

四、作品的保护期限

Trips 协议第 12 条规定：除摄影作品或实用艺术作品外，如果作品的保护期不是按自然人有生之年计算，则保护期为经许可出版之年年底起不少于 50 年。如果作品创作后 50 年内没有出版，则从作品创作完成之年年底起开始计

① 参见孔祥俊：《WTO 知识产权协定及其国内适用》，法律出版社 2002 年版，第 107 页。

算，保护期为 50 年。

五、关于著作权保护中的权利限制与合理使用

Trips 协议与其他知识产权保护的国际公约和国内立法一样，在赋予知识产权所有权人及持有人权利的同时，对其权利及权利范围加以限制，并规定了合理使用的条件。但 Trips 协议第 13 条仅作了原则性规定：各成员对专有权作出的任何限制或例外仅限于某些特殊情况，它与作品的正常利用不相冲突，也不得无理地损害权利持有人的合法权益。

六、关于邻接权的保护及权利限制

在知识产权协定签署以前，一些国家并不保护邻接权，并且各国对邻接权保护的水平差异较大。尽管规范邻接权保护的有《罗马公约》，但事实上，Trips 协议第 14 条并没有完全接受《罗马公约》有关邻接权保护的条款及原则，而在同一条关于邻接权权利限制中却接受了《罗马公约》的规定，允许成员国对广播组织权不加以保护。这种低于公约保护范围的情况与对计算机程序超出公约保护范围的情况形成了鲜明的对照。

（一）邻接权的内容

Trips 协议第 14 条规定了表演者、唱片制作者和广播组织的邻接权内容：

1. 表演者可以禁止下列未经其授权的行为：（1）录制其未曾录制的表演并翻录这些录制品；（2）以无线方式广播和向公众播出其现场表演。

2. 唱片制作者有权授权或禁止他人复制发行，并获得报酬。

3. 广播组织有权禁止未经其授权的下列行为：录制其广播、复制其广播作品、通过无线方式重播或广播、原样向公众播送电视广播。

4. 唱片制作者享有出租权。

（二）邻接权的保护期限

唱片表演者和制作者权利保护期为录制或节目表演当年年底起算至少 50 年。对广播组织的权利，如果符合 Trips 协议第 14 条第 3 项的规定，则保护期限为广播开始那年年底起算至少 20 年。

（三）对邻接权保护的权利限制、例外和保留

Trips 协议第 14 条第 6 款规定允许成员在《罗马公约》允许的范围内对有关邻接权提出保留、例外及限制。

第四节　Trips 协议关于工业产权保护的规定

一、有关专利权的保护

Trips 协议第二部分第五节对此作了规定，主要有以下几方面内容。

（一）可授予专利的客体

世界各国立法对于可授予专利的客体的规定，存在两种不同的立法模式。一种是直接规定哪些智力成果不能授予专利，另一种是只规定符合哪些条件的智力成果可以授予专利。Trips 协议则采取折中的方法，在第 27 条既规定了可以获得专利权的客体，又同时规定了不能获得专利权的情形。

1. 可获得专利权的客体及实质条件。Trips 协议规定，一切技术领域的任何发明，无论是产品发明还是方法发明，只要符合条件，都可以成为获得专利权的客体。这些发明获得专利的实质条件是：具有新颖性、创造性并且可以付诸工业应用。

对于“新颖性”，考虑到各国国内立法对其要求的差异，协定未作出任何强制性的规定，而由各成员方依据各自的立法来确定。“创造性”在 Trips 协议的注释中则被解释为“非显而易见性”。各国在立法实践上对创造性的要求存在着差异，Trips 协议本身也没有对“非显而易见性”进行任何解释。所谓的“可付诸工业应用”，按照 Trips 协议的解释，即人们常说的“实用性”。

2. 不能获得专利的情形。Trips 协议第 27 条第 2～3 款规定了不能获得专利的情形。包括：（1）为维护公共秩序、社会公德，包括保护人类、动物或植物的生命或健康或避免对环境造成严重损害所必需；（2）对人或动物的诊断、治疗和外科手术方法；（3）除微生物外的植物和动物，以及非生物和微生物方法之外的生产动物和植物的主要生物方法。但是，各成员应规定通过专利制度或有效的专门制度、或通过相应的制度组合来保护植物新品种。

（二）专利权的内容

Trips 协议第 28 条规定了专利权的权利内容。

1. 如果专利的客体是产品，专利权人有权禁止第三方未经其许可而制造、使用、许诺销售、销售该产品，或为这些目的而进口该产品。

2. 如果专利的客体是方法，专利所有权人有权禁止第三方未经其许可而使用该方法，以及从事使用、许诺销售、销售、或为这些目的而进口至少是依该方法直接获得产品的行为。

3. 除了上述专利所有权人的独占权外，专利所有权人应有权转让或以继承方式转移其专利并订立许可合同。

（三）对专利申请人的要求

Trips协议第29条规定成员应要求专利申请人以足够清楚与完整的方式披露其发明，以使同一领域的技术人员能够实施该发明，并可要求指明在申请日或在优先权日（如提出优先权要求）该发明的发明人所知的最佳实施方案；成员可要求专利申请人提供其相应的外国申请及批准情况的信息。

（四）关于所授予权利的例外及强制许可使用问题

任何国家或地区的知识产权立法都不可能给予权利人无约束的权利，都会对权利的使用规定一定的限制或例外情形。知识产权协议也不例外。

1. 权利限制的一般要求。Trips协议第30条规定各成员可对授予的专利权规定有限的例外，但必须满足以下条件：（1）此类例外不会对专利的正常利用产生不合理冲突；（2）不会不合理地损害专利所有权人的合法权益；（3）同时顾及第三方的合法权益。

2. 强制许可使用及其要求。Trips协议第31条是关于“未经权利人许可的其他使用”的规定。这是一条关于强制许可使用的规定。强制许可使用必须遵守以下规定：

（1）这种使用只能根据个案考虑。

（2）使用前，拟使用人按合理的商业条款或条件已经努力争取获取权利人的许可，但在合理的期限内该努力没有成功，才可以允许这种使用。但是，如果在全国处于紧急状态或其他极端紧急的情况下，可豁免本项要求，但应尽快通知权利人。

（3）半导体技术专利，只能进行非商业的公共使用，或作为合法反竞争行为的救济。

（4）这种使用应当是非专有使用。

（5）这种使用不得转让，除非与使用的企业或企业的商誉一道转让。

（6）这种使用的授权均应主要是满足授权成员的国内市场需求。

（7）一旦使用授权的条件消失并且不会再发生，则应终止该使用授权。

（8）应向权利人支付合理的补偿。

（9）使用授权决定的合法性以及支付补偿的决定均应当接受司法审查或接受上级主管机关的独立审查。

（10）出于司法或行政程序下对限制竞争行为的救济而采用这种使用时，不必满足上述的第（2）及第（6）项所涉及的条件或要求。补偿数额可视纠正限制竞争行为的需要而定。如导致授权的条件再次出现，则主管机关有权拒绝终止该授权。

（11）如果这种使用是为了利用在后专利，而该专利若不侵犯在前专利即无法利用，则应当符合下列条件：一是在后专利与在前专利相比，应具有相当经济意义的重大技术进步；二是在前专利所有人有权按合理条件取得在后专利的交叉使用许可；三是除非与在后专利一并转让，否则在前专利的使用不得转让。

（五）专利权的保护期限

根据 Trips 协议第 33 条，专利保护期应不少于自提交申请日之日起的 20 年年终。Trips 协议第 33 条的注释同时说明：对于没有原始批准制度的成员，保护期应自原始批准制度的提交申请之日起算。

（六）方法专利侵权中的举证责任

1. 在有关侵犯专利权的民事诉讼中，如果专利的内容是获得产品的方法，司法机关应有权责令被告证明其获得相同产品的方法不同于该专利方法。所以，在下列情况中，如无相反证据，未经专利所有人许可而制造的任何相同产品，均应视为使用该专利方法而获得：

（1）如果使用该专利方法而获得的产品是新产品；

（2）如果该相同产品极似使用该专利方法所制造，而专利权人经合理努力仍未能确定其所使用的方法。

2. 只有满足上述（1）或（2）规定之条件，被指控为侵权人的一方，才应承担上述规定所说的举证责任。

3. 在引用相反证据时，应顾及被告保护其制造秘密及商业秘密的合法利益。

（七）无效与撤销程序的司法审查

由于各成员方的专利立法及司法制度存在较大的差异，协议对专利的无效与撤销程序规定了最起码的要求：任何一项专利的无效和撤销的决定都应提交司法审查。这对保障有关权利人的权利起到了积极的作用。

二、有关商标的保护

Trips 协议第二部分第 15～21 条规定了有关商标保护的问题。

（一）可保护的客体

任何标记或标记的组合，只要能够将一企业的货物和服务区别于其他企业的货物或服务，即能构成商标。此类标记，尤其是单词，包括人名、字母、数字、图案的成分和颜色的组合以及任何此类标记的组合，均应能作为商标获得注册。即使有些标记本身没有显著性，不能区分有关商品和服务，各成员也可以根据其通过使用而获得的显著性确定是否给予注册。各成员可以将“视觉上可感知”作为注册的条件。此外，各成员可以以其他理由来拒绝商标的注册，只要其行为符合《巴黎公约》1967 年文本的规定。Trips 协议还规定，不应将商标的实际使用作为申请注册的条件。

（二）商标所有人的权利范围及权利限制

Trips 协议第 16 条第 1 款规定：商标所有人应享有专有权，以阻止所有第三方未经该所有人同意，在贸易过程中使用与已注册商标的货物或服务相同或近似的标记去标示相同或类似的货物或服务，以导致混淆的可能性。这款规定强调了商标所有人所享有的禁止权。在赋予权利的同时，Trips 协议也对商标所有人的权利进行了限制，规定商标所有人在行使权利的时候不得损害任何现有的优先权，也不得影响各成员以使用为基础提供权利的可能性。

（三）对驰名商标的保护

Trips 协议第 16 条第 2 款确立了驰名服务商标的保护，第 3 款确立了扩大保护制度。有关内容在本书第二十七章中已作介绍，在此不再赘述。

（四）商标权的例外规定

协议第 17 条规定，各成员方“可以”对授予商标权利规定有限的例外，只要这种规定考虑到了商标所有权人与第三方的合法利益即可。就是说，Trips 协议并没有要求成员方必须对商标权利作出限定。即使要限定，也应当在“有限”的范围内作出。

（五）商标的保护期限

Trips 协议第 18 条规定：“商标的首次注册及其续展的期限均不少于 7 年。商标的注册应可以无限续展。”商标权的保护期限与著作权、专利权不同。著作权与专利权的保护期是法定的有效期限，期限届满后相关作品和发明即不再受保护而进入公共领域，任何人均可免费使用而不构成侵权。然而，商标的保护期限在事实上是可以无限的，因为它可以无限地续展。当然，在每次的续展中，必须符合成员方的有关要求。

（六）关于商标使用要求

Trips 协议第 19 条规定：如维持注册需要“使用商标”作为条件，则只有在至少连续 3 年不使用后方可注销注册。但是，如果商标所有权人能说明其不使用是存在正当理由的，则不能注销其注册。这里所说的“正当理由”应当是指不可抗力、政府的禁令、政府的其他要求三者其一。而在受商标所有权人控制的前提下，另一个人对该商标的使用应被视为为维持注册而使用该商标。

此外，协议第 20 条还规定了商标在贸易中的使用问题，不合理的“特殊要求”不能够对商标的使用构成阻碍。这种“特殊要求”主要指：（1）与其他商标共同使用；（2）以特殊形式使用；（3）以不利于该商标将一企业的商品或服务与其他的企业的商品或服务相区别的方法使用。

（七）商标的许可与转让

根据 Trips 协议第 21 条的要求，成员方可以对商标的许可使用和转让依国内立法自行确定条件。但是这个条件不包括采用商标强制许可制度；同时，在商标转让中商标所有权人有权连同或不连同商标所属经营一起转让。

第五节　Trips 协议关于其他知识产权的保护

一、对地理标识的保护

根据 Trips 协议第 22 条，地理标识是指识别一货物来源于一成员领土或该领土内的一地区或地方的标识，该货物的特定质量、声誉或其他特性主要归因于其地理来源。

Trips 协议要求成员主要对此承担两个方面的义务：（1）如一商标包含的或构成该商标的地理标识中所标明的领土并非货物来源地，且误导公众忽略认明真正来源地的，商标行政主管部门可依职权或利害关系方的请求，拒绝该商标注册或宣布注册无效。（2）各成员应向利害关系方提供法律手段防止以下行为：一是不论以任何手段在商品的称谓或表达上标明或暗示有关商品来源于非真正来源地，并使公众对该商品来源产生误认的行为；二是依照《巴黎公约》1967 年文本第 10 条之二的规定，构成不正当竞争的行为；三是虽然地理标识逐字真实指明商品的来源地域、地区或地方，但仍误导公众以为该商品来源于另一地域的行为。

保护地理标识主要是为了反对假冒和不正当竞争行为，而这些问题最容易发生在酒类。同时，酒类的地理标识的保护涉及欧盟等发达国家的重大利益，所以，Trips 协议第 23 条还专门规定了对酒类地理标识的额外保护规则。

Trips 协议第 24 条则对地理标识的保护规定了一些例外，如在先使用与善意使用的例外、商标的善意注册权例外、通常用语例外、名称权例外等。

二、对工业品外观设计的保护

Trips 协议对工业品外观设计的保护规定体现在第二部分第四节。

Trips 协议对所保护的外观设计，要求其是独立创作、具有新颖性或原创性。各成员可以规定工业品外观设计的保护不得延及主要由技术因素或功能因素构成的设计，就是说，成员没有义务将前述保护延伸到由技术因素或功能因素构成的外观设计。Trips 协议强调了对纺织品外观设计的保护要求，各成员可以选择以著作权法或外观设计法保护外观设计，但要特别保证，对纺织品本身关于对成本、检验或公布方面的要求，不至于不合理地损害外观设计取得保护的机会。

工业品外观设计的权利内容和范围，包括阻止第三方未经许可为商业目的的生产、销售或进口载有或所含受保护设计的复制品或实质性复制品的物品。

Trips 协议对工业品外观设计的保护也允许一些例外，只要此类例外不会与受保护的工业设计的正常利用发生不合理的冲突，也不会不合理地损害受保护工业设计所有权人的合法利益，同时考虑第三方的合法权益。

外观设计的保护期不少于 10 年。

三、对集成电路布图设计的保护

Trips 协议要求各成员必须依照《关于集成电路的知识产权条约》第 2 ~ 7 条（第 6 条第 3 款除外）、第 12 条和第 16 条第 3 款，为集成电路布图设计提供保护。

Trips 协议第 36 条规定，如从事下列行为未经权利持有人授权，则视为非法：为商业目的进口、销售或以其他方式发行受保护的布图设计、含有受保护的布图设计的集成电路、或含有此种集成电路的物品（仅以该物品持续包含非法复制的布图设计为限）。Trips 协议只是规定了进口权、销售权、发行权，没有直接规定“复制权”。这体现出“与贸易有关的”知识产权特色——它强调的是权利人在贸易活动中的专有权。①

Trips 协议还规定了对第 36 条的权利限制：（1）作出第 36 条所指的与含有非法复制的布图设计的集成电路或包含此种集成电路的物品有关的行为的，如果行为人在获得该集成电路的物品时，不知道且无合理的根据知道其中包含

① 参见郑成思：《WTO 知识产权协议逐条讲解》，中国方正出版社 2001 年版，第 126 页。

此种非法复制的布图设计，则不得认为其行为非法。即使得到明确通知后，也不负停止侵权等民事责任，但应按照自愿交易达成的许可协议标准支付应付的合理使用费。(2) Trips 协议第 31 条第 1～10 项规定的条件，应适用于布图设计的任何非自愿许可或未经权利人授权的政府使用的或为政府而使用的活动。

四、对未披露信息的保护

Trips 协议对未被披露信息的明文规定，这是国际公约的首次规定。Trips 协议并未使用商业秘密一词，但迄今为止，用于表示此种信息的术语通常是“商业秘密”。可以说，Trips 协议第 39 条规定的未披露信息就是商业秘密。①根据第 39 条第 2 款，未披露信息应当具有三个条件：一是秘密性，通常不为从事该信息领域工作的人所普遍了解或容易获得；二是具有商业价值；三是合法控制信息之主体为保密已采取合理措施。

Trips 协议要求各成员在确保《巴黎公约》1967 年文本规定的反不正当竞争的有效保护过程中，对未披露信息给予保护。成员应当做到：

1. 依照第 39 条第 2 款保护商业秘密，使自然人和法人能够防止他人未经同意以违背诚实商业行为的方式，披露、获得或使用其合法控制的信息。违背诚实商业行为的方式，包括违约、违反信任或诱使他人违反信任等行为。

2. 依照第 39 条第 3 款保护向政府或政府机构提交的数据。所提交的这种数据被作为批准采用新化学成分的药品或农用化工产品上市的条件，如果此种数据的原创活动蕴含了相当大的努力的话，对该数据应当予以保护。但是，为保护公众所必需，或已采取措施保证该数据不被用在不正当的商业使用中的情形，排除在受保护之列。②

① 参见孔祥俊：《WTO 知识产权协定及其国内适用》，法律出版社 2002 年版，第 285 页。

② 除前述内容外，Trips 协议还规定了关于知识产权执法，知识产权的取得、维持以及有关当事人之间的程序，争端的防止和解决，过渡安排，机构安排和最后条款等内容。